기술경영

김진한 저

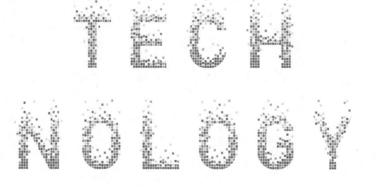

박영사

기술혁신을 목표로 하는 기술경영이라는 분야는 짧은 역사에도 불구하고 경영학 분야에서 최신의 경영기능 중 하나로서 부각되고 있다. 치열한 경쟁 하에서 기업이 생존하고 경쟁력을 강화하기 위해 점차 기술혁신이 중요해짐에 따라 이 목표를 효과적으로 달성하고 관리하는 노력이 학자뿐만 아니라 실무자에게도 중요한 관심의 대상이 되고 있는 것은 분명한 사실이다. 그러나, 기술혁신이 다양한 분야의 학제적 접근에 의해 다루어지고 있고 거의 모든 경영 분야에서 논의되고 있는 만큼 관련개념의 정의를 포함하여 기술경영의 범위와 내용을 간략하게 정리하는 것은 매우 어려운 일이다.

　이러한 상황에서 본서는 기술경영에 관련한 많은 주제와 개념을 가급적 모두 포함하고자 하였다. 그 주 내용으로는 기술과 기술혁신, 혁신 프로세스, 표준, 기술전략, 고객 요구사항, 신제품 개발, 연구개발관리, 개방형 혁신, 기술혁신 네트워크, 혁신생태계, 지역혁신시스템, 기술 사업화, 기술지식 보호와 지적재산권 등이 포함된다. 이러한 내용들은 모두 기술혁신을 추구하는 노력에 관련된 흥미로운 주제로서 인정받고 있고 반드시 논의가 되어야 할 주제들이다.

　본서는 다음의 특징을 갖고 있다. 본서는 기술경영에서 다루어지는 여러 내용을 가급적 모두 포함하고자 하는 시도로 준비되었다. 기존의 교재에서 중점적으로 논의되었던 기술혁신 전략에만 초점을 두지 않고 다양한 주제를 포함시킴으로써 본서는 독자가 기술경영의 광범위한 내용에 대해 전반적으로 이해를 하는 데 큰 도움을 줄 수 있을 것으로 생각한다. 하지만, 본서가 광범위한 내용을 포함하려 애쓰다 보니 기술경영의 주요 내용에 대해 새로운 관점을 창출하거나 저자의 독창적인 통찰을 강조하는 교재를 준비하는 데는 많은 어려움이 뒤따랐고 일부 내용에 중복이 존재하는 것도 사실이다. 그럼에도 불구하고, 본서는 기술경영의 기본 체계를 이해하는 것을 도와주고 관련개념으로 어떤 것이 논의되는지에 초점을 맞춤으로써 새롭게 기술경영을 접하는 학부생과 다양한 주제를 익히고자 하는 대학원생 모두에게 일정 부분 도움이 될 것으로 생각한다.

　제가 이 자리에 오기까지 많은 분들의 도움이 있었다. 이 책의 출판을 위해 많은 도움을 준 박영사 임직원분들께 감사드린다. 마지막으로 저를 위해 한없는 희생을 해주신 부모님께 감사의 마음을 전한다.

2021년 9월
자택에서 저자 씀

CONTENTS
목차

CONTENTS
목차

CONTENTS
목차

기술경영 소개

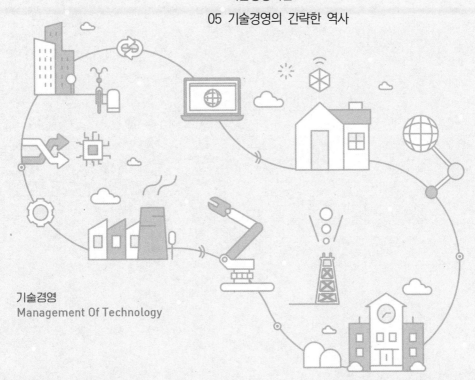

기술경영
Management Of Technology

01 무엇을 배우는가?

1.1. 흥미로운 사례를 통한 기술경영 주제

주변에서 쉽게 볼 수 있는 다음의 몇 가지 사례를 통해 기술경영의 핵심 주제가 어떤 것이 있는지 이해할 수 있다.

(1) 자동차에서 엔진 기술의 진화

- 현대의 자동차, 엔진 발전의 역사

현대 자동차의 역사는 내연기관 혹은 엔진 발전의 역사와 흐름을 같이 합니다. 최초의 자동차는 주로 증기기관을 활용해서 만든 것을 말하는데요. 증기기관은 산업혁명을 이끈 제임스 와트(James Watt) 이전부터 존재했습니다. 이전의 증기기관은 내부기관이 열에 의해 왕복하는 단순한 원리로 기관의 힘이 뛰어나지 않고, 에너지를 발생시키는 순간과 그렇지 않은 순간의 갭이 커 진동이나 열에너지 낭비가 심합니다. 그런데 제임스 와트가 이를 회전 기관으로 전환하는 데 성공했습니다. 이 기관은 에너지를 발생시킨 후의 열기를 응축하고 피스톤 양쪽에 교대로 증기를 보내 에너지를 안정적으로 만들어내는 것이 특징입니다. 1769년에는 프랑스 군인 니콜라스 퀴뇨(Nicholas Joseph Cugnot)가 이 기관을 이용해 군수용 대포를 끌기 위한 삼륜차를 만들었습니다. 시속 5km로 걷는 수준의 속도였지만 말이죠.

이 자동차는 제대로, 그리고 스스로 움직이는 첫번째 자동차였지만 제동 장치를 갖추지 않아 파리 교외 내리막길에서 벽에 부딪혀 '제 1회 교통사고'를 낸 기록을 갖기도 했습니다. 이후 1800년, 영국의 광산 기술자 리처드 트레비딕(Richard Trevithick)은 제동 장치를 갖춘 최초의 승용차를 만들어 13km/h로 주행하는 데 성공합니다. 증기기관은 당시 시대에서는 혁명적인 것이었지만 기술자들은 더 작고 가벼우며, 효율이 높은 동력원을 끊임없이 연구했습니다. 그 결과 탄생한 것이 휘발유 엔진 및 3륜 자동차입니다. 독일의 카를 벤츠(Karl Benz)는 1879년에 가솔린 엔진을 발명하고 1885년 1기통 4엔진을 얹어 안정적이고 조용한 삼륜차를 만들어냈습니다. 이후 1886년 특허를 획득하기도 했습니다.

디젤 엔진은 1894년, 독일 엔지니어 루돌프 디젤(Rudolf Diesel)에 의해 발명됐습니다. 점화 시 불꽃이 필요한 휘발유 자동차가 위험하다고 판단한 디젤은 엔진 내 공기를 강하게 압축해 얻은 열로 기름을 태워 폭발시키는 엔진을 발명해 디젤엔진이라 명명했습니다. 현재도 흔히 볼 수 있는 경유 자동차 배기음이 강렬한 것은 이러한 특성 때문입니다.

- 현대의 자동차, 자동차 대중화

1900년대 초, 자동차 역사에서 혁명적인 변화가 일어납니다. 각종 자동차 브랜드가 등장하기 시작한 이 시기에 자동차의 형태와 구조에 대한 기준이 정립되기 시작했습니다. 이전의 자동차는 마차에 엔진을 위한 공간을 얹은 형태에 가까웠습니다. 다양한 제조사가 경쟁을 시작해 이전까지 주 이동수단으로 쓰이던 마차가 빠르게 사라지기 시작한 때기도 합니다. 이 시기 중 1908년부터 헨리 포드(Henry Ford)의 미국 포드 자동차 회사에서 역사적인 모델 T가 생산됐는데요. 자동차 가격은 노동자나 서민이 구매할 수 있을 정도로 낮아야 한다는 정책의 포드사는 공장 자동화로 인한 혁신적 조립라인을 통해 원가절감에 성공하며 자동화의 대중화에 큰 업적을 남기게 됩니다.

- 친환경 자동차 시대의 도래

과학과 기술 발전으로 화석연료를 대체할 바이오 에너지가 등장하고 있습니다. 현재 시중에서 구매하고 안정적으로 사용할 수 있는 디젤 엔진 승용차나 하이브리드 자동차는 차체의 경량화와 동시에 연료 압축 기술의 상승 등으로 연비가 향상됐습니다. 현대차와 KIA차도 다양한 디젤 엔진 혹은 하이브리드 자동차를 생산 중입니다.

장기적으로 봤을 때 전기자동차가 대세가 될 것임은 전문가 모두 의심하지 않고 있습니다. 국내에서도 쏘울 EV(Electric Vehicle) 등이 소비자의 선택을 기다리고 있는데요. 엔진이 사라지고 모터가 엔진 역할을 하는 전기 자동차는 성능보다 제품 가격이 높고 충전소가 부족하다는 것이 단점입니다. 이런 인프라 문제는 국가 혹은 자동차 브랜드 간 협업으로 점차 해결될 것으로 예상됩니다. 구매 가격의 경우 현재 정부지원금과 지자체 지원금을 합하면 최대 2,400만 원까지 지원받을 수 있습니다. 지원금을 적용하고 나면 휘발유나 경유차량과 비슷한 가격으로 구매할 수 있겠네요. 충전소는 점차 늘어날 것으로 예상되지만 간편하게 충전하려면 역시 가정용 충전기를 설치해야 하는데요. 한국전력공사를 통해 전기차 요금제를 신청하고 전기공사 후 충전기를 구매해 사용하면 됩니다. 약 700만~800만 원이 들지만 지자체 공모를 통해 접수하면 700만 원의 구입 보조금을 받을 수 있습니다. 또한, 현대자동차는 투싼 수소연료전지차처럼 수소와 산소를 반응시켜 만든 전기로 모터를 돌리는 발전기 내장형 형식의 자동차도 연구 중입니다.

- 자동차의 미래, 전자제품화

자동차의 또 다른 큰 변화 중 하나는 컨슈머 커뮤니케이션 기술의 발달입니다. 스마트폰 혹은 사물통신(Internet of Things), 소셜 서비스, 4G 통신망 등의 등장으로 인해 자동차는 본래의 기계적인 우수성 외에 사람과 자동차, 자동차와 자동차, 사람과 사람의 커뮤니케이션을 가능케 하는 편의시설을 탑재하고 있습니다. 이를테면 자동차가 가장 거대한 가전이 되고 있는 셈입니다.

예를 들면 요즘의 자동차는 음성 명령으로 대다수의 기능을 실행할 수 있고 원격에서 시동을 걸어 난방을 켤 수 있으며, 투명 스크린으로 자동차의 정보를 유리창에서 보며 운전할 수 있습니다. 조그셔틀 형태가 주를 이뤘던 계기판이나 센터페시아 역시 태블릿 PC와 같은 형태로 물리 버튼이 사라지는 것이 트렌드입니다. 또한 앞 자동차와의 자동 통신으로 사고 정보나 속도 정보를 주고받고, 가봤던 지역 정보를 체크인해서 소셜 정보로 저장하거나, 실제 지형을 블랙박스로 찍어 지도에 소셜 콘텐츠를 더할 수 있는 등 기계 장치의 정점인 자동차에 전자 장비가 더해지며 자동차 사용법의 새 역사가 열리고 있죠.

〈그림 1-1〉

니콜라스 퀴노의 자동차   포드모델 T   수소연료전지차   컨셉트카 HND-6

출처: HMG Journal, 기원전부터 시작된 탈것의 발전: 자동차의 역사, 2014.2.10.에서 발췌

여러분은 위의 자료를 읽고 자동차의 엔진과 관련한 기술의 발전을 다음과 같이 정리할 수 있다.
- 엔진의 외부에서 석탄을 연소시켜 증기를 이용하는 증기 엔진
- 엔진의 내부에서 연소시켜 동력을 얻는 내연 엔진
- 더 큰 에너지를 얻기 위한 고온과 고압의 디젤 엔진
- 내연엔진과 전기모터를 동시에 이용하는 하이브리드(hybrid) 엔진
- 순수한 전기차와 수소연료전지차, 수소차

여기서, 다음의 질문이 나올 수 있다.
① 자동차와 관련한 핵심 기술은 무엇인가?
② 항상 기술의 발전이 우리에게 편익을 제공하는가?
③ 이러한 기술의 진화가 산업의 진화와 경쟁구도에 미치는 영향은 무엇인가?
④ 과거의 기술진화 현상이 미래의 기술변화를 예측하는데 어떤 도움을 줄 수 있는가?

여러분은 이러한 사례를 통해서 기술개념, 기술의 편익, 기술의 패턴과 동태

성, 표준화 등의 개념을 이해할 수 있을 것이다.

(2) 디스플레이 기술의 진화

TV, 스마트폰, 자동차 등의 여러 장치에 적용되는 다양한 디스플레이 (display)가 존재한다. 이러한 디스플레이 기술은 크게 CRT, LCD, PDP, LED, AMOLED 등의 순서로 진화하였다고 볼 수 있다.

더욱 구체적인 디스플레이 관련 기술의 분류는 다음 〈그림 1-2〉와 같다.

〈그림 1-2〉 디스플레이 기술의 분류와 진화

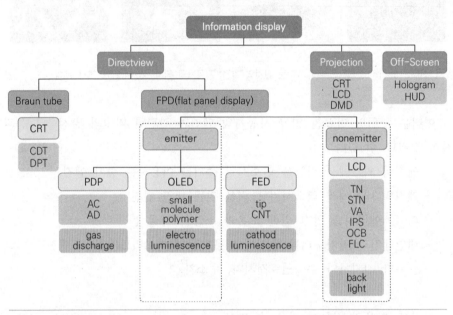

- CRT: Cathode Ray Tube
- CDT: Color Display Tube
- CPT: Color Picture Tube

- PDP: Plasma Display Panel
- OLED: Organic Light Emitting Diode
- FED: Field Emission Display

- DMD: Digital Mirror Display
- HUD: Head-UP Display

- LCD: Liquid Crystal Display
- TN: Twisted Nematic
- STN: Super Twisted Nematic
- VA: Vertical Aligned
- IPS: In-Plane Switching
- OCB: Optically Compensated Bend
- FLC: Ferroelectric Liquid Crystal

자료원: 삼성 디스플레이

이때, 여러분은 다음의 질문에 답할 필요가 있다.

① 여러 경쟁하는 기술 중에서 왜 어떤 기술은 시장에서 채택되고 어떤 기술은 그렇지 못하였는가?

② 새로운 기술의 등장은 어떤 과정을 거쳐 시장에서 수용되고 확산되는가?

③ 새로운 기술의 등장이 기존 기술에 어떤 영향을 미치는가?

④ 이것을 기술혁신이라고 한다면 어떤 요인에 의해 발생하는가? 즉, 경쟁하는 기술이 성공하기 위해서는 어떤 요인이 중점적으로 관리되어야 하는가? 한 천재의 아이디어? 기술 자체의 발전? 시장? 환경? 기업전략? 중에 어떤 요인인가?

⑤ 이러한 기술의 발전 현상을 어떻게 설명할 수 있는가?

여러분은 이러한 사례를 통해서 기술혁신의 개념, 기술의 라이프사이클인 S—곡선(curve), 와해성기술, 기술 표준화, 지배적 디자인 등의 개념을 정립할 수 있을 것이다.

(3) 스마트폰

스마트폰이라는 혁신 제품이 기존 제품을 어떻게 변화시키고 어떤 경쟁을 통해서 파괴적 혁신으로 등장하였는지에 대한 아래의 기사를 보자.

- 스마트폰의 시초, IBM 사이먼

세계 최초의 스마트폰은 IBM의 사이먼(Simon)입니다. 1993년 만들어진 이 스마트폰은 3인치 크기의 감압식 터치 스크린을 사용했고 간단한 기능(계산기, 주소록, 세계 시각, 메모장, 이메일, 전자우편, 팩스 송수신, 게임) 몇 가지가 내장된 것이었습니다. 그리고 사이먼은 독특한 방법으로 기능을 추가했는데요. 메모리카드를 하단에 삽입해 특정 기능을 사용할 수 있도록 만들었습니다. 지금은 간단히 앱 마켓에서 앱을 다운받아 사용할 수 있지만요. IBM 사이먼의 당시 출시 가격은 $899였습니다.

- 본격 스마트폰시대 예고, 노키아 9000 Communicator

모토로라와 함께 휴대폰 시장을 양분하던 노키아에서 1996년 발표한 첫 스마트폰이 노키아 9000 Communicator입니다. 제품명 뒤에 Communicator라고 붙어 있는데요. 이후 커뮤니케이터 시리즈는 9500까지 나오고 단종됩니다. 이때에는 모바일을 위한 저전력 CPU나 운영체제가 없었습니다.

- 최초의 컬러 액정을 탑재한 노키아 9210 Communicator

노키아 커뮤니케이터 시리즈는 계속 되는데요. 2000년 드디어 노키아의 첫 컬러 TFT 액정을 탑재한 스마트폰인 노키아 9210 Communicator가 출시됩니다. 먼저 CPU가 ARM9 기반의 32bit로 바뀌었습니다. 그리고 운영체제도 스마트폰에 최적화된 심비안OS가 최초로 탑재됐습니다. 이후 심비안OS는 노키아 스마트폰에서 한동안 계속 사용됩니다. 또한 최초로 외부 개발자가 만든 앱을 설치해 사용할 수 있기도 했습니다. 이후 노키아 9500이 나오면서 이때부터 와이파이와 카메라 기능이 추가되었습니다.

- 휴렛-팩커드의 포켓PC iPAQ 시리즈

노키아는 유럽의 GSM 통신 규격을 사용하고 있던 터라 국내에서는 주파수와 통신방식이 맞지 않아 사용할 수 없었습니다. 대신 휴렛-팩커드사의 스마트폰이 2000년 초중반에 유행이었는데요 특히 iPAQ 시리즈는 마이크로소프트의 포켓PC 운영체제를 사용하면서 인기를 끌었었습니다. HP의 iPAQ 시리즈는 사실 지금은 HP에 합병된 Compaq이라는 곳에서 만든 것입니다. 합병 이후 HP가 'iPAQ'이름을 그대로 사용해 신제품을 출시했는데요. 당시에는 스마트폰이라기 보다는 전화가 되는 PDA에 더 가까웠습니다. 당시 이 제품들이 국내에 들어왔을 때 별도의 GPS 모듈을 장착해 차량용 내비게이션으로 사용하기도 했었습니다.

- LG전자의 포켓PC LG-LC8000

HP의 포켓PC가 얼리어댑터들에게 국내에서 인기를 끌 때 LG전자도 포켓PC 2003을 탑재한 스마트폰을 출시했었습니다. 당시 LG텔레콤 시절 LG-LC8000이라는 이름으로 출시된 이 제품은 XScale 400MHz CPU를 탑재하고 192MB의 메모리(램 128MB+저장공간 64MB)와 2.8인치 26만 컬러 TFT 컬러 액정을 사용했습니다. 여기에는 180도 회전이 가능한 110만 화소 카메라와 풀터치 스크린 그리고 슬라이드 형식으로 되어 액정 부분을 위로 올리면 키패드가 나왔습니다. 이 제품에도 내비게이션 맵을 설치하고 전용 GPS를 연결하면 차량용 내비게이션으로 활용 가능했었습니다. LG LC8000은 2004년 출시됐었습니다

- 삼성전자의 첫 번째 스마트폰, SCH-M100/SPH-M1000

삼성전자의 첫 번째 스마트폰을 옴니아라고 생각할 수 있으나 이보다 훨씬 이전에 나온 제품이 있었습니다. 바로 SCH-M100/SPH-M1000이 그 주인공입니다. 두 제품은 통신 방식에 따라 모델명이 나뉘어져 있고 기본 기능이나 스펙은 같습니다. 이 제품은 터치 스크린으로 모든 기능을 터치 방식으로 조작할 수 있으며 자체 웹브라우저를 탑재해 웹 페이지 검색이 가능하고 이메일 송수신과 스케줄 관리, 메모나 영한 사전, 간단한 게임 등이 포함되어 있습니다. 특히 여기에 포함되어 있는 테트리스 게임은 상당한 퀄리티로 많은 사랑을 받았었습니다.

- 애플 스마트폰의 시작, 아이폰

국내에는 아이폰3GS부터 출시가 됐었지만, 아이폰은 2007년 처음 공개되었습니다. 1세대 아이폰은 기존에 출시됐던 아이팟 터치와 유사한 디자인이었습니다. 아이폰을 발표할 때 가장 크게 부각한 것은 사용자 인터페이스(UI)였습니다. 당시 유명한 스마트폰들은 모두 QWERTY(쿼티, 지금의 키보드 형태)를 탑재했습니다. 그러나 아이폰은 이 쿼티 키보드를 없애고 정전식 터치 스크린을 넣어 사용자 편의성을 극대화했습니다. 그리고 멀티 터치 기능을 넣어 손가락만으로도 많은 조작을 할 수 있게 했습니다. 이 사용자 인터페이스는 지금의 스마트폰에서는 기본적으로 지원하는 것이지만 당시만 해도 혁신이라 불렸었습니다. 그리고 2년 뒤인 2009년 국내에는 아이폰3GS가 정식 출시되었습니다.

- 새로운 모델을 제시하다, RIM의 블랙베리

블랙베리는 캐나다에 있는 리서치 인 모션(RIM)에서 만든 스마트폰입니다. 이 회사의 제품은 타겟을 기업용 스마트폰으로 설정하고 그에 맞는 서비스들을 제공했습니다. 디자인만 봐도 이 제품으로는 이메일을 보내야 할 것만 같은 느낌이 드는데요. 블랙베리OS라는 자체 운영체제를 사용했고 보안도 매우 뛰어납니다. 2002년 등장한 블랙베리 5810은 RIM의 첫 번째 스마트폰입니다. 이전에 블랙베리 957이 있었으나 전화 기능이 없는 PDA였습니다. 그리고 블랙베리 957에 전화 기능을 넣은 제품이 블랙베리 5810입니다. 이후에도 블랙베리 제품군들은 초기 디자인에서 크게 벗어 나지 않는 형태를 유지했고, 쿼티 자판은 그들의 트레이드 마크가 되었습니다. 물론 블랙베리 제품 중에도 쿼티 자판이 아닌 일반 휴대폰 같은 키패드를 넣은 것도 있었고 풀 터치 방식을 사용한 제품도 출시했었으나 결과

〈그림 1-3〉 기술혁신 프로세스

IBM Simon   노키아 9210 Communicator   HP iPAQ 5450

삼성전자의 SCH-M100   애플 아이폰 1세대   블랙베리 Z10

출처: LG유플러스 공식 블로그, 한 눈에 보는 스마트폰 역사(https://blog.uplus.co.kr/2149), 2015.5.20.

는 참담하게 끝났답니다.

이때, 여러분은 다음의 질문에 답할 필요가 있다.
① 시장에서 게임의 법칙을 변화시키는 혁신적인 신제품 도입의 성공요인은?
② 기술의 경쟁은 어떤 영상을 보이는가?
③ 혁신적인 신제품 혹은 신기술을 창출하기 위해 창의성은 어떤 역할을 하는가?
④ 혁신적인 기술을 내부에서 양성할 것인가 아니면 외부에서 흡수할 것인가?
⑤ 독자 신기술 개발과 협력적인 신기술 개발의 장단점은?

여러분은 이러한 사례를 통해서 신제품 개발, 내부 연구개발(R&D) 관리, 기술 네트워크, 개방형 혁신, 창의적 문화 등의 개념을 정립할 수 있을 것이다.

(4) POSCO의 FINEX

용광로 없는 쇳물 생산 공법으로서 포스코(POSCO)가 독일의 지멘스(Siemens)와 협력하여 개발한 공법에 대한 다음의 기사를 보자.

- 쇳물은 용광로에서 생산된다.

전세계 철강업계를 100년 동안 지배했던 상식입니다. 그러나 포스코는 이 상식을 깨버렸다. 2007년 용광로가 없는 파이넥스(FINEX)공법으로 쇳물을 생산한 뒤 지금까지 총 2000만t의 쇳물을 생산했기 때문입니다. 쇳물 2000만t은 중형차 2000만대를 만들 수 있는 분량입니다.

세계 주요 철강 업체들은 지금도 용광로에 철광석과 석탄을 넣어 쇳물을 뽑아내고 있습니다. 이를 위해 가루 형태의 철광석을 구워 덩어리로 만들고 석탄도 별도의 굽는 과정을 거칩니다. 그러나 파이넥스는 원료를 예비 처리하는 이런 공정을 없애 가격 경쟁력을 높이고 오염물질 배출도 크게 줄인 공법입니다. 값싼 가루 형태의 철광석과 석탄을 대형 용융로에 넣은 뒤 산소를 주입해 철광석을 녹입니다.

파이넥스공법은 용광로 대비 투자비와 생산원가를 85%까지 절감할 수 있습니다. 또 굽는 과정도 필요 없기 때문에 황산화물(SOx)과 질소산화물(NOx)은 각각 40%와 15% 수준에 불과합니다. 최근 이슈가 되는 초미세 먼지 발생량도 용광로의 34%뿐입니다.

포스코는 현재 파이넥스와 관련 성형탄 기술특허 등 200여 개 국내 특허와 20여 국에서 해외 특허 50개 이상을 갖고 있습니다. 중국 등 세계적인 철강사들과 협약을 맺고 파이넥스공법 수출을 협의하고 있습니다.

포스코 파이넥스담당 상무는 "100년 이상 철강 생산 역사를 가진 선진국에서도 성공하지 못한 새로운 철강 제조 공법을 50년이 채 되지 않는 포스코가 실현했다"며 "이 기술로 포스코는 해외 선진 기술을 빨리 쫓아가던 패스트 팔로어(fast follower)에서 세계 철강 기술을 선도하는 퍼스트 무버(first mover)로 자리매김했다"고 말했습니다.

〈그림 1-4〉

출처: 조선비즈, 철강 상식 깬 포스코 '파이넥스 공법'… 용광로 없이 쇳물 2000만t 생산했다.
2017.12.11.

이때, 여러분은 다음의 질문에 답할 필요가 있다.
① 성공적인 기술개발을 자체적으로 하기 위한 효과적인 R&D 관리는?
② 기술의 사업화 방안은?
③ 기술의 가치평가 방식은?
④ 특허와 지적재산 보호는?

여러분은 이러한 사례를 통해서 연구자와 엔지니어 관리(선발, 평가, 승진, 조직체계 등), 기술판매, 기술 사업화, 지적재산관리 등의 개념을 정립할 수 있을 것이다.

(5) 자판과 MS의 Window

아래의 기사를 보면 우리가 몰랐던 자판과 운영체제가 시장에서 표준으로 적용된 흥미로운 사례가 존재한다.

우리가 사용하는 컴퓨터 영문 자판을 QWERTY(쿼티) 자판이라고 합니다. 자판 영문 중 두 번째 열을 보면 QWERTY라고 배열돼 있어서 그렇게 부르죠. QWERTY 자판은 1873년에 타이핑되는 글쇠가 서로 엉키지 않도록 하기 위해 자주 사용하는 글쇠를 멀리 배치하는 방식으로 개발됐습니다. 타이핑 편의성보다는 장치의 번거로움을 줄일 목적으로 개발된 것이죠.

1936년 드보락(August Dvorak) 워싱턴대학 교수가 인체공학적 편의성을 높인 자판을 개발합니다. 이른바 DVORAK 방식이라고 하는데, 이 방식은 가장 흔하게 사용하는 모음 5개(a, e, i, o, u)와 자음 5개(d, h, n, s, t) 자판을 중앙에 배열해 타이핑 속도를 높였습니다.

QWERTY 배열 자판이 DVORAK 배열 자판에 비해 타자 속도가 느리고 인체공학적인 편의성이 떨어짐에도 불구하고 왜 여전히 모든 컴퓨터에는 QWERTY 자판이 사용되는 걸까요? 도대체 기술적으로 열등한 QWERTY 자판이 어떻게 살아남았을까요? 이는 당시 많은 타이피스트들이 먼저 나온 QWERTY 배열에 익숙해지다 보니 타이핑 기계 회사들도 QWERTY 배열을 추종하면서 이 방식이 사실상 업계 표준(de facto standard, 데 팍토 스탠다드)이 됐기 때문입니다(사실상 표준이란 말은 공식적이지는 않지만 관습이나 관례적으로 시장에서 거의 표준으로 받아들여지는 것을 말합니다). 즉 QWERTY 배열 외에 다른 방식은 통하지 않게 된 것입니다.

우리가 사용하는 컴퓨터 OS(운영체제)는 거의 MS윈도가 독점하고 있습니다. 사실 OS는 리눅스(Linux)라는 오픈 소스 방식의 더 유용한 OS가 있지만, 사람들은 이 OS로 쉽게 바꾸려 하지 않습니다. 한 번 배운 윈도 방식을 어디서나 사용할 수 있기 때문에 더 좋은 방식이 있다고 하더라도 굳이 익힐 필요가 없는 것이죠.

출처: 매일경제, "QWERTY자판 느리고 불편한데 왜 표준 됐을까", 2012. 12.05에서 발췌

이때, 여러분은 다음의 질문에 답할 필요가 있다.

① 항상 뛰어난 기술이 시장에서 성공하는가?
② 그렇지 않다면 그 이유는?
③ 자체 개발 기술의 표준화 촉진 방안은?
④ 4차산업 관련 기술의 시장 표준에 관한 중요한 특징은?

여러분은 이러한 사례를 통해서 승자독식 현상, 펭귄효과(penguin effect), 고착효과(lock-in effect), 네트워크 효과 등의 개념을 정립할 수 있을 것이다.

1.2. 기술경영 프레임워크와 프로세스에 의한 기술경영 주제

1.2.1. 기술경영 프레임워크에 기초한 주제

사례뿐만 아니라 빈번하게 인용되는 기술경영 프레임워크를 통해서도 여러 분이 이 과목에서 학습하는 주제에 대한 일부 내용을 확인할 수 있다.

아래의 그림에서 볼 수 있듯이 기술획득을 위한 기술전략은 자체개발(Make)과 외부기술 채택(Buy or Ally)의 선택과 그 구체적 전략내용으로 나누어지고 자체개발은 다시 R&D(Research and Development) 관리에 해당하여 프로젝트 포트폴리오 기획, 선정, 관리, 평가 등의 활동으로 구성된다. 한편, 외부기술 채택은 다양한 기술획득 전략과 그 관리방안 등으로 구성되고 이 두 가지 전략은 최종적으로 기술 사업화와 활용으로 이어진다. 이러한 종합적 프레임워크 하에서 기업은 기술혁신을 성공적으로 달성하기 위해 필요한 관리를 해야 하며 기술경영이 바로 그러한 내용을 다룬다.

〈그림 1-5〉 기술경영 프레임워크

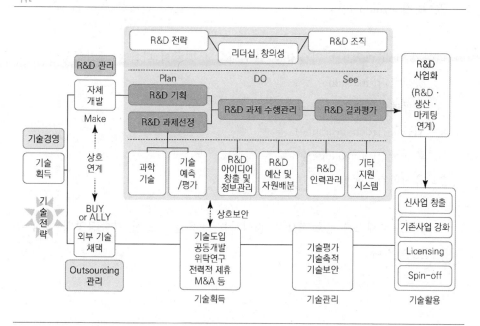

자료원: 배종태, 기술경영 프레임워크, KAIST 강의노트.

1.2.2. 기술경영 프로세스에 기초한 주제

Gregory(1995)는 기술경영은 다음 다섯 가지의 본원적 프로세스로 구성된다고 제안하였다.
① 비즈니스에 중요한 기술의 규명
② 조직에 의해 지원되어야 하는 기술의 선택
③ 선택된 기술의 획득과 동화
④ 이익 혹은 다른 편익을 발생시키기 위한 기술의 활용
⑤ 제품과 제조시스템에 내재된 지식과 기술의 보호

또한, Sumanth and Sumanth(1996)은 기술경영 프로세스 모델로서 다음을 제안하였다.
① 인식(awareness)
② 획득(acquisition)
③ 적응(adaptation)
④ 발전(advancement)
⑤ 철회(abandonment)

나아가, Jolly(1997)는 기술경영 프로세스 모델로서 다음을 제안하였다.
① 상상하기(imagining)
② 인큐베이팅하기(incubating)
③ 입증하기(demonstrating)
④ 촉진하기(promoting)
⑤ 유지하기(sustaining)

이러한 프로세스를 종합적으로 관리하는 내용들이 또한 기술경영의 핵심 주제가 될 수 있다.

02 본원적 기술경영 활동

초기에는 기술경영의 핵심 활동으로서 기술혁신을 달성하기 위한 기술역량에 주로 관심을 두었다. 이때, 마이클 포터(Michael Porter, 1985)의 가치사슬에서 기술경영은 핵심 비즈니스 프로세스에서 횡단적 지원 활동으로 고려되었다. 이러한 프로세스 활동의 핵심으로는 규명, 선택, 획득, 활용, 보호, 학습이 존재한다.

① 비즈니스에 중요한 기술의 규명

   탐색, 감사, 데이터 수집, 지능 프로세스를 포함한다.

② 조직에 의해 지원되어야 하는 기술의 선택

   효과적 측정 혹은 평가 역량을 필요로 하며, 적합한 전략적 이슈들을 고려하는 의사결정 프로세스이다. 선택은 비즈니스 전략 수준에서 개발된 전략적 목적과 우선순위의 바람직한 이해에서 출발한다.

③ 선택된 기술의 획득

   기술이 내부적으로 개발, 어떤 방식의 협력, 외부 개발자로부터 획득될 수 있기 때문에 획득에 대한 의사결정은 개발-협력-구매(make-collaborate-buy) 의사결정 사이의 선택에 관심을 갖는다.

④ 기업이 획득하기를 바라는 편익 혹은 다른 편익을 발생시키는 기술의 활용

   활용은 사업화를 의미하나 기대된 편익들이 기업 내 기술의 실행, 흡수, 운영을 통해 발생될 수 있기 때문에 더욱 폭넓은 관리적 기능이다. 분명히, 기술의 획득 후에 R&D로부터 제조까지 혹은 외부 기업/파트너로부터 내부 제조부서까지 중 하나의 기술이전을 포함하는 동화의 필요성이 존재한다. 다른 예시 프로세스는 점진적 개발, 프로세스 개선 및 마케팅

을 포함한다.

⑤ 제품과 제조 시스템에 내재된 지식과 전문성의 보호

이 역량을 획득하기 위해 특허와 인력 보유와 같은 프로세스가 적절하게 유지될 필요가 있다.

⑥ 기술의 개발과 활용으로부터 학습

이 활동은 기술 역량의 결정적인 부분을 형성한다. 그것은 기업의 내부 혹은 외부에서 수행된 기술 프로젝트와 프로세스에 대한 심사숙고를 포함한다. 이 프로세스와 지식경영 분야 사이의 강한 관련성이 존재한다.

이에 기초한다면 기술경영 프레임워크는 기업이 직면한 비즈니스 환경과 도전적인 상황에서 시간에 걸쳐 변화하는 조직구조, 시스템, 인프라, 문화와 구조 등에 관심이 주어졌고 그 수준은 전략, 혁신, 운영의 세 가지 차원에서 다루어진다. 이러한 기술혁신 관리를 위해서는 동태적 역량이 필수가 된다. 결과적으로, 기술경영의 핵심 프로세스는 기술적 옵션의 규명과 평가, R&D 자체의 관리, 기업의 전반적 운영에 기술의 통합, 제품과 프로세스에 신기술의 실행, 진부화와 대체 등이 고려될 수 있다.

03 기술이란 무엇인가?

3.1. 기술과 과학의 구분

기술(technology)을 잘 이해하기 위해서는 유사한 단어인 과학과 명확한 구분이 필요하다. 과학(science)은 혜성의 발견과 분석과 같이 어떤 현상을 탐구하는 것을 말한다. 이것은 경제성과 무관하고 흔히 노우와이(know−why)에 기반한다고 볼 수 있다. 이에 비해 기술은 새로운 것을 발견하는 것이 아닌 문제해결을 추구하기 위해 경제성에 기초하여 기존 지식을 어떻게 활용할 것인지 즉, 노우하우(know−how)를 주로 다룬다.

전통적으로 이러한 기술은 투입물을 산출물로 변환시키는 역할(물리적 프로세스)에 초점을 두었으나 현대적 관점에서는 기술＋지식(tech＋knowledge)을 혁신적인 생산방법으로 변화시키는 데 초점을 두고 있다. 바로 이러한 현대적 관점에서 바라본 기술이 본 과목인 기술경영의 대상이 된다.

이 과학과 기술은 비록 그 동기가 다를지라도 혁신 프로세스에서 서로 상호작용하고 지원하는 지식의 다른 두 형태로서 묘사되어 왔다. 과학은 검증하는 방법뿐만 아니라 물리적, 생물학적, 사회적 현상과 연관된 관계에 대한 일반적 이론과 관련한 지식을 의미한다. 그에 비해 기술은 제품과 서비스를 개발하는 데 사용될 수 있는 이론 및 실무적 지식, 스킬, 인공물을 의미한다. 그 결과, 기술은 과학과는 매우 다른 혁신 프로세스를 포함한다.

과학적 지식은 비선형적 방식으로 진화하고 사전에 기대하지 않은 결과에 가치를 두고 있다. 과학의 탐구적 특성은 과학이 기존 기술을 뒷받침하는 핵심 디자인 개념을 바꿈으로써 신기술의 개발을 유인할 수 있다. 따라서, 과학적 지식에 투자하는 기업은 흔히 기술적 지식에만 의존함으로써 개발될 수 없는 급진적인 새로운 제품과 서비스를 개발할 수 있다. 즉, 기술적 지식이 기존의 역량과 기술을 개선하고 확장함으로써 활용 프로세스를 촉진하는 반면에 과학은 새로운 역량과 기술로 실험함으로써 탐구 프로세스를 촉진한다. 결과적으로, 그러한 탐구는 더욱 혁신적이고 가치있는 솔루션들을 유인할 수 있다.

과학과 기술에 대한 이러한 방식의 설명이 전통적인 혁신의 선형모델(즉, 과학은 기술의 투입물이다)과 양립하는 반면에, 그들은 또한 혁신 프로세스에서 서로를 지원하는 파트너로서 과학과 기술을 묘사하는 동시적 모델이 고려될 필요가 있다. 혁신의 새로움을 향상시킬 뿐만 아니라 과학은 혁신 프로세스를 더욱 효과적으로 만들 수 있기 때문이다. 과학적 지식은 기술적 역량이 어떻게 상호작용하고 기술이 어떻게 재결합될 수 있는지에 대한 이론적 이해를 제공한다.

3.2. 기술의 유형

구체적으로 이러한 기술은 다양하게 구분되고 정의될 수 있다. 그러나 어떤 기술이 항상 특정 기술로만 정의되고 분류될 수 있는 것은 아니고 수준, 시대, 상황에 따라 분류기준이 달라지기 때문에 상대적으로 고려되어야만 한다.

대표적인 분류 방식은 다음과 같다.

① 고유특성에 따른 구분

제품(디자인)기술, 제조(공정)기술, 경영(관리)기술

② 경쟁수준에 따른 구분

기반(base)기술, 핵심(key)기술, 미래(pacing)기술

③ 산업특성에 따른 구분

단일설비형기술, 제품중심형기술, 연속공정형기술, 일관조립형기술, 지식집약형기술 등

④ 기타

기초기술, 기반기술, 응용기술, 원천기술 등

04 기술경영이란?

기술경영이란 앞서 정의한 기술을 대상으로 어떻게 효율적이고 효과적으로 관리할 것인가를 다루는 학문분야이다. 그 목표는 성공적인 기술혁신에 있다. 기술경영은 최근 기술혁신의 중요성으로 인해 경영학의 타 기능분야보다는 상대적으로 최근에 부각되었고 그 용어도 다양하게 진화하고 있다.

4.1. 기술경영 용어의 진화

기술경영이란 용어는 처음 발생된 미국의 용어 변화를 따라서 다음과 같이 진화하고 있다. 과거에는 사내 자체개발에만 초점을 두었으나 개방형 혁신 패러다임의 등장으로 인해 점차 외부와의 협력이 강조되어 기술의 구매와 판매 등에 많은 관심을 두게 되었다. 또한, 과거에는 기술 자체에 많은 초점을 두었으나 점차 기술혁신을 어떻게 효율적으로 관리할 것인지로 초점이 이동하고 있는 추세이다.

① R&D Management(연구개발관리)

자체 기술개발에 초점

② Technology Management(기술관리)

기술 자체의 관리에 초점

③ Management of Technology(기술경영)

기술관련 모든 활동의 경영

④ Technology-based Management(기술기반경영)

기술중심 경영

⑤ Technology Strategy(기술전략)

기술전략 즉, 자체 내부 개발과 외부 구매 전략에 초점

⑥ Strategic Management of Technology and Innovation(전략적 기술혁신
경영)

기술에 기반한 혁신을 달성하기 위한 전략에 초점

기술경영에서 사용된 개념들이 통일되지 않고 다양하게 정의되고 있는 것처럼 기술경영이라는 용어도 계속 변화하고 있는 중이다. 가령, 기업에서 기술적 혁신 프로세스의 연구에서 사용된 특정 매뉴얼들은 혁신관리(innovation management)라는 용어를 사용한 바 있다. 그러나 다른 사람들은 기술경영(technology management)을 사용하는 것을 선호한다. 그러나 이 개념이 경영보다는 기술에 초점을 둔다는 지적 하에 다른 사람들은 관리 혹은 경영에 더 초점을 두는 기술과 혁신경영(management of technology and innovation) 혹은 기술혁신경영(management of technological innovation)이라는 용어를 사용하기도 한다. 본 교재는 현재 가장 보편적으로 사용되는 기술경영(management of technology: MOT)이라는 용어를 사용하도록 한다.

4.2. 기술경영(MOT)의 정의

(1) 정태적 관점에서 기술경영

기술경영이란 성공적 기술혁신 달성을 위한 전략적 관리 방안을 다루는 학문 분야이다. 폭넓게 사용된 정의는 기술경영을 조직의 전략적 및 운영적 목적을 수립하고 달성하기 위해 기술역량의 개발 및 실행의 계획, 지휘, 통제, 조정을 포함한 프로세스로서 설명한다(NRC, 1987). 이 정의는 어느 정도로 기술의 하드(hard) 측면(과학과 공학)과 그것의 효과적 적용을 가능하게 하는 프로세스와 같은 소프트(soft) 차원들 모두를 결합한다. 그러나 기술경영과 관련된 기술적 및

관리적 이슈 사이에 명확한 구분을 하고 있지 않기 때문에 이것은 정태적인 정의라고 할 수 있다. 기술적 변화가 신제품 개발과 산업에 새로운 도전과 기회를 지속적으로 창출한다는 것을 고려하면 동태적 기술경영을 통해 이 기회의 가치를 포착하고 전화하도록 할 필요가 있다.

(2) 동태적 역량으로서 기술경영

기술경영을 이해하기 위한 패러다임 혹은 관점 중 하나는 동태적 역량 (dynamic capability) 이론일 수 있다. 동태적 역량은 시간 압박을 받고 경쟁과 모방이 빠르게 나타나며 점차 진화하는 도전에 대응하기 위해 외부 자원, 전략적 및 보완적 자산, 기존의 핵심역량의 재구성/방향조정/변환/형성하고 통합하는 능력이다(Teece et al., 1997). 이 경우에 기술경영은 지속적으로 변화하는 기술역량의 개발과 활용으로서 인식될 수 있다. 그렇게 정의된다면, 기술역량은 기술을 관리하는 데 필요한 다양한 업무들을 실행하고 조정하는 루틴/활동들의 집합을 포함한 동태적이고 운영적인 역량 모두로 구성된다. 결과적으로, 동태적 역량 이론은 기술자산이라는 고정자산에 관심을 갖기 보다는 기업이 시간에 걸쳐 혁신을 위한 자원을 배분하는 방법, 그것이 기존 자원들을 어떻게 전개하는지, 그것이 새로운 자원들을 어디서 획득하는지를 설명하는 데 집중한다.

05 기술경영의 간략한 역사

기술경영은 60년 이상의 역사를 갖는다. 관련 전문조직(IAMOT, PICMET 등)과 1980년대 후반부터 전문 학술지(Technovation, R&D Management 등)의 증가 및 대학 학위 프로그램의 등장으로 인해 최근 30년 동안 경영학 분야에서 두드러지게 인기를 끌고 있는 독립적인 경영의 한 기능분야가 되었다. 초기에 기술경영에 대한 관심은 주로 기업 내부의 자체 연구개발(R&D) 활동에 초점을 두었다. 그 후로 기술경영은 R&D 관리에서 세 가지 관점에 기초하여 전략적 기술경영으로 점차 진화하였다. 이 세 가지 관점은 다음과 같다.

① 범위

　한 기능분야인 R&D뿐만 아니라 전체 기업과 전략적 초점으로 확장

② 기술 관점

　기술은 비즈니스에서 도구, 시스템, 혹은 가치의 원천으로 간주

③ 관련 이슈

　신제품 개발, 다른 기술의 결합, 기술의 통합 등

그 결과, 기술경영은 R&D 부서 내의 안정적이고 예측가능한 상황부터 전략적 수준에서 발생하는 불연속적이고 예측불가능한 상황에서 발생하는 것으로 간주되었다. 한때, 1990년대 후반에 기술혁신과 기술경영은 다른 개념으로서 고려되기도 하였다. 여기서, 기술혁신은 혁신을 저해하거나 촉진하는 프로세스 혹은 정책과 관련된 분야로 언급되고 기술경영은 그 혁신을 촉진하는 것을 의도하는 관리의 형태로 나타났다. 그러나, 현재의 혁신은 기술경영뿐만 아니라 거의

모든 경영분야에서 다루는 주제가 되고 있다. 이러한 이유로 너무 광범위한 범위를 탈피하기 위해 과학적 및 기술적 지식에 초점을 둔 분야로 제한하여 기술경영의 핵심을 설명하기도 한다. 이러한 관점에서 본다면 기술경영의 주요 관심 주제는 신제품 개발, 기술확산, 기술혁신, 기술 개발, R&D관리, 혁신의 사업화, 운영과 생산, 기술 협력, 기술전략 등이 있다.

하지만, 다양한 불확실성의 심화로 인해서 이러한 주제를 다루기 위해서는 기술경영이 더 이상 한 기업 내 활동 즉, 내부 R&D만을 다루어서는 안되고 기업 외부의 다양한 혁신원천과 관계 및 운영을 어떻게 해야 하는 지에도 관심을 둘 수밖에 없게 되었다. 조직 경계를 넘어선 이러한 확장은 기술경영의 범위를 더욱 광범위하게 넓혔고 2000년대 초에 이른바 개방형 혁신이라는 패러다임의 등장으로 정형화되었다. 개방형 혁신의 중심 아이디어는 폭넓게 분산된 지식의 세상에서 기업은 자신의 연구에만 전적으로 의존할 여유가 없기 때문에 다른 기업으로부터 구매 혹은 라이센스 프로세스 혹은 발명(예 특허)을 활용해야 하며, 기업의 비즈니스에서 사용되지 않는 내부 발명들은 기업의 외부로 가져가 활용(예 라이센싱, 조인트 벤처, 스핀오프(spin-off)를 통해)해야 한다는 데 있다.

<참고문헌>

매일경제, "QWERTY자판 느리고 불편한데 왜 표준 됐을까", 2012, 12.05.

조선비즈, "철강 상식 깬 포스코 '파이넥스 공법'… 용광로 없이 쇳물 2000만t 생산했다", 2017.12.11.

HMG Journal, "기원전부터 시작된 탈것의 발전: 자동차의 역사," 2014.2.10.

LG유플러스 공식 블로그, "한 눈에 보는 스마트폰 역사", (https://blog.uplus.co.kr/2149), 2015.5.20.

Gregory, M.J. (1995), "Technology management: a process approach", Proceedings of the Institution of Mechanical Engineers, 209(5), 347−356.

Jolly, V.J. (1997), Commercializing new technologies: getting from mind to market, HBR Press, Boston, MA.

NRC(National Research Council) (1987), Management of technology: the hidden competitive advantage, National Academy Press.

Porter, M.E. (1985), Competitive advantage: creating and sustaining superior performance. The Free Press, New York, NY.

Sumanth, D.J. & Sumanth, J.J. (1996), "The technology cycle approach to technology management", in Gaynor, G.H. (Ed.), Handbook of Technology Management, McGraw−Hill, New York, NY, 3.1−3.17.

Teece, D.J., Pisano, G. & Shuen, A. (1997), "Dynamic capabilities and strategic management", Strategic Management Journal, 18(7), 509−533.

기술과 기술혁신

기술경영
Management Of Technology

01 기술의 특징

지식의 체계로서 기술지식(즉, 자연적이고 인위적인 것들의 기능과 상호작용을 설명하는 지식)은 개인적 명시성(例 명문화될 수 있는 특정 기술과 관련된 개인의 스킬들), 개인적 암묵성(例 개인적으로 내재되는 특정 기술과 관련한 개인의 스킬들), 집합적 명시성(例 특정 기술의 표준 운영절차), 혹은 집합적 암묵성(例 기술과 관련된 조직의 루틴과 문화)의 다양한 특징을 갖는다.

기술을 더욱 명확히 이해하기 위해서 기술의 특징을 혁신 프로세스와 지식이라는 두 가지 역할로서 구체적으로 설명한다.

1.1. 혁신 프로세스로서 기술

일반적으로 기술이라는 용어는 특정 시기에 이용가능한 모든 산업 기술 집합에 대한 지식(암묵적이든 명시적이든)의 '스톡(stock)'을 의미하기 위해 사용된다. 하지만 기술은 '플로우(flow)'로 표현되는 기술혁신 프로세스에서 이중 역할을 하는 것을 기억해야 한다. 기술은 <그림 2-1>과 같이 혁신 프로세스의 주요 투입물일 뿐만 아니라 산출물이다. 일반적으로 혁신 프로세스의 산출물을 언급하기 위해서 혁신, 발견(discovery), 발명, 기술지식 등과 같은 다른 용어를 혼용하여 사용하기도 하지만 그 결과(산출물)를 기술로 단순하게 부르는 경우도 있다.

〈그림 2-1〉 기술혁신 프로세스

자료원: Nieto(2003)

'기술은 정의를 필요로 하지 않는 핵심 경쟁요인'이라는 것처럼 기술의 명시적 정의는 일반적으로 이루어지지 않았다. 하지만 다음의 다양한 관점에서 기술이 고려될 수 있다.

① 응용과학으로서의 기술

어떤 경우에는 다음과 같이 제한적 정의가 사용되기도 하였다. '기술은 응용과학이다' 여기서 기술은 혁신에 필요한 과학 및 기술적 지식의 본체로서 고려된다. 이 관점에 따르면 기술은 과학적 지식과 그 과학으로부터 도출된 생산적 활동 사이에 놓여 있다. 따라서 기술의 기능은 새로운 제품, 서비스, 프로세스의 개선과 창출에만 제한적으로 사용되었다.

② 제품과 공정의 산출물로서의 기술

전통적으로 기술이라는 단어는 생산 공정과 기업에 의해 만들어진 제품을 서술하기 위해 광범위하게 사용되어 왔다. 실제로, 어떤 경우(주로, 생산운영시스템의 유형에 따라)에 기술은 특정 공정을 나타낸다. 예를 들어, 화학공정은 특정 제품을 생산한다. 이 경우에 그 제품을 기술에서 분리하는 것은 어렵다. 더욱 일반적 용어로서 기술은 철강산업의 연속주조와 같은 생산공정을 의미할 수 있다. 여기서 기술은 제품과 분리될 수 있다.

③ 업무가 수행된 방식으로서의 기술

오늘날에는 어떤 조직에서 업무가 수행되는 특정 방식과 동일한 것으로 기술의 정의를 구축하는 경향이 있다. 이 개념은 R&D 업무의 결과를 반영하는 기술의 제한적 사고를 넘어선다. 그 결과, 더 광범위한 의미로서 기술은 기업이 비즈니스를 하거나 업무를 수행하는 방식으로서 고려할 수 있다.

④ 역량으로서의 기술

기술은 또한 핵심역량과 동태적 역량의 관점에서 고려될 수 있다. 실제로, 역량이 일련의 혁신 발생을 허용하는 지식과 스킬의 독특한 결합으로서 정의될 수 있으면 기술은 역량으로 고려될 수 있다. 이전 장에서 언급하였지만 동태적 역량이 새롭고 혁신적인 경쟁우위를 얻는 조직의 능력을 반영하기 때문에 기술의 개념은 또한 동태적 역량과도 관련될 수 있다.

1.2. 지식으로서 기술

기술혁신은 정보(혹은 지식)에서 정보(혹은 지식)를 발생시키는 프로세스로서 고려되어 왔다. 기술은 공공재의 특성을 보유한 정보(혹은 지식) 집약적인 재화이다. 나아가, 기술혁신 프로세스는 정보와 지식을 만들뿐만 아니라 혁신으로 전환하는 정보와 지식을 발생시킨다. 따라서, 기술이 다음의 특징을 갖는다면 그것은 지식으로서의 기술로 간주될 수 있다.

(1) 암묵적(implicit)

성문화될 가능성은 의심의 여지없이 가장 의미있는 지식의 특성이다. 지식의 성문화(codification)는 그림, 공식, 도표, 숫자 혹은 단어를 통해 정보를 설명해주는 가능성을 의미한다. 성문화의 수준에 기초하여 두 지식 항목으로 분류된다. 그것은 명시적(explicit) 지식과 암묵적(tacit) 지식이다. 명시적 지식은 정교한 방법과 해독될 수 있는 방식으로 완전히 표현되어지고(articulate) 성문화된다. 명시적 지식의 주요 구성요소는 정보이기 때문에 그 전송과 축적은 큰 어려움을 수반하지 않는다. 이 유형의 지식은 다음의 네 가지 항목으로 그룹화될 수 있다.
① 문서, 청사진, 데이터 베이스에 포함된 지식
② 기계류와 생산설비에 포함된 지식
③ 화학과 제약 제품, 특별 합금, 신재료 등 어떤 원재료에 포함된 지식
④ 개인의 마음에 포함되고 쉽게 전송될 수 있는 지식의 부분

반대로, 지식의 암묵적 차원은 정보로 환원될 수 없기 때문에 성문화되기 어렵다. 대부분의 기술지식은 암묵적 요소를 많이 갖고 있기 때문에 그것을 소유하고 있는 사람에 의해서도 완전히 전송되기 어렵다. '우리 모두는 우리가 설명할 수 있는 것보다 더 많은 것을 알고 있다(Polanyi, 1967)'는 것이 이 암묵성을 잘 설명해 준다. 암묵적 지식의 본체는 어떤 사람이 일하는 방법을 알고 있으나 그 방법을 설명하거나 표현할 수 없는 모든 것을 포함한다. 이 지식은 다른 사람과 공유하기 어려운 개인적 행동과 경험으로부터 나온다.

일반적으로, 혁신 프로세스는 보통 잘 구조화되지 않거나 완벽하게 정의되지 않은 기술적 문제들을 해결하는 것을 추구한다. 예를 들어, 만약 한 사람이 실패율을 줄이기 위해 어떤 기계의 디자인을 향상시키기 원한다면 그 사람은 매우 다양한 실패의 원인들을 발견해야 한다. 초기에 이용 가능한 명시적 지식은 자동으로 문제의 해결책을 제공하지 않는다. 여기서, 더 많은 무엇인가가 요구되는데 그것은 바로 축적된 경험, 직관, 창의성과 같이 암묵적 본질을 갖는 역량이다.

(2) 전송된(transmitted)

기술이 거래되는 시장에서 어떤 기술을 규명하고, 획득하고, 동화하는 것은 매우 어렵다. 기술자원과 관련한 이러한 시장의 불완전성으로 인해 기업은 가장 중요한 기술을 규명하고 그들을 투입물 요소 시장에서 확보하는 것이 쉽지 않다. 이 어려움은 기술의 이전을 방해하는 실질적 장벽을 구성하고 여러 요인들에 의존한다. 그 요인들로는 지식 자체의 성문화 정도가 낮을수록, 학습될 수 있는 정도가 낮을수록, 복잡성 정도가 클수록, 다른 지식에 의존하는 정도가 높을수록, 관찰될 수 있는 정도가 낮을수록 전송(혹은 모방)과 확산 속도가 낮아질 것이다.

비록 어떤 기업이 적합한 지식을 규명할 수 있을지라도 기술지식이 완전한 이동성을 갖지 않기 때문에 그 지식을 쉽게 확보하는 것은 매우 어렵다. 또한, 기술지식의 이전은 비록 그것이 완벽하게 성문화된 기술일지라도 거래비용이 매우 높다. 나아가, 불완전한 정보에 의해 유발된 기술거래 당사자의 기회주의적 행태는 기술의 이전을 방해하는 중요한 요인이다. 이것 때문에 전략적으로 중요한 기술 자원들은 구매할 수 없거나 다른 기업들에게 이전되는 데 큰 어려움을 경험할 수밖에 없다.

(3) 동화된(assimilated)

기존의 기술을 파괴하지 않는 일반적 기술진보(혹은 점진적 기술혁신)는 각 기술경로(혹은 궤적)를 따라 연속적 방식으로 발생한다. 그 결과, 혁신은 기존 기술의 발전과 향상을 바탕으로 하여 일어나고 기술 지식의 진보는 순차적으로 발생하며, 다음 단계로 나아가기 위해서는 기존 단계를 마스터해야 한다. 즉, 일반적 기술진보를 달성하기 위해서는 기업이 그들이 보유한 기술적 잠재력에서 최대의 장점을 뽑아내면서 혁신해야 한다는 점을 의미한다.

기업은 이전에 축적된 지식에 기초하여 혁신을 달성하는 데 필요한 지식을 획득하려고 노력한다. 그 이유는 기업 수준에서 기술혁신 프로세스는 명확히 누적적 특징을 갖기 때문이다. 게다가, 기업이 미래에 기술적으로 달성할 수 있는 것은 갑자기 하늘에서 떨어지지 않는 한 과거에 할 수 있었던 것에 의존할 것이라고 가정하는 것은 합리적이다.

일반적으로, 기존 지식이 결여된 기업은 외부에서 발생하는 신기술을 재빨리 동화하는 데 필요한 흡수역량을 갖지 않을 것이다(Cohen & Levinthal, 1990). 기술을 동화하는 데 필요한 보완적 자원의 개발과 학습 프로세스는 시간을 많이 필요로 한다. 즉, 신기술은 즉각적으로 적용되기 어렵고 시간이 지나 점차적으로 동화될 것이며, 이러한 특성이 지식으로서의 기술을 설명하는 데 필요하게 된다.

(4) 전유된(appropriated)

모든 기술은 두 가지 구성요소를 갖는다. 그것은 혁신하는 기업만이 편익을 얻는 사적인 부분과 전유하기 어렵고 다른 주체들도 함께 이용하는 공적인 부분이다. 여기서, 전유는 특허 등의 지적재산권을 통해 자기 자신만의 소유로 만드는 것을 의미한다. 기술의 전유성 조건은 이들 두 구성요소의 비율에 의해 결정된다. 하지만 기업은 기술 지식의 일부분에 대한 공식적인 지적재산권을 구축하는데 몇 가지 어려움에 직면하게 된다.

따라서, 기업은 다음과 같이 그들의 혁신 활동의 결과를 전유하기 위해 비공식적 메커니즘을 포함한 다양한 방법을 적용한다.

① 법적 보호장치

법적 보호장치(예 특허, 상표권, 저작권 등)는 모방자들에 의한 복사를 막는 것을 가능하게 하고 로열티로부터 수익을 보장한다. 그러나, 이 법적 장치들의 효과성은 의문스러울 수 있다. 대부분의 산업 특허들이 모방자에 대한 보호 메카니즘으로서 사용되지 않는지를 설명하는 여러 이유가 존재한다. 예를 들어, 많은 산업에서 모방자가 어떤 기술을 복사했다는 것을 보통 입증하기 어렵기 때문에(예 복잡한 전자 시스템) 모방자들은 법에 저촉되지 않고 특허 기술을 모방할 수 있다. 또한, 어떤 혁신은 그 진기성(novelty)을 입증하는데 매우 많은 비용이 들기 때문에(예 항공과 같이 복잡한 기술) 특허화하기도 매우 어렵다. 나아가, 어떤 기술 경로에서 발생하는 진보는 그들을 특허화하는 의미를 갖지 못할 정도로 빠른 속도로 혁신되기도 한다(예 마이크로 일렉트로닉스).

② 기밀유지

특허에 포함된 정보를 일부분으로 제한하여 산업 기밀을 철저히 관리하는 상황이 필요한 경우도 있다(예 코카콜라의 원액, 석유화학 공정).

③ 기술적 리더십 포지션의 활용

기술뿐만 아니라 마케팅과 고객 서비스에 엄청난 투자를 통해 기술적 리더십 포지션을 활용하는 것을 지향하는 행동들은 반도체 산업과 같은 특정 산업에서 그들의 효과성을 보여주었다.

④ 지연기간의 활용

혁신자의 시간 지연 혹은 일시적 우위는 모방자에게 효과적 보호 메카니즘으로 작용할 수 있다. 만약 혁신자가 계속 지식을 축적하고 연속적으로 혁신한다면 그것은 잠재적 모방자들에 대한 기술적 리드를 유지하는 한 방법이다. 반도체와 자동차 산업에서 기술격차를 유지하려고 노력하는 사례를 자주 볼 수 있다.

⑤ 보완자산의 활용

기술을 활용하는데 상호 특화된(co-specialized) 보완적 자산을 보유할 필요가 있도록 만든다. 모방자가 그러한 보완자산들을 확보해야만 특정 기술을 활용할 수 있기 때문에 전유 조건에 영향을 미칠 것이다. 이 경우에 혁신자는 보완자산을 공급하는 공급자를 통제하고 협약을 맺음으로서 편익을 전유할 수 있다.

02 환경의 불확실성

현재는 모든 부분에서 불확실성이 상존하며 기업의 경쟁력을 지배하는 시대라고 한다. 이제 기업이 안정적인 상황에서 운영하는 시대는 종료하였다고 해도 과언이 아니다. 그렇다면 기술혁신과 관련된 불확실성은 어떻게 이해할 수 있을까?

(1) 경쟁의 불확실성

경쟁이 치열해 짐에 따라 산업 간 경계가 점차 불분명해지고 있다. 구글(Google)의 스마트폰, 애플(Apple)의 무인자동차 시장 진입은 더 이상 구글이 검색엔진 회사가 아니고 애플을 개인용 컴퓨터(PC) 업체로 정의할 수 없게 되었다. 비록 통계청에서 지정한 표준산업분류는 명확히 구분되고 있지만 그 산업 내 소속 기업의 구분은 갈수록 무의미해지고 있다.

아래의 <그림 2-2>에서 볼 수 있듯이 과거는 기업 간 경쟁이 전개되었으

〈그림 2-2〉 경쟁관계의 변화

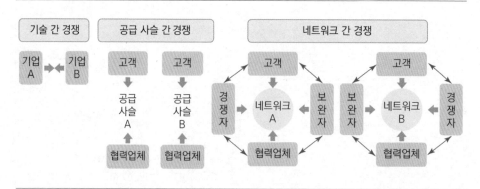

나 이제 공급사슬 간 경쟁과 더불어 네트워크 간 경쟁으로 경쟁의 범위가 확대되고 있다. 이러한 현상은 제품의 융복합화(융합은 화학적 결합, 복합은 물리적 결합에 초점)로 인해서 점점 더 심화되고 있다. 이제 국내 자동차 기업은 해외의 경쟁자로 도요타와 벤츠 등의 전통적인 자동차 업체뿐만 아니라 테슬라와 구글과 협력 및 경쟁해야 하며, 스마트폰 제조업체도 애플 및 구글 등과 협력 혹은 경쟁을 해야 한다.

경쟁의 불확실성으로 인해서 산업 분류가 모호해지고 있고 기업 간뿐만 아니라 산업 간 경쟁도 무의미해지고 있다. 국내에서 가정용 전화기에서 삐삐(beeper), 시티폰(citiphone: 오직 전화를 걸 수만 있는 기능의 전화기), 휴대폰(cellphone), 스마트폰(smartphone)으로 진화한 사례처럼 게임의 법칙을 변화시키는 파괴적인 신제품 개발 및 도입 경쟁이 심화됨에 따라 기업은 이제 공급사슬 간 경쟁을 넘어서 네트워크 간 협력과 경쟁에 직면하게 되었다. 그 결과, 이 협력(collaboration)과 경쟁(competition)은 협력과 경쟁의 동시 추구(co-opetition)라는 신조어를 낳았다.

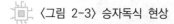 〈그림 2-3〉 승자독식 현상

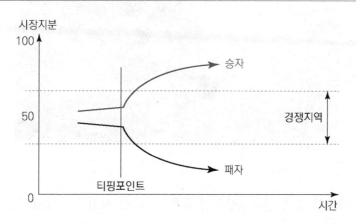

자료원: Shapiro & Varian(1999)

또한, 기술의 경쟁은 비선형적 경쟁 양상을 보이고 있고 시장에서 승자독식(winner takes all)의 원칙이 심화되어 나타나고 있다. <그림 2-3>에서 볼 수 있듯이 두 기술이 시장에 등장한 후에 경쟁지역에서 표준전쟁을 치른 후 티핑포인트(tipping point: 어느 순간 균형이 깨지는 폭발적인 현상이 발생하는 순간을 나타내는 용어로서 역학분야에서 바이러스가 병을 일으킬만한 수에 이르는 순간을 가리킴)를 지나면서 승자가 시장지분을 100% 차지하는 현상이 빈번하게 발생한다.

여기서, 승자와 패자가 구분되는 본격적인 현상을 소비자 관점에서 펭귄 효과(penguin effect)라고도 한다. 펭귄은 알에서 부화한 후 부모의 품을 떠나 처음으로 바다에 들어갈 때 빙벽 끝 부분에서 망설인다고 한다. 그러다 한 펭귄이 뒤의 펭귄에게 밀려서 바다에 뛰어들게 되면 <그림 2-4>와 같이 모든 펭귄이 같이 뛰어들게 되는데 이것을 소비자의 신기술 적용과 기술 확산에 도입하여 설명하기도 한다. 이 부분은 나중에 기술혁신 패턴에서 심화하여 다루도록 한다.

〈그림 2-4〉 펭귄효과

한편, 이러한 경쟁 불확실성의 원천은 크게 세 가지로 설명될 수 있다(Mohr et al., 2005).

① 미래의 시장에서 새로운 경쟁자가 누가 될 것인가?

② 새로운 경쟁(제품형태의 경쟁, 고객들의 욕구와 문제 해결 등)

③ 산업시장 외부의 새로운 경쟁자(경쟁력 있는 전술을 가지고 그 산업 자체를 바꾸어 버림)

(2) 수요의 불확실성

고객의 잠재적 니즈가 변화무쌍해짐에 따라 기술의 수요를 예측하는 것이 매우 어려워지고 있다. 과거 벨(Bell) 연구소가 미래 휴대폰 시장을 추정한 보고서에 시장이 제로였다고 조사한 사례에서 볼 수 있듯이 미래 시장에 신제품 도입이 많아질수록 시장니즈와 더불어 기술에 대한 전망은 매우 어려워지고 있다. 특히, 고객의 요구사항을 니즈(needs: 고객이 피상적으로 파악할 수 있는 표면적 욕구)와 원츠(wants: 고객 자신도 모르는 잠재적 욕구)로 분류할 경우에 가장 큰 시장을 차지하는 원츠는 전통적 마케팅 기법으로 예측이 불가능하다.

문화인류학, 정신분석학, 마케팅을 공부한 클로테르 라파예유(Clotaire Rapaille)는 자신의 저서 컬처코드(culture code)에서 수요의 불확실성을 심화시키는 고객 무의식에 잠재된 원츠의 개념을 집중적으로 다루었다. 그는 이성적 학습이 아닌 경험을 통한 각인이 바로 사람의 잠재된 원츠를 결정하는 핵심이라고 한다. 이 각인은 보통 7살 이전의 강렬한 문화적 경험에 기반한다고 한다. 따라서, 그 사람의 말은 단지 학습을 통한 피상적 욕구일 뿐이기 때문에 고객의 니즈와 원츠를 파악하고자 할 때에는 사람을 말을 무시하라고 한다. 이부분은 나중에 고객요구사항 파악에서 심화하여 다루도록 한다.

수요 불확실성의 원천은 크게 다섯 가지로 설명될 수 있다(Mohr et al., 2005).
① 새로운 기술에 의해 어떤 것이 충족될 것인가?
② 미래에는 어떤 변화가 필요할 것인가?
③ 시장은 산업표준을 채택할 것인가?
④ 얼마나 빨리 기술혁신이 확산될 것인가?
⑤ 잠재시장은 얼마나 클 것인가?

(3) 기술의 불확실성

앞서 사례로 제시한 디스플레이 기술에서도 이해하였지만 브라운(Braun)관, PDP, LCD, OLED가 치열한 경쟁을 뚫고 산업의 표준 기술이 되었다. 향후에도 <그림 2-5>와 같이 다양한 미래의 디스플레이 기술이 논의되고 있는데, 이 중에서 어떤 기술이 시장을 지배하고 어떤 기술이 새롭게 경쟁자로 등장할지를 예측하는 것은 매우 어렵다.

 〈그림 2-5〉 미래의 디스플레이 기술

• 미래 디스플레이 종류

Flexible or Foldable	Micro Viewer	Eye Projection	Head-Up Display
기존 Display의 혁신	공동의 Display	화상통화에 유리	Wearable Computer

• 미래 디스플레이 시장

가정용 Display	업무용 Display	개인용 Display	새로운 Display

자료원: 삼성 디스플레이

이러한 기술 불확실성의 원천은 크게 다섯 가지로 설명될 수 있다(Mohr et al., 2005).

① 새로운 기술혁신이 약속된 바와 같이 기능하는가?

② 새로운 제품에 대해 예정대로 이용할 수 있는가?

③ 신기술의 공급자와 관련된 문제로서 만약 고객에게 문제가 발생하면, 공급자는 신속하고도 효과적인 서비스를 제공할 수 있는가?

④ 기대하지 못했던 결과나 부작용이 존재하는가?

⑤ 얼마나 오랫동안 새로운 기술이 생존할 수 있을 것인가?

03 불확실성 시대의 기술혁신

3.1. 경쟁력 원천으로서 기술혁신

생존(survival), 경쟁력(competitiveness), 지속가능 경쟁우위(sustainable competitive advantage) 등 기업의 성장과 관련한 다양한 용어가 혼용되고 있다. 그중에서 가장 일반적으로 사용되는 경쟁력의 원천은 어떻게 변화되었을까?

본격적으로 기업과 시장의 개념이 정립된 1760년 산업혁명 초기에는 원가(cost)가 중요하였다. 이는 산업혁명 시대에 우수한 설비와 생산성에 기반한 대량생산 체제를 통해 경쟁력을 확보할 수 있게 되었다는 의미이다. 즉, 많은 자본과 우수한 설비를 보유한 기업이 가장 뛰어난 경쟁력을 보유한 시절이었다. 이후, 다양한 제품이 시장에서 경쟁함에 따라 고객의 품질에 대한 관심이 증가하여 품질(quality)이 경쟁력의 새로운 원천으로 등장하였다. 이 수준이 어느 정도 충족된 후에 고객은 다양한 자신들의 요구에 적합한 제품을 찾게 되어 이에 대응하는 제품 유연성(flexibility)과 시장에 다양한 신제품을 경쟁자보다 신속하고 정확하게 제공하는 속도(delivery)에 관심을 갖게 되었다. 이러한 전통적인 경쟁력의 원천과 더불어 현재는 기술혁신(technological innovation), 지속가능성(sustainability), 기업의 사회적 책임(corporate social responsibility), 기업윤리(business ethics), ESG (Environment, Social, Governance) 등이 새로운 경쟁력 원천으로 등장하고 있다. 그러나, 이중에서도 가장 중요한 원천 중 하나는 바로 기술혁신이다.

3.2. 성장엔진으로서 기술혁신

기술혁신은 환경 불확실성이 심화됨에 따라 새로운 경쟁력 원천으로서 필요할 뿐만 아니라 다음의 구체적 환경변화에 의해서도 중요성이 설명될 수 있다.

① 기술혁신은 기업 성공의 가장 중요한 동인으로 인정받고 있다. Booz, Allen and Hamilton(1982)은 기업 연 수익의 30% 이상이 신제품 출시에서 비롯됨을 보여주고 있다. 특히, 기술지향적인 산업에서는 연 수익의 40% 이상이 최근 출시된 신제품에 의해 결정되어진다고 한다. PDMA(Product Development and Management Association)의 연구에 의하면, 기업 매출의 33% 이상이 최근 5년간 개발된 신제품에서 비롯됨을 보여주고 있다.

② 세계화로 인해 경쟁압력이 가중됨에 따라 기업은 제품혁신을 통해 새롭고 차별화된 기능을 선보이면서 기업의 이익을 유지하거나 향상시킬 수 있도록 노력하고 있다. 아울러 공정혁신을 통해 효율적이고 경쟁력을 갖춘 생산이 이루어지도록 노력하고 있다.

③ 정보통신기술(Information and Telecomunication Technology: ICT)의 발달로 인해 신속한 기술혁신의 개발이 용이해졌다. 즉, 전세계의 기술을 단 몇 초만에 학습할 수 있게 되었고 관련 인력들의 협력이 더욱 빈번해 졌다.

④ 시장의 동향으로서 제품 수명주기가 짧아져 제품의 진부화가 빨라지고 이에 따라 신제품 출시 빈도가 더욱 단축되었다. 나아가 고객 요구에 대한 적극적 대응 차원에서 대량생산(mass production)에서 벗어나 대량 고객화(mass customization)가 기업의 일반적인 목표가 되고 있다.

결국, 이러한 환경변화에 대응하기 위해서는 기술혁신이 반드시 달성해야 할 기업의 주요 목표가 될 수밖에 없게 되었다.

04 기술혁신의 정의

4.1. 발명과 혁신의 차이

혁신과 유사한 발명(invention)은 절대적으로 새로운 것을 의미하기 때문에 신규성이 중요하다. 이에 비해 혁신은 상대적으로 새로운 것으로서 실용성에 초점을 둔 개념으로 이해된다. 따라서, 기술혁신은 상대적 개념에 초점을 두어 어떤 조직에 새로운 기술로서 쉽게 이해될 수 있다.

4.2. 슘페터의 초기 혁신 개념

기술혁신 분야에 초기 공헌자로서 혁혁한 공을 세운 오스트리아의 경제학자 슘페터(Schumpeter)는 1934년 기술혁신을 새로운 결합(new linkages)으로서 정의하였다. 그렇게 되면, 새로운 제품 개발은 제품혁신, 새로운 생산공정 도입은 공정혁신, 새로운 자원 획득은 자원혁신과 부품혁신, 새로운 시장 개척은 시장혁신, 새로운 관리/경영방식 적용은 경영혁신으로서 부를 수 있다. 그러나, 이러한 기술혁신의 분류는 광의의 기술혁신 분류방식으로 현재는 제품혁신과 공정혁신을 기술혁신에 포함시키고 경영혁신은 다른 분야의 혁신으로서 많이 다루기도 한다. 또한, 슘페터는 경제적 부(wealth)가 혁신과 제품, 생산, 시장기회, 공급원천 혹은 조직 디자인의 새로운 결합의 도입을 통해 증가한다는 창조적 파괴의 프로세스로서 기업가 정신(entrepreneurship)을 규정하였다. 이것은 기업가 정신과 혁신의 결합을 강조한다.

4.3. 혁신의 기존 정의(~90년대 후반)

많은 저자들이 혁신에 대한 정의를 내렸고, 각각의 정의는 자신만의 늬앙스를 갖는다. 그중 일부를 정리하면 다음의 <표 2-1>과 같다.

▎표 2-1 혁신의 기존 정의

저자	정의
Marquis(1969)	기술적 변화의 단위
Tinnesand(1973)	새로운 아이디어의 도입, 새로운 아이디어, 발명의 도입, 기존 아이디어와 다른 아이디어, 기존의 행태를 파괴하는 아이디어의 도입, 발명
Kuhn(1985)	창의성은 무에서 어떤 것을 형성하는 것이고 혁신은 그 어떤 것을 제품과 서비스로 형성하는 것
Badawy(1988)	창의성은 새로운 것을 존재하는 것으로 만드는 것이고 혁신은 새로운 것을 사용으로 만드는 것
Udwadia(1990)	신제품/프로세스/서비스의 성공적 창출, 개발, 도입
Twiss(1995)	발명이 혁신이 되기 위해서는 시장에서 성공해야 함

이 결과를 보면, 혁신의 정의는 과거 30년 동안 미묘하게 변하였다는 것을 볼 수 있다. 1960년대와 1970년대에 혁신은 일종의 프로세스 변화의 도입으로서 간주되었으며, 어떤 사람들은 혁신을 단순히 새로운 아이디어의 발생으로서 간주하기도 하였다. 하지만 현재 대부분의 학자들은 아이디어 발생 프로세스는 창의성을 반영하고 창의성이 혁신의 중요한 선행인자일지라도 두 용어는 동의어가 아니라는 것에 의견을 같이 하고 있다. 그 결과, OECD(2004)에 따르면 혁신은 새로운 과학적 혹은 기술적 지식, 조직적 노우하우에 기초하여 새롭거나 향상된 프로세스, 제품 혹은 서비스의 도입으로서 정의하고 있다.

4.4. 혁신의 저주와 쥐덫의 오류

(1) 혁신의 저주

하버드 대학교의 존 구어빌(John Gourville) 교수는 자신의 연구에서 미국에서 매년 출시되는 신제품의 90%가 실패한다는 사실을 보고하였다. 대표적인 실패 사례로서 애플과 아마존의 창립자도 칭찬하며 투자한 세그웨이(Segway)를 들었다. 이 제품은 매우 혁신적인 제품으로 평가받으며 출시 당시에 1년에 6만대가 팔릴 것으로 예측되었음에도 불구하고 초기 1년반 동안 6천대밖에 판매되지 않았다. 기타 사례로서 지금은 사라진 PDA와 온라인 기반 농산물 판매 사이트인 Netgrocer.com이 제시되었다.

그 이유로는 고객 행동의 변화를 간과하였기 때문이었다. 즉, 그 제품들이 기술에만 과도한 초점을 두었으며 소비자들의 행동방식을 전혀 고려하지 않았다는 것이다. 소비자들은 합리적이면서도 비합리적인 사람이다. 그들은 기존 제품에서 신제품으로 사용을 전환할 경우에 몇 가지 전환비용(switching cost)을 경험한다. 우선, 금전적 전환비용으로서 신제품 구매비용, 구매를 위한 교통비, 보완재 구매비 등이 발생한다. 그러나 이보다 더 큰 비용은 심리적 전환비용이다. 이들은 신제품 사용법 적응, 이에 따른 시간 소비와 스트레스, 계약에 대한 이해 등을 포함한다. 따라서, 소비자들은 이 전환비용을 최소화하기 위해 혁신적인 신제품을 거부한다는 것이다.

그 예로서 혁신적 제품으로 평가받던 PDA 도입은 기기 사용법이 매우 까다로워서 소비자들이 사용법을 학습하기 위해서는 매우 두꺼운 책 한권을 공부해야만 했다. 또한, 구입비용도 출시 초기에 80−100만원대가 소요되었고 추가비용으로서 음악을 듣고 다른 어플리케이션을 활용하기 위한 추가 기기 연결이 필요하여 비용이 크게 늘어났다(현재의 스마트폰과 비교하기 바란다). 이에 비해 위(Wii) 게임기는 사용법이 매우 단순(세 개의 버튼의 기능만 이해하면 누구나 쉽게 사용할 수 있었음)하였고 TV와 쉽게 연결함으로서 가격도 40만원대에 그쳤었다. 오늘날의 언택트(untact)가 강조되는 시대에도 기존의 콘택트(contact)와 언택트를 병행·결합하는 딥택트(deeptact)가 더 수익적인 모델이라는 점을 고려하면 이러한 현상은 고객의 구매패턴이 기술혁신의 시장 성공을 위해 얼마나 중요한 지를 간접적으로 보여준다. 사전에 구매할 책을 결정하지 않은 고객들은 온라인 아마존에서 책을 구입하기 보다는 오프라인 서점에 가서 다양한 책을 비교평가한 후에 구매하기를 선호한다는 점을 명심할 필요가 있다.

(2) 더 나은 쥐덫의 오류(better mouthtrap fallacy)

미국의 시인이자 철학자인 에머슨(Ralph. W. Emerson)이 주장한 더 나은 쥐덫의 오류는 '누군가가 자기 이웃보다 더 좋은 쥐덫을 만들 수 있다면 그 집을 숲속에 짓더라도 세상 사람들은 집 앞으로 길을 내면서까지 그 제품을 구매하러 올 것이다.'라고 생각한다는 잘못된 우화를 의미한다. 이 의미는 최고의 아이디어와 기술만 있으면 수요는 저절로 따라올 것이라는 잘못된 믿음을 암시한다. 실제로, 당시 미국에서 특허청에 등록된 쥐덫이 약 4,400여건에 이르렀고 미국 울워스(Chester M. Woolworth)가 평이한 가격에 쥐를 잡는 것은 물론 우수한 디자인과 재사용이 가능한 제품을 출시한 바 있었으나 재사용을 위해 경험해야 했던 불쾌한 경험과 비위생 등의 문제점으로 인해 시장에서 실패한 사례가 있다.

흔히 발명가, 엔지니어 창업자, 아이디어 개발자 등이 이러한 오류에 빠지기 쉽다고 한다. 이 우화의 결론은 창의적이고 새로운 아이디어와 제품 개발도 중요하지만 고객에 대한 신중한 파악과 고객의 개발이 더 중요할 수도 있음을 의미한다. 즉, 시장에서 성공하지 못하면 그 제품은 절대 혁신적인 제품이 될 수 없다는 의미이다. 그 예로서, 오늘날의 마우스는 제록스(Xerox)가 개발하였지만 상업화에 성공한 기업은 아이비엠(IBM)과 애플(Apple)이었다. 또한, 모토로라(Motorola)의 전세계에 수많은 위성으로 이루어진 이리듐(Iridum) 서비스를 통한 위성 통신 서비스도 높은 단말기 가격과 통화료, 실내에서는 위성이 무용지물이 된다는 이유로 인해 투자비 대비 엄청난 실패로 끝난 바 있다. 태양광 충전 휴대폰의 경우도 혁신적 제품이었으나 대부분의 소비자들은 실내에 있기 때문에 충전하기 위해서는 일부로 밖에 나가야 한다는 문제점으로 인해 시장에서 활용되지 못했다. 훌륭한 제품이 잘 팔리는 것이 아니라 잘 팔리는 제품이 훌륭한 것이라는 일본의 닌텐도(Nintendo) 게임 개발자인 요코이 군페이의 격언을 명심할 필요가 있다.

4.5. 새로운 기술혁신의 정의(90년대 후반 이후~)

초기 슘페터에 의한 기술혁신은 변화의 도입 혹은 새로운 아이디어의 창출에 초점을 두어 기술혁신을 정의하였다. 그러나, 쥐덫의 오류와 혁신의 저주 사례에서 볼 수 있듯이 새로움(newness 혹은 novelty)만으로는 현재의 혁신을 정의하기에는 부족하다. 아무리 새로운 것이라도 시장에서 적용되지 않는다면 그 새로움은 발명품으로서만 남아있고 아무 의미도 없기 때문이다. 또한 새로움으로 정의되는 기술혁신은 항상 바람직한 결과만을 초래하는 것은 아니다. 일반적으로 기술혁신은 다양한 제품/서비스를 제공하고 시장에서 고객의 효용 및 가치를 증가시키는 역할을 하나 기술발전으로 인한 공해 문제, 항생제의 등장으로 인한 수퍼 박테리아의 문제, 컴퓨터 바이러스 등은 새로운 기술이 항상 시장에 바람직한 가치를 제공하지만은 않는다는 것을 보여주는 사례이다.

따라서 현대의 기술혁신은 새로움과 더불어 시장에서의 성공적 활용(successful market usage)을 포함시킨다. 이 시장에서 성공적 활용은 비즈니스에서 활용과 고객 초점을 반영하는 개념이다. 따라서, 처음 시도되는 제품 혹은 공정의 성공적 적용 혹은 응용이 바로 기술혁신이 되는 것이다. 이러한 기술혁신을 달성하기 위해서는 창의적인 아이디어가 선행될 필요가 있다. 이러한 창의성은 기술혁신과는 명백히 다른 개념으로서 기술혁신의 선행조건이 된다. 그러한 아이디어의 성공적 개발 후에 시장에서 성공적 적용이 이루어지면 결과적으로 그것이 기술혁신이 된다. 한편, 기술혁신에서 파생된 '혁신성(innovativeness)'이라는 용어는 기술혁신을 추구하는 수준 혹은 정도를 의미한다. 결국, 이 혁신성은 조직이 혁신을 추구하는 성향을 나타내는 간접적 대리치로써 자주 사용되기도 한다.

05 기술혁신의 유형과 그 특징

5.1. 기술혁신 유형

기술혁신은 크게 내용(contents)과 강도(intensity)에 기초하여 다양한 유형으로 분류되고 정의되었다. 내용과 관련하여 여러 분류 중 관리/기술, 제품/프로세스, 기술적/아키텍쳐 기술혁신이 있다. 또한, 강도와 관련하여 급진적/점진적, 불연속적/연속적, 혁명적/진화적, 주요(major)/부수(minor) 등과 같은 명칭을 사용하여 왔다. 이중에서 중요한 혁신 유형은 다음과 같다.

(1) 제품(product)혁신 대 공정(process)혁신

기술혁신의 결과 즉, 산출물이 제품이냐 공정이냐에 따른 분류로서 예를 들어, 스마트폰은 제품혁신, UPS의 Hub-and-Spoke를 통한 물류혁신은 공정혁신에 해당한다.

(2) 급진적(radical) 혁신 대 점진적(incremental) 혁신

기존 제품/공정/디자인에 비해 상대적인 새로움의 수준에 따른 분류로서 전기자동차는 급진적 혁신, 하이브리드 자동차는 점진적 혁신에 해당한다.

(3) 연속적(continuous) 혁신 대 불연속적(discontinuous) 혁신

기술의 라이프사이클(이를 흔히, S-곡선이라고 한다) 상에서 혁신이 궤적(혹은 경로)을 따라 진화하는가 혹은 그 사이클을 뛰어넘는 혁신인가에 따른 구분으로서 기존 녹음기에서 워크맨으로 소형화시킨 것은 연속적 혁신, 카세트 테이프에서 CD, MP3, 파일 등으로 변환된 것은 불연속적 혁신에 해당한다.

(4) 지속적(sustaining) 혁신 대 파괴적(disruptive) 혁신

기존 제품/공정/디자인이 계속 유지되면서 진화하는가 혹은 새로운 제품/공정/디자인이 기존의 것을 완전히 대체하느냐에 따른 구분으로서 갤럭시 S 시리즈는 기존 제품의 성능을 조금씩 계속 업그레이드시키는 지속적 혁신이고 카셋트 테이프에서 CD, 아이팟(i-pod) 등으로의 변화는 기존 제품을 시장에서 사라지게 만들었기 때문에 파괴적 혁신에 해당한다.

(5) 모듈적(modular) 혁신 대 아키텍처(architectural) 혁신

아키텍처는 구성요소(component)와 구성요소들 간의 관계(즉, 시스템)로 설명이 되고 이 혁신은 구성요소의 변경없이 단지 아키텍처만을 변화시키는 혁신이고 모듈은 하나의 기능을 수행하는 구성요소들의 결합으로서 그 구성요소들의 결합 자체의 혁신을 의미한다. 이에 기술하여 아키텍처에 중점을 둔 혁신과 모듈에 중점을 둔 혁신으로 구분할 수 있다. 자동차에서 엔진모듈의 혁신적 발전은 모듈 혁신이고 자동차를 구성하는 다양한 모듈의 관계를 재구성하는 혁신은 아키텍처 혁신에 해당한다.

이러한 기술혁신 유형은 기술과 시장의 새로움에 따라 <그림 2-6>과 같이 분류될 수도 있다.

〈그림 2-6〉 기술과 시장의 새로움에 따른 기술혁신의 분류

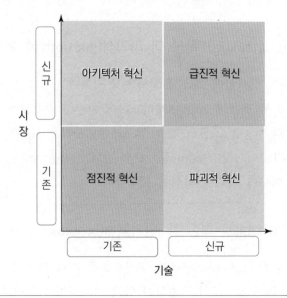

자료원: Schilling(2017)

5.2. 주요 혁신 유형의 특징

기술경영에서 가장 자주 사용되는 혁신의 분류는 제품/공정혁신과 급진적/점진적 혁신이다. 이를 상술하면 다음과 같다.

(1) 제품혁신과 공정혁신

제품과 공정혁신은 각각이 기업 내에서 영향을 미치는 다른 영역과 활동에 기초하여 구분된다. 제품혁신은 고객의 편익을 위해 도입된 새로운 산출물 혹은 서비스들이다. 새로운 제품 혹은 서비스는 예전의 제품 혹은 서비스와 두드러지게 다를 것이다. 반면에, 공정혁신은 투입물과 산출물 사이를 매개하는 처리 기술에서 나타나는 새로운 도구, 장치, 지식을 의미한다. 공정혁신은 전형적으로 제품 혹은 서비스를 창출하는 효율성을 향상시키나, 그들은 또한 향상된 품질과 신뢰성을 통해서 고객에게 가치를 부가할 수 있다. 그러나, 이 향상은 대부분 무

형적이고 고객이 알기 매우 어렵다.

Utterback & Abernathy(1975)는 <그림 2-7>과 같이 제품의 라이프사이클에 걸쳐 제품혁신과 공정혁신의 동태적 상호작용을 설명하였다. 그들은 제품과 공정혁신의 비율은 세 가지 다른 라이프사이클 단계에서 현저하게 다르게 나타난다고 하였다.

〈그림 2-7〉 제품혁신과 공정혁신의 단계

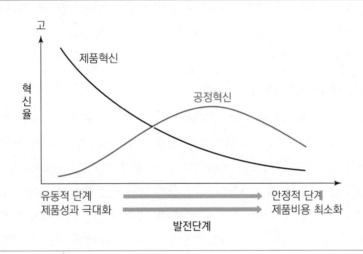

① 유동 단계(uncoordinated process)

이 단계의 특징으로 제품 혹은 서비스에 많은 변화가 있고, 기술표준은 여전히 등장하지 않았고, 산업매출은 낮고, 제품가격은 상대적으로 높다. 제품설비들이 상대적으로 작은 규모이고 제품 디자인이 매우 자주 변화되기 때문에 공정을 향상시키는 데 아직 많은 노력이 필요하지 않으며, 유연성이 유지되도록 조직의 여유(slack)가 유지된다. 공정혁신은 그 혁신이 시스템을 더욱 경직시키고 변화를 방해할 수 있기 때문에 이 단계에서는 낮은 수준으로 제한된다. 결과적으로, 이 단계에서 경쟁은 일차적으로 제품 혹은 서비스의 성과에 기초하기 때문에 급진적 제품 변화가 강조되나 공정혁신의 수준은 낮은 수준에 머무른다.

② 과도 단계(segmental process)

이 단계에서 제품 표준이 등장하고 가격 경쟁이 더욱 심화된다. 매출 관점에서 산업 규모는 더욱 커지고 제조설비들은 규모의 경제를 활용할 수 있도록 확장된다. 대형 제조시스템들이 더욱 효율적으로 통합되고 더욱 전문화된 업무들에 기초하여 효율성을 달성하기 위해 설계된다. 경쟁이 일차적으로 가격에 기초하기 때문에 기업은 그들의 비용을 더 낮추기 위해 급진적 공정혁신에 초점을 둔다. 그러한 환경에서 제품혁신은 제조시스템의 불필요한 변화와 비용을 증가시킬 수 있기 때문에 제한적으로만 추진한다. 일반적으로, 이 단계에서 공정혁신은 제품혁신보다 수적으로 우세하게 발생한다.

③ 안정 단계(systemic process)

제조시스템이 더욱 커지고, 더욱 통합되고, 더욱 자동화되는 단계이다. 비용 최소화는 산업의 일차적인 경쟁 동인이다. 각 기업의 공정은 매우 효율적이고 전체적으로 통합되어 있기 때문에 작은 공정혁신도 많은 비용을 초래할 수 있다. 따라서, 이 단계 동안 공정혁신의 비율이 감소한다. 이 마지막 단계에서는 급진적 제품 및 공정혁신이 저항받지만 점진적 제품 및 공정혁신은 높은 관심을 받는다. 이 단계에서 기존의 제품과 공정의 라이프사이클을 파괴하는 새로운 혁신이 외부 주체에 의해 발생할 가능성이 높아진다.

한편, Butler(1988)는 제품과 공정혁신은 기업의 사업 전략을 어떻게 지원하는 지가 다르게 나타난다고 하였다. 우월한 제품성과를 강조하는 차별화 전략은 제품혁신을 통해서 달성될 수 있다. 이것은 산업 내 대부분의 기업들이 Utterback & Abernathy의 유동 단계를 따르도록 만든다. 반대로, 산업 내 대부분의 기업들이 과도(혹은 전이) 단계를 따르는 저비용 전략은 공정혁신에 강한 초점을 두도록 한다. 이 이론적 근거는 왜 기업이 시간에 걸쳐 그들의 경쟁적 및 기술적 전략들을 변화시키는지를 설명하기 위해 더 확장될 수 있다. 산업이 더욱 성숙할수록 많은 기업들은 차별화에서 저비용으로 그들의 사업전략을 변화시키고 그들의 초점을 제품혁신에서 공정혁신으로 이동시킨다. 비록 이러한 현상이 모든 산업에 적용되기는 어려울지라도 Utterback & Abernathy 모델은 제품과 공정혁신에 관한 많은 가치있는 통찰을 제공하고 있다.

(2) 급진적 혁신 대 점진적 혁신

① 개념

급진성(radicalness)로도 불리는 혁신의 정도는 점진적에서 급진적까지 연속적으로 정의될 수 있다, 여기서, 급진적 혁신은 조직 활동의 근본적 변화와 기존 프랙티스들의 중요한 변환을 수반하는 반면에, 점진적 혁신은 널리 퍼진 프랙티스의 변화의 수준이 더 낮아진다. 본질적으로 점진적인 혁신은 프로세스를 향상시키고, 운영을 더욱 효과적으로 만들고, 품질을 향상시키고, 비용을 감소시키는 것을 지향한다. 이 혁신은 기업에 새로운 것으로 인식되나 다른 조직에 의해 이미 사용되고 있을 수 있다. 반대로, 급진적 혁신은 기술과 시장의 관점에서 불연속성으로 특징되고, 산업에 새로운 것으로 인식된다.

② 급진적과 파괴적 혁신의 차이

Tushman & Anderson(1986)은 역량향상(competency-enhancing) 혹은 역량파괴(competency-destroying)의 분류방식을 도입하였다. 여기서, 혁신의 파괴성은 현재의 공급사슬을 얼마나 많이 파괴하는가에 초점을 둔다. 그러나, 파괴적 혁신이 급진적인 데 비해 모든 급진적 혁신이 파괴적은 아니다. 이러한 차이는 혁신을 판단하는 관점이 기업인지 아니면 시장인지에 따라 차이가 발생하기 때문이다. 역량의 향상과 파괴는 기업의 역량 관점에서 바라보지만 점진적과 급진적은 시장(혹은 고객)에 대한 영향의 관점에서 평가하게 된다. 즉, 시장의 관점에서 고객의 가치 창출에 급격한 도약을 나타내면 그 혁신은 급진적(혹은 불연속적)이 된다.

③ 성과

일반적으로, 급진적 혁신은 기술의 관점에서 기존 제품들로부터 극적인 차이를 나타내고 고객에게 상당히 큰 편익을 제공하는 것으로 알려졌다. 이에 비해 점진적 혁신은 기존 제품라인의 향상과 개선을 포함한다. 선도적인 우위에 있는 기업들이 세계 시장을 지배하는 것을 가능하게 만들기 때문에 급진적 혁신이 기존 기업의 시장 포지션을 파괴하는 잠재력을 갖는다. 그 결과, 급진적 혁신은 우월한 편익을 제공하며, 점진적 혁신에 비해서 급진적 혁신에 대해 소비자의 선호가 높은 것으로 알려졌다. 따라서, 급진적 혁신은 점진적 혁신보다 시장 포지션에 대한 더 강한 긍정적 영향을 미쳐야 한다. 또한, 급진적 혁신은 최신의 기술개발을 필요로 하기 때문에 경쟁자들이 모방하는 것을 어렵게 만든다. 반대로, 점진적 혁신은 모방이 쉽고 경쟁자의 공격으로부터 기업을 보호하기 어려울 수 있다. 하지만 비즈니스 관점에서 급진적 혁신은 기존의 제공품(offering)과 이해로부터 출발하는 경향이 있기 때문에 달성하기 매우 어렵다. 실제로, 많은 기업은 현재 고객에 집중하기 위해 급진적으로 새로운 혁신을 희생하는 경향이 있다. 또한, 급진적 혁신을 창출하는 것은 전형적으로 점진적 혁신을 개발하는 것보다 비용이 더 들기 때문에 이것은 기업의 재무상태에 부정적 영향을 미칠 수 있다. 그 결과, 급진적 혁신이 점진적 혁신보다 중요한 우위를 누리기 위해서는 그 성과가 높은 비용을 상쇄해야 한다. 실제로, 소비자들은 점진적 혁신은 아니지만 급진적 혁신에 대해 프리미엄 가격을 지불할 의지가 있다고 한다. 또한, 급진적 혁신이 진정한 기술혁신이 되기 위해서는 시장 지향적이어야 한다. 그러나, 이러한 시장 지향은 기술기반 혁신을 촉진하기도 하지만 과도하게 추진될 경우에 시장기반의 급진적 혁신을 방해하는 것으로도 알려져 있다.

④ 시장 불확실성과 급진적 혁신

시장에서 고객 요구 및 경쟁의 변화와 그 예측불가능성으로서 정의할 수 있는 시장 불확실성(혹은 환경 동태성)은 급진적 혁신의 중요한 상황요인이다. 일반적인 시장 불확실성 논의에 따르면 시장이 급변하고 기술의 개발 방향이 예측하기 어려울 때 강한 기술지향이 시장지향보다 오히려 급진적 혁신에 유용하다고 한다. 기술지향이 없다면 기업이 급변하는 환경에서 급진적 솔루션을 성공적으로 만들기 위한 동기를 갖지 못하기 때문이다. 그러나 이 주장에 대한 반대의 견해도 존재한다. 시장 불확실성은 기업이 혁신 급진성을 얻는 것을 더욱 어렵게 만들 수 있다. 그 이유는 새로운 제공품들이 빠른 속도로 시장에 도입되고 고객 요구가 지속적으로 진화하는 매우 급변하는 시장에서 치열하게 경쟁하는 기업들이 스스로를 차별화시키는 것이 점점 더 어려워지기 때문이다. 예를 들어, 높은 시장 불확실성 때문에 대부분의 급진적 혁신은 최고 매출로 나타나지 않고 심지어 실패하는 경향이 높게 나타나기도 한다. 따라서, 급진적 혁신을 추구하는 것이 항상 기업에게 우월한 편익을 제공할 것이라는 단순한 믿음에서 벗어나야 하고 다양한 환경에 맞는 적절한 계획을 수립하고 추진할 필요가 있게 된다.

⑤ 네트워크와 급진적 혁신

혁신에 대한 연구는 조직 간 협력과 혁신 네트워크의 중요성을 강조하고 있다. 신제품 개발에 포함되어야 하는 기술이 늘어날수록 기업들은 성공을 위해 요구된 기능적 통합을 레버리지 하기 위해 네트워크를 필요로 한다. 또한, 신제품 혹은 시장과 관련된 불확실성을 감소시키기 위해서도 기업 네트워크에서 조직 간 학습이 절대적으로 요구된다. 이제, 급진적 혁신을 가능케 하는 필수적 역량으로서 외부 관계와 네트워크 구축이 필수적이 되고 있다.

<참고문헌>

Badawy, M.K. (1988), "How to prevent creativity mismanagement", IEEE Engineering Management Review, 16(2), 63-78.

Butler, J.E. (1988), "Theories of technological innovation as useful tools for corporate strategy", Strategic Management Journal, 9(1), 15-29.

Booz, Allen & Hamilton (1982), "New Product Management for 1980s, Booz, Allen & Hamilton Inc., New York.

Cohen, W.M., & Levinthal, D.A. (1990), "Absorptive capacity: a new perspective on learning and innovation. Administrative Science Quarterly, 35(1), 128-152.

Gourville, J.T. (2003), "Why consumers don't buy: the psychology of new product adoption." Harvard Business School Background Note 504-056, November 2003.

Kuhn, R.L. (1985), Frontiers in creative and innovative, Ballinger, Cambridge.

Marquis, D. G. (1969). The anatomy of successful innovations. Innovation, November. Reprinted in M. L. Tushman and W. L. Moore, eds (1988).

Mohr, J., Sengupta, S. & Slater, S. (2005), Marketing of high-technology products and innovations, PEARSON Prentice Hall, second edition.

Nieto, M. (2003), "Basic propositions for the study of the technological innovation process in the firm", European Journal of Innovation Management, 7(4), 314-324.

OECD(2004). Promoting Entrepreneurship and Innovation in aGlobal Economy: Towards a more responsible and inclusive globalisation. 2nd OECD Conference of Ministers Responsible for Small to Medium Sized Enterprises(SME). 3-5 June, Istanbul.

Product Development and Management Association(PDMA), https://www.pdma.org

Polanyi, M. (1967). The tacit knowledge dimension. Routledge & Kegan Paul, London.

Shapiro, C. & Varian, H.R. (1999), Information rules: a strategic guide to the network economy. Harvard Business School Press, Boston, MA.

Schilling, M.A (2017), "What's your best innovation bet?", Harvard Business Review, 95(4), 1-9.

Tinnesand, B. (1973). Toward a general theory of innovation. Phd. Thesis, University of Wisconsin, Madison.

Tushman, M.L. and Anderson, P. (1986) Technological Discontinuities and Organizational Environments. Administrative Science Quarterly, 31(3), 439−465.

Twiss, B. (1995), Managing technological innovation, London, Pitman Publishing.

Udwadia, F.E. (1990), "Creativity and innovation in organizations: two models and managerial implications", Technological Forecasting and Social Change, 38(1), 65−80.

Utterback, J.M. & Abernathy, W.J. (1975), A dynamic model of process and product innovation, Omega, 3(6), 639−656.

기술혁신 프로세스와
패턴

기술경영
Management Of Technology

01 기술과 기술혁신 프로세스

　수십 년 동안 기술혁신 관리는 경영분야에서 가장 매력적이고 유망한 연구분야 중 하나가 되었다. 하지만, 혁신현상에 대한 연구에서 사용된 개념은 보통 정교하게 정의되지 않아 서로 충돌되는 용어와 정의가 급증하고 있다. 한 예로서, 혁신경영(innovation management), 기술관리(technology management), 기술과 혁신경영(management of technology and innovation), 기술혁신경영(management of technological innovation)이라는 용어가 혼용되는 것처럼 혁신과 기술이 흔히 동일한 아이디어를 나타내는데 상호교환적으로 사용된다.

　이러한 용어의 불일치는 그들에 존재하는 두 다른 개념의 혼란이라는 중요한 문제를 초래한다. 그 하나는 이전 장에서 보았듯이 플로우(flow)를 반영하는 기술혁신 프로세스이고 다른 하나는 스톡(stock)을 의미하는 기술이다. 두 용어가 상호교환적으로 사용될 때 신기술(기술혁신 프로세스)을 창출하고 확산시키는 프로세스와 주어진 시간에 이용가능한 기술의 양(기술) 사이의 구분이 이루어지지 않기 때문에 이들은 명확히 구분해서 사용하는 것이 바람직하다.

이 플로우와 스톡의 주요 개념의 차이는 다음의 <표 3-1>과 같이 정리될 수 있다.

▎표 3-1 플로우와 스톡의 특징

플로우	스톡
기술혁신 프로세스(변환)	기술(투입물/산출물)
거시와 미시 수준에서 신기술 지식의 발생 흐름을 설명하는 용어	거시와 미시 수준에서 주어진 시간에 이용가능한 기술지식의 양을 나타내는 용어
거시 수준(사회, 경제시스템, 산업)에서 중요 주제	
혁신(프로세스) 발명(프로세스) 기술변화/기술진보 발명-혁신-확산 R&D 기초연구 응용연구 기술개발	혁신(제품) 발명(제품) 발명 발견 과학 기술
미시 수준(기업)에서 중요 주제	
학습 지식창출 루틴 창출 자산 축적 핵심역량 개발 동태적 역량 개발	지식 루틴 전략적 자산 핵심역량 동태적 역량 루틴

02 기술혁신 모형

　전통적으로 산업경제학자들은 기술혁신 프로세스를 세 가지 단계로 구성되는 연속적 사건들로 분해하였다. 그것은 발명(invention), 혁신(innovation), 확산(diffusion)이다. 게다가 많은 연구에서 R&D 투자에 대한 풍부한 자료 활용으로 인해서 기술혁신은 연구(순수와 응용)와 기술발전과 동일시된다.

　그러나, 최근에 이러한 관점과 지향의 변화가 발생하였고 조직학습(organizational learning), 지식창출(knowledge creation), 루틴창출(routine creation), 자산축적(asset accumulation), 핵심역량 개발(core competency development), 동태적 역량 개발(dynamic capability development)과 같은 다른 개념이 병행하여 사용되고 있다. 이 모든 용어는 조직 내 신지식의 발생 흐름을 설명하기 때문에 기술혁신 프로세스와 유사한 현상을 언급한다. 사실 학습과 지식 창출의 개념은 혁신 프로세스를 기술하기 위해 자주 사용된다. 기업은 새로운 기술지식을 창출하는 지속적 학습 프로세스를 통해 혁신하기 때문이다. 게다가, 조직 활동의 루틴(혹은 프랙터스)으로 전환하는 것이 조직의 운영지식 저장의 주요 형태를 이루기 때문에 기업에서 혁신 프로세스는 기본적으로 새로운 루틴의 개발로도 구성된다. 나아가, 혁신 프로세스는 또한 핵심 역량의 창출과 동태적 역량의 개발과도 관련된다.

　기술혁신이 발생하는 과정을 설명하기 위한 몇 가지 모형이 다음과 같이 제안되었다.

2.1. 선형순차 모형

80년대에 여러 학자에 의해 자연스럽게 논의된 선형순차 모형(linear sequential model)은 <그림 3-1>과 같이 신제품을 위한 R&D를 구현하는 과정에 입각하여 연구(research), 개발(development), 사업화(commercialization)라는 시간별 R&D 단계에 수행주체, 주요 활동, 비용의 개념을 관련시킨다. 흔히, 연구는 기초연구와 응용연구로 분류하고 기초연구는 정부와 대학, 응용연구는 대학과 기업이 주요 주체가 되며, 개발과 사업화는 대학과 기업이 중심이 되는 방식의 설명이 가능하다. 그러나, 이러한 수행 주체와 주 활동은 시간이 지날수록 명확한 구분보다는 혼합 혹은 네트워크화 형태로 변화하고 있다.

이러한 모형은 주로 개발도상국에서 혁신을 모델화하는 데 잘 적용되는 모델로서 국가 R&D 시스템이나 기업의 R&D 포트폴리오 관리를 위해 자주 사용된다. 예를 들어, 과거 '사회주의 국가에서는 상대적으로 기초연구는 우월하나 개발연구나 사업화는 뒤떨어진다.'거나 'A기업 혹은 우리나라의 기초 R&D 투자비용은 어느 정도 수준이다.'와 같은 내용이 모두 이러한 관점에서 도출된 혁신 모델이다. 그러나 이 프레임워크는 기본적 R&D의 특성을 이해하는 데 도움이 되나 기술 구매와 같은 외부 기술지식의 획득은 반영하지 못하는 모델이다.

〈그림 3-1〉 선형순차 모형

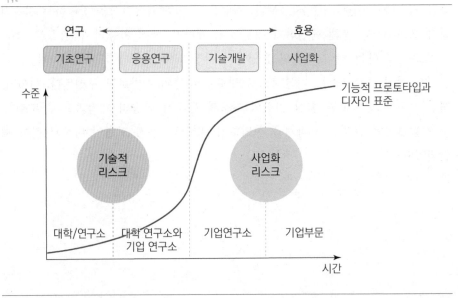

2.2. 프로세스 모형

실무관점에서 제안된 이 모형은 R&D 활동이 진행되는 프로세스(process)에 기초하는 모형이다. 이 진행 단계는 <그림 3-2>와 같이 크게 아이디어 창출, 문제해결을 위한 R&D 활동, 사업화(혹은 상용화)와 확산의 세 가지 단계로 이루어진다.

〈그림 3-2〉 R&D 프로세스 모형

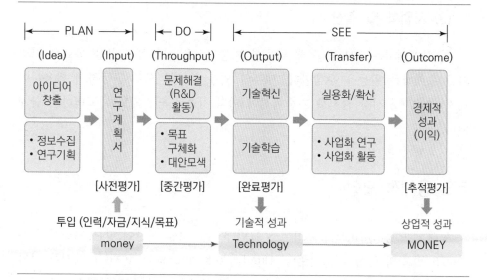

(1) 아이디어 창출 단계

아이디어 창출을 위해 우선 기술 및 시장 환경과 관련한 정보의 수집, 분류, 정리, 분석이 필요하다. 이러한 활동은 주로 기술기획 활동에 해당하며, 정보의 원천으로서 내부 정보뿐만 아니라 그 크기가 더 큰 외부 정보를 안테나(antenna)와 레이더(radar) 역할을 하는 소위 문지기(gatekeeper)를 통해 수집하여 연구계획서를 성공적으로 수립할 필요가 있다. 기술기획은 크게 시장의 수요를 인식한 후 기술적 해결방안을 모색하는 시장유인(market-pull)방식과 기술개발의 결과를 적절한 용도로 전환하는 기술추진(technology-push)방식이 있다.

(2) R&D 단계

아이디어를 구체적으로 실현하기 위한 R&D 활동이 이 단계에서 수행된다. 주요 활동으로는 단계별/세부과제별 명확한 목표 설정, 해결대안의 모색, R&D 프로젝트 관리 등이 있다. 이 단계에서는 외부 정보보다는 내부 정보가 더 유용하게 활용될 수 있으며, 접근이 용이한 정보에 기초하여 다양한 1차 자료(직접 조사)와 2차 자료(논문, 발간물 등의 가공된 자료)를 활용하게 된다. 그 결과는 기술 혁신, 지식창출, 학습, 기술적 성공으로 나타난다.

(3) 사업화 및 확산

이 단계에서는 R&D를 통해 창출한 기술지식을 상업적 성공을 목표로 사업화를 수행하는 활동을 수행한다. 내부와 외부 정보를 모두 균등하게 활용하여 엔지니어링 및 시장 출시로 기술혁신이 이익 창출로 연결되도록 노력하는 단계이다.

2.3. 동태적 모형

동태적 모형(dynamic model)은 <그림 3-3>처럼 시간에 따른 기술혁신 수준(혹은 빈도)의 양상을 보여준다. Utterback & Abernathy(1975)가 제시한 바와 같이 일반적으로 유동기(성능 극대화 시기)에 제품혁신 수준이 상대적으로 가장 높게 나타난다. 이 시기는 시장에서 수요가 존재하고 경쟁 기술 간 치열한 경쟁으로 인해 가장 큰 기술혁신이 발생하게 된다. 그러나 그러한 신제품을 생산하기 위한 공정혁신 수준은 아직 미약한 수준으로 산출율을 높이기 위한 공정혁신에 초점이 맞추어져 있다. 이후 시간이 지나면서 신기술이 선도하는 기술혁신이 발생하나 제품혁신 수준은 상대적으로 점점 낮아지게 된다. 이에 비해 과도기(판매 극대화 시기)에 대량생산을 목적으로 공정혁신의 수준이 상대적으로 가장 높게 된다. 이후 경화기는 제품혁신의 수준이 가장 낮고 공정혁신 수준도 점점 떨어지게 되어 비용 극소화를 달성하는 기업만이 생존하게 되는 시기이다.

〈그림 3-3〉 동태적 모형

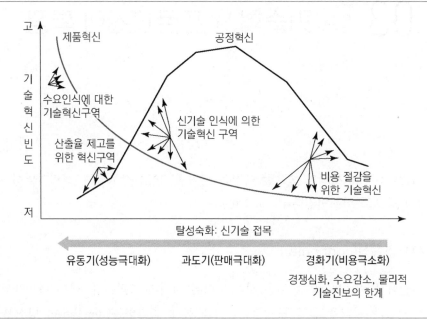

자료원: Utterback & Abernathy(1975)를 수정

산업별 혹은 특정 제품별로 어떤 시기에 도달했는지 여러분은 상상할 수 있을 것이다. 예를 들어, 보급형 스마트폰은 경화기에 접어들어 있음을 알 수 있다. 즉, 다양한 시리즈가 나오고는 있지만 물리적 기술진보의 한계가 존재하여 특별한 제품혁신이라고 보기는 어렵고 공정혁신도 더 이상 이루어지지 않는 상황이다. 또한, 경쟁이 극심한 상황이고 수요도 감소하고 있어서 중국과 인도의 비용경쟁력이 우수한 업체가 시장의 주도권을 잡고 있다. 이를 극복하기 위해서는 제품의 고급화와 같은 특정 세그먼트에 초점을 두거나 탈성숙화(dematurity)가 필요하다. 이를 위해서는 신기술 접목이 필요하게 되는데 보급형 스마트폰의 경우에는 사물인터넷(Internet of Things)을 접목하여 자동차, 가정용 가전, AI 등과 결합된 새로운 제품혁신을 시작할 필요가 있게 되는 것이다.

03 기술혁신 프로세스의 특징

기술혁신 프로세스의 중요한 특징은 연속적 특징, 경로의존성, 비가역성, 불확실성 등으로 이루어진다(Nieto, 2003).

(1) 연속성(continuity)

기술혁신 프로세스의 본질은 시간에 따른 지식의 축적이다. 대부분의 기술혁신은 경험과 지식을 습득하는 학습과정을 통해 축적하는(cumulative) 방식으로 이루어진다. 따라서, 실험과 실패가 중요하고 다양한 기술혁신 원천에서 나오는 지식 및 정보 교류가 중요한 역할을 한다. 지식 양의 증가는 다음과 같은 여러 학습유형과 관련된 창의적 메카니즘을 통해 만들어진다.

① learning before doing: R&D 활동으로부터 도출된 학습
② learning by doing: 생산 프로세스에서 자연스럽게 발생
③ learning by using: 고객이 기업의 제품을 사용하는 다른 방식을 관찰하는 것으로부터 발생
④ learning by failing: 실수한 의사결정을 분석하는 것으로부터 도출

이 유형의 학습은 새로운 기술지식의 지속적 흐름을 발생시키기 때문에 점진적 특징을 지니고 있다.

전통적으로 위에서 제시한 여러 유형의 학습보다 R&D에 의한 급진성에 중요성이 더 많이 주어졌다. 그러나 R&D에 의해 수행된 혁신에 대한 역할을 너무 과대평가해서는 안된다. 지속적 개선과 점진적 혁신의 경제적 영향이 급진적으로 고려된 어떤 혁신의 영향보다 더 크게 나타날 수 있기 때문이다. 실제로, 기

업은 자신의 혁신노력의 80%는 기존 제품을 향상시키는데 바치고 단지 20%만을 신제품의 개발에 바친다는 주장도 있다(Rosenberg, 1996).

사실 급진적 혁신은 점진적 혁신이라는 작은 변화의 축적의 결과일 수도 있다. 급진적으로 고려되는 대부분의 혁신들(철도 시스템, 전기 조명 등)이 혁신 프로세스에 어떤 지속적 특징을 부여하는 작은 변화들의 축적의 결과뿐일 수 있으며, 이에 기초한다면 급진적 혁신의 존재 자체가 의문시되기도 한다.

(2) 경로 의존성(path-dependence)

혁신 프로세스가 경로 의존적이라는 가정은 진화적 접근법에서 중요한 위치를 차지한다. 이것은 기술의 진화가 기본적으로 과거에 따라온 경로에 의존한다는 사실을 설명한다. 이 아이디어는 세 가지 단계로 요약된다.

① 어떤 순간에 동일한 기능에 작용하는 두 가지 다른 대안 기술 사이의 선택은 이전에 이루어진 선택에 의해 영향받는다.
② 프로세스의 시작과 초기 선택의 내용에서 발생한 작은 역사적 사건들은 미래 진화에 필수적 역할을 한다.
③ 이전의 선택은 다음 선택을 결정할 뿐만 아니라 각 대안이 선택될 가능성도 결정한다.

따라서, 지금 이루어진 기술적 의사결정은 혁신 프로세스의 미래 경로를 결정하면서 후속 학습 프로세스에 영향을 미칠 것이다. 두 기술이 동시에 나타나고 경쟁하는 상황에서 초기 의사결정의 내용은 매우 큰 중요성을 갖는다. 따라서 초기 프로토타입 개발의 예기치 못한 성공, 기술이 시장에 접근하는 순서, 초기 적용자들의 변덕, 정치적 상황 등과 같은 사소한 사건들은 어떤 기술이 지배적이 되는 충분히 큰 기반을 달성하도록 유인할 수 있다. 그들이 아무리 사소할지라도 그 사건들이 발생하는 순서는 각 대안 기술의 확산에 영향을 미칠 것이고 미래의 제품 개발을 결정할 것이다.

이 전제는 혁신연구에서 관행적으로 사용된 다른 개념들에 암묵적으로 반영된다. 흔히, '기술궤적(technological trajectory)' 혹은 '혁신가(innovation avenue)'를 통해 기술의 진화를 설명함으로써 혁신 프로세스의 누적적 본질을 반영하는 것이 일반적이다. 이들 기술 궤적/가는 특정 '기술 패러다임(technological paradigms)'

혹은 '기술 체제(technological regimes)'의 상황 내에서 작용한다. 다시 그러한 기술적 패러다임/체제는 기술의 미래 개발을 결정하는 '기술 이정표(technological guideposts)' 혹은 '지배적 디자인(dominant designs)'을 구축한다. 즉, 기술 패러다임, 기술 체제, 기술 이정표, 지배적 디자인은 기술적 궤적/가를 따라 혁신 프로세스의 미래 진화를 결정하는 역사적 요인들을 반영하는 유사한 개념이다.

(3) 비가역성(irreversibility)

기술혁신은 불균형적인 과정의 특성을 보인다. 즉, 기술혁신은 기존 기술 시스템을 파괴하는 것을 의미한다. 기술이 한 번 혁신되면 신기술은 과거 상태로 돌아가지 않는 비가역성을 지닌다. 원래 비가역과정이란 열역학분야의 용어로서 가역적이지 않은 과정, 즉 이전상태에서 현재상태가 되었을 때 다시 이전상태로 돌아갈 수 없는 경우를 말한다. 이러한 현상은 기술혁신에서도 발생할 수 있다. 주어진 기술 궤적의 상황에서 기술 개발은 결과를 향상시키는데 공헌하는 여섯 가지의 피드백 메카니즘을 통해 신지식을 창출한다. 아래의 여섯 가지 메카니즘은 다시 경쟁하는 대안 기술들을 파괴시켜 지배적 기술을 더욱 강화한다. 즉, 기술적 혁신 프로세스를 비역행하도록 만드는 다양한 유형의 긍정적 피드백이 존재한다.

① 실행에 의한 학습(learning by doing)

　이것은 생산 활동들에서 반복적인 업무의 성과로부터 무작위로 발생한다. 이 학습 유형은 학습 효과 및 경험 효과와 함께 고려될 수 있다.

② 사용에 의한 학습(learning by using)

　사용자들이 신기술과 접촉하게 될 때 처음에 예측되지 못한 고객의 경험에 기초한 디자인 향상이라는 학습이 발생한다. 이 유형의 학습 잠재력은 특히 첨단기술 부문에서 자주 나타난다.

③ 네트워크 외부성(network externalities)

　기술이 확산될 때 네트워크 효과라고 불리는 외부성이 항상 발생한다. 이 현상은 두 유형으로 구분할 수 있다.

　－ 직접효과(direct effects): 기술 사용자들 수의 단순한 증가는 모든 사람

의 유용성을 증가시킨다. 예를 들어 이메일, 팩스, 전화, 철도 등의 사용자 수가 증가할수록 그 사용자의 효용이 향상된다.

- 간접효과(indirect effects): 보완적 서비스의 공급 증가에 기인한다. 예를 들어 볼 수 있는 DVD의 수의 증가로 인해 DVD 플레이어의 효용이 증가한다.

④ 규모의 경제(economies of scale)

기술의 확산 및 대량 사용은 그러한 신기술의 일부분을 형성하는 중요한 요소들(기계, 시설, 부품)의 대량 생산을 허용하고 그 결과 생산의 단위비용을 줄인다.

⑤ 보완기술(complementary technologies)

기술의 확산은 어떤 초점 기술의 적절한 작동을 보장하거나 성과를 향상시키는 보완적 특성을 갖는 신기술 개발을 유인한다.

⑥ 신기술에 대해 이용가능한 정보의 흐름

기술이 확산될 때 대규모 정보가 발생되고 이것은 기술 지식의 향상에 공헌한다. 어떤 기술적 대안에 대한 정보의 확산은 잠재적 사용자들의 행태에 영향을 미치고 결국 그것의 성과를 향상시키는 데 공헌할 수 있다.

요약하면, 이들 여섯 피드백 매카니즘의 결합된 행동은 혁신 프로세스를 비역행하도록 만드는 데 기여한다. 기술이 확산될수록 그 기술이 미래에 계속 확산될 가능성이 더 커진다. 그 이유는 학습, 네트워크 효과, 규모의 경제, 보완적 기술에 기인하여 적용의 장점이 증가하기 때문이다. 그러나, 어떤 기술 궤적을 버리는 것은 이들 장점을 포기하는 것을 의미한다. 사실 특정 궤적에 기초한 기술의 진화는 오래 전에 기각된 대안적 기술이 다시 경쟁하는 것을 막아주는 역할을 하기도 한다.

(4) 불확실성(uncertainty)

불확실성의 기원은 매우 다양하고 그들의 효과는 전체 혁신 프로세스에 걸쳐 나타난다. 우선, 2장에서 제시한 기술 불확실성, 수요 불확실성, 경쟁 불확실성과 같은 환경에 기초한 3대 불확실성이 증가하는 시기에 기술혁신은 더욱 가속화되는 경향이 있다. 이러한 환경의 변화는 불확실성으로 이어지고 이러한 불확실성이 기술혁신의 원동력이 된다.

또한, R&D에 관련된 기술의 세 가지 불확실성이 존재한다.

① R&D 활등과 연계된 기술적 불확실성

이것은 기술적 문제에 대한 솔루션이 무엇일지 혹은 그 솔루션이 예상된 시간 프레임과 비용 내에서 발견될지에 관한 이전의 지식이 존재하지 않는 것을 반영한다. 그 결과 '최고의 기술적 솔루션은 무엇인가?, 그것이 실행가능한가?, 그것이 작동할 것인가?'에 대한 불확실성이 R&D 프로세스 내에서 계속 존재할 수 밖에 없다.

② 기술의 활용 가능성에 대한 불확실성

신기술이 나타날 때 그 기술에 대한 미래의 잠재적인 활용과 효용은 명확하지 않다.

③ 기술 성과의 미래 진화에 대한 불확실성

이것은 기술의 미래 향상과 경제적 결과를 기대할 수 없는 것과 관련된다.

나아가, 기술혁신은 기술적 불확실성과 정당성 관련 불확실성으로 대표되는 다른 불확실성에 대응해야 성공으로 이어질 수 있다. 여기서 '기술적 불확실성'은 시장에 표준이 등장하기 전에 다양한 혁신기술이 경쟁하는 시기에 기술 그 자체의 불확실성과 관련되고 '정당성 불확실성'은 경제적 관점에서 특정 기술이 초래하는 사회 및 기술 시스템에 대한 정당성을 부여하는 불확실성이다.

이 기술적 불확실성은 기술 자체의 진화과정을 설명하는 개념으로서 산업에서 다양한 기술들의 경쟁을 통해 특정 기술이 '지배적 디자인(dominant design)'으로 등장하는 과정에 초점을 맞추고 있다. 여기서 지배적 디자인이란 시장에서 소비자들이 가장 선호하는 제품을 뜻하는 것으로 경쟁기업이나 다른 혁신기업들이 시장에서 점유율을 확보하기 위해서는 반드시 따라야만 하는 기본적 디자인으로 정의된다. 지배적 디자인은 대개 이전에 존재하는 기술로부터 만들어진 기술혁신들을 종합한 새로운 제품으로서 등장하게 된다.

또한, 정당성은 제도의 진화에 초점을 두는 개념으로서 특정 기술과 그 기술을 지원하는 조직이 사회정치적 정당성(socio-political legitimacy)을 확보하는 과정과 인지적 정당성(cognitive legitimacy)을 확보하는 과정을 예로 들 수 있다 (Aldrich & Fiol, 1994). 사회정치적 정당성이란 그 기술과 관련된 핵심 이해 당사자, 일반 대중, 핵심적인 여론주도 집단, 정부관료 등이 그 기술이 이미 존재하고 있는 규범과 법규에 비추어볼 때 올바르고 정당하다고 받아들이는 것을 의미한다. 인지적 정당성이란 새로운 기술에 대한 지식이 확산되고 그 기술이 잘 알려지면서 당연한 것으로 인지되는 것을 의미한다. 인지적 정당화가 이루어지면 새롭게 특정 산업에 참여하는 기업의 경우 그 기술을 모방하면서 받아들이게 된다. 이렇게 사회정치적, 인지적 정당성을 확보하게 되면 특정 기술은 그 사회에서 당연한 것으로 받아들여져 일종의 제도(institution)로서 존재하게 된다. 정당성을 확보한 이런 기술을 지지·개발하는 기술공동체는 경쟁하는 다른 기술을 그 산업에서 배제하기 때문에 그 기술이 우위를 확보할 수 있게 된다.

기술혁신은 한 주체(주로, 기업 혹은 연구소)에 의해서만 주도적으로 달성되는 것이 아니라 다양한 주체들의 결합으로 이루어진다. 이러한 주체로는 기업, 공공 및 민간연구소, 공급자, 사용자(선도 사용자 포함), 보완자, 경쟁자, 협회, 정부, 지역사회 등이 있다. 결국, 기술혁신은 기술을 개발한 다양한 주체뿐만 아니라 법 및 제도 및 사회문화적 제도들과 상호작용을 통해서 공진화 방식으로 발전하게 된다.

04 ▶ 기술혁신의 패턴

4.1. 의의

일반적으로 산업계 주도권의 급격한 변화를 초래하는 두 가지 계기가 존재한다. 하나는 위기이고 다른 하나는 기술적 대변혁(technological breakthrough) 즉 급진적 혁신이다. 이러한 변화에 대응하기 위해서 기업은 기술의 흐름(패턴)을 이해해야 하는데 그러한 이해를 통해서 새로운 기회를 창출할 수 있기 때문이다.

기술의 흐름이 새로운 기회를 제공하기 위해서 기업은 다음의 사고에 관심을 가져야 한다. 첫째, 시장의 틀을 바꾸는 패러다임(paradigm)의 변화에 대한 관심이다. 패러다임이란 한 시대 사람들의 견해나 사고를 근본적으로 규정하고 있는 인식 체계 또는, 사물에 대한 이론적인 틀이나 체계를 의미한다. 중요한 패러다임 변화의 예를 들면 다음과 같다. 첫째, 온라인 기업은 아날로그에서 디지털로 바뀌면서 전통적인 강자를 물리칠 수 있는 기회가 생겼다. 또한 코로나19로 인해서 비대면과 관련한 다양한 기업 운영, 서비스, 제품 등이 생겨나고 있어 기업들은 이에 대한 적극적이고 능동적인 대응이 필수가 되고 있다. 둘째, 방심하는 순간 뒤쳐진다. 신기술을 과소평가하여 타사에 주도권을 빼앗기는 사례를 우리는 흔히 볼 수 있다. 예를 들어, 카셋트테이프에서 CD, MP3로, 필름 카메라에서 디지털 카메라로 기술의 진화가 발생하였는데 이러한 과정에서 기존의 기술을 고집하던 기업들은 경쟁력이 뒤처지고 말았다. 셋째, 기회는 기술이 아니라 시장에서 찾아야 한다. 즉, 추세를 선도하는 것이 아니라 추세를 읽으라는 것이다. 시장의 추세를 읽지 못한 기업은 경쟁력이 뒤쳐질 수밖에 없는데 스마트폰에 늦게 진출한 LG전자는 뒤늦게 뛰어난 기술을 보유한 제품을 출시하였지만 고객들의 생각을 바꾸는 데에 한계를 드러내고 말았다. 넷째, 기술 안테나를 확보해라.

여기서, 기술 안테나는 주변의 기술 동향을 파악할 수 있는 다양한 정보원 확보 조직, 도구, 활동, 관리체계를 갖고 있으라는 의미이다. 그 한 예로서, 기업은 기술동향이나 업체의 흐름을 파악하기 위해 부품사업을 병행할 필요도 있다. 다섯째, 외부환경의 변화에 끊임없이 관심을 가져라. 예를 들자면 선도기술 획득 및 업체의 동향을 파악하기 위해 제품 전시회나 기술 세미나에 적극 참여해야 한다.

4.2. 기술혁신 패턴의 속성

기술혁신 패턴은 기술혁신 프로세스와 유사하게 다음과 같은 일반적 속성을 보인다.

첫째, 누적적(cumulative) 과정이다. 대부분의 기술혁신은 점진적이고 누적적인 지식 획득과 축적의 결과로 나타난다. 즉, 소규모의 개선이 장기간 누적되어 급진적 혁신으로 결과되거나 탐구(exploration)와 활용(exploitation) 과정에서 시행착오를 거쳐 학습이 진행되어 기술의 진보가 나타난다. 앞으로 나오게 될 수소자동차가 누적적인 지식 축적의 결과로 최종적으로 탄생하게 될 것이 틀림없기 때문에 한 예가 될 수 있다.

둘째, 연속적(continuous) 과정이다. 대부분의 기술혁신은 소규모의 개선과 변화가 반복되는 연속적인 과정이다. 즉, 기초연구 → 응용연구 → 개발 → 사업화 혹은 외국 기술의 도입 → 소화 → 개선 → 신기술 창출 혹은 시제품 개발 → 제품혁신 → 공정혁신의 연속 형태로 발생한다. 갤럭시 S 시리즈가 한 사례이다. 그러나, 혁신은 다양한 원천으로 인해 불연속적으로 발생하기도 한다. 뒤에 자세히 논의한다.

셋째, 불균형적(non-equlibrium) 과정이다. 이것은 기존 기술이 신기술에 의해 계속 대체되는 과정에서 기술혁신이 나타나는 것을 의미한다.

넷째, 경로의존적(path-dependent) 과정이다. 기술은 일반적으로 자신이 발전해 온 궤적(trajectory)의 영향을 받는다. 즉, 앞으로 설명하게 될 기술 S-곡선의 궤적을 따라서 대부분의 기술이 발전하게 된다.

다섯째, 상호의존적(interdependent) 과정이다. 기술들은 서로 영향을 미친다. 즉, 한 기술이 다른 기술의 발전을 촉진하거나(보완기술) 아키텍처 혁신의 경우에는 구성요소간 상호연계를 통해서 전체 시스템의 혁신이 등장하게 된다.

여섯째, 제도적(institutional) 과정이다. 이것은 기술혁신이 활발하게 일어날 수 있는 제도가 존재한다는 의미이다. 그 예로서 특허제도와 같은 사회제도에 의해 기술혁신이 영향을 받을 있다. 전기차 활성화를 위한 보조금 제도나 충전소의 설립과 환경문제에 대한 인식은 사회의 제도적인 특징에 의해 기술혁신이 촉진되는 사례이다.

05 기술혁신 패턴을 이해하기 위한 모형

5.1. 배스(Bass) 모형

혁신의 확산을 예측하고 분석하는 모형 중 가장 유명한 것은 다음의 Bass(1969) 모형이다.

(1) 개념

어떤 기술혁신의 누적 적용자의 수가 시간에 대해 그려졌을 때 그 혁신의 확산은 전형적으로 S−모양의 곡선을 한다는 것이 실증적으로 자주 입증되었다. 이 확산모델은 초기에 시간의 함수로서 특정 시장영역에서 특정 제품에 대한 적용자 수를 수학적으로 설명하려는 의도에서 시작하였다. 그 모델은 아래와 같이 수학적으로 최대화 함수에 로지스틱와 지수 증가를 결합한 것으로 나타난다.

$$\frac{dN(t)}{dt} = p(m - n(t)) + q\frac{N(t)}{m}(m - N(t))$$

여기서, 어떤 시간에서 $N(t)$는 누적 적용자 수, m는 신제품의 총 시장 잠재력이다. Bass는 상수 p와 q를 각각 혁신과 모방의 계수로 불렀다. 계수 p는 대중매체에 기반한 비례적 적용을 포착하고 계수 q는 개인 간 커뮤니케이션에 기인한 적용을 나타낸다. 이 계수들은 각각 외부와 내부 영향 계수로도 불린다. 이 배스(Bass) 모형은 가장 인기있는 확산 모형 중 하나이고 단순성과 건전한 이론적 기반을 갖고 있다.

(2) 장단점

신제품과 서비스의 성공을 예측하기 위한 이 모형은 장점과 한계가 공존한다. 이 모형은 상대적으로 적용하기 쉽고 다양한 학문과 실무적 의사결정 상황에 적용가능하다. 충분하고 적절한 실제 역사적 자료(보통 변곡점(inflection point)을 포함한 8~10년의 관찰치)가 주어졌다면 이 확산모형은 미래 수요와 매출 피크의 시기를 꽤 정확하게 예측할 수 있다. 그러나, 새로운 제품 혹은 서비스의 확산을 예측하는 관점에서 발생하는 문제점으로서 충분한 자료가 더 이상 존재하지 않을 때 모수의 신뢰할만한 추정을 위해서는 많은 자료를 필요로 한다는 점이다. 또한, 사회적 확산을 위한 중요한 요인으로서 오직 개인 간 커뮤니케이션만 고려했을 뿐 네트워크 외부성과 사회적 신호라는 중요한 요인을 반영하지 못했다. 나아가, 확산 프로세스가 단지 시간이라는 설명변수로서 설명될 수 있다는 전제도 그 유용성을 제한하는 단점이 될 수 있다. 이 경우, 연구자와 의사결정자가 마케팅 환경의 영향을 기대하는 것은 불가능하다. 게다가 대부분의 연구는 개발된 서구 경제에서 성공한 소비 내구재에 집중하였고 실패한 제품과 서비스의 확산과 개발도상국의 확산에 대해서는 자료수집뿐만 아니라 검증이 충분하지 않았다.

(3) 적용 사례

〈그림 3-4〉 VCR 수요의 추정(1980-1989)

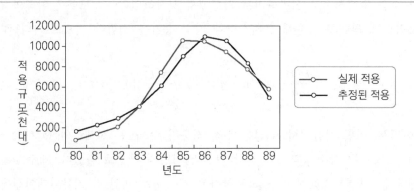

자료원: Ratcliff & Doshi(2012)

이 모형을 실제 데이터에 적용한 <그림 3-4>의 사례를 보자. 이 경우에 실제 자료와 모형에 의해 적합된 곡선이 비슷한 양상을 보이는가?

5.2. S-곡선

기존의 연구(📖 Sahal, 1981)는 신기술이 초기 단계에는 발전 속도가 느리나 기술에 대한 이해, 통제, 확산이 진행됨에 따라 점차 기술향상 속도가 빨라짐을 발견하였다. 그러나 성숙기에 들어서면 기술성능의 증가율은 규모 문제와 시스템 복잡성 때문에 감소하며, 이에 대응하기 위해서는 급진적 기술의 등장이 필요한 것으로 보았다.

이후, Christensen(1992)은 디스크 드라이브(disk drive) 산업에서 기술진보의 패턴과 관련된 이론과 경험을 분석하고 정리하였다. 그의 연구에서 1970-1990년 동안 디스크 드라이브 산업에서 자기 저장장치 기술의 수준을 나타내는 용적밀도(areal density)가 평균 34% 정도로 안정적으로 성장하였음을 발견하였다. 이 상황에서, 그는 자기 저장장치에서 기존기술은 ferrite-oxide기술이었으나 대체기술로 thin film 기술이 등장하였음에도 불구하고 이 새로운 기술이 기존 기술을 대체하지 못하는 이유를 논의하였다. 즉, 디스크 드라이브 산업에서 왜 대안기술이 기존기술을 대체하지 못하는가?에 대한 답을 찾고자 하였다. 결과적으로 S-곡선에 의한 분석에 따르면 기존의 자기 저장장치 기술은 S-곡선이 정점에 도달할 때까지 대체기술에 대한 경쟁력을 유지하고 있었다는 것이다.

예측 모델로서 S-곡선은 <그림 3-5>와 같이 시간에 대해 적용의 빈도를 묘사하는 종모양의 곡선으로 나타난다. 결국 적용자의 누적 수가 고려되면 S 모양의 곡선이 나타나게 된다. 이 곡선에 따르면 기술혁신 라이프사이클의 첫 단계(도입 단계) 동안 적용율은 상대적으로 낮고 누적 적용의 변곡점에 상응하는 종곡선의 정점에 접근할 때까지 다음 단계(이륙)에서 높은 적용율로 설명될 수 있다. 이후, 시장 포화수준이 점차 충족되고 적용자의 최대 숫자에 접근할 때까지 성장한 후 그 시기 후에 적용율이 다시 감소하는 형태를 갖는다. 이것은 기술혁신 라이프사이클의 마지막에 상응하고 첨단 기술제품의 경우에 보통 후속 세대의 기술에 의해 대체된다. 이러한 여러 S-곡선이 여러개가 결합되면 하나의 확장된 S-곡선이 그려질 수 있고 이러한 형태는 <그림 3-5>에 잘 나타나 있다.

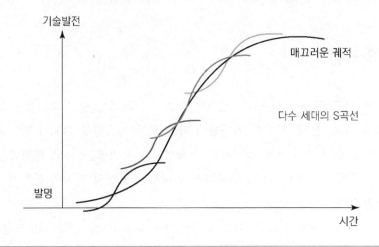

이러한 기술혁신은 기술 대체를 설명하는 데 유용하게 활용될 수 있다. 즉, 새로운 기술은 항상 기존 기술을 대체할 수 있다. 예를 들어, 아래 <그림 3-6>처럼 신기술이 기존 기술의 한계를 극복할 수 있는 경우(a) 또는 신기술이 기존 기술과 기술적 한계가 동일하나 성능의 향상속도가 더 빠를 경우(b)가 존재할 수 있다. 이처럼 신기술이 등장했을 때 기존기술이 제대로 대응을 못하는 이유는 출현 초기에 신기술의 성능이 기존 기술보다 미약하였으나 더 가파른 속도로 향상될 수 있고 기존 기술에 대한 기업의 투자회수 심리 및 자신감에 있다. 이것을 혁신자의 딜레마(innovator's dilemma)라고 부른다(Christensen, 1997).

기술 S-곡선은 또한 구성요소 기술과 아키텍처 기술에도 적절히 적용될 수 있다. 구성요소 기술의 경우에 구성요소 S-곡선을 일찍 이동시킨 기업들이 반드시 초기진입 우위(first mover advantage)를 가진다는 증거는 없었다. 즉, 새로운 구성요소 기술 S-곡선으로 일찍 전환하는 것이 그 산업분야에서 성공하는 데 필요충분조건은 아니라는 얘기이다. 그 사례로 박막기술의 초기 채택자인 IBM의 시장점유율은 1981년 60%에서 1989년 37%로 감소한 반면에 후발업체는 10%에서 33%로 증가한 것으로 조사되었다. 결과적으로 구성요소 기술 S-곡선의 패턴이 명백히 존재할지라도 초기 진입자와 후발 공격자의 편익에 대한 증거는 명백하지 않았다. 반면에 아키텍처 기술의 경우에는 S-곡선 형태를 따르는

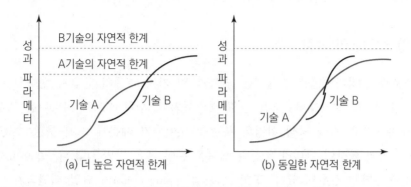

〈그림 3-6〉 S-곡선과 기술대체

것으로 나타났다. 다시 말해 구성요소 기술과는 달리 초기진입 우위가 존재하였다. 그 이유는 신흥시장(emerging market)의 존재 때문이었는데 구성요소 기술은 기존 시장에서 성능 향상의 동인 역할을 하였고 아키텍처 기술은 제품기능을 재정의하는 역할을 하였기 때문이다. 결과적으로 아키텍처 기술은 초기에 낮은 성과를 보이나 새로운 시장에서는 새로운 성능지표가 적용되고 표준으로 정착하여 급격한 수요를 발생시키는 현상으로 나타났다.

5.3. 기술혁신 불연속성의 원천

그러면 기존 S-곡선 상에서 기술의 진보가 이루어지지 않고 새로운 기술이 기존 기술을 대체하는 불연속적 현상이 발생하는 이유는 무엇인가?

(1) 신시장의 등장

대부분의 시장은 성장, 세분화 등의 과정을 거쳐 진화하나 특정 시기에 사전에 분석되거나 예측될 수 없는 완전히 새로운 시장이 등장하는 경우가 있다. 디스크 드라이버, 굴삭기, 미니밀과 같이 기존 기업들은 자신의 기존 시장에 초점을 두기 때문에 신시장을 보지 않으려 하거나 못하며, 신시장이 너무 작거나 선호된 목표시장이 아니기 때문에 간과하는 경향이 있다. 또한, 문자 메시지와 같이 신제품의 창시자는 신시장의 잠재성을 보지 못하거나 무시할 수 있는 경우도 있고 모바일폰과 SMS(short message service)와 같이 발명자에 의해 실제로 시장이 등장할거라고 예견되지 못하는 경우도 있다.

(2) 신기술의 등장

제품과 공정기술에서 발생하는 변화가 몇 가지 추세의 융합과 성숙의 결과(예 산업 자동화, 모바일 폰) 혹은 단일 대변혁의 결과(예 LED)로 나타나는 경우이다. 구체적으로 기술 탐색 환경의 주변을 벗어나기 때문에 보지 못할 수 있고 현재 분야의 확장이 아니라 완전히 새로운 분야 혹은 방법론(예 디지털 이미지 사진)이 적용되는 경우도 있다. 또한, 변환점(tipping point)이 단일 대변화가 아니라 기존 기술 흐름의 융복합과 성숙에 의해 영향을 받고 NIH(not invented here) 효과가 발생할 수도 있다. 그 결과 신기술은 가치를 제공하는 다른 기반을 대표하는 것으로 보아 연구자들은 이 기술에 관심을 두지 않게 된다(예 전화 대 전보).

(3) 새로운 정치적 규칙 등장

과거 소련과 같이 중앙계획 경제에서 시장 경제로 전환하는 경우와 같이 경제와 사회 규칙을 형성하는 정치적 상황이 급진적으로 변화하는 경우이다. 그 결과, 비즈니스가 수행되는 과거의 사고방식과 게임의 규칙 등이 도전받고 기존 기업은 이 새로운 규칙을 이해하고 학습하는데 실패하는 경우가 발생할 수 있다.

(4) 생각하지 못한 사건

911과 코로나 19와 같이 세계를 변화시키는 상상하지 못하고 준비하지 못한 사건이 발생하는 경우도 있다. 그 결과, 새롭게 등장하는 규칙이 기존 기업으로부터 영향력을 뺏거나 기존 역량을 불필요하게 만들 수 있다.

(5) 비즈니스 모델혁신

핀테크와 저가 항공사와 같이 기존 비즈니스 모델이 보통 신규 진입자에 의해 문제와 게임의 규칙을 재형성함으로서 도전받을 수 있다. 그럴 경우에 신규 진입자는 새로운 비즈니스 모델을 통해 제품과 서비스를 전달하는 기회를 바라보고 규칙을 재형성하지만 기존 기업들은 기껏해야 신속한 추종자 역할만 할 가능성이 있다.

(6) 아키텍처 혁신

시스템 아키텍처 수준의 변화는 구성요소 수준에서 포함된 변화에 대해 게임의 규칙을 재형성한다(예 플랫폼 비즈니스). 기존 기업들은 자신의 관점에서 상호작용을 보고 형성하는 특정 방법을 개발하지만 신규기업은 새로운 아키텍처에 더 잘 적응할 수 있다.

(7) 기술경제적 패러다임의 변화

기술과 시장 이동을 포함하여 시스템 수준에서 변화가 발생하는데 오래된 규칙이 대체되는 패러다임 변화로 이어지는 많은 추세의 융합 현상이 나타나고 있다. 이 새로운 규칙이 구축될 때까지 새로운 패러다임이 시작하는 곳을 보기 어려워 기존 기업은 구식 모델에 대한 헌신을 강화하는 경향이 있다. 기존의 것은 그것이 아무리 화려한 역사와 배경을 가지고 있더라도 새로운 패러다임에 절대 맞설 수 없으며, 머지않아 새 것에 자리를 내주어야만 한다는 범선효과(sailing ship effect)가 이러한 현상을 잘 설명해 준다.

(8) 탈규제/규제의 변화

기존 규제의 소멸과 새로운 규제의 등장은 불연속적 기술혁신을 촉진한다. 규제의 변화에 따른 새로운 표준 등장 가능성이 높아지고 새로운 혁신을 위한 질서가 준비되기 때문이다.

06 기타 기술혁신 패턴 모형

6.1. 확산의 개념

확산(diffusion)이란 새로운 아이디어의 기원이 다른 경제 주체들에 의해 적용되는 기회를 나타낸다. 다시 말해, 확산은 적용 프로세스를 통해서 새로운 아이디어(예 제품 혹은 공정기술)가 재생산되는 프로세스이다.

6.2. 제품 라이프사이클에 기초한 확산곡선

이미 배스(Bass) 모형과 S-곡선의 사례를 설명했지만 일반적으로 쉽게 이해되는 이상적인 확산곡선은 제품의 라이프사이클을 적용한 곡선이다. <그림 3-7>과 같이 초기 확산에서 늦은 속도를 보이는 것은 경쟁기술 간의 경쟁을 연장시키는 역할을 한다. 빠른 속도의 이륙은 이미 신뢰할만한 시장 포지션을 얻은 기업을 유리하게 만들어준다. 이 이륙단계는 매출에서 극적인 증가가 발생하는 시기로서 제품 라이프사이클의 도입과 성장 단계를 구분하는 시기이다. 이러한 매출의 극적인 증가는 제조, 유통, 마케팅에 실질적 투자를 필요로 한다. 그러나, 이러한 투자는 흔히 성공적으로 이루어지는 데 긴 리드타임을 필요로 하기 때문에 지연으로 나타나기도 한다. 그 예로, 2차 세계대전 후에 도입된 제품항목에 대한 이륙의 평균시간은 6년이었다.

〈그림 3-7〉 제품 라이프사이클에 기초한 확산곡선

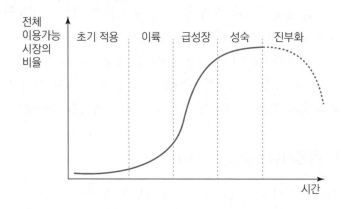

6.3. 사회학적 관찰에 의한 확산곡선

Rogers(1962)는 어떤 새로운 혁신 혹은 아이디어의 적용자들은 <그림 3-8>과 같이 혁신자(2.5%), 초기적용자(13.5%), 초기다수(34%), 후발다수(34%), 지각수용(16%)으로 분류하여 항목화하였다. 이 모형의 전제는 사회적 시스템에서 개인들은 동시에 혁신을 모두 적용하지 않는 대신에 시간에 기반한 순서를 적용한다는 것이다. 결과적으로 이 항목화는 소비자의 개성과 행태, 가치와 태도에 기반하여 개념화되었다.

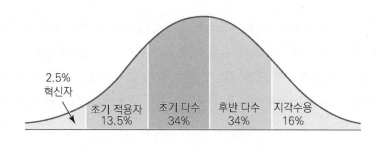 〈그림 3-8〉 Rogers의 혁신확산 곡선

(1) 혁신자[모험추구자(venturesome) 혹은 선각자(visionary)]

이들은 신기술에 몰두하는 열성팬(enthusiast)으로서 다양한 정보원천을 보유하여 혁신적 기술의 사용이 그들의 생활을 향상시킬 것이라는 것을 인식한다. 또한, 대변혁적 잠재력(breakthrough potential)을 보고 신기술을 기꺼이 탐구하려는 의지가 있다. 이 그룹의 멤버들은 대담한 위험감수자로서 사회 시스템의 나머지 부분에 혁신의 확산을 개시하는 중요한 초기 역할을 담당한다.

(2) 초기 적용자(early adopter)

이들은 사회적 리더로서 기꺼이 신제품 개념을 초기에 구매하고 새로운 혁신들의 경계(frontier)를 탐구한다는 점에서 혁신자들과 유사하다. 그러나, 혁신자들과 달리 그들은 그 제품이 성공하기를 원한다. 즉, 그들은 새로운 아이디어에 대해 열려 있으나 다른 관심사에도 이 아이디어의 편익을 보기를 원한다. 초기 적용자들은 새로운 아이디어를 구매할 때 그들 자신의 직관에 의존하고 의사결정 시에 그 아이디어의 실제 적용에 기반하는 것을 선호한다.

(3) 초기 다수(early majority)

이들은 이미 형성된 선호에 기반하여 입증된 현재까지의 실제 상황에서 의사결정을 하기 때문에 실용주의자(pragmatist)로서도 언급된다. 그들은 강한 실용성을 지향하고 심사숙고하는 성향이 있으며, 많은 비공식적인 사회적 접촉을 하고 유용한 생산성에 의해 동기부여된다.

(4) 후기 다수(late majority)

이들은 초기 적용자들과 많은 특성을 공유하나 낮은 사회경제적 위치에 있으면서 새로운 혁신의 부가가치에 대해 더욱 회의적이고 비관적인 태도를 유지한다. 사실상 새로운 기술에 대해 편안함을 느끼지 않고 다른 사람들의 경험에 기반하여 혁신이 주류(mainstream)가 되고 난 후에 적용에 관한 의사결정을 한다.

(5) 지각 수용자(laggard)

이들은 이웃과 친구가 주요 정보원천이면서 혁신에 불편함을 느끼는 회의주의자(skeptics)로서 특징된다. 이들은 부채가 발생할거라는 두려움으로 인해 혁신을 사용하기 매우 어려운 사람들이고 혁신의 라이프사이클에서 가장 늦게 시류에 편승한다.

한편, Moore(1991)는 Rogers(1962)의 개념을 주로 첨단기술과 인터넷 비즈니스 시장에 적용하도록 확장하여 <그림 3-9>와 같은 기술적용 라이프사이클 모형을 제안하였다. 여기서 중요한 점은 바로 캐즘(chasm)의 존재이다. 이 캐즘은 틈새 혹은 빈틈의 의미로서 첨단기술 혹은 IT 기업이 신기술로 성공하기 위해서는 이 라이프사이클을 통해 계속 성장해야 하나 이 틈새에 빠져서 헤어나지 못하는 경우가 자주 발생한다는 점을 강조한다. 이 캐즘은 제품 라이프사이클에서 안장(saddle)으로 표현되기도 하는 것으로서 일반적으로 이륙(takeoff)한 확산모형은 성장의 극단(peak)까지 매출이 단조 증가하나 어떤 시장(특히, 첨단 제품 및 온라인 관련 시장)에서는 매출의 갑작스런 감소가 발생한다. 이 캐즘에서 중요한 것은 홈통으로 표현될 수 있는 그것의 실제 깊이와 기간이다.

〈그림 3-9〉 Moore의 기술적용 라이프사이클 모형

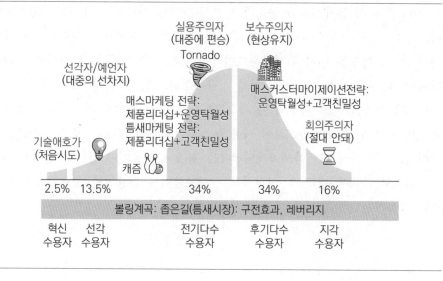

이러한 캐즘이 발생하는 이유로는 첫째, 이질적 소비자 집단이 존재하여 그들 간의 혁신 적용율이 다르고 커뮤니케이션도 부족하게 이루어지기 때문이다. 예를 들어, 초기 적용자와 초기 다수 그룹은 사회·경제적 및 지리적 개성과 커뮤니케이션 특성 차이들 때문에 발생한다. 즉, 혁신자와 초기 적용자들은 그들이 혁신의 장기적 편익에 초점을 두기 때문에 혁신에 헌신하고 제품 복잡성 혹은 성과의 결핍과 같은 불편한 요인들을 인내할 것이다. 그러나, 초기 다수 멤버들은 혁신에 더욱 실용주의적 관점을 취하고 혁신이 검증되고 지지될 때까지 기다릴 것이다. 둘째, 불연속적 혁신 때문에 존재한다. 예를 들어, 사용자는 도입하는 혁신의 결과로서 그들 행태를 변화시키는 것을 필요로 한다. 이것은 심리적 및 재무적 전환비용과 관련된다. 만약 혁신이 연속적이라면 사용자는 행태의 근본적 변화없이 그것에 점진적으로 적용할 수 있게 된다. 셋째, 거시경제적 상황으로 인해 발생한다. 예를 들어, 소규모의 경기 후퇴 발생 시 소비자의 일시적 혁신 적용율이 줄어들 수 있다. 이것은 계단식 정보전달(informational cascade)에 의해 확대될 수 있는데 이러한 소비자의 상호작용이 캐즘 발생의 한 원인이 되기도 한다. 여기서, 계단식 정보전달은 사람의 잘못된 의사결정을 지적한다. 때때로 사람은 잘못된 판단을 한다. 문제는 그 잘못된 판단이 다른 사람에게 영향을 주기도 한다는 점이다. 특히 선도자의 선택은 상상 이상으로 큰 영향을 주기도 한다.

다시 Moore는 주류시장으로 진출(즉, 캐즘 극복)하는 방안으로서 <그림 3-10>과 같이 틈새시장을 구축하고 완전/완비된 제품을 출시하라고 제안하였다. 여기서, 볼링 계곡(Bowling alley)이 바로 좁은 틈새시장을 의미하는데 볼링에서 스트라이크를 내기 위해서는 1번과 2번 핀 사이에 공을 회전시켜 정확히 넣어야한다는 점에서 이러한 용어를 사용하였다. 즉, 장기적으로 단일 시장 세그먼트에 초점을 두고 차후에 이 세그먼트를 넘어서 지배를 획득하고 인접시장에 진입하기 위한 도약판으로써 사용해야 한다고 제안하였다. 또한, 마케팅 차원에서는 매스마케팅과 틈새마케팅전략을 병행해 사용해야 한다고 설명하였다. 결과적으로 목표세분시장을 선정하고 완전제품의 구전효과를 창출함으로써 캐즘을 극복하는 것이 가능하다고 주장하였다.

〈그림 3-10〉 캐즘 극복방안

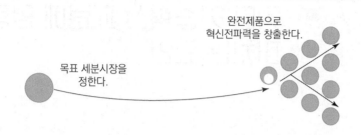

그러나, Moore의 이러한 캐즘 극복방안은 공격 포인트를 목표로 하고 전투력을 모아 전쟁을 정의한 후 공격을 시작하라는 군사적 용어를 활용하고 과도하게 전략을 단순화하였다는 점에서 비판을 받아 왔다. 그래서 Bernstein & Singh (2006)은 단일 선형순서모형을 적용하여 혁신 발생 프로세스에 초점을 두는 캐즘 극복방안을 <그림 3-11>과 같이 제안하였다. 여기서, 선형순서 모형은 (1) 아이디어 창출, (2) 혁신 지원, (3) 혁신 개발, (4) 혁신 실행으로 구성된다. 이 모형의 장점으로는 혁신이 어떻게 처음부터 상업화될 때까지 진행되는 지에 대한 통찰력을 제공하고 아이디어 실패(대부분 각 단계 사이의 상호연결에 존재한다고 지적함)시 그 순서를 따라 실패 포인트를 규명할 수 있다는 점이 있다.

〈그림 3-11〉 선형순서 모형을 통한 캐즘 극복 모델

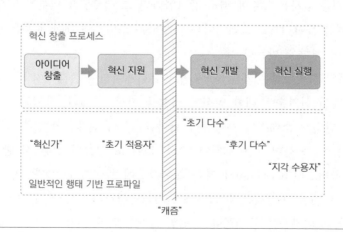

07 기타 기술혁신 패턴에 영향을 미치는 요인

지금까지 기술혁신 패턴을 설명하는 모형에서 패턴에 영향을 미치는 요인으로는 시간, 커뮤니케이션과 같은 행태 등이었다. 이외에도 다음과 같은 중요한 다른 요인이 고려될 수 있다.

7.1. 네트워크 외부성

앞서 설명한 바와 같이 네트워크 외부성은 더욱 많은 고객들이 신 제품을 적용할 때 고객에 대한 제품의 효용이 증가하는 경우이다. 팩스, 전화, 이메일과 같은 정보통신 제품/서비스의 경우처럼 동일한 제품의 사용자 수에 의해 직접적으로 그 가치가 영향받는다면 네트워크 외부성은 직접적으로 고려된다. 만약 효용이 다른 보완제품의 사용자 수에 따라 증가한다면 그 네트워크 외부성은 간접적이라고 한다. 예를 들어, DVD 플레이어를 적용하는 소비자에 대한 효용은 DVD 타이틀의 증가에 영향을 받는다.

이 네트워크 외부성은 개인 간 구전 커뮤니케이션이 존재하지 않더라도 작동하고 소비자의 신기술에 대한 인식에 영향을 미칠 수 있다. 잠재적 적용자는 미디어 혹은 단순히 소매점의 제공품을 관찰함으로써 신제품의 침투 수준을 파악할 수 있다. 예를 들어, 비디오테이프에서 DVD로 기술의 전환 시 한 소비자는 단순히 블록버스터(blockbuster) 영화 대여점포에 들어가 DVD가 새로운 표준이 되려고 하는 것을 이해하는데 VHS와 DVD가 전시된 공간의 규모를 관찰하면 된다. 또한, 소비자들은 플랫폼에 가입한 소매점포의 수가 증가할수록 그 플랫폼을 더욱 활용하려고 할 것이며, 이러한 플랫폼의 확산은 구전 커뮤니케이션에 의해 영향을 받기도 하지만 스마트폰 검색을 통해서도 쉽게 파악할 수 있다.

7.2. 사회 네트워크

사회 네트워크(social network) 혹은 사회 시스템은 혁신이 확산되는 토대를 이룬다. 오프라인 광고 효율성이 점진적으로 감소하고 있는 반면에 페이스북 (Facebook)과 같은 온라인 사회 네트워크의 개발이 증가하는 상황에서 기업이 그들의 목표 시장 내 고객의 네트워크에 직접 다가가고 그들 네트워크에서 내부 영향을 향상시키는 마케팅 노력이 활발히 이루어지고 있다.

그러한 영향을 성공적으로 높이기 위해 사회 네트워크의 구조와 동태성이 어떻게 확산 프로세스에 영향을 미치는지에 대한 이해가 요구된다. 사회 네트워크 내 확산과 관련한 근본적 의문은 이 네트워크 구조가 어떻게 기술 확산에 영향을 미치는지에 있다. 주로 전반적인 확산 프로세스에서 중심적 위치(중심성과 구조적 공백), 등위 집단, 사회적 허브의 역할에 많은 관심을 두었다

7.3. 사회적 신호

사회적 신호(social signal)는 개인이 다른 사람의 혁신 적용으로부터 추론하는 사회적 정보와 관련된다. 개인은 그들의 구매를 통해서 사회적 차이 혹은 그룹 정체성 중 하나를 신호할 수 있다. 이 신호는 동경하는 그룹(aspiration group)에서 사람들의 소비행태를 따르는 다른 사람에게 전송된다. 이 사회적 신호는 수직적이고 수평적으로 작동한다. 수직적 사회적 신호는 적용자의 신분(status)을 의미한다. 여기서, 신분을 위한 경쟁은 때때로 개인 간 연계보다 더욱 중요한 성장 동력이고 이 신분 차이에 더욱 민감한 사회에서 혁신의 속도가 증가한다. 사회적 신호는 또한 그룹 정체성을 나타내기 위해 수평적으로 전송된다. 주어진 그룹 내 사람들의 혁신 적용은 그 그룹의 멤버들과 동일한 적용을 피하고 차별화하고자 하는 다른 그룹의 멤버들에게 신호를 보낸다.

7.4. 소비자의 이질성

신기술 확산의 주요 유인자는 소비자 간 상호작용뿐만 아니라 소비자의 이질성(heterogeneity)도 영향을 미칠 수 있다. 이 관점은 어떤 사회 시스템 내 구성원들이 인내 수준, 혁신성, 가격 민감성, 니즈에서 이질적이기 때문에 적용 성향에 있어서도 이질성이 유지된다는 것이다. 예를 들어, 지각 수용자가 기술 수용에 가장 인내심이 높은 사람인 반면에 혁신자들은 수용에서 최소한도로 인내하는 사람들이다. 여기서, 인내는 종종 제품가격 적절성, 소비자의 지불 의지 혹은 예약 가격에 역으로 관련된다.

7.5. 혁신 과부하

혁신 과부하(innovation overload)는 특정 혁신이 너무 빨리 진화하고 대안들이 너무 빨리 증가하여 고객이 모든 이용가능한 선택을 직접 비교하고 그 다양성을 관리하기 어렵게 되는 경우에 발생한다. 이 빠른 기술적 변화는 고객이 미래 변화에 무감각하게 되는 상황을 창출할 수 있다. 혁신 과부하와 유사한 개념으로서 테크노스트레스(technostress)라는 용어도 있다. 이는 신기술의 도입과 적용에 적응하는데 개인 혹은 조직의 무능력으로부터 결과된다.

이것의 발생 가능성에 영향을 미치는 중요한 변수들은 사용자의 나이, 기술에 대한 과거 경험, 새로운 임무에 대한 인식된 통제, 조직 분위기 등이 있다. 결과적으로 이러한 요인은 시장에서 기술의 유용성을 제한하는 행태로 나타난다. 따라서 성공 기업은 신기술로부터 결과되는 이들의 잠재력을 이해해야 하고, 고객을 교육시키기 위해 많은 노력을 기울이거나 이 영향을 최소화하는 노력 중 하나를 수행해야 한다.

7.6. 기타 혁신 적용에 영향을 미치는 요인

① Rogers(1962)의 연구

혁신의 적용에 영향을 미치는 다섯 가지 차원을 복잡성(complexity), 양립성(compatibility), 관찰가능성(observability), 시험가능성(trialability), 상대적 우위(relative advantage)로 분류하였다.

② Ostlund(1974)의 연구

Rogers(1962) 요인에 여섯 번째 차원인 인식된 리스크(perceived risk)를 추가하여 리스크에 대한 태도가 제품 평가에 부정적인 영향을 미치게 된다는 것을 입증하였다.

③ Tornatzky & Klein(1982)의 연구

10개의 차원을 제안하였다. 그것은 기존 Rogers의 5개에 비용(cost), 소통가능성(communicability), 분리성(divisibility), 수익성(profitability), 사회적 인정(social approval)을 추가한 것이다. 여기서 소통가능성은 관찰가능성을 반영하고, 분리성과 비용은 시험 가능성과 일치한다.

<참고문헌>

Aldrich, H.E., & Fiol, C.M. (1994), "Fools rush in? the institutional context of industry creation", The Academy of Management Review, 19(4), 645−670.

Bass, F.M. (1969). A new product growth for model consumer durables. Management Science, 15(5), 215−227.

Bernstein, B. & Singh, P.J. (2006), "An integrated innovation process model based on practices of Australian biotechnology firms", Technovation, 26(5−6), 561−572.

Christensen, C. (1992), "Exploring the limits of the technology S−curve. part I: component technologies", Production and Operations Management. 1(4), 334−357.

Christensen, C. (1997), The innovator's dilemma: when new technologies cause great firms to fail, Harvard Business School Press, Boston, MA.

Moore, G.A.(2006), Crossing the chasm: marketing and selling high−tech products to mainstream customers, Collins Business Essentials.

Nieto, M. (2003), "Basic propositions for the study of the technological innovation process in the firm", European Journal of Innovation Management, 7(4), 314−324.

Ostlund, L.E. (1974), "Perceived innovation attributes as predictors of innovativeness", Journal of Consumer Research, 1(2), 23−29.

Ratcliff, R. & Doshi, K.P. (2012), "Using the Bass model to analyze the diffusion of innovations at the base of the pyramid", Business & Society. 55(2), 1−28.

Rogers, E.M (1962), Diffusion of innovations. New York, Free Press.

Rosenberg, N. (1996), "Uncertainty and technological change", in Landau, T., Taylor, T. and Wright, G. (Eds), The Mosaic of Economic Growth, Stanford University Press, Stanford, CA, 334−353.

Sahal, D. (1981) Patterns of technological innovation. Addison−Wesley, Reading, MA.

Tornatzky, L.G., & Klein, K.J. (1982), "Innovation characteristics and innovation adoption−implementation: a meta−analysis of findings", IEEE Transactions on Engineering Management, 29(1), 28−45.

Utterback, J.M. & Abernathy, W.J. (1975), A dynamic model of process and product innovation, Omega, 3(6), 639−656.

기술경쟁과 표준

기술경영
Management Of Technology

01 지배적 디자인

시장에서는 항상 몇 가지 기술이 경쟁하고 있다. 자동차의 엔진기술에서 가솔린, 하이브리드, 전기 등이 현재 경쟁하고 있을 뿐만 아니라 CDMA 기술은 동기식과 비동기식이 경쟁한 바 있고 지금은 거의 사라진 비디오 저장장치로서 소니(Sony)의 베타맥스(Betamax) 대 VHS 기술이 있었다. 이런 경쟁 기술과 관련한 주제로서 경쟁 기술 중 어떤 기술이 시장의 지배적 디자인이 되는가?, 시장에 어떻게 진입할 것인가?, 기술이 시장의 표준이 되기 위해서는 어떤 관리가 필요한가?가 중요한 고려대상이 된다.

1.1. 개념

지배적 디자인(dominant design)이란 일반적으로 시장에서 50% 이상의 점유율을 가지고 있는 하나의 제품 또는 공정으로서, 이는 법적/공식적 산업표준이라기보다는 시장에서 사실상의 표준(de-facto standard)역할을 수행한다(Schilling, 2019). 오늘날의 마이크로 소프트(Microsoft)의 윈도우즈, 애플(Apple)의 스마트폰, 테슬라(Tesla)의 리튬이온배터리, 카카오톡(Kakaotalk)이 대표적인 사례이다. 시장이 향후 도래할 지배적 디자인을 선호한다는 측면에서 산업에 속한 공급자, 사용자, 경쟁자들 역시 사업적인 이해와 기술적 가능성을 토대로 만족스러운 결과를 제공하는 디자인을 통해 상업적 성공을 이루기 원한다.

기술의 라이프사이클에서 어떤 산업이 지배적 디자인을 결정하는 단계가 거의 예외없이 존재한다. 어떤 기업의 디자인이 지배적이 되면 그 기업의 성공 가능성이 증가하는 것은 당연하기 때문에 많은 기업은 지배적 디자인과 관련한 성공요인에 많은 관심을 갖는다.

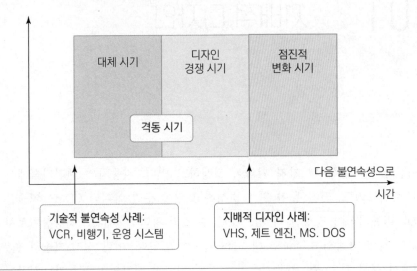

자료원: Anderson & Tushman(1997)

　　기술의 라이프사이클은 〈그림 4-1〉과 같이 초기에 기술적이고 경쟁적인 격동의 시기를 보내는 기술적 불연속성으로 구성된다. 이후, 격변하는 혁신기간은 산업 표준 혹은 지배적 디자인의 등장으로 종료된다. 지배적 디자인은 그것이 자원을 위한 경쟁에서 생존할 수 있는 유일한 디자인이라는 의미에서 선택된다. 이 지배적 디자인의 출현은 어떤 시점에서 다음 대체 디자인에 의해 소멸되는 아키텍처적인 것뿐만 아니라 점진적 기술 변화의 시기를 예고한다. 이 후속적인 기술적 불연속성은 다시 기술적 변동, 선택, 보유의 다음 물결을 유발한다.

　　여기서 기술적 불연속성의 의미는 매우 크다. 이들 기술의 발전은 종종 널리 보급되는 점진적 혁신 패턴을 파괴하고 기존의 역량을 쓸모없게 만드는 위협을 하기도 한다. Tushman & Anderson(1986)은 그러한 불연속성을 더욱 점진적 형태의 역량 향상(competence-enhancing) 기술적 변화와 구분하기 위해 역량 파괴(competence-destroying)로서 불렀다. 역량 파괴 불연속성 후에, 혁신자들은 완전히 새로운 기술에 기반한 적용 및 확산을 위해 노력한다. 이 적용 및 확산은 다른 아키텍쳐(architecture)/구성(configurations)/특징(features)/표준(standard)들을 폭넓게 사용한다. 결과적으로, 산업 내 기술적 진화가 발생할 수 있는 사이클을 따라 다양한 궤적들이 시작된다. 이들은 기존 기술뿐만 아니라 신기술에 기반한 다양한 디자인을 섞는 혼합기술(hybrid technology)을 포함한다. 지배적 디자인을 유인하는 기술적 불확실성은 보통 기존의 점진적 혁신 패턴을 파괴하고 기존 역량을 쓸모없게 만드는 위협을 하며 기술에서 예측불가능한 발전을 이룬다.

1.2. 지배적 디자인 사례

지배적 디자인의 대표적 사례는 <표 4－1>과 같다.

▍표 4-1 지배적 디자인 사례

시장	지배적 디자인	경쟁 디자인
전자문서	Adobe사의 PDF (1993)	Envoy, Common Ground Digital Paper, Farallon Replica
웹브라우저	MS Explorer(1996)와 Google 크롬(2008)	Navigator(1994), Opera(1994), Firefox(2004), Safari(2007)
관계 네트워크	Facebook(2004)	SixDegrees.com(1997)이 출시된 이후 한국의 Cyworld (2001)를 비롯해 MySpace(2003), LinkedIn(2003), Flicker(2004)
스마트폰 OS	Android(2007)와 iOS(2007)	Symbian(1998), WinCE(1999), Blackberry(2002), Tizen(2012)

1.3. 지배적 디자인 선택 요인

1.3.1. Suarez(2004)의 내부와 외부 요인

Suarez(2004)는 지배적 디자인의 선택 요인으로서 내부 요인과 외부 요인으로 구분하여 제시하였다. 내부 요인으로는 기술특성(경쟁기술 대비 더 나은 성능을 제시할 수 있는 능력)과 기업의 자산과 신뢰(기업에 대한 일반적인 평판 및 생산 능력에 대한 신뢰 정도), 고객기반(기업의 제품을 사용하고 있는 고객의 수) 및 전략적 요인(전략적인 경영능력, 예를 들어 진입 시기, 가격, 마케팅 등)을 외부 요인으로는 정부 규제, 네트워크 효과와 전환비용(광범위한 고객기반의 존재와 보완재를 통한 효용으로 인해 타 제품으로 대체할 경우 비용 발생), 기술영역의 특징(상호교환 정보의 가능성, 예를 들어 소스코드의 공개), 전유가능성(경쟁자로부터 자신의 기술을 보호하고 이에 대한 지대를 취할 수 있는 능력)을 들었다.

1.3.2. 이수 등(2012)의 분류

이수 등(2012)은 Suarez(2004)가 제시한 시장진입 시기, 가격정책, 마케팅전략을 기술적인 측면에서 구체적으로 표현하기 위한 단일 변수로 시장요구 적합성이라는 개념을 제시하였다. 시장요구 적합성이란 소비자가 원하는 다차원적인 요구사항을 해당 기술이 얼마나 잘 구현시킬 수 있는가를 말한다. 또한 기존의 고객 기반을 바탕으로, 보완재의 특성 및 네트워크 효과가 발생하는 원인변수가 무엇인지를 분석하여 다양한 제품들에 응용되어 폭넓은 사용자층을 확보하였다는 개념을 구체적으로 개념화시켜 이를 응용가능성이라고 정의하였다. 응용 가능성은 기술을 활용하여 다양한 제품군으로 확장을 얼마나 도모할 수 있느냐 또는 얼마나 다양한 응용기술들과 연관되어 확장 및 발전될 수 있느냐에 대한 개념으로 정의된다. 마지막으로, 상호 의존관계에 있는 기업 간 제휴 및 관계형성 등 기업수준 요인을 설명하고 기업 간 참여가 기술 성능개선에 어떠한 영향을 미쳤는지를 밝히기 위해 기술적 협력가능성이라는 개념을 도입하였다. 기술적 협력가능성이란 기술이 자체적으로 갖고 있는 속성에서 발생하는 개방형 혁신의 가능성으로 정의된다.

1.3.3. Schilling(2019)의 분류

(1) 기술 자체의 가치

어떤 기술이 소비자에게 제공하는 가치는 다양한 요소들로부터 만들어진다. Kim & Mauborgne(2005)의 구매자 효용지도(buyer utility map)는 이를 보여준다. <그림 4-2>에서 수평축은 구매자 경험 사이클의 여섯 단계를 나타내고 수직축은 여섯가지 효용 촉진자이다. 각 셀은 고객에 대한 새로운 가치제안의 기회를 제공할 수 있고 신기술은 하나의 셀 혹은 여러 셀의 조합들 내에서 변화를 가져올 수 있다.

〈그림 4-2〉 구매자 효용지도

	구매	전달	사용	보충	유지	처분
소비자 생산성						
단순성						
편리성						
위험						
즐거움과 이미지						
친환경성						

(2) 적용의 수익체증 현상

기업은 특정 기술을 선택하여 사용함으로서 수익을 창출하고 그 기술을 잘 이해하게 된다. 그 과정을 통해서 기업은 기술발전을 지속적으로 추구하고 그 기술은 활용의 폭이 넓어진다. 한편, 그 기술이 광범위하게 적용됨에 따라 관련 보완재의 개발이 활성화되어 기술 자체와 응용제품의 개선이 확대된다. 이러한 현상을 자기강화라고 한다.

적용의 수익체증을 발생시키는 다섯 가지 원천이 제안되었다.

① 사용에 의한 학습

기술이 많이 사용될수록 더 높은 수준의 기술로 발전한다. 이것을 학습효과라 할 수 있는데 〈그림 4-3〉과 같이 누적 산출량이 증가할수록 생산 시 단위당 원가가 지속적으로 감소하거나 성능이 향상되는 현상을 말한다. 학습효과는 뒤따르는 경쟁자들에 비해 기술을 개발하고 발전시킬 여유가 더 많기 때문에 신속한 기술개발이 유리함을 보여준다. 즉, 더 많이 사용되고 더 널리 알려져서 결과적으로 더 많은 개발과 개선이 따르게 된다. 많이 채택된 기술 혹은 플랫폼에 대한 기술개발이 더욱 촉진되는 현상은 PC 시장에서 경쟁했던 아이비엠(IBM)과 애플(Apple)의 사례에서도 볼 수 있다.

〈그림 4-3〉 학습효과의 개념

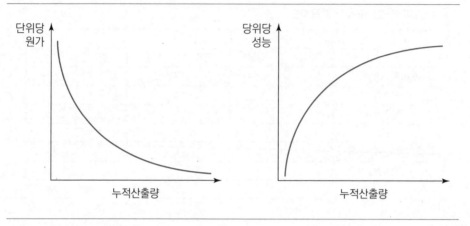

② 네트워크 외부성

다시 강조하지만 제품사용으로부터 얻는 편익은 같은 제품을 사용하는 사용자들의 수에 따라 증가하는 경우가 있다. 철도가 그 예이다. 즉, 제공하는 효용의 양은 네트워크의 규모와 직접적인 관련이 있다. 하지만, 이것은 철도와 같은 물리적 네트워크에서만 발생하는 것은 아니고 전화, 팩스, 이메일 등의 비물리적 네트워크에 외부성도 존재한다.

이미 설명하였지만 여기에는 두 가지 효과가 존재한다. 직접 네트워크 외부성은 네트워크의 규모의 증가가 직접적으로 소통할 수 있는 다른 사람들의 수를 증가시킬 때 존재한다. 직접 네트워크 외부성은 전화 시스템, 컴퓨팅 플랫폼, 특히 인터넷과 전자상거래와 같은 것들의 가치 측면을 포함한다. 세상에서 유일한 전화를 소유하는 것은 매우 유용하지 않으나 전화 사용자의 수가 증가할수록 전화를 소유하는 것은 점진적으로 더욱 가치있게 된다. 반면에, 간접 네트워크 외부성은 네트워크 규모의 증가가 그 네트워크 구성원들에게 이용가능한 보완적 제품들의 범위를 확장할 때 존재한다. 또한 간접적 외부성들은 전체 사용자들의 수가 증가할 때 더욱 싸지고 접근가능하게 되는 장치(圓 전화, 팩스, 소프트웨어 응용)와 같은 관련 품목들을 포함한다. 간접적 네트워크는 초점 제품 가치가 보완재의 공급과 필요한 재화와 서비스에 의해 매개되는 상황을 설명한다. 예를 들어, CD 타이틀의 이용가능성은 CD 플레이어 하드웨어에 간접적 네트워크 외부성을 부여한다.

네트워크 외부성의 가치는 <그림 4-4>와 같이 S-곡선의 형태를 갖는다. 즉, 사용자 수(고객기반)가 증가함에 따라 기술 S-곡선과 거의 유사한 곡선 형태로 나타난다. 여기에, 기술 자체의 기술적 가치가 추가되면 더 높은 네트워크 외부성이 발생하게 된다.

〈그림 4-4〉 네트워크 외부성의 가치

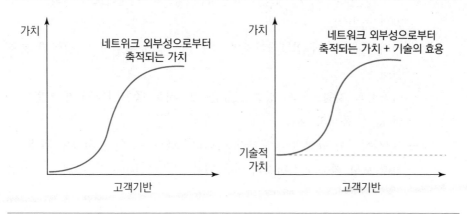

자료원: Schilling(2019)

네트워크 외부성은 어떤 재화 혹은 서비스의 한 사용자가 다른 사람들에게 그 제품의 가치에 미치는 영향이다. 긍정적 네트워크 외부성은 만약 그 편익이 다른 사용자들(그 제품/서비스를 사용하는 많은 사람들)의 수가 증가하는 함수일 경우에 존재한다. 부정적 네트워크 외부성은 만약 그 편익들이 다른 사용자들의 수의 감소하는 함수일 경우에 존재한다. 먼저 긍정적 외부성을 고려하면, 고전적 예는 전화시장이다. 더 많은 사람들이 전화를 소유할수록 그 전화는 각 소유자에게 더 많은 가치를 의미한다. 그 현상은 어떤 사용자가 다른 사용자들에게 가치를 창출하려는 의도없이도 그들이 전화를 구매하기 때문에 긍정적 효과를 발생시킨다. 긍정적 네트워크 효과의 결과로서 발생할 수 있는 두 가지 중요한 개념들로는 밴드웨곤(bandwagon)효과와 변환점(tipping point)이 존재한다. 전자는 사람들이 그들의 행위를 고려하지 않고 다른 사람들이 하거나 생각하는 것을 따라가려는 경향이 있다는 관찰된 사회적 행동이다. 밴드웨곤 효과의 발생가능성은 더 많은 사람들이 아이디어 혹은 행동을 수용할 때 크게 증가된다. 후자는 표준경쟁 지역(battle zone)에서 여러 디자인들이 경쟁하다가 급속도로 시장규모의 격차가 발생하는 지점으로서 이 포인트에서 표준경쟁(혹은 전쟁) 지역의 범위를 벗어나는 큰 격차가 발생한다.

일단 적용 사이클이 시작되면 직접과 간접 네트워크 외부성은 다음의 형태로 신규와 현재 사용자들에게 편익을 약속한다.

- 표준화, 규모, 경쟁, 적용을 유인하는 제조자 인센티브의 결과로서 절감된 가격
- 미래 제품버전과 업그레이드의 이용 가능성과 관련한 더 낮아진 불확실성
- 비공식적 지원, 내용, 정보 공유를 제공하는 증가된 사용자 기반
- 더 높은 품질의 제품
- 그 시장에서 규모와 경쟁뿐만 아니라 보완재를 위한 시장의 확대
- 미래 보완 제품과 서비스의 이용 가능성과 관련한 더 낮아진 불확실성

제품가치 뿐만 아니라 연속적인 네트워크 외부성 적용을 이끄는 시장규모(installed base)의 증가와 보완적 제품의 이용가능성을 높이는 등 네트워크 외부성은 일반적으로 이들 편익의 긍정적 영향을 설명한다. 그러나 제품 가치는 시장규모와 보완재의 이용 가능성의 성장에 의존하고 이 시장규모와 보완재의 이용 가능성의 성장은 제품 가치에 의존한다.

③ 기술적 상호관련성(보완성)

한편, 간접적 네트워크 효과는 하드웨어와 소프트웨어 제품에서 흔히 발생하듯이 효용의 증가가 보완기술(혹은 제품)을 통해 발생할 수 있고 이것은 다시 사용자 수의 함수로 설명된다. 즉, 보완재 관점에서 DVD 플레이어를 적용하는 소비자에 대한 효용은 DVD 타이틀의 향상에 따라 증가하게 된다.

보완재의 가용성이 높으면 사용자에게 매력으로 작용함으로써 고객기반이 증가한다. 고객기반의 증가는 다시 보완재의 생산자들에게 매력적으로 작용하여 보완재의 가용성과 고객기반의 크기는 선순환 작용을 하게 된다. 이렇게 네트워크 외부성은 보완재와 고객기반에 의해 가치가 추가될 수 있는데 이는 네트워크 외부성의 가치라고 할 수 있다. 기술혁신의 가치는 기술 자체의 비용과 효용의 함수(즉, 기술적 효용)로서 표현될 수 있는데 네트워크 외부성의 가치는 이러한 기술적 효용에 보완재의 가용성과 고객기반을 더한 것이 된다.

결과적으로, 전기차와 충전소의 관계에서 볼 수 있듯이 어떤 기술이 광범위하게 채택되면 요소기술이나 관련 제품들이 인프라를 이루게 됨으로써 다른 기술의 선택이 어려워지고 덜 채택된 기술은 인프라가 결핍될 수 있기 때문에 기술적 상호관련성이 높아지게 된다.

④ 생산에서 규모의 경제

제품의 생산이 늘어남으로서 가격 경쟁력을 갖추게 된다. 폴라로이드 (polaroid) 카메라는 초기에 매우 비쌌으나 대량 생산 이후에는 많은 소비자들이 합리적인 가격으로 사용할 수 있게 되었다.

⑤ 정보의 수익증가

보다 광범위하게 채택된 기술은 사람들에게 더 잘 알려지고 이해되기 때문에 위험회피 성향이 큰 사람들은 널리 사용되는 기술을 선택하게 된다. 즉, 그 디자인에 대한 인지도가 높아지고 공인된 기술로 인정받게 되면 수익증가 현상이 발생하게 된다.

(3) 정부 및 산업 규제

정부 및 산업에서는 소비자 효용을 증가시키기 위해 각종 표준에 대한 규제를 한다. 이러한 과정에서 지배적 디자인이 발생하기도 하며, 그 중에서 공공재, 통신, TV산업 등에서 이러한 규제가 많은 역할을 한다. 추가 사항은 표준에서 다룬다.

1.4. 지배적 디자인의 결과

지배적 디자인으로 인해서 기업은 단기적으로 독점에 가까운 수익을 올릴 가능성이 커지고 지배적 디자인은 차세대 제품설계까지 커다란 영향력을 지닌다. 결국 지배적 디자인을 차지하는 기업은 산업의 발전방향을 설정하는 유리한 위치에 있게 된다.

그러나 이러한 승자가 독식하는 시장은 소비자에게 불리한 독점비용을 초래할 수밖에 없다. 네트워크 외부효과는 소비자가 얻게 되는 이익이지만 독점비용은 소비자가 지불해야 하는 비용이다. <그림 4-5>에서 어느 순간(X)까지 시장점유율이 증가하면 기술의 독립적 효용과 네트워크 외부성 효용의 합은 독점비용을 능가한다. 그러나, 어느 순간을 지나면 특정 기술이 시장점유율을 과하게 획득하여 독점비용이 네트워크 외부효과를 초과하여 발생한다.

〈그림 4-5〉 네트워크 외부효과와 독점비용

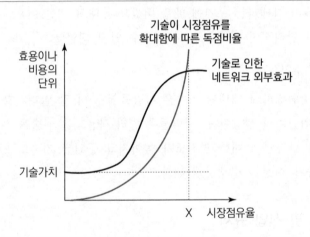

자료원: Schilling(2019)

02 시장진입 순서

2.1. 의의

기술혁신을 달성하기 위해 어떤 디자인이 시장에 진입하는 순서는 선발과 후발로 구분할 수 있다. 선발 진입자는 경쟁을 시작하는 입장이고 후발 진입자(혹은 후발 추격자)는 선발 진입자의 움직임을 모방하거나 선발 진입의 효과를 상쇄하는 방향으로 대응하기 위해 따라가게 된다. 선발 진입의 장단점과 후발 진입의 장단점은 서로 반대의 결과이다. 이해를 위해 대표적인 선발과 후발 진입 사례인 스마트폰 제조기업(예 애플의 아이폰 대 중국의 스마트폰)에 적용시켜 보기 바란다.

만약 기업가들이 어떤 잠재적 편익이 새롭게 시장을 개척하는 리스크와 불확실성보다 더 중요하다고 인식하면 그들은 선발 진입자의 길을 선택할 것이고 그 반대이면 후발 진입자의 길을 선택할 것이다. 일반적으로 선발 진입자는 높은 성과와 낮은 비용의 관점에서 개척자의 우위를 점할 것이고 시장침식 비우위(erosion disadvantage)와 불확실성 비우위(uncertainty disadvantage) 관점에서 개척자의 단점을 경험할 것이다. 침식 비우위는 후발 진입자에 의한 무임승차, 제품 품질의 쇠퇴, 경쟁으로 인한 감소되는 제품라인 폭 혹은 감소하는 비용우위, 시장에서 시간의 길이로부터 결과를 만들어 낼 수 있다. 한편, 개척자들은 불확실성 비우위로서 기술적, 시장적, 경쟁적 불확실성으로 특징된 환경에서 그들의 제품을 출시해야 한다. 만약 기업가들이 침식 혹은 불확실성 비우위를 인식한다면 그들은 최초 진입을 덜 하게될 것이고, 따라서 다른 경쟁자가 개척 리스크를 떠맡고 자신이 후발 진입자가 되는 것을 선호할 수 있다. 그러나, 최초 진입의 장점과 단점에 대한 기업가의 인식은 개인적이고 환경적 조건에 따라 그들 사이에 다를 수도 있다.

2.2. 시장 진입 순서의 장단점

2.2.1. 선발 진입자의 관점

(1) 선발 진입자의 장점

① 시장평균 이상의 수익 창출

디자인이 성공적이라면 후발 진입자들이 등장하기 전까지 보통 높은 수익을 누린다.

② 전환비용 구축

소비자가 선발 진입자의 브랜드에 고착(lock-in)되기 때문에 높은 진입장벽이 형성되고 전환비용이 높아진다.

③ 표준설정의 기회 확대

특허와 같은 지적재산권을 선점하기 때문에 일반적으로 선발 진입자의 표준화 가능성이 높다.

④ 소비자 충성 구축

수요에 긍정적인 측면을 이용함으로서 고객 선호에 영향을 미쳐 명성을 구축하고, 최고의 브랜드 이미지와 시장 포지션을 창출한다. 애플의 아이폰처럼 혁신제품이라는 이미지로 인해 브랜드 충성도가 높아지는 경우가 해당된다.

⑤ 희소자원 선점

신제품과 그 생산에 들어가는 희소자원을 후발 진입자들보다 먼저 계약하기 때문에 공급사슬에서 이 자원을 조달하기 용이하다.

⑥ 유통채널 확보

더 작은 비용으로 유통채널을 확보함으로써 시장에 진입 시 더 작은 비용을 지출한다.

⑦ 고객정보의 비대칭성과 학습곡선 활용

만족한 고객들이 경쟁자들에 대한 정보를 획득하는 데 요구된 많은 비용 때문에 선발 진입자에게 머문다.

(2) 선발 진입자의 단점

① 높은 수요의 불확실성

처음 시장에 진입하기 때문에 해당 제품과 공정의 수요에 대한 확신이 없다.

② 높은 연구개발 비용

처음으로 R&D를 하기 때문에 높은 기술적 불확실성이 발생하여 시간뿐만 아니라 비용이 많이 들어갈 수밖에 없다.

③ 보완기술과 대체재의 위협

보완기술이 준비되지 않을 가능성과 해당 제품과 공정을 대체하는 디자인이 등장할 가능성이 높다.

④ 공급사슬의 구축

아직 공급사슬이 완벽하게 구축되지 않았기 때문에 원재료에서부터 고객까지의 전 공급사슬을 관리하는 시간과 비용이 많이 소요된다.

⑤ 성능과 품질 문제

처음 출시하는 디자인이기 때문에 품질 문제가 발생할 가능성이 높고 성능의 수정 혹은 업그레이드 요구가 많을 수밖에 없다.

⑥ 후발 진입자의 무임승차

초기 진입자가 경험한 리스크와 불확실성을 후발 진입자는 경험하지 않는다.

2.2.2. 후발 진입자의 관점

(1) 후발 진입자의 장점

① 수요 불확실성 감소

수요의 규모가 검증되고 성장기에 도달한 후에 시장에 진입하기 때문에 수요의 불확실성은 줄어든다.

② R&D 시간과 효율성 확보

선발 진입자에 비해 충분한 연구개발 시간을 확보할 수 있고 더 효율적인 연구개발이 가능하다.

③ 학습능력과 소비자 만족 제고

선발 진입자로부터 업그레이드와 성능 개선을 위한 문제점을 학습하여 더 나은 소비자 만족을 전달할 수 있다.

이외에도 선발 진입자의 단점은 후발 진입자의 장점이 된다.

(2) 후발 진입자의 단점

① 소비자 충성 감소

일반적으로 후발 주자에 대한 소비자 충성도는 낮다.

② 선발 진입자가 학습 수준이 높다면 경쟁우위 상실

이외에도 선발 진입자의 장점은 후발 진입자의 단점이 된다.

2.3. 후발 진입자의 추격 전략

우리나라도 처음 후발 진입자에서 시작하여 적극적인 선발 진입자에 대한 추격(catch-up) 전략을 전개하였다. 비슷한 개념인 모방(imitation)에서 시작하여 혁신(innovation)으로 가기 위해서는 선발 진입자가 아닌 이상 항상 후발 진입자에서 시작하게 되어 있는데, 이러한 후발 진입자의 추격은 새로운 시장 목표, 자원의 결여, 높은 불확실성 상황 시에 때로는 매우 유용한 전략이 될 수 있다.

(1) 정의

후발 주자와 추격의 개념은 19세기 유럽에서 뒤늦게 산업화한 국가들의 등장을 연구하고 적합한 제도의 창출을 통해 초기 진입자를 추격하는 후발 국가들을 위한 가능성에 대한 관심에서 출발하였다. 이후, 20세기에 일본과 아시아의 개발도상국의 등장으로 인해 이 국가들이 전형적인 후발 국가들로서 간주되었다.

기업 수준에서 삼성과 에이서(Acer)와 같은 이 지역의 후발 기업들은 빈약한 자원과 무경쟁력에서 시작하였다. 그러나, 그들은 자신의 기술적 역량을 개발하고 지속적으로 개선하기 위한 학습전략을 고안함으로서 이 단점들을 호전시키도록 애썼고 이제 세계의 기술적 프론티어로 자신을 이끌었다.

기존 논의들은 작은 자국시장을 갖고 수출을 지향하는 한국, 대만, 싱가포르, 홍콩에서 후발 기업의 추격에 대한 논의에 초점을 두었다. 초기에는 추격의 의미가 고정된 기술 경로(즉, S-곡선)를 따르는 경주에서 나타나는 상대적 속도로서 간주되었고 기술은 누적적인 단일방향 프로세스로서 이해되었다. 그러나, 후발 주자들은 초기 진입자 경로의 특정 단계를 생략하거나 심지어 자신만의 경로를 창출할 수 있다는 것이 빈번하게 관찰되었다. 따라서 추격은 개발도상국이 기존의 기술 시스템에 많은 투자를 피하면서, 선발 국가를 추격하기 위해 사용하는 프로세스와 유형으로서 정의한다. 여기서, 기술적 대도약은 추격의 한 특정 형태로서 간주될 수 있다. Lee & Lim (2001)은 추격을 경로-추종, 경로-생략, 경로-창출 형태로 분류하였고 후자 둘을 기술적 대도약으로 분류하였다.

(2) 추격전략 프레임워크

후발 진입자의 장점은 기술 패러다임 변동과 시장 특성에 기초한 환경적 기회에서 발생한다. 그 결과, 여러 장점 중에서 낮은 모방비용, 무임승차 효과, 차별화라는 장점이 발생할 수 있고 이러한 장점을 누리기 위해서는 동화와 모방에서 결합과 혁신전략을 가져가야 하고 이를 위해 틈새시장 목표, 보완 기술 양성, 서비스 혁신 추구, 협력적 R&D를 적극적으로 추진해야 한다(<그림 4-6참조>).

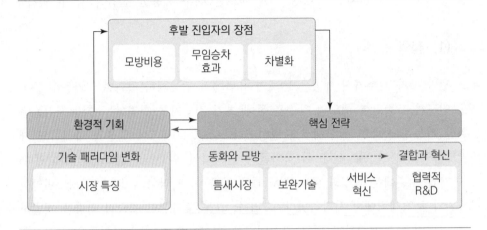

〈그림 4-6〉 추격전략 프레임워크

(3) 기술 패러다임 변화와 추격

Dosi(1982)는 과학 이론에서 나온 패러다임 용어를 혁신에 도입하여 기술적 패러다임의 개념을 제안하였다. 기술적 패러다임은 '자연과학으로부터 도출된 선택된 원리와 기술에 기초하여, 선택된 기술적 문제들을 갖는 솔루션들의 패턴'으로써 묘사된다. 새로운 패러다임은 이전 패러다임 내에서 정의된 진보 궤적의 불연속성을 나타낸다. 새롭게 등장하는 기술 패러다임은 오래된 기술 시스템에 고착되지 않고 신흥 산업에서 새로운 기회를 포착할 수 있도록 만들어 주고 추격하는 국가를 위한 새로운 기회의 창을 제공한다.

최근에는 단순히 주어진 기술궤도를 따라 추격하는 것이 아니라 후발 기업이 기술융합에 의한 기술혁신을 통해 기술 패러다임 변화를 일으켜 기존의 기술궤도를 자신에게 유리하게 수정하는 전략을 택하는 사례가 빈번하다(정세환, 2014). 이 경우에 흥미로운 점은 후발 기업이 선도기업이 되면서 기존 기술궤도에서 선도적 위치에 있던 기업이 후발 주자로 서로 입장이 뒤바뀌게 된다는 점이다. 이러한 대표적인 산업이 최근에 통신 기술 패러다임에서 컴퓨팅 기술 패러다임으로 변화가 발생하여 피처폰에서 스마트폰으로 지배적 디자인이 변화한 모바일 통신 산업이다. 결과적으로, 해당 산업의 외부자이자 후발주자였던 애플이 기술혁신을 통해 기술 패러다임 변화를 일으키고 새로운 기술궤도를 창출하면서 선도기업으로 자리 잡게 된다. 이에 기존 피처폰 기술궤도 상에서 선도기업이었던 많은 피처폰 제조사(IBM, BlackBerry, Nokia)들이 변화된 기술 패러다임 환경 하에서 선도기업을 추격해야 되는 후발기업의 입장이 되었다.

(4) 시장특징과 추격

진화이론 학파가 추격에서 기술적 변화의 역할에 초점을 둔 반면에 시장 측면에서 나오는 기회의 창(windows of opportunity)도 기업의 시장성과를 반영한다. 그러나, 기술의 지속적 변화와 같이 시장도 시간에 걸쳐 변화하고 그 변화의 방향은 전적으로 예측이 불가능하다. 게다가 성숙기에 접어든 기업들은 매몰 투자, 현재 관성, 핵심 경직성으로 인해 시장 변화를 다룰 수 없고 다루려 하지 않을 것이다. 따라서 변화하는 소비자 선호는 현재의 선도 포지션을 파괴하려는 후발 주자들에게 중요한 기회를 제공할 수 있다.

시장에 대한 국가 특유의 특징들이 지역의 후발 주자에게 가치있는 기회를 제공할 수 있다는 것에 주목할 필요가 있다. 가령, 중국 시장의 핵심적 특징은 제품의 기능에 대한 소비자의 요구사항이 다른 국가와 다르다는 것이다. DVD와 CD-ROM을 예로 들어, 중국에서 DVD와 CD 디스크의 품질은 매우 달라 ROM은 저품질 디스크들을 읽는 강력한 능력을 요구하였다. 여러 중국 제조업체들은 이 문제를 해결하는 데 엄청난 노력을 하였고 결과적으로 그들의 제품은 디스크 읽는 기능에서 종종 비싼 해외 제품들보다 더 기능을 잘 수행하도록 만들었다. 게다가 많은 산업에서, 중국은 지리적인 특징뿐만 아니라 사회통계학적 및 라이프스타일에 따라서 차별화된 캠페인을 필요로 하는 전형적인 세분화된 시장을 갖는다고 한다. 중국의 컬러 브라운관 TV 기업들은 세분화된 시장을 활용하여 미개발된 중국 동부에 처음 침투한 후 개발이 진행 중인 중부 중국으로 확장하고 마지막으로 서부 시장까지 진출하였다.

2.4. 기술개발 진입시기 결정요인

기술개발의 진입시기를 결정하는 데 고려해야 할 요인으로는 다음이 있다.

(1) 기술혁신의 전유성

전유성(appropriability)은 경쟁자에 의해 모방이 어려운 정도로서 간략하게 정의될 수 있다. 법적인 보호장치(예 특허, 저작권, 영업비밀 등)가 강할수록, 제품기술 혁신보다는 공정기술 혁신일수록, 명문화된(codified) 기술보다는 암묵적(tacit) 기술일수록 전유성이 강한 기술혁신이라고 할 수 있다. 전유성이 강한 기술혁신일 경우에는 시장진입을 빠르게 하는 것이 바람직하다.

(2) 산업표준 출현시기

기술의 라이프사이클에 따라서 산업표준(지배적 디자인)이 출현하기 이전과 이후 단계로 구분할 경우에 이전 단계에서는 기술혁신의 사업화 시점에 상대적으로 더 조심할 필요가 있다. 이 시기에 산업표준이 될 것인지 불확실하므로 기술적 불확실성이 높다. 또 산업이 어떻게 성장할 것이며 제품 및 기술 시장이 어느 정도 수준에 있는지 불확실하므로 시장의 불확실성도 높다. 따라서, 이 시기에 시장에 일찍 진입한다고 꼭 성공하는 것은 아닐 수 있다. 선발 진입자가 성공하기도 하고, 경우에 따라서 산업표준 이후(즉, 시장의 불확실성이 줄어들었을 때)에 후발 진입자가 성공하기도 한다.

(3) 보완재의 필요성 여부

기술혁신을 사업화하는 데 필요한 생산, 마케팅, 유통망, 다른 기술 등을 보완재라고 한다. 보완재가 필요할 경우에는 보완재가 준비된 후에 시장에 진입하는 것이 필수적이다. 또한, 보완재가 범용성이 아니라 쉽게 획득하기 어려운 전용성을 가질 경우에는 보완재가 준비될 때까지 후발 진입하는 것이 더욱 바람직하다.

(4) 기타

기타, 산업표준이 중요할수록, 보유한 핵심역량(쉽게 획득하거나 모방할 수 없는 기업 고유의 독특한 자산이나 기술)이 뛰어날수록, 기술혁신이 보호받을 가능성이 높을수록 선발 진입이 바람직하다.

2.5. 신규시장 진입 시 기술적 불확실성 관리

신규시장에서 신기술을 가치화 하는게 쉽지 않기 때문에 기술적 불확실성이 매우 높다. 그 결과, 지배적 디자인의 미정으로 인해 대안기술 간 경쟁의 결과인 제품의 다양성이 발생한다. 다시 지배적 디자인의 등장 이전에 경쟁자들에 의해 제공된 경쟁 디자인의 높은 다양성은 높은 기술적 불확실성으로 결과된다.

(1) 기술적 불확실성 관리 방안

기업들이 기술적 불확실성을 관리할 수 있는 다음의 방법이 존재한다.

① 나중에 진입하기 위해 대기

불확실성을 최대한 줄여보자는 방법으로서 후발 진입자가 되는 방법이다.

② 한 기술을 추구하는 것에 투자함으로서 리더십 포지션 차지

특정 기술에 관련한 리스크를 수용하고 선발 진입자의 혜택을 얻기 위함이다.

③ 조인트 벤처 혹은 다른 유형의 제휴를 통해 초기 진입

불확실성에 의한 리스크를 줄이면서 선발 진입자의 편익을 누리기 위한 방법이다.

④ 한 디자인 이상에 투자함으로서 헤지(hedge)

아래에 자세히 설명한다.

(2) 지배적 디자인 등장 사이클의 동태성과 헤징 방안

① 지배적 디자인 등장 사이클의 동태성

지배적 디자인 등장 이전에는 신규 기술 간의 치열한 경쟁으로 인해 높은 불확실성이 발생한다. 물론, IBM PC와 같이 이 불확실성 기간은 지배적 디자인이 등장할 때 종료된다. 이것은 경쟁의 기반이 제품 기술에서 가격과 프로세스 효율성으로 이동하는 점진적 변화의 기간이 시작되었다는 것을 의미한다.

신규 산업의 초기 국면이 수많은 경쟁 기술로 특징되는 반면에 후반 단계는 보통 산업표준 기술을 보유하게 된다. 예를 들어 1990년대 초기 자동차 산업은 가솔린 엔진, 증기 엔진, 전기 모터에 기반한 다양한 기술을 목격하였다. 이후, 가솔린 엔진이 1920년대 경에 지배적 디자인이 되었을 때, 다른 대안적 기술은 더 이상 시장의 중요한 부분이 아니었다. 이러한 현상은 지금도 계속되고 있다. 가솔린 엔진, 하이브리드 엔진, 전기 배터리 엔진, 수소배터리 엔진 등이 경쟁하고 있다. 하지만 어떤 신규 기술의 장점을 평가하는 것이 어렵다는 이유로 그 신기술에 투자하는 것을 단순히 기다리는 것은 기업이 폐쇄(locked-out)되는 위험을 초래할 수도 있다. 현재 수소연료전지차 혹은 수소차에 관한 기술이 현대기아차에 의해 오래 전부터 개발되었지만 이 기술의 장점을 평가하는 것이 쉽지 않아 사업화에 대한 투자 즉, 시장 진입 결정이 계속 미뤄져 왔던 것이 한 예가 될 수 있다. 따라서, 이러한 문제를 해결하는 하나의 전략이 헤징전략이다. 이미 우리는 스마트폰 사업에 뒤늦게 진출하여 결국 철수하게 된 기업의 사례를 알고 있다.

② 옵션으로서 헤징

신규 시장은 기술적 불확실성에 걸리기 쉽다. 이들 불확실성을 다루는 가능한 전략 중 하나로서 옵션 이론의 적용은 신규 산업의 불확실성이 줄어들 때까지 투자 의사결정의 지연을 나타낸다. 이 옵션 이론의 특별 사례로서 헤징(hedging)이라고 부르는 전략이 있다. 어떤 기업이 경쟁기술에 동시에 복수의 투자를 할 때 그것을 헤지라고 한다. 일반적으로 여러 기술 투자 대안 중에서 단지 한 기술(옵션)만이 승자가 될 것이기 때문에 몇 개의 동시 투자로부터 수익이 부정적으로 상관될 수 있다. 결국, 헤징은 기업이 산업과 제품 수준 지식과 경험을 획득하는 동안 단일 기술에 몰입하는 것을 지연하도록 만든다.

③ 헤징전략

둘 이상의 경쟁 기술 디자인의 동시적 사업화를 추구하는 전략이 헤징이다. 이 전략은 지배적 디자인이 결정될 때 기업이 올바른 시간에 올바른 제품을 편리하게 만들도록 허용하는 전략이다. 심지어 헤지된 디자인이 지배적이지 않는 것으로 판명 날지라도 헤지하는 기업은 자신의 조직 내에 경험을 구축하고 미래에 그들이 지배적 디자인에 더욱 쉽게 전환할 수 있도록 만들어 주는 장점이 있다.

④ 헤징시기

지배적 디자인이 등장한 후보다는 등장 이전에 더 헤지하는 것이 바람직하다. 일단 지배적 디자인이 등장한 후에 기술적 불확실성이 감소하기 때문이다. 특히, 네트워크 외부성이 존재할 때 다른 디자인을 제공하는 가치가 더욱 감소하기 때문에 지배적 디자인 등장 이전에 헤지할 필요가 있다.

⑤ 헤징의 결과

기술전략으로서 헤징은 기업이 신규 시장조건 하에서 제품 디자인 리스크를 관리하는 것을 가능하게 한다. 하지만 경쟁 기술을 동시에 추구하는 것은 기업이 기술에 투자하는 것뿐만 아니라 시장에 신제품을 도입하는 데 많은 자원을 필요로 하기 때문에 투자비가 많이 들어 높은 투자책임을 갖는다. 예를 들어, 전통적 종이 신문사들은 불확실성이 감소될 때까지 지속적으로 시장과 기술의 변화를 모니터하면서 종이신문과 CD-ROM 기술, 인터넷 기술 등 다양한 인프라에 헤지하는 투자를 취하고 있다.

헤징전략의 결과로서 기업의 생존율은 헤징하는 기업이 그렇지 않는 기업보다 더 높을 것이다. 헤지하는 기업은 지배적 디자인이 등장할 때 그것을 유연하게 적용할 수 있는 기회를 증가시킨다. 그 이유는 지배적 디자인이 기업의 헤지된 디자인 중 하나이거나 혹은 헤징의 경험이 기업으로 하여금 신기술에 더욱 빨리 적응하도록 만들기 때문이다. 그러나, 헤징전략을 사용하는 기업의 시장지분은 더 작아질 수도 있다. 특정 기술 디자인에 대한 조직 헌신의 결여, 기술 투자비 증가, 자원 중복 투자, 각 기술 디자인별 분리된 광고와 판촉, 유통채널 추가 투자, 낮은 브랜드 명성으로 기술보다 가격이 더 중요하게 되고 단일 디자인에 대한 낮은 고객 헌신으로 고객니즈 대응의 어려움 등과 같은 단점이 발생할 수 있기 때문이다.

테슬라는 전기차에만 집중하여 한 기술을 추구하는 것에 투자함으로서 리더십 포지션을 차지하는 선발 진입자의 전략을 전개하고 있다. 하지만 기존의 대형 자동차업체는 기존의 가솔린차, 전기차, 수소차 모두에 투자하는 헤징 전략을 펼치고 있다. 이중에서 누가 오래 생존하고 높은 시장 지분을 차지할지는 계속 지켜볼 필요가 있다.

03 기술표준

3.1. 표준

(1) 표준의 정의

표준(standard)은 교환된 제품과 서비스들이 거래될 수 있도록 호환성을 보장하는 기술적 사양(technical specification)이다. 그것은, 관련된 기술과 제품들의 상호연결뿐만 아니라 운영을 위한 원칙과 프레임워크를 구축하고 시장과 기업의 개발 전략을 형성하는데 핵심 역할을 한다.

기술표준(technology standard)은 법률 하에 제품, 프로세스, 형식, 절차의 모든 요소들이 확인하는 규격의 집합으로 정의할 수 있다. 본질적으로, 기술표준은 소비자에 대한 효용, 기술적 가능성과 제조업체의 비용 구조, 다른 한편으로는 정치적, 사회적, 경제적 제도들의 제약 사이의 균형으로부터 결과되는 집합적 선택을 나타낸다. 이러한 기술표준은 시장 지배를 획득하는 기술로서 지배적 디자인에 기초하여 사용되었다. 최근에, 어떤 연구자들은, 다르게 개발된 기술적 단위들 사이에 상호 운영성(interoperability)을 촉진하는 복잡한 시스템의 중심 기술 아키텍쳐를 언급하기 위해 플랫폼(platform)이라는 용어를 사용하였다. 비록 플랫폼이 반드시 기술적 지배를 나타내지 않지만, 디자인에서 그것의 모듈성은 호환적 플랫폼에 걸쳐 구성요소들의 상호 교환가능성(interchangeability)에 대한 고객들의 기대를 증가시키고 있다.

(2) 표준과 다른 개념의 차이

표준과 지배적 디자인이 혼용되어 사용되는 경우가 발생한다. 일반적으로, 지배적 디자인은 시장이 특정 기술을 제품의 사양으로 정의할 때 결정된다. 하지만, 기술표준은 산업 전반의 성과에 잠재적으로 영향을 미침으로써 시장의 성장을 이끄는 과정으로 정의된다. 지배적 디자인이 사실상의 표준(de facto standard)으로 설명할 수 있기 때문에 두 개념은 매우 밀접하게 연결되지만 동일하지는 않다.

구체적으로 이들은 다음의 세 가지 차원에서 차이를 보인다. 첫째, 표준의 조건이 제품 또는 서비스의 서로 다른 부품을 연결하는 기능적 목적에 있는 반면에 지배적 디자인은 시장 내 수용이 선결조건이다. 따라서, 표준은 시장 수용과 상관없이 기능적 목적으로 작용하는 반면에, 시장 수용은 지배적 디자인의 전체 측면을 반영한다. 둘째, 지배적 디자인은 제품의 수명주기 상에서 오랜 문제해결 과정 이후 경쟁으로부터 발생되는 반면에 표준은 지배적 디자인의 사전 경쟁에서 출현하거나 제품 라이프사이클의 진화과정에서 특정 산업이 핵심부품을 표준으로 정하는 과정에서 나타나게 된다. 표준은 흔히 지배적 디자인의 중요한 구성요소들이고 지배적 디자인은 사후에 인식되나 표준은 사전 혹은 사후에 인식되기도 한다. 셋째, 표준은 지배적 디자인 내에서 다양하게 구성되는 데 반해 지배적 디자인은 그 제품으로 규정할 수 있다.

또한, 표준은 표준화(standardization)와도 약간 다른 개념이다. 표준은 관련된 기술과 제품들의 상호연결뿐만 아니라 운영을 위한 원칙과 프레임워크를 구축하고 시장과 기업의 개발 전략을 형성하는 데 핵심 역할을 한다. 이에 비해 표준화는 기술적 변화의 확산, 선택, 적용이라는 프로세스의 한 측면이다. 표준화는 혁신과 기술확산 모두에 영향을 미친다. 그것은 또한 산업 구조에도 영향을 미칠 수 있고 그것에 의해 어떤 기업이 기술적 변화로부터 편익을 얻거나 얻지 못하는지를 결정하는 것을 도울 수 있다. 따라서, R&D 정책의 관심사는 신기술 혹은 더욱 정확하게는 어떤 신기술의 특정 요소들이 표준화되는 발전적 경로가 된다. 기술의 라이프사이클에서 표준화는 경제적 효율성에 영향을 미칠 수 있다. 그러나, 이들 효과는 긍정적이면서도 부정적으로 나타날 수 있다. 예를 들어, 표준화는 기술 라이프사이클 내에서 효율성을 증가시킬 수 있으나, 그것은 또한 다음 사이클을 창출하는 기술적 혁신에 대한 투자를 저해함으로서 과도하게 기존의 라이프사이클을 연장할 수도 있다. 표준화는 '표준'으로서 공식적인 확산없이 발생할 수 있다. 이 사실상의 표준과 법으로 규정되어 확산된 표준 사이의 차이는 명백해질 것이다.

표준과 호환성에도 상호연결 및 응용이라는 공통 부분이 존재하지만 약간의 차이도 존재한다. 일반적인 호환성의 혜택으로는 다음의 네 가지가 존재한다 (Shapiro & Varian, 1999a).

① 네트워크 외부성

전화, 컴퓨터 등의 통신 네트워크에서 볼 수 있듯이 이 특성으로 인해서 네트워크의 가치가 증가한다.

② 경쟁효과

경쟁 상품이 호환성이 있을 경우 디자인 보다는 가격 경쟁이 심화되며, 시장에 뛰어 들기가 쉬워진다. 프린터의 경우에 현재도 별다른 기술개발 없이 시장진입이 가능하다.

③ 다양성

호환성은 다양성을 제한하기도 하나 믹스앤매치(mix-and-match) 구매로 다양성이 증가하기도 한다. 호환적인 오디오의 경우에 앰프와 턴테이블을 따로 사도 되나, 그렇지 않은 카메라의 경우에는 본체와 렌즈의 결합부가 다 달라서 기계마다 다르게 구매해야 한다.

④ 비용 절감

규모의 경제와 부품의 상호 호환성 및 표준화는 생산원가를 줄인다. 또한, 그것은 컴퓨터 키보드와 같이 사용자의 학습비용도 줄여준다.

3.2. 표준의 유형

(1) 일반적 표준의 유형

광의의 개념에서 표준은 다음과 같이 다양하게 나타난다.
① **기본 표준**: 측정과 지표와 관련(예 Kilogram, Meter 등)
② **규정 표준**: 반복적인 활동과 과정의 일관성 규정(예 테스트, 공정 규정)

③ **성과 표준**: 과정이 아니라 최종 성과를 규정(**예** 제품의 성능)

④ **호환 표준**: 시스템 간의 상호호환성을 규정(**예** 전원)

이외에도 자주 사용되는 표준 유형으로는 준거표준, 최소품질표준, 호환성표준이 있다. 준거와 최소품질표준의 목적은 제품, 시스템, 서비스들이 사용자 평가의 거래비용을 줄이면서 정의된 특정 특징들을 만족시키는 것을 보장하는 것이다. 반면에, 호환성 표준들은 구성요소 혹은 하위시스템이 밀접하게 규정된 투입물과 산출물의 더 큰 시스템의 다른 구성요소들과 성공적으로 상호 운용가능하게 되고 도입될 수 있는 것을 보장한다. 이런 의미에서, 호환성표준은 사용자들이 큰 상호연결된 시스템에 참가하는 것을 가능하게 하고 이 참여로부터 네트워크 편익을 얻도록 만들어 준다.

(2) 기술표준의 유형

기술에 초점을 둔 표준의 분류로서 사실상(de factor) 표준과 법률상(de jure)의 표준으로 분류하기도 한다. 사실상의 표준은 시장의 상호작용의 결과로 발생하는 표준이고 법률상(혹은 공식적) 표준은 규제기관에 의해 혹은 규제당국과 협약으로 정부 기관의 명령에 의해 퍼뜨려진 표준(강제된 표준)과 특정 분야에서 규제적 파워를 갖는 독립적 조직(**예** ISO, IEC, ITU 등)에 의해 공표된 표준(자발적 표준)으로 분류되기도 한다.

① 사실상 표준

모든 기업은 지배적 현존 기업이 표준을 설정하였고 시장으로부터 배제되면서 호환적인 제품을 만드는 데 실패할 때 발생할 수 있는 시장 벌칙을 피하기 위해 넓게 퍼진 표준을 따르는 경향이 있다. 예를 들어, 마이크로소프트(Microsoft)는 세계의 많은 부분에서 윈도우즈(Windows) 운영시스템을 사실상의 표준으로 구축하기 위해 다른 기업들과 네트워크 파워를 성공적으로 사용하였다.

경쟁 기술 간에 표준설정 싸움은 모듈(module) 시장(**예** 모듈적 아키텍처의 존재로 특징되는 시장)과 네트워크 시장(**예** 사용자들이 타인이 구매한 것들과 호환되는 제품을 구매하는 것을 선호하는 시장)의 전형이다. 모듈성의 장점이 네트워크 외부성의 중요성을 향상시키기 때문에 모듈 시장은 또한 네트워크 시장이라고 할 수 있다. 사실상의 표준이 표준화 프로세스에서 할 수 있는 역할이 법률상의 표준설정에서 보다 더 적합하기 때문에 사실상의 표준은 기업에게 훨씬 더 많은 관심을 불러일으킨다.

실제로, 법률상의 표준화에서 이용가능한 전략들이 규제기관의 행동에 의해 크게 제한된다. 게다가, 더 큰 위협이 사실상의 표준화에 관련되고 만약 표준화 전략이 실패한다면 심지어 생존이 어려울 수도 있다. 사실, 표준화 경주의 패배자는 최초진입 우위(예 독점적 파워의 편익)를 잃고 승자와 기술 및 지식 차이를 줄이기 위해 많은 자원을 소비해야만 한다. 게다가, 패배자는 표준을 설정한 경쟁자가 정의한 경계 내에서만 경쟁해야 한다. 반면에 표준기술의 개발자는 그 기술이 필요로 하는 핵심역량에서 명확하고 강한 리더십을 유지할 수 있을 것이다.

② 법률상 표준

법률적 관점에서 공공 당국이 의무적 표준을 설정한다. 기업이 특정 지역 시장으로 진입하도록 의무를 부과하기 위해 디자인된 그러한 표준들은 신제품과 신공정의 특징을 명문화한다. 반대로, 시장이 결정한 표준은 파편화된 표준으로 결과될 수 있다. 장비 호환성의 높은 사회적 비용을 피하기 위해 만들어진 공식적 표준들은 공공 당국의 제한된 관심으로 인해 비합리적일 수 있다.

3.3. 표준의 기능과 영향

(1) 표준의 기능

일반적으로 표준은 긍정뿐만 아니라 부정적 기능을 함께 내포하고 있다. 표준의 기본적 기능으로는 다음이 있다.

① 기능, 성과, 안전, 환경에 대한 규정으로 제품 및 서비스의 품질과 신뢰성 향상

표준이 기능적 수준, 성과 변동, 서비스 생애, 효율성, 안전, 환경적 영향과 같은 하나 혹은 그 이상의 차원에서 수용가능한 제품 혹은 서비스 성

과를 규정하기 위해 개발된다. 최소 수준의 성과를 규정하는 표준은 종종 산업 내 경쟁의 출발점을 제공한다. 예를 들어, 자동차 제조업체가 새로운 엔진을 개발할 때 그 회사는 수용가능한 최소의 윤활유 특징을 규정한다. 이 사양은 다시 최소로 규정된 품질 수준의 가격에 기반하여 최소보다 높은 성과수준으로 자동차 오일을 제공함으로서 오일회사 사이에 경쟁의 기반이 된다.

② 정보평가를 지원하는 정보표준 향상

표준은 제품 특성을 설명, 계량화, 평가하기 위한 출판, 전자 데이터베이스, 용어, 시험과 측정 방법의 형태로 과학적 및 공학적 정보를 평가하는 것을 지원한다. 제조업에서 광의의 측정과 시험방법 표준이 보편적으로 받아들여지기 때문에 구매자와 판매자 사이의 거래비용을 크게 줄이는 정보를 제공한다. 만약 그것이 존재하지 않는다면 그 불일치로 인해서 종종 성과 클레임이 발생할 것이다.

③ 제품 간의 호환성 및 보완성 규정으로 소비자의 효용 증가

표준은 가전제품의 전압과 같이 제품이 보완적 제품을 통해 물리적 혹은 기능적으로 작동하기 위해 가져야 하는 특성을 규정한다. 양립성 혹은 상호운영성은 더 큰 시스템의 구성요소 사이의 표준화된 인터페이스 형태로 명시된다. 사실상, 인터페이스 표준들은 개방 시스템(open system)을 제공하고, 그것을 통해 공존하기 위한 복수의 독점적 디자인을 허용한다. 즉, 그들은 디자인과 관련하여 경쟁적으로 중립적임으로서 구성요소 수준에서 혁신을 가능하게 한다. 사실, 제품 시스템의 소비자가 시스템 디자인을 최적화하는 특정 구성요소들을 선택할 수 있는 반면에 경쟁자들은 인터페이스의 한 면에 초점을 두어 혁신할 수 있다. 그들은 또한 그들이 전체 시스템의 진부화 위험을 크게 감소시키면서 시간에 걸쳐 더욱 발전된 구성요소의 대체를 허용한다. 예를 들어, 공장 자동화는 이들 표준없이 진행되지 못할 것이다.

④ 제품의 범위와 규모, 수준을 제한하여 제품의 다양성 감소 및 기술혁신 제한

표준은 제품을 특정 범위로 제한하거나 규모 혹은 품질 수준과 같은 특징의 수를 제한한다. 표준의 이 기능은 규모의 경제를 얻기 위해 다양성

을 감소하는 양상으로 나타난다. 그러나 다양성 감소는 더 이상 단순히 스크루의 나사들 사이의 폭과 같은 표준화를 위해 제품의 특정 물리적 차원을 선택하는 문제가 아니다. 다양성 감소는 지금 데이터 포맷과 같은 비물리적 특성과 컴퓨터 아키텍처와 주변 인터페이스와 같은 기능적 특성에 공통적으로 적용된다. 다양성 감소를 설정하는 프로세스는 또한 의미있는 역할을 하기도 한다. 이 유형의 표준은 인프라로서 간주되고 산업의 동의를 얻어 결정된다. 그러나 어떤 속성 혹은 제품 요소의 표준화는 기반 기술의 통제 하에 놓이게 된다.

그러나, 다양성 감소가 항상 부정적인 것만은 아니다. 다양성 감소는 전형적으로 규모의 경제가 달성되는 것을 가능하게 만드나 더 큰 생산규모는 더욱 자본집약적 프로세스 기술을 촉진하는 경향이 있다. 이 기술의 공통적 발전 패턴은 공급자의 수를 보통 감소시키지만 그들의 평균 크기를 증가시킨다. 그러한 추세는 경쟁을 감소시킬 수도 있고 감소시키지 않을 수도 있으나 최소한의 효율적 규모의 경계가 높아짐에 따라 잠재적으로 혁신적 기업이 진입하는 것을 점진적으로 배제한다.

(2) 표준의 영향

표준화로 인해서 발생하는 구체적인 두 가지 영향은 네트워크 효과와 고착효과로 구분하여 살펴볼 수 있다(Shapiro & Varian, 1999b).

(1) 네트워크 효과

표준화를 통해서 제품/서비스 생산자와 소비자가 네트워크 효과를 누리게 된다. 이 효과의 결과로서 생산자 측면에서는 규모의 경제가 발생한다. 즉, 규모의 수익이 증가하고 생산자의 제조 및 판매 비용이 감소한다. 하지만 네트워크 외부성으로 인해 생산자의 혁신이 감소하고 독과점 발생 가능성이 높아진다. 소비자 측면에서는 네트워크 경제 편익이 발생한다. 그 편익은 이미 설명한 호환성(compatibility)과 상호운용성(interoperability)으로 대표된다. 하지만, 네트워크 편익은 다시 제품 및 서비스의 다양성 감소와 독과점으로 인한 가격 상승을 유인할 수 있다.

(2) 고착효과

　<그림 4-7>과 같이 어떤 제품과 서비스와 그 구성요소를 구성하는 두 네트워크가 존재할 때 소비자가 한 네트워크에서 다른 네트워크로 옮겨가면 전환비용(switching cost)이 발생한다. 결과적으로, 전환비용이 높으면 소비자는 한 네트워크에 고착하게 되고 그 비용이 낮으면 다른 네트워크로 전환이 용이해 진다.

〈그림 4-7〉 전환비용

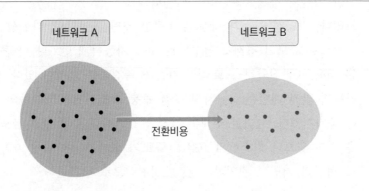

　이렇게 소비자들의 네트워크 구성은 고착효과를 초래한다. 하지만, 표준화는 네트워크의 규모를 확장시켜 고착효과를 완화시키는 효과를 낸다. 한편, 고착효과로 인해서 진입장벽이 구축되나 그것은 경제적 효율성을 저하시킬 수 있다. 아래의 <그림 4-8>과 같이 고착효과는 소비자들이 학습으로 인해 새로운 기술에 부적응하는 것을 강화시킨다. 그 결과, 견고하고 자연스러운 진입장벽이 구축되어 경제 전체적으로는 이러한 진입장벽이 경쟁의 저하를 초래하고 기술혁신을 방해하는 역할을 한다.

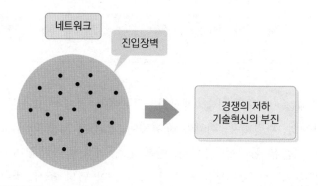

(3) 표준화 전담조직과 정부

일반적으로 표준화 전담조직(ISO, ANSI, 국가기술표준원, 한국표준협회 등)은 공정하고, 합리적이고, 비차별적인 표준을 설정하여 자발적 동의를 구하는 데 주력한다. 하지만 자발적 동의가 어려울 경우에는 소비자의 효용 혹은 소비자 잉여(consumer surplus)를 증가시키기 위해 정부의 개입이 필요해 진다. 하지만, 강제적 표준을 설정하고 규제를 가하는 정부의 개입은 MS의 운영체제와 같이 경쟁 및 혁신 저하, 휴대폰과 같은 독과점 발생, HDTV와 같은 낮은 표준화 속도라는 문제점을 낳기도 한다.

3.4. 표준화의 동태성

(1) 표준화 과정

표준화 과정은 <그림 4-9>와 같이 주체, 균형, 기준, 표준화의 네 가지 단계를 따른다.

표준화 주체는 소비자, 기술, 생산자, 정부이고 경제적 효율성 제고를 위해 요구사항, 가능성, 관련비용, 제약이 균형되어 네 가지 기준 하에 표준이 만들어진다. 여기서 기준은 합리성, 총체성, 반복성, 동의성에 바탕을 둔다. 표준화 관련 주체는 제품 및 서비스 생산자, 사용자, 표준화 담당 조직, 정부로서 상호영향을 미친다.

구체적으로 생산자는 표준참여 기업과 비표준화 기업이 있다. 그들이 표준화에 참여하면 네트워크 효과로 인해서 소비자의 호환성을 증가시키나 다양성은 감소시킨다. 표준화에 참여하든 참여하지 않든 간에 생산자는 또한 자발적 동의와 강제적 규정을 만드는 표준화 담당조직과 조정이라는 상호작용을 하고 독과점 억제와 신속한 표준을 담당하는 정부의 규제라는 상호작용의 영향을 받는다. 소비자는 또한 생산자와 네트워크 효과의 영향을 받을 뿐만 아니라 표준화 담당조직의 지원과 정부의 보호라는 상호작용을 한다. 마지막으로 표준화 담당조직은 정부의 지원 하에 소기의 목적을 달성하는 역할을 한다.

(2) 표준화에 대한 동태적 시각

표준화는 시간에 따라 다양한 관련 주체들과 다양한 영향을 서로 주고받는다. 표준경쟁은 기술과 시장기반으로 분류하여 설명될 수 있다. 표준기반 경쟁의 한 측면은 기술에 기반한다. 이것은 기술 라이프사이클, 기술적 불연속성, 지배적 디자인의 등장과 같은 개념들에 의해 포착된 기술적 진화가 과학 및 기술 사회학적 관점에서 어떻게 산업의 경쟁적인 동태성과 구조를 형성하는지를 다룬다. 이 사고는 단속적인 사이클 프로세스로서 기술 표준의 등장을 설명한다.

한편, 기술 표준의 시장기반 측면은 시장 메커니즘(특히, 네트워크 효과)이 표준의 등장을 이끈다는 것을 반영한다. 경제학에서 네트워크 외부성으로 알려진 이 효과는 만약 사용자들의 수 혹은 보완적 제품들의 이용 가능성이 증가할 때

기술이 더욱 가치있게 된다는 개념이다. 수요함수에 네트워크 효과가 포함되기 때문에 표준을 갖는 경쟁은 표준없는 경쟁과 매우 다른 동태성을 따르며, 이것은 기업이 아키텍쳐 혹은 무료 소프트웨어와 같이 관행적이지 않은 전략을 추구하는 이유를 설명하고 때때로 승리하는 기술이 다른 모든 기술들을 시장밖으로 내쫓는 승자독식(winner-takes-all) 상황의 원인이 된다. 나아가, 네트워크 효과의 고려는 키보드 시장에서 QWERTY 배열의 지속적 지배와 같이 왜 급진적 혁신들이 때때로 표준의 존재에 의해 심각하게 지연되는지를 설명하는 경제적 논리를 형성한다.

한편, 표준화의 시간에 따른 영향은 두 가지 기반을 혼합하여 다음의 세 가지 동태적 영향으로 일반화되기도 한다.

① 표준화의 연쇄 작용

생산자의 제품 혹은 공정요소가 표준화되면 고착효과(lock-in effect)가 발생하여 생산자의 기술투자 감소를 유인한다. 한편, 정부의 호환성 추구가 강화되면 생산자의 생산성이 증가하여 경쟁이 증가하고 나아가 시장에서 제품 혹은 공정의 가격이 낮아지는 현상이 발생한다.

② 표준화의 피드백 효과

경쟁의 효율성 증가를 위해서는 표준화 수준이 증가되어야 한다. 그 결과, 네트워크 효과가 강화되나 생산자의 혁신은 감소하고 시장에서 독과점이 증가하고 경제 효율성을 감소하는 부정적 피드백이 발생한다. 한편, 표준화의 수준이 증가하면 특정 제품과 공정에 대한 고착효과가 감소하고 제품 차별화가 줄어든다. 그 결과, 가격경쟁이 심화되어 생산자는 차별화 노력을 더 추구하게 되는 긍정적 피드백이 발생한다.

③ 표준화 영향의 다양성

표준화는 편익과 비용의 양면성을 보유하고 있다. 또한, 다양한 표준화 관련 주체들 간에 서로 영향을 주고받는다.

3.5. 표준화의 두 가지 사례

표준화와 관련된 대표적인 두 가지 사례는 <그림 4-10>과 같이 제시될 수 있다. 운영체제 사례에서는 과거 리눅스(Linux)가 윈도우즈(Windows)보다 성능이 우월하였으나 윈도우즈는 호환성과 응용 프로그램의 다양한 어플리케이션이 가능했다. 이에 고착효과가 발생하여 리눅스 사용 시에는 높은 전환비용으로 결과되었다. 또한, 컴퓨터 키보드의 쿼티(Qwerty)와 드보락(Dvorak) 자판 배열 중에서 드보락의 성능이 우월함에도 불구하고 키보드 제조업체의 초기 표준으로 쿼티가 적용되다 보니 네트워크 효과로 인해서 역시 고착효과가 발생하여 높은 전환비용으로 결과되었다. 결국, 두 사례에서 성능이 더 우월하지 못한 윈도우즈와 쿼티 방식의 디자인이 시장에서 주도권을 잡아 표준이 되는 결과가 나타났다.

〈그림 4-10〉 표준화의 사례

	wimdows vs Linux	Qwerty vs Dvorak
배경	Linux의 성능 우월	Dvorak의 성능 우월
네트워크 효과	windows: 호환성과 응용 프로그램의 다양성	Qwerty: 키보드 업체의 초기 표준 설정
고착 효과	windows에 대한 숙달	Qwerty에 대한 적응
전환 비용	Linux로 전환시 많은 노력과 학습 요구	Dvorak으로 전환시 타이핑 속도와 작업능률 저하
결론	Windows가 시장 주도권	Qwerty가 시장 주도권

3.6. 표준화 전략

(1) 게임이론에 의한 표준화 전략

표준화 전략은 상대방의 전략에 의해서 변동되기 때문에 동태적인 특성을 갖는다. 일종의 게임이론을 적용한다면 <표 4-2>와 같다.

만약 기업 A가 경쟁을 추구하고 기업 B도 경쟁을 하는 상황에서는 표준전쟁이 발생하기 때문에 이에 맞는 전략이 필요하다. 하지만 기업 B가 경쟁보다는 표준에 참여하는 상황이 발생하면 기업 B는 장벽을 구축하는 전략이 필요하다. 반면에 기업 A가 표준을 추구하면 기업 A는 경쟁보다 진입장벽을 구축하는 전략을 강화할 것이고 기업 A와 더불어 B도 표준을 구축하는 상황이라면 두 기업의 협력으로 자발적 표준이 발생할 것이다.

(2) 표준화 전략의 결정요인

표준화 전략은 다음과 같이 여러 요인에 의해 결정될 수 있다.

① 기존 고착고객에 대한 통제 능력

이 능력이 크면 표준화 전쟁에서 승리할 가능성이 높기 때문에 표준화에 주도권을 발휘하거나 높은 진입장벽을 쌓는 것이 필요하다.

② 지적재산권의 보유

먼저 지적재산권을 보유했다면 표준화 가능성이 높아진다.

③ 연구개발과 같은 혁신역량

이 역량이 높으면 기술을 선도하여 새로운 표준기술을 만들 가능성이 높아진다.

▌표 4-2 혁표준전략 설정과 관련된 게임

기업B		기업A	
		경쟁	표준
	경쟁	표준전쟁	장벽구축
	표준	장벽구축	자발적표준

④ 보완재의 위력

보완재가 잘 구축되고 긴밀한 관계에 있다면 밴드웨곤(bandwagon) 효과가 발생하여 다른 보완재가 따라오는 효과를 유인한다.

⑤ 생산능력

생산능력 확장이 규모의 경제 효과를 바탕으로 더 많은 생산성과 이익을 창출하여 시장지분 확대에 기초한 표준화 가능성을 높인다.

⑥ 선발 진입자의 이익

새로운 디자인으로 시장에 먼저 진입하게 되면 후발 진입자에 비해 표준화 가능성을 높일 수 있다.

(3) 협력에 기반한 표준화 전략

이 전략은 표준의 적용을 후원하기 위해 사용될 수 있는 전술에 기반한다. 사실상의 표준화의 경우, 기업이 그들의 기술이 표준화 싸움에서 승리하도록 만들기 위해 직접적으로 경쟁할 때, 기업의 표준화 전략의 정의는 매우 복잡한 임무일 수 있다. 실제로 흔히, 그것이 적합한 자원, 역량, 시장 파워의 결여일 수 있기 때문에 한 기업만의 힘으로는 사실상의 표준으로서 기술의 적용을 적절하게 후원할 수 없다. 따라서 사실상의 표준으로서 기술을 부과하기 위해 표준설정 프로세스를 지원하는 파트너들이 발견되어야 하고 협력이 형성되어야 한다. 그러나 표준설정 프로세스를 위해 가장 적합한 파트너들을 발견하는 것은 단순한 임무가 아니고 명료한 선택도 아니다. 실제로, 표준설정 프로세스의 다른 단계들에서 다른 자원들과 역량들이 요구되고 다른 파트너들이 참여되어야 한다. 이것은 그 프로세스가 매우 동태적이라는 것을 의미한다.

협력의 유형에 따른 동기와 성공요인은 <표 4-3>과 같다.

┃표 4-3 협력 유형의 동기와 성공요인

협력 유형	동기	성공요인
독자 생존	• 기술에 대한 긴밀한 통제 허용 • 표준 설정 프로세스의 가속화 가능 • 시장의 고착을 강화	• 막대한 자원(재무, 인적, 제조 등) 이용가능성 • 폭넓은 다른 역량의 이용가능성 • 시장에 대한 기술의 신속한 활용 • 기술의 전유성
협력 개발	• 표준화의 리스크와 비용 절감 • 이용가능한 스킬과 역량을 높이고 보완 • 시장에서 기술 도입에 우호적인 시장 파워를 증가	• 높은 공유 자원의 보완성 • 파트너 사이의 높은 신뢰 수준 • 협력체의 높은 시장 파워
협력 후원	• 시장규모와 표준화 성공 가능성 증가 • 고객의 시각에서 기술 신뢰성 향상	• 협력체의 높은 시장 파워 • 후원자 기술의 높은 양립성 수준 • 파트너 사이의 낮은 경쟁

표준개발
조직
	• 더 큰 시장규모의 잠재적 확대 허용
	• 기회주의적 행동 리스크를 줄이는
	  경쟁자들의 시장 내 존재를 보장
	• 표준화 설정 프로세스의 리스크와 비
	  용 절감
	• 대기업뿐만 아니라 중소기업이 프로세
	  스에 적극적으로 참여하는 것을 허용
		• 참가자의 높은 헌신
		• 기존 기술의 높은 양립성
		• 교착상태로 이르지 않고 참가자
		  사이에 잘 조정된 협상력

자료원: Chiesa & Toletti(2003)

<h1><참고문헌></h1>

이수, 이상현, 김길선 (2012), "디스플레이 시장에서 기술특성이 지배적 디자인 결정에 미치는 영향에 관한 연구," 경영학연구, 41(2), 279－309.

정세환 (2014), 기술 패러다임 변화에 의한 지배적 디자인 변화 및 그에 따른 후발 기업의 추격 성공요인, 서울대학교 공과대학 협동과정 기술경영·경제·정책전공 박사학위논문.

Anderson, P.C. & Tushman, M.L. (1997), "Managing through cycles of technological change", in Tushman, M.L. & Anderson, P.A.(eds.), Managing strategic innovation and change, Oxford University Press, New York, 45－52.

Chiesa, V & Toletti, G. (2003), "Standard－setting strategies in the multimedia sector", International Journal of Innovatim Management, 7(3), 281－308.

Dosi, G. (1982), "Technological paradigms and technological trajectories: a suggested interpretation of the determinants and directions of technical change", Research Policy, 11(3), 147－162.

Lee, K. & Lim, C. (2001), "Technological regimes, catching－up and leapfrogging: findings from the Korean industries", Research Policy, 30(3), 459－483.

Schilling, M.A. (2019), Strategic Management of Technological Innovation, McGraw－Hill Education, New York.

Shapiro, C. & Varian, H.R. (1999a), Information rules: a strategic guide to the network economy, Harvard Business School Press, Boston, MA.

Shapiro, C. & Varian, H.R. (1999b), "The art of standards wars", California Management Review, 41(2), 8－32.

Srinivasan, R., Lilien, G.L. & Rangaswamy, A. (2006), "The Emergence of dominant designs," Journal of Marketing. 70(2), 1－17.

Suarez, F.F. (2004), "Battles for technological dominance: an integrative framework," Research Policy, 33(2), 271－286.

Tushman, M.L, & Anderson, P.A. (1986), "Technological discontinuities and organizational environments", Administrative Science Quarterly, 31(3), 439－465.

Kim, C,W. & Mauborgne, R. (2005) Blue ocean strategy, Harvard Business School Publishing Corporation, Boston.

기술전략과 실행

기술경영
Management Of Technology

01 전략의 기본 개념

1.1. 기업전략

비즈니스 전략으로도 불리는 이 전략은 Miles & Snow(1978)에 의해 제시되었다. 이들이 제시한 전략의 유형은 개척자, 분석자, 방어자, 반응자의 네 가지가 있다. 앞의 셋은 유사한 성과를 제공하나 마지막 하나는 전략적 실패를 초래하는 것으로 알려져 있다.

① 개척자(prospector)

신제품과 신시장의 선행적 개발을 통한 성장을 추구하고 혁신시장의 초기 진입을 중시한다.

② 방어자(defender)

기존 제품 및 시장에서 구축된 포지션 유지에 중점을 두고 소극적이고 제한된 제품 범주에서 저가격, 고품질, 우월한 서비스 제공에 역점을 둔다.

③ 분석자(analyzer)

공격자와 방어자의 중간 형태로 핵심 제품시장에서 기존 포지션을 유지하며, 때때로 기존 시장과 연관성이 높은 새로운 시장으로 확장도 추구한다. 상대적으로 저원가, 고품질 제품을 이용하여 1등이 아닌 2-3등을 추구하며, 산업 내 유망제품에 중점을 두면서 제한된 제품 항목을 유지한다. 개척자에 비해 제품 시장영역이 협소하고 제품 시장변화의 대응속도가 느리며, 방어자에 비해 안정성과 효율성의 초점 정도가 낮다.

④ 반응자(reactor)

즉흥적인 경쟁전략을 수립하고 신제품과 신시장 개발을 회피하며, 환경
변화의 압력이 높을 경우에만 대응하는 유형이다.

1.2. 본원적 경쟁전략

이 전략은 Porter(1980)의 성공적인 경쟁전략으로서 원가우위(혹은 저비용), 차
별화, 초점이라는 <그림 5-1>과 같은 세 가지 전략 유형을 제안한다.

〈그림 5-1〉 본원적 경쟁전략 유형

구분		전략적 우위의 원천	
		저비용	차별화
전략적 목표	광범위	원가우위전략	차별화전략
	특정 부분	초점 전략	
		비용에 초점	차별화에 초첨

흔히, 이러한 구분은 전략적 목표의 범위와 전략적 우위의 원천에 따라 명확
히 분류가 이루어진다. 즉, 이중에서 전략적 목표가 광범위한 전략으로는 전략
적 우위의 원천이 저비용에 존재하느냐 아니면 차별화에 존재하느냐에 따라 원
가우위전략과 차별화전략이 존재한다. 나아가, 전략적 목표가 특정 부분(예 시장,
지역 등)에만 제한되면 초점전략이 된다. 따라서, 초점전략 중에서도 전략적 우
위의 원천이 저비용에 있으면 비용에 초점을 두는 초점전략이 되고 차별화에 있
으면 차별화에 초점을 두는 초점전략이 된다.

① 원가우위(overall cost leadership)전략

단위당 원가를 최소화하고 낮은 가격을 책정함으로서 매출액을 극대화하

는 전략이다. 저가항공사와 고속도로 인근의 저렴한 숙박업소가 이에 해당한다.

② **차별화(differentiation)전략**

해당 산업분야에서 독특한 제품이나 서비스를 소비자에게 인지시켜 경쟁하는 전략이다. 드림웍스(Dreamworks)의 슈렉(Shrek) 영화가 초기에 기존의 디즈니(Disney)와 차별화된 영화를 제공하는 것으로 유명했다.

③ **초점(focus)전략**

특정 구매집단이나 지역적으로 한정된 시장(소위 틈새 시장)을 집중적인 목표로 삼는 전략이다. 폭스콘(Foxconn) PC의 비용초점, 몽블랑 만년필의 고가 차별화 전략이 그 예이다.

1.3. 시장전략

이 전략 구분은 Olson et al.(2005)이 앞서 설명한 두 전략 유형을 혼합하여 만든 전략으로서 개척자, 분석자, 저비용 방어자, 차별화된 방어자로 분류한다.

① **개척자(prospector)**

이 전략은 새로운 제품과 시장기회를 규정하고 추구하고 그들의 일차적 역량은 제품혁신과 시장개발에 있다. 개척자는 새로운 제품과 시장기회를 규정하고 추구한다. 그들의 일차적 역량은 제품 혁신과 시장 개발이다. 분석자는 재빠른 추종자들이다. 그들은 방치된 세그먼트 혹은 제품 개선 기회를 찾아내기 위해 고객반응, 경쟁자의 행동, 성공, 실패를 밀접하게 조사한다. 이처럼 분석자는 개척자가 도입한 성공적인 제품을 개선하거나 비용감소를 통해서 경쟁 제품을 내놓는 데 주력한다.

② **분석자(analyzer)**

이들은 재빠른 추격자로서 기존 선도 기업들에 의해 방치된 시장 혹은 제품 개선 기회를 찾기 위해 고객반응, 경쟁자 행동, 성공과 실패 사례를 밀접하게 조사한다. 분석자는 개척자가 도입한 성공적인 제품을 개선하거나 비용감소를 통해서 경쟁제품을 시장에 출시하는 데 주력한다.

③ 저비용 방어자(low cost defender)

전통적으로 자신들의 제품과 서비스를 전체 시장 중에서 안정적인 세그
먼트에 초점을 둔다. 유연성에 기반한 효과성보다는 표준화된 관행을 통
한 효율성을 강조한다. 저비용 방어자는 전통적으로 그들의 제품과 서비
스를 전체 시장 중 안정적 세그먼트에 지향한다. 그들은 유연성에서 나오
는 효과성보다는 표준화된 관행을 통한 효율성을 강조한다.

④ 차별화된 방어자(differentiated defender)

전체 시장 중에서 안정적인 세그먼트를 지향하나 저비용 방어자와는 달
리 저가격의 제품과 서비스를 제공하기 보다는 고품질과 뛰어난 서비스
제공을 강조한다. 즉 차별화된 방어자는 우월한 제품품질, 서비스, 이미
지를 통해 시장의 통제를 유지하고자 노력한다.

02 기술혁신전략

2.1. 중요성

　기술은 경쟁에서 가장 중요한 요소 중 하나이다. 기술의 전략적 중요성은 다시 강조할 필요가 없을 정도로 기업전략에서 차지하는 비중이 매우 크다. 기업은 신제품 개발과 제품 혁신을 통해서 제품 차별화에 기반한 경쟁우위를 창출할 수 있다. 또한 공정혁신을 통해 시장 내에서 비용과 품질 우위를 유지할 수 있다.

　이러한 중요성을 갖는 기술전략은 조직의 전체 사업전략의 일부분이다. 그러나 기술전략은 조직 내 다른 기능분야와 동떨어져 존재하기 어렵다. 따라서 기술전략은 전체 사업전략의 일부분으로서 체계적으로 수립되어야 하고 추진되어야 한다. Weiss & Birnbaum(1989)은 기술전략을 효과적으로 실행하기 위해서는 네트워크에 기반한 외부의 인프라를 조직화해야 한다고 하였다. 이러한 조직화는 기술적 환경과 전략을 연계하는 네트워크를 기반으로 기술적 변화가 일상적이고 협력적인 형태로 발생하도록 만드는 프로세스를 제공한다. 결국, 효과적인 기술전략 수립과 실행을 위해서는 다음이 충족될 필요가 있다.

① 기술이 전체 전략의 일부분이 되어야 한다.
② 기술전략이 외부의 인프라와 조직화되어야 한다.
③ 기술전략이 인프라를 감독하고 통제해야 한다는 의미에서 정치적이어야 한다.
④ 기술전략을 기업의 전사전략(즉, 기업전략)에서 잘 위치시켜야 한다.

2.2. 구성요소

앞서 제시한 기존의 경영전략이 기술전략에도 적용될 수 있지만 그 개념과 유형이 다소 포괄적으로 분류되어 있으며, 기술혁신의 구체적인 특성을 반영하지 못한다. 따라서 기술혁신을 추구하는 것에 초점을 둔 전략으로서 기술혁신전략이 제시될 수 있으며 그 전략은 다음의 전략적 방향 수립부터 시작한다.

(1) 전략적 방향

기술혁신을 추구하는 전략적 방향은 조직의 존립 목적 혹은 전략적 의지(strategic intent)에서 출발한다. 전략적 의지는 기업이 달성하고자 하는 미래의 모습을 가시화하고 이를 향한 기업의 방향을 제기하는 역할을 한다. 이것은 조직의 추상적 목표를 조직을 위한 행동강령이 담긴 구체적 임무(mission)로 전환시키는 역할을 한다. 따라서 임무는 전략적 의지를 조직의 목적에 반영해야 하고 조직의 정체성을 여러 이해관계자에게 전달하는 내용을 갖고 있어야 한다.

(2) 기술혁신전략의 구성요소

〈그림 5-2〉 기술혁신전략의 구성요소

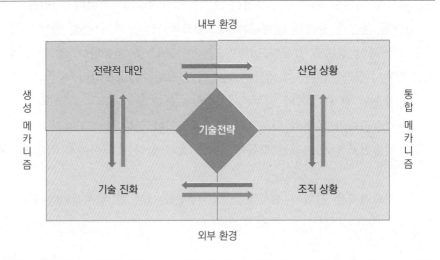

자료원: Burgelman et al.(2009)

기술혁신 전략은 기업의 현존하는 경쟁적 포지션을 활용하고 주변 환경의 기회를 이용하여 조직의 미래 발전방향을 제시하는 것을 의미한다. 이를 위해서는 <그림 5-2>와 같이 주로 내외부 환경, 산업 상황, 조직 상황, 전략적 대안, 기술 진화를 계속 생성 및 통합할 필요가 있다. 이밖에도 기술개발에 필요한 투자비, 신기술을 이용한 시장 진입 시기와 방법, 기술개발 활동의 조직화와 관리 등이 설정되어야 한다.

① 내외부 환경

조직의 내부와 외부 환경을 분석하기 위해 흔히 사용되는 도구로서 SWOT이 있다. 내부 자원분석을 위해서는 조직 내부의 강점(strength)과 약점(weakness)을 검토하고 외부 환경분석을 위해서는 조직 외부의 기회(opportunity)와 위협(threat) 등을 검토해야 한다. 동일 상황이 강점이면서 약점이 되기도 하고 기회이면서 위기일 수 있기 때문에 우선 네 가지 각 항목을 따로 파악하고 그 후에 내부 자원(SW)과 외부 환경(OT)을 연계해 볼 필요가 있다. 결과적으로 다음의 네 가지 전략 전개 방향이 제시될 수 있다.

– 위협/강점

취약요소가 될 수 있기 때문에 이러한 강점을 살리는 방향으로 적극적인 전략 전개

– 기회/강점

이들은 경쟁우위에 해당되기 때문에 이러한 핵심역량을 유지하기 위해 노력

– 위협/약점

고통받는 요소가 될 수 있기 때문에 이러한 위기를 극복하려는 방안이 필요

– 기회/약점

자사의 제약부분이 되기 때문에 내부 역량을 배양하여 경쟁우위로 전환하도록 노력

또한, 환경분석을 매우 단순화시켜 수행하기 위해 3C 분석이 사용되기도 한다. 여기서, 세 가지 C로는 기업(company: 강점과 약점, 핵심역량 등), 고객(customer: 목표시장, 포지셔닝, 시장세분화 등), 경쟁자(competitor: 기존 및 잠재 경쟁자)가 해당된다. 여기서 상황에 따라 정부, 보완재, 대체재 등을 추가로 고려할 수 있다.

② 산업 상황

일반적으로 산업분석의 틀로서 자주 사용되는 것은 포터(Porter)의 5 포스 (Forces)이다. 즉, 다섯 가지 동력에 해당하는 산업분석에 대한 구체적인 내용을 검토하여 환경분석으로 활용하는 방법이다. 이 다섯 가지 동력은 공급자(supplier), 고객(buyer), 시장 내 경쟁(internal rivalry), 신규 진입자(new entrant), 대체제품(substitutes)이다. 다양한 분석을 추가하기 위해 생태계(혁신 서식지와 클러스터 등), 보완재, 정부, 경쟁(산업 간, 기술 간, 표준 간, 기업 간, 공급사슬 간, 네트워크 간) 등을 추가로 포함시키기도 한다.

③ 조직 상황

조직 상황에서 가장 중요한 초점은 조직의 핵심역량에 대한 분석이다. 자금, 인력, 설비, 스킬, 기술 등 조직이 보유한 유무형의 자원이 경쟁우위의 초석이라고 주장하는 자원기반 관점(resource-based view) 하에서 핵심역량은 VRIO 프레임워크로 결정된다. 이들은 가치(Valuable), 희소성(Rare), 모방의 어려움(Not easily imitated), 조직의 자원활용 능력(Organized to exploit full competitive potential)을 의미한다. 따라서 자원과 역량이 경쟁우위를 제공하는 조건으로는 가치발생, 희소성, 모방의 어려움, 조직 내 잠재적 자원 활용을 통한 분석을 통해 하나씩 핵심역량 요인들을 구분하는 것이 필요하다. 이러한 핵심역량 파악을 지원하는 도구로서 기업의 가치사슬(value chain)을 활용할 수 있다. 즉, 조직의 가치사슬 관점에서 자신의 역량을 분석하여 경쟁사 대비 가장 뛰어난 역량이 어디에 존재하는지를 파악하는 방법이다. 그러나, 이러한 방법은 하나의 기술 또는 제품에만 적용될 수 있다. 한편, 다른 도구로서 다양한 기술과 제품을 함께 고려할 수 있는 제품-기술 매트릭스(product-technology matrix)가 자주 활용된다. 즉, 아래의 <표 5-1>과 같이 제품과 기술을 분류하여 이들을 매치시키는 과정을 통해 조직의 핵심역량이 어디에 존재하는지를 종합적으로 파악하고 이해할 수 있다.

하지만 이러한 핵심역량에 대한 지나친 집중과 투자는 핵심 경직성(core rigidity)으로 이어질 수 있다. 즉, 기존 역량을 지나치게 강화하는 정책은 새로운 역량의 개발을 저해할 수도 있다. 따라서, 변화하는 환경에 맞추

┃표 5-1 제품-기술 매트릭스 사례

제품＼기술	기술A	기술B	기술C
제품a	O	O	
제품b	O		O
제품c		O	O
제품d			O

어 동태적 역량(dynamic capability)을 개발할 필요가 있다. 이 역량은 조직으로 하여금 변화하는 환경에 맞추어 신속하게 대응할 수 있게 하는 역량으로서 예를 들어, 신제품 개발팀을 활용하여 새로운 기회를 포착하거나 필요한 자원을 빠르게 확보하기 위해 외부 파트너들과 협력하여 역량을 개발하는 것을 의미한다.

④ **전략적 대안**

기술혁신을 위한 구체적인 전략적 대안으로는 가장 큰 범위로서 자체 개발(make)과 외부 구매(buy)가 있다. 즉, 혁신적인 기술을 조직의 내부(주로 내부 연구소)에서 스스로 개발할 것인가와 외부에서 조달(예 라이센스, 기술구매, 합병 후 획득 등)할 것인가로 분류할 수 있다. 과거에는 모든 기술을 자체적으로 조직 내부에서 개발하는 방식이 주류였으나 변화하는 환경 하에서는 외부에서 조달하는 중요성이 점차 확대되고 있다.

⑤ **기술 진화**

기술 진화는 어떤 특정 기술이 발전하는 흐름을 예측하여 현재 기술의 위치를 추정하는데 도움을 주고자 하는 분석이다. 그러나, 기술을 어떻게 정의하고 어떻게 진화할 것인지를 이해하는 것은 매우 어렵다. 이에 도움을 줄 수 있는 도구로서 기술나무(technology tree)와 <그림 5-3>과 같은 기술로드맵(technology roadmap)이 자주 사용된다.

		'18	'19	'20	'21	'22	'23~
차별화 2022년 주행 거리 50% 이상 향상 (600km 급)	배터리	배터리 셀에너지 밀도향상 (270Wh/kg)	→ 배터리 셀 에너지 밀도 향상 (300Wh/kg)			→ 배터리 팩 에너지 밀도 30% 향상 (350Wh/kg)	→ BMS 최적 제어 SW/HW 플랫폼화 기술
	전기 충전	6.6kw급 고효율 무선 충전 기능	→ 200kw급 급속 충전 시스템	전기버스용 전동식 일체형 냉난방 시스템	→ 400kw급 초급속 대전류 (400A급) 충전 커플러	→ 구동시스템 고전압화 / 400kw급 초급속 충전시스템	→ 내구 고장성 가제확산증 기술 워터펌프 고내구열관리 부품 기술
수소차 2022년 내구성 2배이상 향상 (50만 km이상)	연료 전지	고속 압축기용 Airfoil 베어링 기술	→ 수소저장소 주변장치 수소누설 최소화	버스용 구내구 전해질 막 기술	→ 적층수 감소를 위한 스택 및 부품 설계 기술	→ 스택 약 전국집합체 내구향상 기술	→ 고내구 고장성 가제확산증 기술 워터펌프 등 고내구열관리 부품 기술
	수소 저장/충전	수송용 트레일러용 500기압급 복합용기 응복합수소충전소 실증 기술	→ 700기압급 버스용 수소저장 용기 기술	자가형 패키지 수소 충전 플랫폼 기술	→ CNG/LPG 개질기 용량 증대 기술	→ 사용차 수소용기 가져자감 기술 충전지연이 없는 멀티충전 기술	→ 액화수소 저장용기 기술
자율주행차 2022년 자율주행 9대 핵심 부품 국산화	인지 통신	150m 이상 중거리 레이더 기술	→ HD급 고정밀도 3D 제스처 인식 카메라 인식률 90% 이상 대화형 음성인식 기술	77/79 GHz Dual Band 레이더 기술 LD 및 전용 반도체 기반 라이다용 센서	→ 보급형 복함주위 모듈 Hybrid V2X 통신 모듈 ECU SW 업데이트 가능 OTA 기술	→ AI 솔루션 연계 다목작차량 기술 개발향 AI 센싱 응합 SW 기술	→ Solid seate 라이다 클라우드 연동 디지털엠 응합기술
	판단 제어 서비스	영상과 레이더의 Low Level 용합처리기술 자동긴급제동 (AE8) 원천기술	→ 운전 미숙자 지원을 위한 차선 변경 시스템	사고데이터 저장장치 (ADR) 기술 커넥티드 차량 빅데이터 분석기술	→ 운전자 제어권 전환 응합기술	→ 운전자 상황판단 HVI 통합제어 플랫폼 (Domain Control Unit) 기술	→ 탑승자 맞춤형 자율주행 제어 기술 가변형 개인화 키징 기술 표준 AI 컴퓨팅 모듈 실증

자료원: 산업통상자원부, 전기 · 수소 · 자율주행차분야 기술로드맵, 2018.

2.3. 기술혁신전략 프레임워크

기술혁신 전략은 앞서 설명한 기술혁신 전략의 요소들이 어떤 프레임워크를 통해 결합되어 하나의 전략으로 완성된다. 이러한 기술혁신 전략 프레임워크로서 두 프레임워크를 제시한다.

(1) Ford(1988)의 프레임워크

이 프레임워크는 전략적 기술혁신의 요소로서 기술획득, 관리, 활용의 세 가지 단계를 제안한다.

① 획득

　이 단계는 기술투자에 해당하며, 기술을 자체 개발(make) 혹은 모방, 기술도입, 공동/위탁연구, 전문가 고용과 같은 외부기술 구매 및 채택(buy), 인수 및 합병(M&A)으로 이루어진다.

② 관리

　이 단계에서 중요한 활동으로는 기술/지식 축적과 관리, 기술평가, 기술보호 및 인력관리가 있다.

③ 활용

　이윤창출과 연계되는 이 단계의 주 활동으로는 자체생산(incorporate), 기술 판매(licensing-out), 합작 및 외주생산, 조인트벤처(joint venture), 사내벤처 및 계열사 분사(spin-out) 등이 있다.

이러한 선형적 단계는 성과측정을 위해 유용하게 활용될 수 있다. 예를 들어, R&D 생산성(productivity)은 관리 대비 획득의 비율, R&D 수율(yield)은 활용 대비 관리의 비율, R&D 수익률(return)은 앞서 두 지표의 곱으로서 활용 대비 획득으로서 정의되고 측정될 수 있으며, 그 의미는 기술 투자 대비 그 기술이 창출하는 이익의 현재가치가 된다.

(2) Solomon(2001)의 프레임워크

이 프레임워크는 Ford(1988)의 프레임워크를 확장하여 제시된다.

〈그림 5-4〉 기술혁신전략 프레임워크

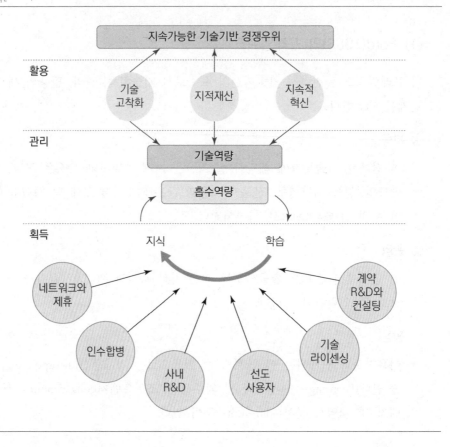

① 획득(acquisition)

획득은 네트워크/제휴를 통한 사회적 자본, 인수/합병, 내부 R&D, 고객 기반 중 선도 사용자, 기술 라이센싱, 계약 R&D/컨설팅 등의 방법을 통해 지식획득과 학습을 하는 과정이다.

② 관리(management)

획득을 통해 얻어진 지식과 정보를 효과적으로 조직 내부에서 관리하기 위해서는 조직의 흡수역량(absorptive capacity)이 중요하다. 흡수역량이란 기술지식을 획득, 활용, 학습하기 위해 보유한 이전의 경험과 관련 지식기반을 결합하는 역량으로서 새로운 기술지식의 획득과 학습 및 순환을 통해서 흡수역량이 향상된다. 이 역량은 기술적 역량과 상호작용을 통해 성공적 활용으로 이어질 수 있는데 조직은 이러한 역량을 효과적으로 관리하는 노력을 전개해야 한다.

③ 활용(exploitation)

조직 내 확보한 기술적 역량이 활용단계에서는 사업의 표준이 되기 위한 고객의 기술 고착화(lock-in), 지적재산 확보 및 보호, 최초 진입 우위가 새로운 제품/서비스 세대로 이어지는 지속적 혁신으로 활용되어야 한다. 이러한 활용을 통해서 성공적인 기술 사업화가 완성되고 궁극적으로는 지속가능한 기술기반 경쟁우위가 확보된다.

03 전략적 유연성

(1) 중요성과 개념

제품혁신은 기업이 경쟁우위를 유지하는 데 결정적이다. 그러나 혁신하는 기업은 때때로 제품혁신으로부터 경제적 편익을 얻는 데 실패한다. Capon et al. (1990)은 실증연구대상의 2/3이상이 제품혁신과 기업성과 간의 긍정적 연계를 발견한 반면에 나머지는 부정적 관계 혹은 전혀 아무 관계가 없음을 발견하였음을 지적하였다. 이 모순적 결과에 대한 타당한 설명 중 하나는 기술혁신의 사업화에 대한 명백한 영향을 미칠 수 있는 기업의 자원과 역량의 중요성을 고려하자는 것이다. 즉, 기술혁신의 성공적 사업화는 자원 및 역량과 함께 활용되어지는 혁신을 필요로 한다. 따라서 환경의 주요 변화를 규명하는 역량을 반영하는 전략적 유연성은 이 혁신과 기업성과 간의 관계에 의미있는 영향을 미칠 수 있다. 개념적으로 전략적 유연성은 변화에 대응하여 새로운 활동계획으로 자원을 재빨리 배분하고 그 자원에 대한 헌신을 중지하거나 바꾸는 경우에 적절하게 행동하기 위해 환경의 변화를 규명하는 기업의 역량을 의미한다.

(2) 유형

Sanchez(1997)는 전략적 유연성을 통해 조직이 유연한 자원에 접근하는 것이 가능하고 대안적 활용을 위해 그 자원을 조정하는 데 유연할 수 있다는 점에서 전략적 유연성은 자원 유연성과 조정 유연성으로 구성된다고 하였다. 여기서 자원 유연성은 자원의 내재적 특성에 의해 결정되는 반면에 조정 유연성은 그들 자원을 적용하는데 필요한 기업의 역량을 반영한다.

① 자원 유연성

기업에 이용가능한 자원의 본원적인 유연성을 의미하는 것으로서 아래의
세 가지 핵심 차원으로 특징될 수 있다.
- 자원이 적용될 수 있는 대안적 사용의 범위
- 자원의 한 사용에서 다른 사용으로 전환시키는 비용과 어려움
- 자원의 한 사용을 다른 사용으로 전환시키는 데 필요한 시간

② 조정 유연성

조정 유연성은 기존 자원을 정의, 구성, 전개하는 방법을 강조한다. 조정
유연성은 더 큰 가치를 창출하는 방법을 탐구하고 불확실한 환경에서 비
상한 편익과 경쟁우위를 빨리 획득함으로서 내부와 외부의 자원을 효과
적이고 효율적으로 통합하고 전개하는 기업의 역량을 의미한다. 다음의
세 가지 핵심 차원을 갖는다.
- 조직의 자원이 적용될 사용을 정의
- 조직에 의해 목표화된 사용에 적용될 수 있는 자원의 사슬을 구성(규
  명과 구조화)
- 목표화된 사용에 이용가능한 자원을 적용하는 조직 시스템과 프로세
  스를 통해 자원을 전개

04 기술혁신 전략의 실행

4.1. 중요성

전략 실행(strategy implementation/execution)은 계획된 변화 프로세스의 일부분으로서 그 이름은 다양하게 불려지고 있다. 예를 들어, 전략실행은 변화, 의사결정, 혁신의 확산, 조직적 쇄신 등으로도 불려왔다. 또한 실행은 행위자(actors), 의도(intents), 절차(procedures)의 관점에서 정의될 수 있는데 결과적으로, 실행은 조직 내에서 계획된 변화를 이끌어내기 위해 경영자에 의해 감독 혹은 관리되는 절차로 정의될 수 있다. 결국, 전략실행이라는 업무는 최고경영층의 역량과 능력뿐만 아니라 하위 관리자의 재능과 모든 조직 구성원의 협력에 대한 종합적인 평가를 필요로 하게 된다.

일반적으로 기업은 잘 수립된 전략을 보유하고 있으나 이를 효과적으로 실행에 옮기지 못하기 때문에 실패하는 경우가 종종 있다. 이처럼 전략수립과 실행의 차이는 회사의 성과와 높은 상관관계에 있으며, 균형성과표(Balanced Score Card)의 제안자인 Kaplan & Norton(1996)은 전략의 10% 미만이 효과적으로 실행되고 있음을 지적한 바 있다.

요즘과 같이 고도로 불확실한 환경 하에서 의사결정을 수행해야 하는 기업에게 잘 수립된 계획 자체가 성공을 보장하지 않는다. 즉, 계획수립과 자원배분과 같은 관리적인 행동은 목표달성을 위한 필요조건이지 충분조건이 아닌 것이다. 기업은 자신이 처한 환경에 기초해 최적의 전략을 수립하게 되고 이를 적극적이고 효과적으로 실행에 옮기고자 한다. 그러나 전략을 성공적으로 실행한 기업은 소수에 그치고 있고 실질적인 성공률은 10-30%에 그치고 있다고 한다 (Raps, 2004). 결국, 아무리 잘 수립된 전략이 존재할지라도 이를 실행으로 전환시키지 못하면 아무 일도 발생하지 않는다는 격언을 많은 기업들이 망각하고 있는 것이다.

4.2. 전략 실행의 유형과 차원

기존의 몇 연구자들은 관점과 프로세스를 기초로 전략실행을 구분한 바 있다. 실행관련 분야에 대한 이론적 연구의 대표 주자라고 할 수 있는 Bourgeois & Brodwin(1984)은 전략실행의 유형을 5개의 모델로 분류하였다. 첫째, 지도자(commandor) 모델이다. 여기서, CEO의 역할은 권력을 통해 감독하는 합리적 행동가로서 이들은 강한 권력에 기초하고 경제적 합리성이 기업을 지배하게 된다. 그 결과, 조직 내 전략가와 실행가(doer)의 구분이 명확하게 나타난다. 둘째, 변화(change) 모델이다. 여기서는 조직을 관리하는 방법으로 행동과학(behavioral science) 원리를 적용하여 정치적인 협상을 중시한다. 셋째, 협력(collaborative) 모델이다. 여기서 CEO는 다양한 의견의 조정자, 후원자로서 조직 내 일치를 촉진하는 역할을 맡는다. 따라서 팀워크와 성공적 실행을 위한 문화적 가치를 중요시 한다. 넷째, 문화적(cultural) 모델이다. 여기서는 하위수준에서 협력적 의사결정이 수행되고 조직 내 전략가와 실행가의 구분이 없어진다. 다섯째, 향상(crescive) 모델이다. 여기서, 기업은 경제적, 사회적 목적을 달성하고자 노력하는 사회적 주체로써 상향식 전략수립이 이루어진다.

한편, Camillus(1981)는 전략실행이 이루어지기 위해서 필요한 네 가지 전환단계를 정의하였다. 그 단계는 기업전략-사업전략, 사업전략-행동계획, 행동계획-예산수립, 예산수립-실행이다. 또한 이러한 각 단계마다 효과적인 실행을 위한 연계 도구가 필요하며, 그 차원을 조직구조(structure), 조직 프로세스와 조직 행동, 내용(content)으로 구분한 바 있다. 여기서, 내용은 전략, 행동/장기계획, 예산 사이의 내용의 일치를 의미한다.

4.3. 전략실행의 성공요소

(1) 전략실행의 관리요소

효과적인 전략실행을 위해서는 사전에 실행역량에 대해 파악한 후 실행을 촉진하는 자원 투입, 하부조직 관리, 조직 체계 설계, 보상과 인력이라는 성공 요인을 관리하고 조직 내 전략의 공유를 필요로 한다. 전략실행에 영향을 미치는 관리요소들은 매우 다양하게 전개되며, 이들은 다만 관점의 차이로 인해서 구분될 뿐 내용의 중복이 많이 나타나고 있다.

일반적으로 전략실행과 관련하여 가장 많이 논의되어온 관점은 조직일 것이다. 이는 전략을 실행하는 주체가 바로 조직이기 때문이다. 그러나 1980년대 이후에는 개인수준의 행동과 특징, 역량, 능력, 리더십 스타일, 문화와 같은 무형의 요소에 대한 역할도 강조되고 있다. 지금까지 일반적인 경영전략 차원에서 제안된 성공적 실행을 위한 관리요소는 다음과 같다.

① Stonich(1982)의 연구

그는 전략실행이 전략의 일치, 보상체계, 정보시스템, 자원배분, 기업문화, 조직의 목적과 우선순위를 포함하는 시스템, 프로세스, 의사결정을 일관성 있게 조정함으로써 조직의 역량을 향상시킬 수 있다고 주장하였다.

② Hambrick & Cannella(1989)의 연구

그들은 풍부한 자원 투입, 조직체계 정비, 보상, 인력 등의 측면에서 관리가 필요하고 조직 내 전략의 공유가 요구된다고 주장하였다. 여기서, 조직 내 전략의 공유는 많은 연구자들에 의해서 논의된 바 있는데, 계층간 전략의 불일치는 전략실행의 장애물로서 전략의 동의와 공유가 기업의 성과에 영향을 미치는 것으로 논의되고 있다.

③ Tregoe & Tobia(1990)의 연구

그들은 전략적 비전을 실행으로 전환시키기 위해 필요한 여덟 가지 규칙을 제시하였다.

- 전략을 단순화, 명확화하라. 이를 위해 다음의 다섯 가지를 검토하여야 한다. 향후 사업개발의 요점과 초점이 무엇인가? 고려할 것과 그렇

지 않은 제품과 시장의 범위는 무엇인가? 그 범위 내에 포함되는 제품과 시장 혼합과 미래 우선순위는? 전략비전을 현실화하는 데 필요한 핵심 역량은? 비전이 성장과 기대 수익에 시사하는 것은?

- 전략과 이를 위한 운영을 연계하라.
- 전략 실행 기회를 주기적으로 논의/검토하라.
- 전략을 핵심이슈로 전환하라.
- 전략이 일상의 의사결정 행동을 인도하게 하라.
- 비전이 조직 생태계(문화, 구조, 시스템, 통제와 조정 매카니즘)와 결합하도록 하라.
- 실행전략에 모든 사람의 참여가 이루어지도록 하라.
- 보상을 통해서 전략 실행에 초점을 맞추도록 하라.

④ Noble(1999)의 연구

그는 문헌연구를 통해 실행의 본질에 대한 정의를 세 가지로 정리하였다. 첫째, 실행을 통제와 감시라는 행동으로 보는 견해이다. 둘째, 실행을 전략적 계획의 수행으로 보는 견해이다. 셋째, 실행을 자원배분과 운영문제 해결을 포함하는 계획의 미세한 수준으로 보는 견해이다. 이에 그는 실행과 관련하여 중요하게 고려된 요인들을 크게 두 가지로 구분하였다. 첫째, 체계적/공식적 요인이다. 이 요인에는 조직체계, 통제 메카니즘이 포함되어 있다. 둘째, 개인간/인지적 요인이다. 이 요인에는 전략적 동의(또는 일치), 자발적인 전략적 행동, 확산 전망, 리더십과 실행 스타일, 커뮤니케이션과 상호작용 프로세스가 고려되었다.

⑤ Dobni(2003)의 연구

그는 전략 실행환경을 창출하는 6C를 제안하였다. 그것은 문화(culture), 상호적합성(coalignment: 문화, 전략, 환경 사이의 적합성), 핵심역량(core competencies), 연계(connection: 구성원이 조직의 비전과 가치를 이해하여야 하고 연계되어 있어야 한다는 의미), 고객가치(customer value: 조직과 구성원이 고객가치를 중심으로 업무를 추진해야 한다는 의미로서 고객가치가 실행의 핵심), 커뮤니케이션(communication)이다.

⑥ Raps(2004)의 연구

그는 전략을 실행하기 위해서는 하드(hard)한 요소로 볼 수 있는 조직 이외에도 소프트(soft)한 다른 요소인 문화적 측면과 인적자원 측면들도 고려한 종합적인 관점에서 바라보아야 한다고 하였다. 그 결과, 그는 문화, 사람, 조직, 통제시스템의 네 가지 요소가 성공적인 전략실행을 위해 필요하다고 주장하였다.

이러한 연구들을 종합하면 대표적인 성공적 전략실행의 관리요소로는 중요성에 기초하여 조직 차원, 전략적 합의 및 일치, 기타 차원 등으로 분류할 수 있다(김진한과 김성홍, 2006).

(2) 조직 차원

전략실행 성공요인으로 조직적 차원을 제시한 주요 연구를 요약하면 <표 5-2>와 같다.

❙표 5-2 조직적 차원의 전략실행 성공요인

전략실행 성공요인	시사점
조직구조(체계, 시스템), 프로세스(상호작용, 통제/보상)	• 세부전략 실행을 위해서는 전략에 따라 다른 자원배분방식이 필요 – 비용최소화전략을 위해서는 생산활동에 자원을 우선 투자 – 차별화전략을 위해서는 시장관련 활동이나 교육에 자원을 우선 투자
정보시스템, 학습, 적절한 자원 배분, 공식적 조직 체계, 인적자원관리, 정치적 요소, 조직문화	• 7가지 전략실행 성공요인 • 전략실행의 저해요인 – 커뮤니케이션 문제 – 조직요인: 책임소재 불분명, 부서 간 조정능력 부재, 권한 집중, 수직적 의사소통 부족
통제/자율성 정도, 보고(검토) 빈도, 기능 간 조화	• 사업부전략과 기업전략의 적합도가 사업부서의 성과에 영향을 미침 • 순수비용전략을 채택할 때 자율성이 낮고, 기능 간 책임을 공유할 때 ROI 증가 • 순수차별화전략 채택할 때 기능 간 조화가 강할 때 매출액 증대

전략실행 성공요인	시사점
관리 메커니즘(조직구조, 통제시스템, 관리자)	• 차별화전략 채택 시 관리적 통제가 낮고 예산통제가 낮을 때 조직성과가 높음 • 예산통제 분권화 및 관리적 통제가 사업부전략 요구에 적합할수록 조직성과가 높음

(3) 전략적 합의 및 일치 차원

전략실행 성공요인으로 조직적 차원을 제시한 주요 연구를 요약하면 <표 5-3>과 같다.

▎표 5-3 전략적 합의 및 일치 차원의 전략실행 성공요인

전략실행 성공요소	시사점
전략적 의사결정 합의, 전략의사결정 몰입	• 합의를 통해 몰입이 강할수록 실행속도는 늦지만 성공 가능성은 높음. 즉, 몰입이 높으면 효과적 실행이 가능하지만 잘 실행하기 위해서는 많은 시간이 소요됨
합의 범위	• 전략 목적 및 수단에 대한 최고경영층의 합의와 조직성과는 항상 일관적 관계가 아님 • 합의범위는 성과에 유의한 영향을 미침
수직적 커뮤니케이션, 전략합의	• 최고경영자와 기능부서 간 커뮤니케이션이 전략실행 노력의 성패를 좌우하는 핵심임
계층 간 커뮤니케이션	• 전략을 성공적으로 실행하기 위해서는 계층간 목표에 대한 효과적 커뮤니케이션이 중요
비전 계량화, 커뮤니케이션, 결과중심의 계획, 금지사항 계획, 조직 내 전략 공유, 프로세스 관리, 실행조직	• 전략수립은 시작이고, 전략실행이 최종 목적임
최고경영층의 가시적 참여 및 지원	• 잘 수립된 환경전략은 품질수준 향상, 비용 절감, 기업이미지 제고, 신시장 개척 등의 장점이 있음

전략실행 성공요소	시사점
관리자의 특성(마케팅·판매 경험, 위험 수용의지, 불확실성에 대한 포용)	• 세 가지 특성이 강할수록 사업부 전략실행의 효과성에 기여함

(4) 기타 차원

지금까지 정리한 전략실행의 관리요소와 명확히 구분되지는 않지만 <표 5-4>에 정리된 간과하기 어려운 요소들이 있다.

▌표 5-4 기타 전략실행 성공요인

전략실행 성공요소	시사점
최고경영자의 리더십, 명확한 전략 우선순위, 조정팀의 역할, 수직적 커뮤니케이션, 효과적 조정, 책임과 권한 위임	• 최고경영층이 여섯 가지 요인을 적절히 실행하기 위해 노력한다면 조직의 전략 실행 및 학습역량을 개발할 수 있는 좋은 기회가 됨
전략 공유, 계획 추진, 조직 내 조정(문화, 리더십, 경쟁우위, 핵심업무 프로세스 등), 복잡성 감소(전략, 제품, 고객, 공급자 등), 현안 해결시스템 구축	• 전략을 수립하고 실행하는 데는 원칙, 몰입, 창의성, 리더십, 우수한 사고력 및 실행기술이 필요함
모든 유형의 자원 이용가능성, 최고경영자의 지원, 효과 인식, 기술 및 조직적 타당성, 과거 전략실행의 경험, 전략실행 부서의 규모, 시장환경 특성	• 전략실행은 매우 복잡하기 때문에 많은 노력을 기울여야 함 • 전략실행은 한꺼번에 쏟아지는 폭포라기보다는 끊임없이 솟아나는 샘물과 같음
문화, 상호 적합성(문화, 전략, 환경), 핵심역량, 연계, 고객가치, 커뮤니케이션	• 경영자는 종업원이 행동하도록 동기부여 시키고 방향을 제시해주어야 함 • 조직 내에 지침(매뉴얼)이 있어야 하고 관리자들은 이러한 업무를 명확하고 일관성 있게 수행해야 함

4.4. 기술혁신전략의 실행

(1) 중요성

기술은 경쟁에서 가장 중요한 요소 중의 하나이다. 기업은 신제품 개발과 제품혁신을 통해서 제품 차별화에 기반한 경쟁우위를 창출할 수 있다. 또한 공정혁신을 통해 시장 내에서 비용과 품질 우위를 유지할 수 있기 때문에 기술전략의 중요성은 다시 강조할 필요가 없을 정도로 기업 전략에서 차지하는 비중이 매우 크다.

(2) 기술혁신전략 실행을 위한 선행요인

① 거시적 요인

기술전략은 조직의 전체 사업전략 혹은 경영전략의 일부분이다. 따라서 기술전략은 전체 사업전략의 일부분으로서 체계적으로 수립되어야 하고 추진되어야 한다. 또한, 기술전략을 협력적으로 효과적으로 실행하기 위해서는 조직 내부뿐만 아니라 외부의 여러 혁신 원천과의 네트워크에 기반한 인프라를 조직화해야 한다. 이러한 조직화는 기술적 환경과 전략을 연계하는 네트워크를 기반으로 기술적 변화가 일상적이고 협력적으로 발생하도록 만드는 프로세스를 제공한다. 결국, 효과적인 기술 전략 수립과 실행을 위해서는 다음 요인이 선행되어야 한다.
- 기술이 전체 전략의 일부분이 되어야 한다.
- 기술전략이 외부의 인프라와 조직화되어야 한다.
- 기술전략이 그 인프라를 감독하고 통제해야 한다.
- 기술전략을 기업의 전략에서 잘 위치시켜야 한다.

② 미시적 요인

또한, 기술전략의 성공적 실행을 위해서는 다양한 역량이 필수적으로 선행되어야 한다. 성공적인 기술전략의 실행을 위해서는 기술역량의 차원에서 점검하는 것이 필요하다. 지금까지 다양한 문헌에서 제안된 성공적 기술전략 실행역량을 나열하면 <표 5-5>와 같다.

┃표 5-5 성공적 기술혁신 전략 실행을 위한 역량

1. 기술/연구 부문의 창의성 증진 문화
2. 기술/연구 부문의 사내 커뮤니케이션
3. 기술/연구 부문의 타 부서의 불필요한 간섭으로부터 독립
4. 기술/연구 부문의 사외 커뮤니케이션 활성화
5. 기술/연구 부문의 권한과 책임 독립
6. 경영전략과 기술전략의 명확한 연계
7. 고객과 기술지식의 전사적 공유
8. 부문 간 자원 및 정보의 조정/통합 원활화
9. 기술/연구 부문의 경영전략 수립 참여
10. 기술/연구 부문의 합리적 관리 기법
11. 혁신 기술/아이디어 제공에 대한 보상
12. 기술/연구 부문의 설비 활용 극대화
13. 기술/연구 인력의 전문성 보호
14. 기술/연구 인력의 효과적 관리 제도
15. 기술/연구 과제에 대한 효과적 예산 배분 정책
16. 기술/연구 부문의 적절한 성과평가 시스템
17. 기술/연구 인력의 적재적소 배치
18. 기술/연구 결과에 대한 사업화 가치 평가시스템
19. 기술전략에 대한 전 구성원의 이해 및 사전 동의
20. 기술혁신을 통한 성장이라는 비전의 공유

이러한 선행 역량은 기술혁신역량(technological innovation capability)으로서 정의되어 논의되기도 하였다. 이 역량은 기업의 혁신전략을 촉진하고 지원하는 기업 특징의 종합적 집합으로서 정의된다. 이 기술혁신역량은 보통 세 가지 접근법으로 그 유형이 분류될 수 있고 그 구성요소는 다음과 같다.

① 자산 접근법(asset approach)

  - 과학연구 자산, 제품혁신 자산, 심미적 디자인 자산

② 프로세스 접근법(process approach)

  - 자원의 이용가능성과 배분에서 역량, 경쟁자의 혁신전략과 시장을 이해하는 역량, 기업과 관련한 기술개발을 이해하는 역량, 내부 혁신활동에 영향을 미치는 구조와 문화, 내부 혁신활동을 다루는 전략적 관

리역량
- 개념 창출역량, 프로세스혁신역량, 제품개발역량, 기술획득역량, 리더
십역량, 자원전개역량, 시스템과 도구의 효과적 사용역량

③ 기능 접근법(functional approach)
- 학습역량, R&D역량, 자원배분역량, 제조역량, 마케팅역량, 조직역량,
전략계획역량

(3) 기술혁신전략의 전략적 합의

전략적 합의(혹은 동의, 일치)는 기업 및 사업의 수직적 수준과 기능 간의 전략
적 우선순위의 정렬(alignment)에 초점이 맞추어져 있다. 일반적으로 전략실행의
성공은 조직 내 공유된 가치의 차이에 의해서 영향을 받으며, 그 크기가 작아야
한다. 이를 위한 전략적 동의 혹은 전략의 적합성 개념은 기업의 전략을 수립할
때도 중요하지만 실행에서도 매우 중요한 이슈이다. 흔히, 전략을 실행해야 할
사람들이 전략을 소유하지 않을 경우에 전략 실행이 실패할 뿐만 아니라 기업
전략을 수립할 때 기업 내부의 검토와 환경기회와 위협에 대한 외부의 평가와
더불어 조직의 전략적 적합과 일치의 중요성은 매우 중요하다.

이러한 전략적 일치는 전략을 수립할 때뿐만 아니라 실행하는 경우에도 중요
하다. 실행은 보수 시스템, 정보 시스템, 자원배분, 기업문화, 조직의 목적과 우
선순위뿐만 아니라 기업 내 핵심 시스템, 프로세스, 의사결정을 일치시키고 조
정함에 의해 촉진된다. 여기서, 전략적 동의는 최고경영층뿐만 아니라 중간경영
층과 하위 운영수준에서의 동의를 포함한다. 또한, 또한 전략적 동의는 계층 간
동의뿐만 아니라 기능 간 동의도 포함한다. 전략에 대한 이해의 공유에 필요한
요소는 기능 관리자 간 또는 조직 내의 적절한 커뮤니케이션이다. 커뮤니케이션
은 전략에 대한 이해와 동의를 위해 필수적인 요소이다. 이러한 커뮤니케이션은
최고경영층이 조직의 비전이나 목적을 하위로 전달하는 메카니즘을 제공하고
조직의 목적이나 임무를 설립하는 데 필수적 도구이다.

(4) 기술혁신 전략 실행의 세부 관리 요소

APQC(American Productivity and Quality Center)에서 수행한 신제품 개발의 성

과와 모범사례에 대한 조사 결과, 성공적인 신제품 개발의 관행을 세 가지로 정리한 바 있다. 첫째, 인적 측면으로서 프로젝트 팀의 구성, 혁신 문화, 최고경영층의 역할 등이 중요하다. 둘째, 혁신전략으로서 전략에 상응하는 신제품 개발 프로젝트의 포트폴리오 구성 및 관리, 프로젝트 팀에 대한 풍부한 자원배분이 중요하다. 셋째, 신제품 프로세스로서 고객의 요구와 제품 정의와 같은 기술적 이슈를 다루고 있다.

Linton(2002)에 의해서 수행된 혁신 기술의 도입과 실행에 대한 종합적인 문헌연구에서는 조직의 크기/체계/문화/자율성, 기술의 복잡성과 혁신성과 같은 특징, 인력/예산/진도관리/통제/평가 등과 같은 프로젝트 관리, 불확실성을 감소하기 위하여 작은 혁신으로 세분화할 수 있는 분할성, 여러 기능분야의 참여와 팀제도/커뮤니케이션/기술 챔피언의 존재 여부/교육 등의 사회적 상호작용을 성공요인으로 정리하였다. 또한 Bone & Saxon(2000)은 성공적인 기술전략 실행을 위해서는 기술역량의 차원에서 점검하는 것이 필요하다고 하였다. 그가 주장한 기술역량의 3요소는 사람/능력, 설비/기기, 조직/비즈니스 프로세스(신제품 개발, 기술이전 등)이다. 한편, 기술개발 전략의 성공요인과 관련하여 Loch(2000)는 신제품 개발 프로세스의 성공요인을 문헌을 통해서 정리한 바 있다. 그의 연구에 따르면 성공요인으로서 고객지향, 조직 내 각 기능의 역량, 기능 간 협력, 최고경영층의 지원, 체계적인 프로젝트 선택, 정교한 계획과 실행, 권한있는 프로젝트 관리자 등을 들고 있다. 즉, 실행과 관련하여 정교한 실행방침이 존재해야 함을 논의하고 있다. 또한, Nobelius(2004)는 응용연구와 제품개발 사이의 연계를 위한 세 가지 관리적 차원이 존재하는데, 그 중 하나는 기술과 제품개발의 일치와 관련된 전략의 동질화와 응용연구 노력과 제품개발 프로젝트를 일치시키는 운영의 동질화로서 규정하였다. 마지막으로, Roberts(2004)는 대기업에서 기술을 성공적으로 관리하는 경우에 발생하는 세 가지 주요 이슈를 연계, 레버리지, 리더십으로 설명하고 있다. 연계는 기술을 경영전략과 연계하는 것을 의미하는 것으로서 기능별 핵심 최고경영층의 연계와 R&D 자원 배분의 연계로 구성된다. 레버리지는 내부 R&D를 외부 자원으로 촉진하는 것으로서 글로벌 R&D를 수행하는 것과 외국과의 제휴가 흔히 이루어지는 상황을 통해 해결할 수 있다. 마지막으로 기술적 리더십은 공격적으로 기술적 변화를 선도하는 리더십을 의미한다.

지금까지 수행된 기업사례와 문헌연구를 종합하여 김진한과 김성홍(2006)이

▎표 5-6 기술혁신전략 실행의 관리 요소

기술혁신 체계		변수정의
기술전략		• 경영전략과 기술전략의 명확한 연계 • 기술부문의 경영전략 수립에 적극 참여 • 기술전략에 대한 전 구성원의 이해 및 동의
지원 시스템	조직	• 기술/연구 부문의 권한과 책임 독립 • 기술/연구 부문의 사외 커뮤니케이션 • 고객과 기술지식의 총체적 공유
	자원	• 부문간 자원의 조정 및 통합 • 기술/연구 관련 설비 활용 • 기술/연구 인력의 관리 제도 • 기술/연구 과제에 대한 예산 배분 정책
	프로세스	• 기술/연구 결과의 상업화 관리 • 기술/연구 관리 기법 존재 • 기술/연구 결과의 품질향상을 위한 관리 • 기술/연구 부문의 성과평가시스템 • 기술/연구 아이디어 제공에 대한 보상
혁신지향 문화		• 기술/연구 부문의 창의성 증진 문화 • 기술혁신을 통한 성장비전의 공유

정리한 기술전략 실행에서 중요하게 고려되는 변수는 <표 5-6>과 같다.

<표 5-6>에서 보는 바와 같이 기술전략 실행시스템의 설계 시 일반적인 고려 사항으로는 인력, 기술기반, 조직, 환경, 기술전략과 경영전략과의 연계, 성과평가 및 보상체계, 예산 등을 들 수 있다. 이처럼 기술혁신을 추진하기 위한 체계는 다양하게 논의되고 있으나 일반적인 기술경영학적 접근 체계에서는 경영전략과 연계되는 기술전략 하에 조직, 자원, 프로세스로 구성된 지원시스템이 존재하고 이러한 지원시스템은 혁신을 지향하는 문화와 프로그램에 바탕을 두게 된다.

기술이 경쟁의 원천이자 전략의 추진체로서 경영전략에서 차지하는 역할이 증대함에 따라 경영전략과 기술전략의 연계가 혁신을 위해 매우 중요한 기능을 수행하고 있다. 이러한 경영전략과 기술전략의 연계를 위해서는 기술의 획득, 관리, 활용과 관련한 기술전략 범위 내에서 기술부문이 경영전략 수립에 적극적

으로 관여하여야 한다.

기술전략을 지원하는 요소로서 조직은 창의적인 조직문화 내에서 기술 및 연구개발 조직의 자율성, 효과적 사내 외 커뮤니케이션, 지식공유를 통한 학습 조직의 특성을 보유해야 한다. 기술/연구부문의 자율성은 이미 3M의 혁신방식을 통해서 널리 알려진 변수이다. 한편, 커뮤니케이션은 내부와 외부 커뮤니케이션이 있는데 내부 커뮤니케이션은 신제품 개발에 있어서 기능 간 협력 특히, R&D 부문과 마케팅 부문 간의 커뮤니케이션이 강조되고 있다. 조직 내 기능 간 커뮤니케이션에 관련한 연구를 보면 R&D와 마케팅 간 커뮤니케이션 흐름이 잘된 기업은 성공할 가능성이 높고 커뮤니케이션 자체가 혁신과 밀접한 관계를 갖는 것으로 주장되고 있다. 따라서 지속적인 제품/공정기술의 혁신을 위해서는 기능 간 조직적, 기술적, 인적 커뮤니케이션과 통합이 요구되며, 정보수집과 유통을 주 임무로 하는 연구 및 개발 조직의 문지기가 지식전환이라는 역할을 효과적으로 수행할 필요가 있는 것이다.

한편, 혁신의 파트너로서 관리자, 협력업체, 연구/교육기관, 구매자, 경쟁자 등이 있는데 성공적인 혁신을 위해서는 이들 조직 간의 관계를 결정짓는 네트워크 역량이 중요하게 된다. 이러한 외부 커뮤니케이션은 주로 R&D 협력과 관련한 내용으로서 기업 간 R&D 협력도 혁신에 긍정적인 영향을 미치게 되며, 당사자 간 가치 창출을 가능하게 만든다. 또한 커뮤니케이션의 결과로서 지식공유를 통한 학습도 혁신에 매우 중요한 영향을 미치게 된다. 이들 지식 공유는 정보기술의 발전을 통해 기술뿐만 아니라 고객에 대해서도 쉽게 이루어진다.

기술전략 지원 시스템의 하나로서 자원은 인적 자원, 재무 자원, 설비 자원으로 구분할 수 있고 이들은 부문 간에 자원의 조정 및 통합이 이루어져야 한다. 인적 자원 측면에서 기술/연구개발 인력에 대한 효과적 관리는 채용과 같은 인력 계획, 보상 시스템, 고과, 경력관리 등의 차원에서 종합적으로 이루어져야 한다. 과거 연구에 의하면, 기술 인력의 이직이 초래하는 비용이 매우 크며, R&D 에서 인력의 중요성을 설파한 조사가 많기 때문이다. Industrial Research Institute가 수행한 미국 R&D 조직의 관심분야 조사에서 역량있는 인재 선발, 적정업무 수행, 이직, 역량 향상 등과 같이 인력과 관련한 관심분야가 높은 중요성을 갖는 이슈로 조사되었다. 또한 과거 혁신적 프로젝트를 조사한 결과 인적 측면이 매우 중요한 것으로 나타났으며, 혁신성과에 영향을 미치는 인적 요인들은 보상, 인정의 외부적 요인과 업무 자체의 만족, 업무 환경, 동료 수준, 자율성과 같은 내부적 요인으로 규정지을 수 있다.

한편, 풍부한 예산 지원을 통해 실패를 두려워하지 않는 기술개발 지원이 요구되며, 이에 대한 적절한 관리가 필요하다. 또한 기술연구 및 개발에 필요한 충분한 설비의 활용이 보장될 경우에 혁신적인 연구가 진행될 수 있으며, 이들 자원들은 개별적이라기보다는 전체적인 차원에서 조정 및 통합 운영될 필요가 있다.

<참고문헌>

김진한, 김성홍 (2006), 기술전략 실행역량 평가 모델과 적용. 경영과학, 23(2), 109−135.

APQC(American Productivity and Quality Center), https://www.apqc.org.

Burgelman, R.A., Christensen, C.M. & Wheelwright, S.C. (2009), Strategic management of technology and innovation, McGraw−Hill Irwin, Boston, MA.

Bone S. & Saxon, T. (2000), "Developing effective technology strategies," Research Technology Management, 43(4), 50−58.

Bourgeois, L.J. & Brodwin, D.R. (1984) "Strategic implementation : five approaches to an elusive phenomenon," Strategic Management Journal, 5(3), 241−264.

Camillus, J.C. (1981), "Corporate strategy and executive action : Transition stages and linkage dimensions," Academy of Manaʊgement Journal, 6(2), 253−259.

Capon, N., Farley, J.U. & Hoenig, S. (1990), "Determinants of financial performance: a meta−analysis", Management Science, 36(10), 1143−1159.

Dobni, B. (2003), "Creating a strategy implementation environment," Business Horizons, 46(2), 43−46.

Ford, D. (1988), "Develop your technology strategy", Long Range Planning, 21(5), 85−95.

Hambrick, D.C. & Cannella A.A. Jr. (1989), "Strategy implementation as substance and selling," The Academy of Management Executive, 3(4), 278−285.

IRI(Industrial Research Institute), https://www.iriweb.org.

Kaplan, R.S. & Norton, D.P. (1996), "Linking the balanced scorecard to strategy", California Management Review, 39(1), 53−79.

Linton, J.D. (2002), "Implementation research: State of the art and future directions," Technovation, 22(2), 65−79.

Loch, C. (2000), "Tailoring product development to strategy : Case of a European technology manufacturer," European Management Journal, 18(3), 246−258.

Miles, R.E., & Snow, C.C. (1978), Organizational strategy, structure, and process, McGraw−Hill, New York.

Nobelius, D. (2004), "Linking product development to applied research: Transfer experiences from an automotive company," Technovation, 24(4), 321−334.

Noble, C.H. (1999), "Building the strategy implementation network," Business Horizons, 42(6), 19−28.

Olson, E., Slater, S.F. & Hult, G.T.M. (2005), "Th Performance implications of fit among business strategy, marketing Organization structure, and strategic behavior", Journal of Marketing, 69(3), 49−65.

Porter, M.E. (1980), Competitive strategy, Free Press, New York.

Raps, A. (2004), "Implementing strategy," Strategic Finance, 85(12), 49−53.

Roberts, E.B. (2004), "Linkage, leverage and leadership drive successful technological innovation," Research Technology Management, 47(3), 9−11.

Sanchez, R. (1997), "Reinventing strategic management: new theory and practice for competence−based competition", European Management Journal, 15(3), 303−317.

Solomon, J. (2001), The role of technology strategy in the evolution of competitive advantage in successful new zealand firms. Master of Management Studies Research Project, Victoria University of Wellington, New Zealand.

Stonich, P.J. (1981), "Using rewards in implementing strategy," Strategic Management Journal, 2(4), 345−352.

Tregoe, B.B. & Tobia, P.M. (1990), "An action oriented approach to strategy," The Journal of Business Strategy, 11(1), 16−21.

Weiss, A.R. & Birnbaum, P.H. (1989), "Technological Infrastructure and the Implementation of Technological Strategies", Management Science, 35(8), 903−1028.

고객 요구사항 이해와 창의성

기술경영
Management Of Technology

01 고객 주도의 혁신

1.1. 고객관련 혁신 패러다임의 변화

고객과 관련한 혁신 패러다임은 가장 우측의 고객초점 혁신에서부터 고객중심 혁신을 거쳐 가장 좌측의 고객주도의 혁신까지 <표 6-1>처럼 진화되어 왔다. 즉, 이제는 고객에 초점을 맞추는 것에서 벗어나 고객이 혁신을 주도하는 패러다임이 주류가 되고 있는 것이다.

▌표 6-1 고객 관련 혁신 패러다임의 진화

혁신의 유형	Customer-driven Innovation	Customer-centered Innovation	Customer-focused Innovation
핵심 주체	고객	고객과 조직	조직
고객참여 수준	고객에 의한 혁신	고객과 혁신	고객을 위한 혁신
조직의 역할	조정자	의사소통자	혁신자
혁신 유형	동적인 혁신	개방형 혁신	폐쇄형 혁신
통제 수준	통제 불가능	통제 어려움	조정이 용이
핵심 혁신단계	사업화(아이디어가 과다 발생하고 개발되나 사업화가 어려움)	아이디어 개발(아이디어는 풍부하나 개발이 어려움)	아이디어 창출(아이디어는 희소)
초점 혁신 유형	제품, 서비스, 산출물 상호작용: 제품/서비스와 상호작용	고객과 의사소통: 조직과 고객의 상호작용	고객 세분화와 고객 분석

혁신의 유형	Customer-driven Innovation	Customer-centered Innovation	Customer-focused Innovation
중요 이슈	높은 수준의 인적 상호작용에 의한 암묵적 지식이전	인프라 투자	분석의 지속
	적절한 분석에 의한 고객 세분화	높은 품질의 의사소통	시스템 통합
		모방의 위험	정보 과부화

1.2. 고객의 중요성

다시 강조하지만 기술혁신은 진기한 기술뿐만 아니라 시장에서의 성공으로 나타난다. 시장에서 성공하는 기술혁신이 되기 위해서는 시장 혹은 고객의 요구사항을 경쟁자보다 우선 파악해야 하며, 고객주도의 혁신에 강조를 둘 필요가 있다.

가장 성공적 혁신을 위해서는 실행가능한 기술적 기반, 기업가적 스킬, 고객 요구사항을 신기술과 결합하도록 해야 한다. 물론 이 세 가지 요소 중에서 가장 중요한 것은 고객의 요구사항이다. 제품 혹은 서비스는 성공에 적합해야 하고, 가치를 보여주어야 하고, 특정 니즈를 충족시켜야 한다. 이 혁신 프로세스를 유발하는 것은 시장 기회이다. 성공적 기업가는 시장의 틈새와 그것을 충족시킬 수 있는 신제품 혹은 서비스 모두를 보는 사람이다. 신기술은 종종 필수적이나 그 자체로 충분하지 않기 때문에 고객의 요구사항을 만족시키는 것은 혁신의 성공에 핵심이다.

보통 새로운 과학적 원칙이 발견되고 새로운 기술이 개발된다. 이후 아직 알려지지 않거나 명확하지 않은 시장 요구사항을 위해 기술이 디자인된다. 그러나, 진부한 표현(cliche)임에도 불구하고 더 나은 쥐덫을 개발하는 것은 만약 그 지역에 쥐가 없다면 특히 기존 쥐덫이 만족스럽고 더욱 싸고 혹은 당신의 세상을 놀라게 하는 덫이 이미 이용가능하지 않은 미끼를 필요로 한다면 세상이 당신 집의 문에 길을 새로 내도록 하지 않을 것이다. 더 나은 쥐덫의 옹호자들처럼 새로운 기술이 개발되고 혁신이 창출되었기 때문에 혁신의 확산은 필수부가

결한 기정사실이라고 전제하는 것은 불합리하다. 기술과 단순한 사랑에 빠지고 기술혁신의 상업적 성공을 무시하는 것은 대부분의 제품 실패를 불러일으킨다. 수용(니즈/가치)의 개념은 본질적으로 인식적이고 금전적 관점에서 표현되어야 한다. 그것은 고객이 제품 제공물의 활용에서 받는 편익들의 관점에서 고려될 필요가 있다.

〈그림 6-1〉 고객 초점이 유인하는 혁신

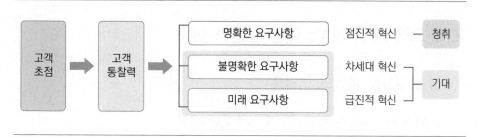

기술혁신전략으로서 시장주도와 기술주도전략이 존재한다는 것은 이미 언급하였다. 여기서, 중요한 점은 시장과 기술의 균형이다. <그림 6-1>과 같이 고객에 초점을 두기 위해서는 고객에 대한 통찰력에 기초해야 한다. 다양한 니즈들은 점진적 혁신, 차세대 혁신, 급진적 혁신으로 결과된다. 점진적 혁신을 위해서는 고객의 명확한 요구사항을 청취해야 하며 불명확한 요구사항과 미래 요구사항은 고객에 대한 기대를 통해서 달성될 수 있다. 그러나 이러한 혁신도 기업이 혁신의 주체이고 고객은 참여수준이 상대적으로 낮다. 따라서 이제는 고객의 주도하는 기업의 조정자의 역할을 하는 고객주도의 혁신으로 나아가야 할 것이다.

02 고객 요구의 파악

2.1. 고객 요구사항에 대한 일반적 현황

(1) 요구사항 파악의 어려움

① 고객 요구사항을 평가하는데 불충분한 자원
② 고객 요구사항에 관한 정보가 체계적으로 수집되지 않음
③ 고객 요구사항에 관한 정보를 문서화하는데 일반적이고 체계적인 방법이 결정되지 않음
④ 고객이 현재의 제품과 제품 특성의 관점에서 생각하는 것을 막기 어려움
⑤ 고객 요구사항의 평가는 단기 고객만족에 과도하게 의존하고 숨겨진 미래 니즈가 잊혀짐
⑥ 고객의 사용과 프로세스가 충분히 이해되지 않음
⑦ 고객은 경쟁제품에 존재하는 동일한 기술적 솔루션만을 원하고 배경 요구 사항은 밝혀지지 않음

(2) 요구사항을 파악을 위한 정보의 원천

① 선도 고객과 협력
② 자유로운 형태의 고객 접촉
③ 법과 규제를 포함한 환경의 변화 예측
④ 고객의 네트워크에 대한 분석
⑤ 표준화 조직의 정보
⑥ 고객 요구사항의 배경에 있는 요구사항의 체계적 탐색

⑦ 고객의 사용방법과 프로세스 분석

⑧ 외부 전문가에게 자문

⑨ 특허

(3) 고객 요구사항 파악 방법 및 도구

① 통계적 마케팅 연구방법

② 브레인스토밍(brainstorming)

③ 선도 사용자 분석

④ 미스터리 쇼퍼(mystery shopper)

⑤ 시나리오(scenario)

⑥ 초점그룹 인터뷰

⑦ 고객 네트워크(예 온라인 커뮤니티)

⑧ 델파이(delphi)

⑨ 친화도 다이어그램(Affinity diagram)

⑩ TRIZ

⑪ 특허분석

2.2. 고객 요구사항의 분류

고객의 요구사항은 크게 제품(commodity), 니즈(needs), 원츠(wants)로 구분할 수 있다.

(1) 제품

성능 특성, 기능 특성, 이미지 특성과 같이 한계가 유한하고 형태가 유형인 물건으로 나타난다. 시장에서 모든 고객이 쉽게 이해하고 동일한 의견으로 나타난다.

(2) 니즈

클레임, 새로운 추가 필요와 같이 실현된 욕구로서 한계가 유한하지만 형태는 부정으로 나타나며 명시적으로 언어와 그림 등 다양한 표현 방식에 의해 쉽게 나타날 수 있다.

(3) 원츠

막연하게 알고 있는 것, 이야기 들은 것, 보고 느낀 것과 같이 잠재적 욕구로서 한계는 무한하고 형태도 무형으로 쉽게 표현하지 못하는 마음 속의 욕구이다.

니즈는 오늘날의 먹거리로서 비유적으로 빙산의 수면 위로 고려되고 원츠는 내일의 먹거리로서 빙산의 수면 아래에 해당한다. 원츠는 니즈에서 출발하는데 소니(Sony)의 워크맨(Walkman)과 같이 단순히 크기를 축소한 응용 혁신은 니즈를 해결하였고 CD와 같은 급진적 혁신은 원츠를 충족시킨 사례이다. 특히, 기업이 장기적인 경쟁력을 확보하기 위해서는 가장 중요하고 큰 비중을 차지하는 잠재적 요구사항인 원츠를 파악할 필요가 있다. 스티브 잡스(Steve Jobs)와 같이 스마트폰의 미래를 파악하는 뛰어난 능력을 가진 사람을 선각자(visionary)라고 부른다. 이러한 선각자들은 원츠에 기반한 고객의 요구사항을 경쟁자들보다 빨리 이해하고 파악함으로서 시장의 기술혁신을 선도하는 역할을 하게 된다.

2.3. 니즈와 원츠의 비교

고객 니즈는 기존 니즈(본 교재의 니즈)와 미래 니즈(원츠)로 분류될 수 있다. 기존 니즈는 의식적인 특성이 있어 상대적으로 평가하기 쉽다. 그러나 기존 니즈도 일부 불분명한 니즈를 포함할 수 있고 고객의 니즈를 평가하는 기업에 의해 적절하게 인식되지 않을 수 있다. 이에 비해, 잠재적(혹은 숨겨진) 원츠는 많은 고객이 최종 제품에서 중요한 것으로 인식하나 사전에 분명히 표현하지 못하거나 할 수 없는 경우가 대부분이다. 미래 원츠는 현재에 존재하지 않으나 미래에 실현될 것이기 때문이다. 시작부터 시장 도입까지 수년이 걸리는 기술혁신 프로젝트를 계획할 때 특히 미래 원츠가 적절하다. 하지만 미래 원츠의 실현은 기술혁신 프로젝트를 시작하기 전에 인식되거나 인식되기 어렵다.

보통 고객은 자신의 니즈와 원츠에 최고의 전문가이다. 그러나, 고객은 자신의 니즈와 원츠를 항상 직접 표현할 수 없거나 하지 않을 것이다. 고객은 실제로 그들이 필요하거나 원하는 것을 명확히 표현하기 어렵다. 그들은 자신의 실제 니즈와 원츠가 솔루션의 배경에 숨어 있는 것을 설명하는 대신에 기술적 특징과 솔루션만을 요구한다. 고객은 장기 니즈와 원츠 대신에 흔히 자신의 단기 문제를 강조한다. 신제품에 관한 미래 니즈와 원츠는 직접적인 방식으로 신제품에 대해 고객에게 질문함으로서 쉽게 평가될 수 없다. 신제품 니즈와 잠재적 솔루션에 대한 사용자의 통찰은 보통 자신의 실제 세계의 경험에 의해 제한되고 그들의 의견은 그들이 이미 알고 있는 제품으로 제약된다. 이것은 현재에 푹 빠진 사용자들이 익숙한 것과 갈등하는 진기한 제품개념을 창출하기 어렵다는 것을 의미한다. 고객이 보통 미래의 통찰이 결여되어 있다는 사실로 인해서 신제품과 신기술을 개발할 때 고객이 주도하는 데서 발생하는 위험이 항상 존재할 수 있다.

2.4. 니즈 파악 방법

고객의 니즈를 파악하기 위해 다음의 단계를 따를 수 있다.

(1) 니즈 파악 목표 설정

니즈 파악이라는 업무를 구체적으로 설정한다.

① 제품명세: 목표제품을 설정
② 사업목표: 이익, 시장지분, 기간 등 구체적으로 계량화된 목표 설정
③ 1차 목표시장: 우선적인 목표시장 설정
④ 2차 목표시장: 1차 목표시장 달성 후 추가 목표시장 설정
⑤ 제품의 필수조건: 제품특성, 용도, 기능 측면에서 필수적인 사항을 설정
⑥ 이해관계자: 고객, 판매 인력, 생산 인력, 서비스 인력, R&D 인력 등 제품과 관련된 정보를 이해할 수 있는 모든 관계자를 명시

(2) 자료 수집

고객으로부터 니즈와 관련된 자료를 수집한다.

① 수집방법 결정

인터뷰, 초점집단 면접, 고객관찰, 미스터리 쇼퍼 등 앞서 언급한 다양한 방법을 고려한다. 인터뷰는 보통 1시간 정도 수행되며, 인터뷰 1시간은 2시간의 초점집단 면접(8~12명)과 동일한 효과를 제공한다. 또한 인터뷰는 고객에게 방문하여 수행되는 반면에 초점집단 면접은 고객들을 직접 기업이 제공하는 장소로 불러들여 수행하기 때문에 면접비 지출이 필요하다. 고객관찰은 실제 고객의 사용을 관찰하는 수동적이고 단순한 방법이나 신기술, 신제품의 경우에 적용이 쉽지 않다.

② 대상고객 선택

선도고객, 일반고객, 판매인력 등 이해관계자들을 토대로 다양하고 균형있게 대상을 선정한다.

(3) 자료 정리

다양하게 수집된 자료를 정리하는 단계이다. 예를 들어, 다음의 질문을 할 수 있다.
① 전형적 용도(사용 이유, 사용 시기, 사용 과정 등 포함)
② 현 제품의 장단점
③ 사용 향상을 위한 제안
④ 구매시 고려사항

한편, 이러한 질문에 대한 고객의 설명을 기록한 후에 그 설명을 해석할 필요가 있다. 이것을 니즈 해석이라고 하는데 공식적인 용어의 사용과 체계적인 분류가 필요하다.

(4) 니즈 중요성 평가

고객 니즈를 체계적으로 분류한 후에 이 니즈별 중요성을 평가해야 한다.

① 니즈의 체계적 분류

1차 니즈와 이 니즈의 하위 니즈에 해당하는 2차 니즈를 계층도의 형태로 정리한다. 작성된 고객니즈는 50-300개 정도로 구성되는 것이 바람직하나 이 숫자는 너무 많기 때문에 정리를 위해 계층도 작성이 필요하다. 이 계층도에서는 중복설명을 제거하고 니즈의 유사성에 따라 그룹화를 수행한다.

② 각 니즈별 상대적 중요성 평가

5점 혹은 7점 척도(scale)를 이용하여 2차 니즈에 대해 상대적인 중요성을 평가한다. 더욱 공식적인 평가를 위해서는 델파이(delphi)나 다기준의사결정기법(예 계층분석기법) 등을 활용할 수도 있다.

(5) 기술적 실현가능성 평가

각 니즈별 성능이나 특성을 계량화할 수 있는 단위를 설정한 후 이 단위별 값을 경쟁자(즉, 벤치마킹 대상)에 대해서 비교한다. 이러한 비교를 통해서 충족시켜야 하는 각 단위별 최소치와 목표치를 결정하고 그 실현가능성을 주관적으로 평가한다.

2.5. 원츠 파악 방법

원츠를 파악하는 방법에 체계적인 방법은 많지 않다. 본 교재에서는 보잉 787 사례를 통해서 무의식 발견과, 이상화 디자인의 두 가지 방법을 소개하기로 한다.

(1) Boing 787 Dreamliner 사례

- 고객에 초점을 둔 NPD

보잉사의 787 드림라이너는 객실 내부 디자인의 급진적 혁신을 통해 승객의 여행 경험을 변화시키고 있다. 보잉은 디자인 단계에서 기존의 방식인 항공사의 정보와 지침이 아닌 승객의 직접적 니즈(needs), 원츠(wants), 경험(experience)에 초점을 두어 실내를 설계하여 혁신을 달성하였다.

- 기존 관행에서 탈피

21세기 들어 전적으로 새로운 디자인이 적용된 보잉 787 드림라이너는 상업용 민간 비행기의 디자인을 다시 정의하고 항공산업을 변화시키는 혁신적인 방법으로 제조되었다. 787 드림라이너의 복합소재, 항공역학, 시스템, 추진체계는 비행기의 성과와 성능의 관점에서 모두 중요한 기술적 변혁을 의미한다.

20세기 초 민간 항공기가 개발된 후, 항공기 디자인은 빠른 속도로 향상되고 있다. 항공기의 개발 노력은 새로운 비행기술뿐만 아니라 비행기의 구조와 성과 개발에도 초점을 두어 진행되고 있다. 기압을 유지하는 객실이 모델 307 Stratoliner에 도입되어 비행기가 거친 날씨에도 비행할 수 있도록 만들어 부드러운 비행과 향상된 승객 경험을 제공한 바 있다. 승객 서비스 차원에서도 각 좌석에 개별 조명, 공기순환, 승무원 콜 버튼, 산소마스크를 설치하였다. 또한 폐쇄가 가능한 오버헤드 스토리지 빈이 기존의 개방된 선반을 대체하였다. 객실 구조는 승객용 윈도우에 초점을 두어 창이 더욱 크게 보이도록 진화되었다. 모델 314 Clipper는 라운지, 심지어는 피로연장으로 바꿀 수 있는 탈의실과 만찬실을 제공하기도 하였다.

이러한 발전은 기존의 것을 새로운 것으로 변화시키는 것을 의미하는 혁신의 정의를 반영한다. 예를 들어, 상업용 비행 초기 시절에 보잉 항공사는 모든 비행에 정규 간호사를 동승시켰다. 이것은 오늘날 승무원이라는 아이디어로 발전하였고, 승객의 편안함과 서비스의 개념을 더욱 확장시킨 사례가 된다.

성공이든 아니든 이러한 발전은 모두 비행기 내부 인테리어와 승객 경험의 진화에 중요한 역할을 하였다. 이 때, 기본적 전제는 항공사가 승객이 원하는 것과 필요로 하는 것을 가장 잘 알고 있다는 것이었다. 그러나 항공사들이 승객의 기술적 필요와 심리적 선호에 관심을 둔 반면, 실제 운영시 소요되는 비용 및 신뢰성을 포기할 수 없어 이들과 균형을 맞추려 한다는 점을 주목할 필요가 있다. 게다가 모든 항공사들이 승객의 요구와 선호를 체계적으로 연구하는 것은 아니었다.

보잉은 787 드림라이너의 개발시 항공사들이 객실 디자인 결정시 사용하는 독점적 정보의 원천이라는 지금까지의 고전적 전제에 도전장을 내밀었다. 즉, 비행기의 인테리어를 디자인할 때 비행기를 이용하는 대중에 직접적으로 눈을 돌리는 시도를 하였다.

- 혁신적 승객연구

드림라이너의 객실 디자인은 승객에 초점을 둔 방식으로서 지금까지 시도되지 않은 연구의 결과이다. 이 연구의 핵심은 심리적 니즈를 찾는 방법과 비행 경험과 연계된 본질적인 가치의 다자인에 기초하였다는 데 있다.

승객연구에는 다양한 방법론이 사용되었다. 전통적으로 적용된 정량적 기법뿐만 아니라 혁신적인 정성적 자료 수집을 포함하였고, 대학과 파트너십 하에 연구가 수행되었다. 흥미로운 점은 사용자가 생각하는 바를 찾기 위해 객실을 구성하는 다양한 요소들을 실제 환경 하에서 승객이 경험한 후 이 정보를 연구센터에서 수집한다는 것이다. 비행시 작성되는 승객에 대한 서베이는 승객들의 선호와 경향에 대한 풍부한 정보의 원천이다. 이 서베이는 미국의 국내 승객, 유럽, 대서양 횡단, 태평양 횡단, 유럽-아시아 경로에서 현재 운항 중인 모든 민간 항공사를 포함하여 시행되었다. 서베이 결과는 특별히 놀라운 것은 아니나 승객의 편암함과 연관된 정보를 제공하는 데 유용하였다. 단거리 비행의 경우, 승객은 최우선 순위로서 비행 일정의 신뢰성을 선정하였다. 그러나 787이 지향하는 장거리 비행의 경우 편암함과 서비스가 가장 중요한 요소로 선정되었다. 이 발견은 객실 디자인의 중요성을 다시 한 번 강조하는 결과이다.

혁신적인 정성적 기법은 다양한 유형의 승객 니즈와 원츠에 대한 정보를 수집하는 데 활용된다. 세계적으로 약 40개 그룹의 세션이 진행되었고, 787 인테리어 디자인 팀이 전세계의 수백명의 응답자로부터 이 결과를 수집하였다. 이 세션은 승객의 마인드를 더 깊고 샅샅이 뒤지기 위해 기존의 초점집단 인터뷰와 서베이 같은 전통적 방법에서 출발하여 광범위하게 진행되었다.

이 프로세스에서 사용된 두 가지 핵심 도구는 **무의식 발견**(archetype discovery)과 **이상화 디자인**(idealized design)이다. 인간이 갖고 있는 무의식을 규명하는데 초점을 두는 첫번째 방법은 정제되지 않은 감정적 원츠(wants)와 니즈(needs)를 발견하기 위해 사용된 정성적인 연구 방법이다. 이 방법에서는 약 30명으로 구성된 그룹에 대해 특별한 질문과 기법을 사용하여 연구하는 주제분야에서 참여자의 초기 경험을 탐색한다. 사람들이 여행 경험에서 찾고자 하는 것을 파악하기 위해 공통적으로 중요한 심리적, 감정적 구성 요소(좌석, 습도, 윈도우 창, 조명 등)를 많은 승객에게 노출한다. 여기서 발견한 공통적이고 정제되지 않은 것들은 "비행의 마법"을 위한 갈망(혹은 동경으로서 비행경험에 깊게 뿌리를 둔 열정과 비행경험과 연계된 감정의 요구)으로서 특징지어 진다.

무의식 발견이 정제되지 않은 경험의 감정적 구성 요소에 초점을 두는 반면에 이상화 디자인은 참여자가 비전(상상력, 통찰력)을 표현하는 기회를 만들어 준다. 약 10명의 응답자로 구성된 그룹에 대해 어떤 제품의 일반적 디자인이 하룻밤 사이에 사라졌다고 이야기 한다. 응답자들에게 기술적 타당성과 운영적 가시성의 두 가지 제약조건만 존재한다는 가정 하에 지금 정확히 원하는 방식으로 제품을 재디자인하도록 임무를 맡긴다. 이들 두 제약조건은 디자인 결과가 공상과학 영화의 제품과 같이 나오는 것을 방지하고 디자인의 개념적 타당성을 강조하기 위해 필요해진다. 결과적으로 창출된 디자인은 실제로 달성되지 않을 수도 있으나 참여자에게 보다 심오한 가치(제품 디자인에 모든 영향을 미칠 수 있는)에 접근하도록 하는 메카니즘을 제공한다.

이상적 디자인 세션으로부터 발견한 핵심 통찰력은 공간을 변화시키는 중요한 심리적 역할을 한다. 교회구조는 공간이 어떻게 긍정적이고 극적인 결과로 변화될 수 있는지를 보여주는 하나의 예이다. 교회의 내부 인테리어에서 현관은 고상한 본당으로 가는 통로로써 천장이 낮게 되어 있다. 현관은 교회의 외부에서 내부로 접근하는 통로로써 신도들을 압축하면서도 널찍한 교회 내부로의 환영을 의미하는 구조의 전환점 역할을 한다. 이러한 관점에 기초하여 보잉은 787 드림라이너 내부를 디자인하는 데 승객들의 긍정적인 경험을 창출하고자 공간을 변화시키는 방법을 찾으려 시도하였다.

또 다른 연구의 원천으로는 두 대학과의 파트너십을 통한 승객의 경험에 대한 연구이다. 보잉은 과거부터 기술적 차원의 디자인 이슈에 대해 대학들과 폭넓게 연구를 하였으나 드림라이너의 내부 인테리어 연구는 승객의 경험에 초점을 맞춘 첫 번째 협력 연구이다. 오클라호마주립대학교(Oklahoma State University)에서 실행된 고도 연구는 객실 압력의 혁신을 위한 결정적 정보를 제공하였다. 여러 승객 집단은 5개의 고도 수준(650, 4000, 6000, 7000, 8000피트)으로 압력을 조정한 실내에서 9개의 시뮬레이션으로 20시간의 모의실험 비행에 참여하였다. 이 연구로부터 승객들은 상대적으로 낮은 압력의 객실에서 괄목할만하게 향상된 비행경험을 갖게 됨이 밝혀졌다. 두통, 멀미, 근육 불안정을 보고한 승객의 비율이 8000피트보다 6000피트에서 현저히 낮아졌다. 한편, 덴마크공과대학교(Denmark Technical University)에서는 공기 정화와 습도 연구가 시행되었는데, 공기의 정화와 습도의 향상은 인후 자극, 갈증, 후두 막힘, 안구 자극, 피부 건조를 감소시키면서 승객의 편암함과 복지를 향상시키는 것으로 조사되었다.

Passenger Experience Research Center(PERC)는 드림라이너의 혁신적 내부 디자인 시 중요한 연구 도구이자 시험의 장으로 활용되었다. 보잉의 Future of Flight Aviation Center에 위치한 PERC는 새로운 비행기의 내부 개념과 혁신에 대한 반응을 연구하는데 활용되었다. 공장 견학 및 기타 목적으로 Future of Flight에 온 방문자들은 PERC 연구 세션에 참여하도록 초대받는다. 실제 승객의 선호와 인식을 측정하기 위해 실물 크기의 내부 모형에서 한 변수를 조작하면서 조명, 오베헤드 빈 작동과 같은 특별한 특성에 초점을 두어 검사를 수행한다. 여기서 수집한 결과는 비행기의 디자인과 항공 여행의 신개념에 영향을 미치고 실제로 787 객실에 적용되었다.

- 787 드림라이너 객실

787 내부는 승객들이 비행의 긍정적 측면을 느끼도록 디자인되었다. 넓은 입구통로는 탑승교에서부터 더욱 개방적이고 널찍한 객실 구조로 승객들을 환영하고 있다. 아치형의 둥근 천장은 개방되고 위엄있는 공간을 제공한다. 승객들을 위해 조정한 입구통로의 공간은

〈그림 6-2〉 드림라이너(Dreamliner)의 실내 인테리어

자료원: 보잉사 홈페이지

공항에서의 스트레스와 탑승교의 답답함에서 탈출하는 감정을 창출한다. 더욱 조용하고 널찍한 객실 환경은 비행 경험의 진정한 시작을 나타낸다. 다른 비행기보다 뚜렷하게 커진 객실 윈도우(차양을 없애고 전자커튼으로 승객이 직접 색 조절), 푸른 하늘색의 조명 효과와 같은 다른 특징들은 개방된 공간의 느낌과 부드럽고 조용한 분위기를 연출한다. 이러한 요소들이 상호 작용하여 공간의 널찍함을 창출하고 비행의 즐거움을 일깨워준다. 여기서 비행의 마법은 가시화되기 시작한다.

이외에도 수많은 디자인 요소는 개인적 편암함을 추구하는 승객의 욕구에 적극적으로 다가간다. 거의 수직에 가까운 측면 방식으로 설계된 객실의 동체축은 팔걸이와 어깨 높이에서 더욱 많은 공간을 제공함으로써 승객에게 편안함을 제공한다. 대학과 파트너십에 기초하여 787 객실이 6,000피트의 고도에서 압력이 조정되었으며 새로운 공기 정화 시스템과 습도 수준을 통해 쾌적한 환경을 제공하였다. 또한 알루미늄처럼 피로하지 않는 787 동체에 사용된 복합 소재는 비행 경험의 뚜렷한 향상을 제공하였다.

(2) 무의식 발견

프랑스의 문화인류학자, 정신분석학자, 마케팅학자인 클로테르 라파에유(Clotaire Rapaille)는 왜 미국은 축구 대신 야구가 인기일까?, 왜 일본은 이혼율이 낮은가? 라는 고민을 하였다. 그에 대한 고민의 결과는 미국인은 먹으면서 관람하고 게임 도중에 광고를 자주하는 스포츠가 인기 있다는 것이고 일본은 보통 3세대가 같이 거주하고 남성은 직장, 여성은 가정에서 일한다는 인식이 보편적으로 자리 잡고 있다는 것이다. 이처럼 어떤 이성적 학습이 아닌 경험을 통한 각인이 하나의 컬처코드(culture code)로 자리잡고 있고 이것이 사람에게 내재되어 무의식적으로 그 사람의 감정이나 행동에 영향을 미친다는 것이다. 이러한 컬처코드는 7살 이전에 강렬한 문화적 경험에 기반하여 형성된다고 그는 주장하였다. 결국, 설문조사나 인터뷰 등에 의한 고객의 니즈나 원츠는 이성적 학습에 기반한 정답을 추구하는 경향이 있어 진정한 잠재적 욕구를 나타내지는 못하기 때문에 사람의 말을 무시하라고 조언하였다.

그는 이러한 무의식이 미치는 사례로서 아래와 같은 다양한 사례를 제시하였다.

① 자동차

미국인은 자동차에 대한 감정으로서 핸들링, 연비, 안정성, 옵션이 아닌 가정에서 벗어나는 해방감, 젊음, 활동, 성적 경험으로 나타난다. 하지만, 우리나라의 자동차에 대한 감정은 소득 수준, 짙은 선팅을 통한 비밀 유지 등이다.

② 비만

미국은 스트레스에서 도피하기 위해 먹는다고 한다. 따라서 비만은 청소년 건강과 같은 문제가 아니라 해결책으로 이해해야 한다. 하지만, 우리나라에서 비만은 어려운 과거 시절에 부의 상징이었으나 현재는 하나의 문제로서 바뀌었다.

③ 건강과 행복

미국인의 행복은 자신의 사명 완수에 있으나 우리나라 사람의 행복은 자녀의 성적이나 직장에서 승진 등에 있다.

④ 음식

미국인은 음식을 즉각적인 활동에 필요한 연료로서 생각한다. 따라서 미국에서 광고는 음식의 품질보다는 짧은 시간에 저렴하고 마음껏 먹을 수 있는 방식에 초점을 두어야 한다고 한다. 이에 비해 유럽인에게 음식은 상대적으로 충분한 시간동안 고급스러운 음식을 즐기는 문화가 더욱 중요하게 다가간다.

⑤ 직업

미국인에게 직업은 그 사람의 정체성을 나타낸다고 한다. 이에 따라 실직시 심한 우울증을 경험하기 때문에 바람직한 노사관계로 정체성을 높여주려고 한다.

⑥ 돈

미국인에게 돈은 스스로 열심히 살고 성공했다는 하나의 증거라고 한다. 그래서 가족에게 재산을 물려주는 것은 그러한 열심히 생활하는 활동을 막을 수 있기 때문에 적절하지 않게 된다.

또한, 클로테르 라파에유는 자신이 수행한 네슬레 인스턴트 커피의 일본 진출 컨설팅 경험을 통해 잠재적 원츠에 해당하는 고객의 무의식 속의 욕구를 찾아내는 방법을 제안하였다. 이 세 번의 모임은 각각 세 시간씩 진행되었다.

① 고객의 이야기 경청

자신은 다른 행성에서 지구에 방문한 사람으로서 지구인의 특성을 전혀 모른다고 전제한다. 이후 아무런 질문없이 커피에 대한 일본 참가자의 이야기를 경청했다.

② 연상

고객이 편하게 참여할 수 있도록 바닥에 앉아 가위와 잡지를 나눠준 후에 커피에 관한 단어를 벽에 붙이도록 하였다. 이후, 참여자에게 벽에 붙은 단어를 가지고 이야기하도록 하였다.

③ 질문

이제는 편안한 음악과 함께 베개를 베고 바닥에 눕도록 하여 더욱 편한 환경을 만들었다. 이후, 참여자들에게 커피에 대한 최초의 기억, 처음 맛보았을 때의 느낌, 커피와 관련한 가장 의미있는 기억 등에 대해 질문하고 답하도록 하였다. 결국, 이러한 단계는 선도 고객에게 어떤 가설을 던지고 그들의 반응을 탐색하는 과정으로서 고객의 이야기를 듣는 입장에서 정리/차분하게 이야기를 경청/고객이 느끼고 있는 것을 파악하고 소망하는 것을 감지하고 단편적인 말의 인과관계를 구성하는 작업을 중심으로 하는 상호작용을 수행하는 데 초점을 두고 있다.

이러한 세 번의 모임을 통해 정리된 자료들에서 클로테르 라파에유는 일본인의 커피에 대한 잠재적 느낌, 감정, 요구 등을 파악하여 포장 디자인과 커피의 맛과 양 등에 대한 분석을 하여 차가 일상화된 일본시장에 인스턴트 커피가 성공적으로 출시하도록 도왔다. 또한, 레고가 미국과 독일에 진출하기 위해서 조사한 결과 미국 어린이는 꿈꾸는 자유가 코드이었기 때문에 설명서를 무시한다는 것을 알았고 독일 어린이는 질서가 코드여서 블록 상자마다 설명서를 포함시키는 것이 바람직하다는 것을 알았다.

(3) 이상화 디자인

의미있는 질서를 부여하기 위한 의식적인 노력인 디자인은 달성해야 하는 궁극적인 상태에 관한 이전 및 현재의 전제에 대한 질문을 던지는 능력을 필요로 하는 프로세스이고 이러한 디자인은 시스템적 접근방식의 핵심 개념으로서 간주된다. 그러나, 기존의 고전적인 과학적 접근방법은 창의적 디자인 프로세스를 위해 충분하지 않다.

러셀 아코프(Russell Ackoff, 2006)는 이상화 디자인이라는 용어를 사용하여 어제의 시스템이 파괴되었을 때 어떻게 새롭게 시스템을 디자인할 것인지에 대한 논의를 하였다. 만약에 비행기 좌석이 갑자기 사라졌다면 어떻게 할 것인가? 강의실 의자가 사라졌다면 어떻게 할 것인가? 다음의 대안이 나올 수 있지 않을까?

① 높이를 조절하여 서서 학습할 수 있는 의자와 책상을 사용
② 의자대신 계단 바닥에 편하게 앉아 수업
③ 좌석대신 쇼파를 준비
④ 필요한 사람에 따라 개인이 소유하는 휴대용 접이식 의자를 활용
⑤ 공쿠션 혹은 짐볼의자를 사용

결국 어제의 시스템이 파괴되었다는 것은 기존의 관행과 관념을 탈피한 완전히 새로운 토대 위에서 그 시스템을 다시 생각하자는 아이디어이다. 이 디자인 프로세스를 위해 여러 이해관계자들이 모여 서로의 창의적인 아이디어를 도출해야 하는데 보통 다음의 네 가지 단계가 사용된다.

① 주기적 검토회의를 통해 이해와 상호작용 촉진
② 참가자들 간 대화를 통해 새로운 관점을 창출하고 인지
③ 개인 지식을 조직의 지식으로 전환
④ 활동을 위한 최종 결정을 위해 핵심 디자인팀에게 전략적인 지도를 제공

또한, 창의적인 디자인을 위해 일상적, 고전적, 전통적으로 고려된 것을 넘어서는 어떤 것을 생각하는 생각의 틀을 깨는 사고(think out of the box)가 필요하게 된다. 하나의 예로서 엘리베이터 문제를 생각해 보자. 어떤 아파트의 주민들은 자신들이 이용하는 엘리베이터의 속도가 너무 느리다고 생각하였다. 그래서 그들은 주민회의를 통해 이 문제를 해결하는 새로운 디자인을 하려고 한다. 다

음의 대안들이 고려되었다.
① 최신의 빠른 엘리베이터로 교체
② 홀짝 운행
③ 2층까지는 비운행
④ 엘리베이터 한 대 더 설치

그러나, 실행가능성과 비용을 고려했을 때 이들은 모두 적절한 대안이 아니다. 왜 이런 문제가 발생했을까? 가장 중요한 이유는 문제에 대한 잘못된 정의이다. 주민들은 엘리베이터의 속도로서 문제를 정의하였고 이를 해결하기 위한 대안을 설정한 것이다. 그러나, 정확한 문제 정의는 그 속도가 아니라 느리다고 판단한 자신들의 '느낌'인 것이다. 따라서 이러한 정확한 정의를 내리게 되면 대안은 오히려 쉽게 도출된다. 바로 엘리베이터 안에서 지루함을 해소해줄 거울, 잡지, 모니터 등을 설치하면 가장 작은 비용으로 이 문제를 해결할 수 있게 되는 것이다. 이러한 생각의 틀을 깨는 사고를 하기 위해서는 두 가지 방안을 고려할 필요가 있다.

① 스펙(specification) 창출

여기서 스펙은 기능, 프로세스, 투입물의 바람직한 특성에 대한 설명이다. 이 단계에서 여러 이해관계자가 원하는 기본적 특성인 개념(concept) 개발이 이루어진다. 엘리베이터 문제의 잘못된 버튼을 눌렀을 경우에 이에 대한 해결방안으로서 적용할 수 있는 개념은 '엘리베이터 사용 시 잘못된 버튼을 누르면 엘리베이터는 거기에서 멈추도록 취소할 수 있어야 한다.'이다.

② 디자인 개발

이 단계에서 한 개 이상의 바람직한 스펙을 가져오는 구조(어떻게 보일 것인가?)와 프로세스(어떻게 사용할 것인가?)를 고민해야 한다. 엘리베이터 버튼을 잘못 눌렀을 경우에 디자인 개발로서 '층 버튼 각 옆에 잘못된 엘리베이터 층을 취소하는 취소 버튼 개발'이 대안으로 나올 수 있다. 그러나, 너무 많은 버튼을 설치하기 보다는 '한 번 더 누르면 취소가 되는 버튼 개발' 대안이 더욱 적절한 대안이 될 것이다.

03 시장정보 처리

(1) 의의

시장지향은 성공적인 신제품 개발을 지원함으로서 우월한 조직성과를 만든다. 시장지향은 조직이 학습하기 위해 사용한 정보처리 활동들을 포함하기 때문에 본질적으로 학습지향이다. 구체적으로 이 활동들은 시장정보 획득, 확산, 사용을 포함한다.

혁신은 본원적으로 정보처리 활동이다. 정보처리의 중요한 요소는 시장정보의 사용이다. 시장정보의 사용은 현재와 미래의 고객 니즈 및 원츠와 의사결정 시 고려하는 경쟁과 같은 외부 요인들을 받아들이는 것으로서 정의되어 왔다. 따라서 시장지향은 시장정보 처리를 통해 획득된다. 하지만 시장정보를 너무 많이 강조하다보면 혁신제품이라기 보다는 점진적 제품개선만을 유인할 수도 있다. 그럼에도 불구하고 급진적 혹은 점진적 혁신이든 간에 시장정보의 효과적 처리는 기업의 혁신에 긍정적 영향을 미칠 것이다.

(2) 시장정보 처리 활동

기술 관찰과 평가를 포함한 시장정보 처리 활동으로는 다음이 있다.

① 기술 지능정보(technology intelligence)

이 개념은 2차 세계대전에서 시작하였고 일반적으로 기업의 경쟁상황에 영향을 미치는 잠재력을 갖는 기술 추세에 대한 정보를 수집·모니터링·예측·평가하는 모든 프로세스를 종합한다. 때때로 기술 지능은 단지 프로세스로서 뿐만 아니라 그것의 산출물, 즉 가치있는 정보를 포함하는 의미로 사용된다.

② 기술 예측(technology forecasting)

이 목적은 S-곡선과 같이 기술적 변화와 패턴의 예측을 규명하는 것이다, 정보를 수집하고 처리하는 데 기술 지능보다 한 단계 낮은 수준을 지향한다.

③ 기술 평가(technology assessment)

이 용어는 수행되고 있는 프로젝트에 대한 평가 프로세스에 관련된다. 예를 들어 이 용어는 종종 신기술의 획득과 관련된 목표, 비용, 편익의 분석을 의미하기 위해 사용된다,

④ 기술 모니터링(technology monitoring)

모니터링이라는 단어는 기술에 대한 정보를 제공하는, 기술적 변화가 동반할 방향을 예상하는, 혹은 기업이 적용해야 하는 잠재적 기술을 평가(assessment)하고 정찰(scout out)하는 프로세스로서 이해될 수 있다, 그러나 그것은 기업의 경쟁적 포지셔닝에 의미있는 영향을 미칠 수 있는 중요한 기술 발전을 규명하고 평가하는 프로세스를 지적하는 데 자주 사용된다.

(3) 시장정보 처리의 구성과 단계

시장정보의 처리 프로세스는 신제품 개발의 성과와 긍정적으로 관련된다. 일반적으로, 시장정보 처리의 전체적 구성은 세 단계로 구성된다
① 정보 획득
② 정보 확산
③ 정보 사용

신제품 개발 관점에서도 시장정보 처리의 연관성을 설명할 수 있다. 일반적으로 신제품 개발 프로세스는 크게 세 개의 본원적 단계로 구성되는데 그 단계에서 시장정보 처리의 역할은 다음과 같이 연결된다.

① 개발전 단계(pre-development stage)

주로 전략적 계획, 비즈니스와 시장기회 분석, 신제품 아이디어 창출과 평가가 이루어진다. 팀에 의해 고객 요구사항이 수집되고 처리되어야 하며, 잠재적으로 고려하는 기술 솔루션과 일치되어야 한다.

② 개발(development) 단계

관심이 주로 제품 규격(specification)으로 돌려지며, 제품 개념(concepts)이 개발되고 프로토타입이 잠재 고객과 함께 테스트된다. 이 단계에서 시장 연구는 제품 목표를 설정하고 제품 특징 간의 상충관계(product feature trade-offs)를 만들기 위해 요구된다.

③ 사업화(commercialization) 단계

규정된 제품 규격이 생산으로 연결되고 판매인력이 교육되며, 신제품의 시장 도입이 준비되고 출시 전략과 전술을 위한 의사결정이 이루어진다. 따라서 시장정보는 더욱 우수한 품질과 제품 우위로 결과되며, 신제품 개발 프로세스의 다른 단계에서 더 나은 의사결정을 하기 위해 사용될 수 있다.

(4) 시장정보 처리의 선행요인

시장정보 처리에 영향을 미치는 중요한 선행요인으로는 다음이 있다.

① 프로젝트 전략(시장에 제품의 새로움 수준)

어떤 사람은 혁신제품의 경우에 신제품 개발 프로젝트에서 시장정보를 사용하는 유용성에 의문을 제기한다. 예를 들어, 혁신제품의 잠재적 고객들은 그들의 원츠를 표현할 수 없고 제품 개념을 적절하게 평가하는 역량이 없기 때문이다. 파괴적 혁신 시장도 그 혁신이 아직 존재하지 않기 때문에 정확히 예측하는 것은 매우 어렵다.

하지만 급진적 신제품 개발에서도 시장정보 사용의 필요성이 지적된다. 예를 들어, 시장에 대한 학습을 위해 사용된 프로세스는 점진적 프로젝트에서 사용된 프로세스와는 다르지만 시장정보 처리는 급진적 혁신에서도 발생한다. 특히, 신제품 개발 프로젝트의 초기에 연구자들에 의한 충분한 시장 이해는 기업이 투자를 위해 기대한 규모의 새로운 시장을 발견하거나 창출하는 데 기여한다. 나아가 급진적 혁신을 창출하는 기업은 잠재적 미래시장에 밀착된 관심을 갖는다. 일반적으로, 더욱 불확실한 환경은 고객 니즈를 규명하기 위해 더 많은 시장 스캐닝과 사용자와 네트워킹을 요구한다.

② 프로젝트 긴급성

신제품 개발 프로젝트에 놓인 우선순위와 프로젝트 진행 시 느낀 시간 압박이 시장정보 처리에 영향을 미치는 중요한 요인이 될 수 있다. 프로젝트에 부여한 우선순위는 신제품 개발 의사결정이 시장정보에 기반하였는 지에 의해 영향받을 수 있다. 따라서, 그 프로젝트가 기업에 높은 중요성을 가질 때 신제품 개발 프로세스의 여러 단계에서 시장정보 처리에 더 관심을 가져야 한다. 그 결과, 더 높은 우선순위를 갖는 프로젝트는 시장연구에 더 많은 자원을 배분해야 한다.

시간 압박은 신제품 개발 프로젝트 동안 발생하는 공통적인 불평으로서 시장정보 처리를 방해할 수 있다. 시간 압박은 팀 멤버들이 신제품 개발 프로젝트 동안 시간의 부족을 갖는다고 믿는 수준이기 때문에 이 시간 압박이 정보처리에 부정적 영향을 미친다.

③ 기업 특성

시장정보 처리에 영향을 미치는 세 가지 기업 특성이 대표적이다.

- R&D 지배

마케팅과 R&D가 신제품 개발 의사결정 시 '균형잡힌 차별화'를 보일 때, 신제품 개발 프로세스에서 고객 정보의 사용이 증가한다. 그러나 첨단기술 기업에서 종종 신제품 개발 의사결정에서 R&D가 마케팅을 지배한다. 특히, 기술적 배경을 지닌 제품 개발 및 관리 팀의 엔지니어와 많은 수의 기술 인력이 이러한 R&D의 기능적 지배를 강조한다. 하지만 엔지니어가 기술적 정보 대비 시장정보의 효용을 깎는 경향이 있기 때문에 엔지니어 중심 문화를 갖는 기업은 효과적인 시장정보 처리에 방해될 수 있다.

- 부서 간 갈등

부서 간 갈등으로 인해서 발생하는 부서사이의 낮은 연계 수준은 효과적 정보처리를 방해할 수 있기 때문에 부정적 영향을 미친다. 부서를 가로질러 직원 간의 접촉이 거의 없고 부서 목표들이 서로 조화되지 않을 때 더 작은 시장정보가 처리된다.

– 신제품에 대한 유연성

기업이 자사의 기존 제품을 '자기잠식(cannibalization)'하려는 의지는 스스로 자신의 기존 제품을 파괴한다는 측면에서 제품혁신의 중요한 요인이 된다. 하지만, 시장정보 사용을 설명하는 데 중요한 것은 기업의 자기잠식 의지가 아니라 신제품에 대한 기업의 유연성이다. 만약 기업이 한 기술에서 다른 기술로 쉽게 바꿀 수 있거나 신제품 개발 조직을 쉽게 바꿀 수 있다면 신제품에 대해 유연하다고 할 수 있다. 유연한 기업은 시장 개발에 더욱 적응적이 되어 신제품을 개발하기 위해 더 많은 시장정보를 수집·확산·사용할 것이다.

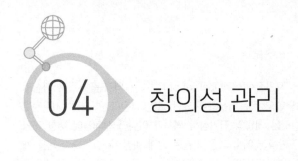

04 창의성 관리

4.1. 창의성 개념과 발현

창의성이란 유용하고 가치있는 진기한 아이디어를 발생시키는 개인 또는 조직의 능력을 의미한다. 이러한 창의성은 개인적 관점과 사회적 관점이라는 두 가지 상반되는 관점을 갖는다. 개인적 관점은 창의적인 개인이 새로움과 유용함을 인식해야 한다는 것을 의미하고 사회적 관점은 창의적인 사람이 아니라 사회적 혹은 문화적 환경이 새로움과 창의성의 조건을 정의한다.

이 창의성은 어떻게 발현되는가? 개인의 특질과 교육 및 훈련을 통한 관리라는 두 가지 견해가 있다. 즉, 개인의 타고난 자질에 의해 결정된다는 견해와 창의성은 교육될 수 있고 조직에 의해 관리될 수 있다는 견해이다.

(1) 개인의 특질(traits)

개성과 창의성은 개인에게 독특하기 때문에 이러한 논리가 가능하다. 스티브 잡스(Steve Jobs), 일론 머스크(Elon Musk), 손정의 등은 어떤 선천적 특질을 갖고 있다고 보는가? 일반적으로 창의성 특질은 고정되고 단기간에 변하지 않는다고 한다. 흔히, 지능은 창의성의 필수조건이라고 불리고 이들 간의 모순은 지혜로 결합되는 방식으로 이 세 가지가 변증법적 관계로 창의성을 설명한다는 의견도 있다.

(2) 교육 및 훈련

후천적 교육과 관리를 통한 개인 및 조직의 창의성 향상이 가능하다고 보는 견해이다. 구글(Google)과 애플(Apples)의 조직문화를 고려하자. 한편, 기업의 성공을 위해서는 개인의 창의성보다는 조직의 창의성이 중요하다고 한다. 그 결과, 많은 조직은 조직의 집단 창의성을 강화하기 위해 조직문화, 분위기, 조직체계, 관리방식 등에 대한 적극적인 관리를 하고 있다.

한편, 창의성의 개발 프로세스 경로를 보여주는 프레임워크인 창의적 사고관리를 위한 4C 모델이 있다(Kaufman & Beghetto, 2009).

① Big-C

극소수의 창의적 천재를 포함한다(예 앨버트 아인슈타인).

② Pro-C

(개인이 전문적 수준(예 전문적 자동차 디자이너)에서 창의성을 얻는 경우를 말한다.)

③ Little-C

비전문가의 창의적 잠재성 이론을 묘사하는 일상의 활동에 초점을 둔다(예 과학경진대회에서 우승하는 활동).

④ Mini-C

개인이 본원적인 창의적 잠재력을 갖는 경우이다(예 자동차에 페인트칠하는 아이).

일반적인 사람은 Mini−C 수준에서 시작하고 교육기관에서 약 10년의 공식적 수련 후에 Pro−C로 접근할 수 있다. 또한, Little−C에 접근한 사람은 자기주도 학습과 경험축적을 통한 비공식적 수련 후에 Pro−C의 영역으로 발전할 수 있다.

4.2. 혁신과 창의성의 관계

혁신은 새로운 방식으로 고부가가치의 제품과 서비스를 만드는 것이 본질이다. 이에 비해, 창의성은 쓸모가 있고 가치가 있으면서 독창적인 것을 강조한다. 따라서, 새로움과 적절성이 필요하다. 일반적으로 창의성을 위한 다음의 세 가지 요건이 필요하다.

① 전공분야나 관심 영역에 대한 전문적 지식이나 스킬 보유
② 창의적 사고 스타일 필요(평소 생각하는 방식이 창의적이어야 함)
③ 동기부여 차원에서 조직 내 구성원의 창의성을 유인하는 제도와 여건 조성

이러한 창의성은 모든 혁신의 출발점이 될 수 있다. 모든 혁신은 새로운 아이디어를 찾는 창의성에서 시작한다(Amabile, 1996). 사실 창의성과 혁신은 다른 개념이다. 창의성은 씨앗과 같고 그 씨앗이 뿌려지고 나무로 자라면 혁신이 된다. 창의성과 혁신 모두는 독창성과 효과성이라는 두 가지 중요한 구성요소를 포함하는 매우 밀접하게 관련된 개념이다. 여기서, 독창성은 창의성을 특징짓고 효과성은 혁신을 특징짓는다.

또한, 창의성은 아이디어 창출을 내포하는 탐구적(explorative) 활동이다. 아이디어 창출시 기존의 일반적 전제에 도전할 필요가 있고 이 시점에서 혁신은 아이디어를 실행하는 것에 초점을 둔다. 즉, 혁신 실행은 효율성에 초점을 두고 목표 지향적이 되는 활용적(exploitive) 활동을 추구하는 것이다.

구체적인 두 개념 사이의 구분은 <표 6-2>와 같이 정리할 수 있다.

┃표 6-2 창의성과 혁신의 구분

특징	창의성	혁신
아이디어 창출	관련성 높음	관련성 낮음
아이디어 촉진	관련성 낮음	관련성 높음
아이디어 실행	관련성 낮음	관련성 높음
진기성	절대적으로 진기(새로운 것의 창출)	• 반드시 그렇지 않고 상대적으로 진기할 수 있음 • 다른 사람의 아이디어를 수용하고 수정할 수 있음
발생 위치	• 창의성에 포함된 프로세스는 대부분 개인 내부에 존재 • 사회적 교환은 창의적 아이디어를 재정의하고 향상시키는 것을 지원 • 창의적 아이디어는 본질적으로 인지적임	혁신에 포함된 프로세스는 대부분 대인관계적, 사회적, 실무적임
결과 위치	성공적인 창의 프로세스의 결과는 아이디어임	성공적인 혁신 프로세스의 결과는 기능과 실행된 아이디어임
실용적 초점	반드시 그렇지 않음-창의적 아이디어는 조직의 성과를 향상시키는 것에 구체적 고려없이 창출될 수 있음	필수적임-혁신 행동은 조직의 성과를 향상시키는 목적으로 시작

4.3. 창의적 사고

(1) 창의적 사고의 요소

창의적 사고의 여섯가지 요소로는 민감, 연상(자유로운 사고), 유연성, 독창성, 치밀성, 재정의(새로운 의미 부여)가 있다. 또한, 창의적 인물의 속성으로는 경험 활용 능력, 관찰력, 호기심, 유연성, 독창성, 집중력 등이 필요하다. 여러분은 어디에 해당하는가?

한편, 창의적 사고를 가로막는 10가지 방해물이 존재한다고 한다(von Oech, 1983).

① 정답이 있다.

② 규칙을 따르자.

③ 모호한 것을 피하자.

④ 놀이는 시시한 것이다.

⑤ 어리석지 말자.

⑥ 논리적이지 않다.

⑦ 실용적이 되자.

⑧ 실수는 잘못된 것이다.

⑨ 내 분야가 아니다.

⑩ 나는 창의적이지 않다.

(2) 아이디어 창출과 문제 해결

아이디어 창출은 상상력과 연상에 의해 영향받는다. 사고의 유형은 다음의 두 가지 방식으로 분류된다.

① **연역적 사고**

논리적 프로세스에 따라 솔루션을 얻기 위한 과학적 사고방식

② **예술적 사고**

개인의 경험에 의존하여 틀이 없이 다양한 솔루션을 얻기 위한 사고방식

한편, 창의적 디자인 단계에서 필요한 사고로는 다음의 두 가지가 있다.

① 수렴적 사고

정보를 객관적으로 분석하고 결론을 내릴 수 있는 사고

② 확산적 사고

창의적인 아이디어를 발굴해 내는 사고

문제해결에서 필요한 사고로는 수평적 사고가 있다. 이해단계에서는 문제를 체계적으로 분해하는 수직적 사고가 필요하지만 해결단계에서는 아이디어를 많이 얻을 수 있는 수평적 사고가 필요하게 된다.

4.4. 창의성 관리

창의성 관리를 위해서는 우선 개인의 창의적인 태도가 필요하다. 열린 마음을 통한 적극적이고 긍정적인 태도를 가져야 한다. 또한 건설적인 불만을 항상 가질 필요가 있다. 이것은 문제의식을 갖는 비판적 태도를 견지하게 하여 대안적 사고를 추출해 내는 데 도움을 준다.

(1) 개인차원의 창의성 관리

① 방해요인

시간부족, 문제에 압도, 전문가 의존, 실패에 대한 공포, 조급증 등

② 촉진요인

가치있는 문제에 대한 인식, 문제의 핵심 포착, 개방적 자세, 판단력과 직감 고양 등에 대한 다양한 교육 및 관리

(2) 조직차원의 창의성 관리

① 방해요인

관료적 조직구조, 기존 질서 강요, 업무표준 강조, 필요자원의 제약, 실패

에 대한 처벌 등

② 촉진요인

개방적 조직 구조, 실험정신 강조, 성공사례 전파, 챔피온 강조, 실패 관용 등

(3) 신제품 개발을 위한 교차기능팀의 창의성 관리(Bunduchi, 2009)

① 교차기능팀 구성

다양한 부문과 계층으로 구성된 팀의 형성은 풍부한 정보의 양뿐만 아니라 다양한 정보를 의미한다. 이러한 정보는 팀의 창의성을 배양하는 기본적 토양을 구성한다.

② 개방적이고 빈번한 커뮤니케이션

팀 멤버들 간 개방되고, 빈번하고, 정교한 커뮤니케이션은 공유된 정보의 양과 다양성을 증가시키고, 오해를 줄이고, 직무 응집성을 구축한다. 더욱 정교하고 다양한 정보는 의사결정의 품질을 향상시키고 팀의 흡수역량을 증가시킨다. 결과적으로, 팀의 창의성이 고무되고 신제품 개발에서 더 높은 생산성과 더 빠른 개발 속도가 달성된다.

③ 리스크에 대한 태도

팀이 리스크를 감수하도록 격려되는 수준은 시도되지 않은 아이디어들을 추진하려는 팀의 의지에 영향을 미친다. 이미 팀이 위험을 감수하도록 고무되는 수준은 제품 혁신성에 긍정적으로 영향을 미친다는 것은 널리 알려진 사실이다. 특히 아이디어 창출 시 팀 멤버들이 위험을 감수하고 어떤 것이 계획대로 진행되지 않았을 때 실수에 대해 벌주지 않는 조직의 분위기는 신제품 개발 프로세스를 향상시킨다. 따라서 교차기능팀에서 위험감수를 고무하는 것은 창의성과 빠른 의사결정을 지원한다.

④ 조직 여유

더 높은 창의성을 가능하게 하기 위해 팀 멤버들은 아이디어 창출을 위한 시간을 최고경영층의 수준에서 지원받아야 한다. 여기서, 조직적 여유는 현재 요구된 자원과 조직에 이용 가능한 총 자원 간의 차이를 의미한

다. 환경적 불확실성이 거의 없을 때(예 기업이 안정적 시장에서 운영할 때)
너무 많은 조직 여유는 정적 비효율성을 나타낸다. 하지만 기업들이 혁신
과 변화를 필요로 하는 동태적 시장에서 운영할 때 이 조직 여유는 실험
의 범위를 넓히면서 충격 흡수자로서 작용할 수 있다. 결과적으로, 적합
한 수준의 조직적 여유는 팀 멤버들이 혁신적 아이디어를 창출하는 것을
지원하기 위해 시간을 제공하여 혁신 창출 프로세스에서 헌신과 참여를
발생시키고 혁신제품을 위한 아이디어 개발을 지원한다.

⑤ 최고경영층 지원

최고경영층의 지원은 혁신적 아이디어들을 추구하는 승인을 얻고 개발 프
로세스를 배양하는 필수 자원들을 제공하며, 팀에 적합한 멤버들을 유인
하는 데 필요한 정치적 및 재무적 자원을 획득하는데 필수적이다.

4.5. 창의적 아이디어 창출과 실행

(1) 창출

창의적 아이디어를 창출하기 위해서는 브레인스토밍(brainstorming), 브레인라
이팅(brainwriting), 스캠퍼(SCAMPER), 델파이(delphi) 등의 방법부터 아이디어매
핑(idea mapping), 마인드 매핑(mindmapping), 트리즈(TRIZ)와 같은 여러 방법을
사용할 수 있다.

(2) 실행

단순히 많은 아이디어를 창출하는 것보다 효과적 실행이 더 중요할 수 있다.
그러나, 모든 회사가 애플의 스티브 잡스(Steve Jobs)와 같은 선각자(visionary)를
보유하고 있지 않다. 그렇다고 혁신을 포기해야 하는 것은 아니다. 그렇다면 일
반 기업이 어떻게 애플(Apple)과 같은 창의적이고 혁신적인 회사로 변화할 수
있는가? 비록 최고경영층에서 혁신이 발현되기도 하지만 대부분의 혁신적 아이
디어는 조직 내 모든 수준에서 창출되고 실행될 수 있다.

이때 명심해야 하는 모든 조직의 문제점은 직원에게 이 창의성을 발현하도록

촉발하는 투입물이 너무 작다는 것이다. 말로는 창의적이 되라고 하면서 직원들이 창의적이 될 수 있도록 시간, 비용 등을 투자하지 않는다는 것이다. 심지어, 직원의 아이디어를 실행하는 것도 거의 무시되고 있다. 미국에서는 직원의 아이디어가 6년에 한 번 정도만 실행된다고 한다.

이를 해결하기 위해서는 전향적 사고 리더십(forward-thinking leadership)이 필요하다. 이 핵심으로서 아이디어를 확산시키는 문화가 허용되어야 한다. 또한, 새로운 아이디어 실행을 위한 시간, 인력, 자금, 기타 자원 등이 제공되어야 한다. 구글(Google)의 경우에 직원에게 창의적 아이디어에 대한 일을 하도록 업무시간의 20%를 허용하는 '비공식적 활동'이 있었다. 이것을 통해서 구글 뉴스(Google news)와 구글 지메일(Google Gmail) 등이 개발되었다.

(3) 트리즈에 대한 이해

창의적 문제해결 이론(Theory of Inventive Problem Solving)의 러시아어 약자인 트리즈(TRIZ)는 세계의 수백만건 특허를 분석해 문제해결의 공통점을 창의성 개념으로 정리한 것을 말한다. 초기에는 겐리히 알츠슐러(Genrich Altshuller)가 러시아의 특허를 중심으로 분석하였으나 이후 미국, 유럽, 일본 등을 포함하였다. 여기서, 중요한 것은 창의적 문제해결의 가장 큰 공통점은 누구나 시도하는 단순한 최적화가 아니라 문제의 근본 원인인 모순을 해결한다는 것에 있다는 것이다. 이 모순은 다시 기술적 모순과 물리적 모순으로 구분되고 기술적 모순을 제거하는 40가지의 발명원리(40 principles)와 물리적 모순을 제거하는 분리의 원리(separation principles)가 혁신방안으로서 제안되었다.

① 기술적 모순

어떤 시스템의 한 특성을 개선하고자 할 때 그 시스템의 다른 특성이 악화되는 상황을 말한다. 예를 들어, 자동차의 가속성능을 향상시키면 연비가 악화되고 생산공정의 생산성을 높이는 데 품질이 악화하는 경우가 해당된다.

② 물리적 모순

어떤 시스템의 한 특성이 높아야 함과 동시에 낮아야 하고 존재함과 동시에 존재하지 말아야 하는 상황을 말한다. 예를 들어, 면도기의 날은 면

도성능을 높이기 위해서는 날카로워야 하지만 피부가 손상되는 것을 방지하기 위해서는 무뎌야 하는 상황과 비행기 날개가 이륙을 잘 하기 위해서는 커야 하지만 속도를 빠르게 하기 위해서 작아야 한다는 것은 물리적 모순에 해당한다.

결국, 창의적 발명은 이러한 모순을 제거하는데 초점을 두었고 그 결과 혁신이 도출될 수 있었다. 트리즈에서는 이 모순을 극복하는데 사용된 원리들을 발굴하여 분류하였는데 그것이 <표 6-3>의 기술적 모순에 대한 40가지 원리와 물리적 모순에 대한 분리의 원리(시간, 공간, 조건, 전체와 부분의 분리 등)로 나타났다.

▌표 6-3 40가지 발명원리

구분	설명	구분	설명
01. Segmentataion	분할	21. Hurrying	신속한 통과
02. Extraction	추출	22. Convert Harmful to Useful	이이제이(以夷制夷)
03. Local Quality	국부적 품질	23. Feedback	피드백
04. Asymmetry	비대칭	24. Intermediate	중간 매개물
05. Consolidation	통합	25. Self-service	자동서비스
06. Multifunction	다용도	26. Copy	복사
07. Nesting	포개기	27. Cheap Short Life	값싸고 짧은 수명
08. Counter Weight	공중부양	28. Replacing Mechanucal System	기계시스템으로 대체
09. Preliminary Counter Action	사전 반대조치	29. Pneumatics and Hydraulics	공기나 유압사용
10. Preliminary Action	사전 조치	30. Flexible Shell and Thin Film	박막
11. Preliminary Compensation	사전 예방조치	31. Porous Material	다공성 물질

구분	설명	구분	설명
12. Equipotential	굴리기	32. Optical Property Change	색상변화
13. Do It Reverse	역발상	33. Homogeneity	동질성
14. Culture Increase	곡선화	34. Discarding and Recovering	폐기 및 재생
15. Dynamicity	자유도 증가	35. Parameter Change	속성 변화
16. Partial or Excessive	초과나 부족	36. Phase Transition	상대전이
17. Dimension Change	차원변화	37. Thermal Expansion	열팽창
18. Vibration	진동	38. Strong Oxidants	산화제
19. Periodic Action	주기적 조치	39. Inert Atnosphere	불활성환경
20. Continuity of Useful Action	유용한 작용 지속	40. Composite Material	복합재료

<h1><참고문헌></h1>

Ackoff, R.L. (2006), Idealized design, Wharton School Publishing.

Amabile, T.M. (1996), "Creativity and innovation in organizations", Harvard Business School Background Note, 396−239.

Bunduchi, R. (2009), "Implementing best practices to support creativity in NPD cross−functional teams", International Journal of Innovation Management, 13(4), 537−554.

Kaufman, J.C. & Beghetto, R.A. (2009), "Beyond big and little: the four C model of creativity", Review of General Psychology, 13(1), 1−12.

Rapaille, C. (2007), The Cultural Code, Broadway Books.

von Oech, R. (1983), A whack on the side of the head, Warner Books Inc.

07

신제품 개발 전략과 과정

기술경영
Management Of Technology

01 ▶ 제품에 대한 이해

(1) 제품의 정의

제품(product)은 협의와 광의의 관점에서 정의될 수 있다. 협의의 관점에서 제품이란 고객의 요구사항(즉, 니즈와 원츠) 충족을 위해 이용할 수 있도록 만들어지거나 고객에게 제공되는 생산운영시스템(혹은 변환시스템)의 유형의 산출물이다. 여기서, 무형의 산출물은 서비스가 된다. 한편, 광의의 관점에서 제품은 고객의 요구사항을 충족시키기 위해 시장에 제시될 수 있는 물품, 서비스, 시스템, 장소, 조직, 아이디어 등과 관련한 모든 것을 의미한다.

(2) 제품의 유형

제품은 다양한 유형으로 분류될 수 있다. 우선, 핵심제품(core product)은 제품의 핵심 기능과 관련하여 그 기능의 주된 편익 및 서비스, 제품 성능, 예상 수명기간의 신뢰도, 사용의 편리성/안전성 등으로 구성된다. 형식제품(formal product)은 제품의 기능과 관련되지 않는 외적 특성, 모양, 디자인, 형태 등의 관점에서 바라본 제품을 의미한다. 마지막으로 확장제품(augmented product)은 판매 전과 후의 서비스, 품질보증, 수리 및 유지, 설치 등의 제품 속성으로서 경쟁력 증대를 위한 추가 고려사항이다. 이러한 제품 유형 중에서 대부분의 신제품은 초기에 기능적 설계에 초점을 두나 제품이 성장기 이후로 진입할수록 비기능적이고 미학적인 설계가 중시된다. 최근에는 환경문제의 중요성으로 인해 환경친화적이고 생태적인 설계가 중시되는 경향으로 진화하고 있다.

(3) 제품 디자인의 유형

제품 디자인은 다음의 여러 유형으로 분류될 수 있다.

① 기능적 디자인(functional design)

　　제품과 프로세스의 기능에 초점

② 심미적 디자인(aesthetic design)

　　제품의 외관과 느낌에 초점

③ 시스템 디자인(system design)

　　새로운 시스템 혹은 프로세스에서 사용된 디자인에 초점

④ 제품 디자인(product design)

　　신제품 개발에서 사용된 디자인에 초점

02 신제품 개발 전략

2.1. 신제품 개발의 중요성

1980년대 초부터 기술과 혁신관리 문헌에서 경쟁우위의 잠재적 원천으로서 신제품 개발(new product development: NPD)의 역할에 대한 강조가 증가하고 있다. R&D의 필수적 부분인 NPD는 수익성과 시장지분의 관점에서 기업의 경쟁우위와 미래의 성공을 향상시키는 것으로 기대되는 활동이다. NPD는 기업에게 조직의 성공, 생존, 재생을 위한 필수 프로세스로서 간주된다. 이러한 NPD에서 수익이 비용보다 더 클 것이라는 희망에 기초하여 많은 자본이 R&D에 지출된다. 이러한 상황에서 R&D는 높은 신제품 성공률을 촉진하기 위해 어떻게 실제로 진행되고 관리되어야 하는가가 기술경영의 중요한 관심사가 된다. 여기서, 진행은 성공적인 NPD 절차와 관련되고 관리는 NPD의 성공요인 관리에 해당한다.

2.2. 시장과 기술에 기초한 NPD 전략

NPD 전략은 시장과 기술의 선도 여부에 기초하여 세 가지로 구분되어 추진될 수 있다.

(1) 시장지향적 전략(market-pull strategy)

시장의 요구사항(니즈와 원츠)을 충족시키는 신제품을 개발하는 전략으로서 판매 가능한 제품을 만들기 위해 시장이 NPD를 선도하는 데 초점을 둔다. NPD의 근거는 고객의 요구사항이며, 신제품의 유형은 시장조사나 고객의 피드백을 통해 결정한다. 예를 들어, 스마트폰은 고객의 잠재적 요구사항을 충족시키는 NPD 전략으로 탄생한 제품이다.

(2) 기술지향적 전략(technology-push strategy)

신제품은 기술에 기반하여 만들어지며, 기술이 NPD를 선도하는 방식이다. 적극적인 연구개발과 생산활동을 통해 시장에서 기술적 및 기능적 우위를 차지하는 우수한 제품을 만드는 것을 목표로 한다. 예를 들어, 디스플레이는 고객이 요구하지 않았지만 PDP, LCD, OLED, Flexible, Foldable, Eye projection, head-up display, 투명 디스플레이가 계속 등장하고 있다.

(3) 혼합 전략(mixed strategy)

신제품은 자신이 보유한 기술을 최대한 활용함과 동시에 시장의 요구사항을 충족시키도록 개발된다. 이를 위해 신제품 도입은 기업 내 여러 기능분야(마케팅, 생산, 엔지니어링, 연구개발 등)의 태스크포스(task force)뿐만 아니라 조직 외부에 있는 여러 이해관계자들의 협력과 조정을 통해 만들어진다. 예를 들어, 전기차는 시장의 연비와 환경문제와 같은 시장의 요구사항뿐만 아니라 기술적 성장(자율주행, 커넥티드카, 충전소, 이차전지 등)과 병행하여 추진되고 있다.

2.3. 시장상황별 NPD 전략

다른 비즈니스 상황에서 신제품을 디자인하는 것은 각기 다른 NPD 프로세스를 전개하는 것을 필요로 한다. 모든 NPD 노력에 균일한 베스트 프랙티스를 적용하는 것은 이 프로젝트 사이의 중요한 차이들을 무시하는 결과로 나타나기 때문이다. 예를 들어, 안정적이고 성숙한 최종 사용자 시장을 위해 설계된 제품들은 통제와 효율성에 최적화된 프로세스를 필요로 한다. 반면에, 최초로 출시하는 대변혁적 제품은 처음 서비스되는 어떤 시장이 존재하는지를 발견하는 것을 지향하는 새로운 프로세스를 필요로 한다.

휴렛패커드(HP)의 사례를 통해 상황에 따른 NPD 전략의 특징을 살펴보도록 한다(MacCormack et al., 2012). 일반적으로, <표 7-1>과 같이 다른 제품라인

(혹은 제품유형)은 다른 시장상황(신생, 성장, 성숙)과 관련한다.

▮ 표 7-1 시장 상황별 다른 제품라인의 운영 방식

비즈니스 상황	신생	성장	성숙
핵심 질문	시장이 존재하는가? 그렇다면 어떤 형태로?	얼마나 빨리 적응하고 규모 확장이 가능한가?	이익과 시장지분을 어떻게 유지할 수 있는가
고객	선도 사용자와 열정주의자들	초기 다수	후기 다수와 래거드
고객 니즈	대부분 미지	알려져 있으나 빠르게 변화	잘 알려져 있고 시간에 안정적
시장 규모	매우 작으며 심지어 존재하지 않을 수도 있음	작으나 빠르게 성장	크나 성장하지 않고 감소하는 수익
기술 성숙	매우 미성숙이나 급격히 도약	잘 정의된 궤적을 따라 빠르게 성숙	예측가능하고 안정적
해결책	다수의 미탐구된 디자인 가능성	경쟁하는 디자인 가능성	잘 알려진 단일의 지배적 디자인
이용가능한 지식	최종 디자인 요소(parameter)의 20% 이하	최종 디자인 요소의 40-70%	최종 디자인 요소의 90% 이상
HP 사례	클라우드 컴퓨팅	블레이드 서버 (blade server)	데스크톱 PC

이러한 시장 상황의 특징으로 인해 HP는 아래의 <표 7-2>와 같이 그 상황별로 다른 형태의 제품 개발 스타일을 유지하고 있다. 다른 상황에서 다른 개발 스타일을 적용하는 것은 관리자로 하여금 구체적이고 적합한 질문에 집중하도록 만든다는 점에서 가치가 있다.

■ 표 7-2 비즈니스 상황에 따른 제품개발 스타일

비즈니스 상황	신생	성장	성숙
HP 스타일	신생 제품개발 전략	애자일 제품개발 전략	효율 제품개발 전략
핵심 목적	고객별 가치 명제를 이해하기 위해 여러 프로토타입을 통해 탐구 및 학습	변화하는 고객 니즈와 기술적 선택을 충족시키기 위해 제품 디자인을 신속하게 진화	고객에 의해 가치가 부여된 특징들만을 개선하고 최종 제품 비용을 절감
성공 기준	• 전개 • 베타 고객 • 구해진 피드백 • 창출된 가치	• 속도 • 유연성 • 대응성 • 규모 확장성	• 생산성 • 비용 • 이익 • 일정
핵심 질문	가치가 모두에게 존재하는지를 측정하는 질문: • 누가 고객? 그들에게 가치가 어떻게 창출? • 제품에 대해 고객의 지불 가능성? 이익 창출 여부? • 기회가 우리에게 독특한가? 기회와 관련된 리스크는?	디자인이 진화하는 고객 니즈에 얼마나 적합한지를 평가하는 질문: • 초기 베타버전과 프로토타입에 대한 고객의 반응? • 다음 업그레이드에서 우선시되는 특징은? • 다음 버전에 어떤 기술의 변화가 도입?	진행 대 계획을 평가하는 질문: • 일정, 특징, 품질에 대해 어떻게 하고 있는가? • 디자인이 모든 퇴출기준을 충족? • 프로젝트를 완료하는 데 드는 비용?

그 결과, HP는 세 가지 제품개발 스타일에 대한 프랙티스를 아래의 <표 7-3>과 같이 적용하고 있다.

■ 표 7-3 세 가지 제품개발 스타일에 대한 개발 전략

	신생제품 전략	민첩(agile)제품 전략	효율제품 전략
개발 프로 세스	• 유동적인 목표를 갖는 경량 프로세스 실행 • 고객의 가치명제를 규명하기 위해 잠재 고객과 신속한 정보교환	• 빈번한 디자인·구축·테스트 반복, 마일스톤 출시, 실제 고객과 베타 버전에 기초한 진화적 프로세스 실행 • 특징의 우선순위를 계속 설정	• 명확한 진입/탈퇴 기준, 명시적 업무 및 결과물, 엄격한 체크포인트 리뷰 회의를 갖는 잘 정의된 stage-gate 프로세스 실행 • 계획하기 위해 모니터

	신생제품 전략	민첩(agile)제품 전략	효율제품 전략
제품 규격	• 높은 수준의 개요 결정 • 규격은 신생 프로젝트의 산출물이고 애자일과 효율 프로젝트에 대한 투입물	• 일반 NPD에서 구축 • 성과와 변화하는 고객 니즈의 피드백이 묘사하는 대로 업데이트	• 세부 NPD에서 구축 • 잘 이해된 고객 요구사항과 기술적 솔루션에 기반
고객 이해	• 개발자와 선도 사용자 사이의 밀착 관계 • 빈번한 프로토타입을 사용하여 광범위하고 지연되지 않는 소통채널을 통해 상호작용	• 시장의 대표자인 실제 고객과 함께 일하는 메카니즘을 창출 • 특징과 전반적 성과에 대한 피드백을 위해 초기 베타버전을 통해 상호작용	• 전통적 시장 연구를 활용 • 개발자와 고객 사이의 직접적 상호작용이 없음
기술 발명	기능적 프로토타입을 초기에 빈번하게 고객이 경험하도록 함으로서 발명과 고객의 이해를 연결	• 고객에 초기 출시를 통해 기술적 선택과 특징을 수정 • 현재의 지배적 디자인 내에서 특징을 점진적으로 진화시킴으로서 피드백에 대응	• 특징 하나를 추가 • 제품 혁신이 아니라 프로세스/비용에 초점을 둔 혁신과 새로운 기능성을 강조함으로서 지배적 디자인을 추종
지적 재산	• 디자인을 보호하기 위해 폭넓게 핵심 IP를 특허화 • 새로운 표준을 이끌어 가기 위해 특허를 발표	• 점진적 혁신을 특허화/보호 • 경쟁자들을 막기 위해 특허를 비축 • 일차적 차별화로서 변형의 속도를 가속화	• 소멸하는 특허를 갖는 기술의 가치를 향상시키기 위해 브랜드와 상표 솔루션에 초점 • 라이센싱 혹은 판매를 통해 비핵심 IP로서 수익을 창출
조직	비즈니스 기회별로 조직화	혁신 프로그램별로 조직화	전문화된 기능별로 조직화
팀 구조	높은 수준의 모호성에 편하고 재능있는 사람들로 이루어진 작고, 물리적으로 공동입지된 교차기능팀	기능부서의 인력에 직접 책임이 있는 프로그램 관리자는 빠르고 통제된 방식으로 정보를 통합하고 디자인을 발전시킴	모든 제품에 걸쳐 비용을 줄이고 전문성을 활용하기 위해 경량적인 조정을 할 수 있는 기능적 구조

	신생제품 전략	민첩(agile)제품 전략	효율제품 전략
플랫폼과 제품 포트 폴리오	• 한 제품을 만들고 반복적으로 개선 • 플랫폼을 회피(아직은 플랫폼에 전념하는데 충분히 알지 못하기 때문) • 기회가 검증되면 플랫폼 디자인을 다시 고려	• 플랫폼을 정의하고, 기본 제공품에 빈번한 변화를 주면서, 인접한 하위 부문을 탐구하기 위해 파생적 제품을 통해 포트폴리오를 향상	많은 공통의 구성요소로 차별화된 제품을 지원하는 작은 수의 오래 지속되는 플랫폼을 창출
제품 아키텍처	• 아키텍처에 대한 관심이 최고가 아님 • 시장이 입증된 후 초기 버전을 폐기시키는 것을 지향 • 학습을 극대화하는 목적으로만 제품을 디자인	많은 구성요소와 인터페이스의 변경시킴으로서 발생하는 파급효과를 제한하기 위해 아키텍처를 구분	특징과 비용에서 모듈적이고 통합적인 디자인 사이의 균형 추구(모듈성은 유연성을 증가시키나 성과를 축소하고 통합적 디자인은 그 반대임)
파트너링 전략	• 새로운 아이디어가 잠재고객과 함께 검증될 수 있는 속도를 높이기 위해 파트너를 사용 • 학습과 대응성을 강조	• 지배적 디자인이 구축되기 때문에 중요한 하위시스템에서 더 강한 역량을 소유한 파트너를 사용 • 역량을 강조	• 비용을 줄이고 역량을 증가시키기 위해 파트너를 사용 • 고객 이해, 아키텍처, 핵심 지적재산을 내부에 보유 • 비용을 강조
측정, 평가, 보상	기회 평가, 전제 검토, 규격 정의, 긍정적 언론 언급, 매출 성장, 실행 고착화, 연구개발비, 마일스톤에 기초	이익 성장, 신제품 출시 당 부가된 새로운 기능, 고객 만족, 변화하는 수요에 대한 대응성, 경쟁적 리뷰에서 승리에 기초	단위당 디자인 비용, 단위당 생산비용, 고객충성, 개발비용, 보증과 지원비용, 임금수준에 기초

최종적으로 <그림 7-1>과 같이 기술적 및 시장 리스크의 수준에 따라 제품 개발전략을 선택하는 것이 가능해 진다.

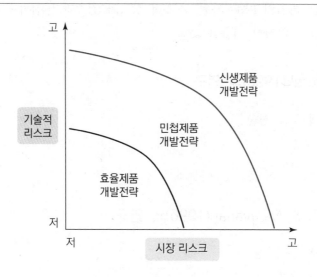

2.4. 기타 NPD 전략

(1) Cooper(1984)의 연구

① 신제품 지향

이것은 신제품 창출, 경쟁자보다 고객수요를 충족시키기 위해 더 나은 제품 개발, 제품 집중(concentration)과 차별(differentiation)을 포함

② 신제품에 의해 적용된 시장 특성을 지향

이것은 신시장, 고객, 경쟁자를 위한 특성과 새로운 판매 채널의 특성을 포함

③ 기술적 지향(orientation)과 헌신(commitment)

이것은 매출액 대비 R&D 비용의 비율, 기업의 R&D 지향 등을 포함

④ 신제품에 의해 적용된 기술적 특성 지향

이것은 기업의 R&D 자원, 기술적 성숙과 집중과 밀접하게 적합된 더욱 발전되고 복잡한 기술을 포함

(2) Barczak(1995)의 연구

① 시장에 처음 진출
② 빠른 추종자
③ 지연된 진입

(3) Firth & Narayanan(1996)의 연구

① 혁신자
② 기술 투자자
③ 신시장 탐색
④ 일상 비즈니스
⑤ 중용(middle－of－the－road)

(4) Song & Montoya-Weiss(1998)의 연구

① **현재 시장과 기술전략의 향상**: 점진적 NPD를 유인하는 전략
② **실질적인 신제품 창출**: 신제품과 신기술로 신시장을 추구하는 전략
③ **중도적 혁신**: 현재 시장과 신제품 혹은 신시장과 기존 제품을 포함하는 전략

(5) Veryzer(1998)의 연구

① **기술적 역량**

어떤 제품이 현재 기술 수준을 넘어선 기술의 사용하여 만들어지는 것

② **제품 역량**

고객에 의해 인식되거나 경험된 제품의 편익

03 NPD 프로세스

3.1. 일반적 NPD 프로세스

　일반적인 NPD 과정은 <그림 7-2>와 같이 요약될 수 있다. 시장과 기술 지향의 두 가지 NPD 전략 혹은 혼합전략을 토대로 고객의 요구사항과 기술적 요구사항이 이 과정을 선도한다. 이를 토대로 NPD를 위한 다수의 아이디어가 도출된 후 선별 과정을 거쳐 소수의 제품을 선택한다. 선택된 제품은 예비제품 설계를 거쳐 프로토타입이 제작된다. 이때, 예비 제품설계와 더불어 안정적 생

〈그림 7-2〉 NPD 과정

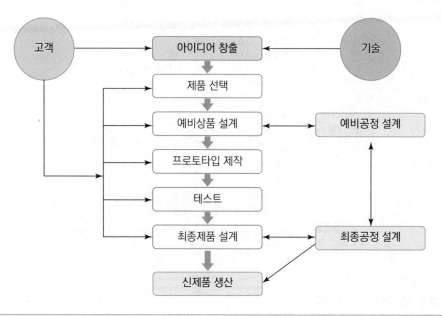

산을 위한 예비공정 설계가 병행해 이루어질 필요가 있다. 제작된 프로토타입은 성공적인 테스트를 거쳤다면 최종제품 설계로 이루어지고 이 설계와 함께 최종 공정 설계가 병행되어 신제품을 본격적으로 생산하게 된다. 테스트와 최종제품 설계의 결과는 계속적으로 피드백을 거치게 된다.

한편, 이러한 신제품 개발 프로세스는 <그림 7-3>과 같은 깔때기 모형으로 설명되기도 한다. 이 모형이 보여주는 것처럼 많은 아이디어는 R&D가 진행되는 동안 선별과정을 통해 지속적으로 줄어들어 소수의 프로젝트만이 사업화로 진행된다.

〈그림 7-3〉 깔때기 모형

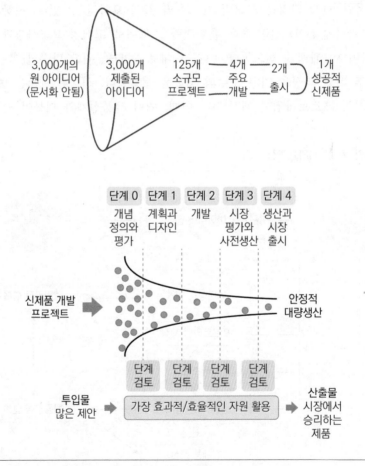

자료원: McGrath et al.(1992)

3.1.1. 신제품 아이디어 창출

이른바 NPD의 fuzzy front end(제품개발에서 아이디어 발굴 단계)인 신제품 아이디어의 창출과 평가는 NPD 프로세스에서 중요한 초기 업무이다. 이러한 아이디어 발견은 <그림 7-4>와 같이 아이디어 조달, 필터링, 평가의 순으로 이루어진다.

〈그림 7-4〉 신제품을 위한 아이디어 개발 절차

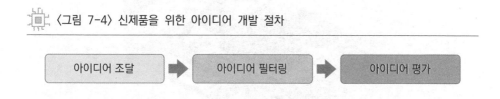

이미 지적하였지만 신제품을 위한 아이디어의 원천은 시장 혹은 고객, 선도 사용자, 종업원, 경쟁자, 민간 및 공공 연구소, 대학 등 다양하게 분포되어 있다. 그 중에서도 급진적 혁신을 위한 선도 사용자와 종업원의 중요성이 다시 강조될 필요가 있다. 특히, 종업원이 유망한 아이디어를 보유하고 있으나 많은 조직은 그들과 의사소통하는 동기 혹은 채널이 결여되어 있다. 일반적으로 아이디어의 양이 많을수록 그 품질이 높아질 것으로 예상되기 때문에 가급적이면 많은 아이디어를 다양한 원천을 통해 확보할 필요가 있다. 그러나 많은 조직들은 비용문제로 발굴된 아이디어들을 선택하는 일관되거나 공식적인 프로세스가 결여되어 있다.

아이디어 필터링은 수집된 아이디어 중에서 평가가 가능한 수준까지 아이디어의 수를 제한하는 절차이다. 이를 위해서는 이 의사결정에서 사용하기 위한 정보 획득, 필터링을 위한 다양한 분야의 전문가 선택, 다양한 기준에 기초한 아이디어 평가가 이루어져야 한다. 평가를 위해 사전에 결정된 기준으로는 전략적 적합과 중요성, 제품과 경쟁우위, 시장 유인, 핵심역량 레버리지, 기술적 실행가능성, 재무적 보상 대 리스크 등이 적용될 수 있고 이를 위해 델파이나 다기준 의사결정방법(예 Analytical Hierarchy Process: AHP) 등을 적용할 수 있다.

신제품 아이디어는 시장 중심(market-oriented)과 기술 중심(technology 혹은 seed-oriented)으로 분류된다. 이를 위해 브레인스토밍(brainstorming), 종업원 제안제도, 경쟁상품 분석 등이 수행될 수 있다. 경쟁상품 분석 기법 중 하나로 <그림 7−5>와 같은 분해(tear−down) 접근법이 있다.

〈그림 7-5〉 분해 접근법

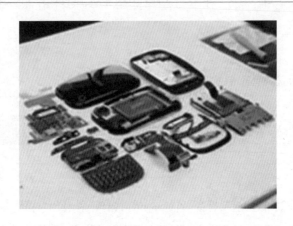

특히, 시장으로부터 아이디어 창출을 위한 사전 단계로서 시장연구가 자주 사용되는데 이들은 다음과 같이 분류할 수 있다.

(1) 정량적 연구

표본이 모집단을 잘 대표한다는 가정 하에 설문조사(survey), 시계열분석 (time−series analysis), 회귀분석(regression analysis), 확산모형(diffusion model), 시스템 다이내믹스(system dynamics) 등의 통계 및 시뮬레이션 분석을 활용하여 평균적인 생각을 도출하는 방식이다.

(2) 정성적 연구

정량적 연구에 비해 상대적으로 작은 수의 표본을 사용한다. 초점그룹 인터 뷰, AHP 등의 전문가 의견, 사람들이 특정 주제에 대해 생각하는 방식으로 적용 되며 이를 위해 조심스럽게 목표그룹을 선정할 필요가 있다. 주로 탐구적인 통찰력을 제공하는 목적으로 사용된다.

(3) 인터넷 및 SNS를 활용한 연구

온라인 키워드, 연관어 검색, 게시글 및 검색 등을 사용하여 사회네트워크분석(social network analysis), 텍스트 마이닝(text mining)과 같은 빅데이터(big data) 형식의 분석을 수행하는 방식이다.

이러한 시장연구의 흐름은 다음의 <표 7-4>와 같이 정리될 수 있다.

┃표 7-4 시장연구의 흐름

	1단계(1960년대)	2단계(1980년대)	3단계(1990년대 후반부터)
지향	소비자 마케팅	관계 마케팅	상호작용적 및 적응적 마케팅
데이터 유형	통계적/계량적	정성적에 초점 증가	실시간 데이터, 정량적 및 정성적
고객 목표	대량 시장에서 세그먼트 시장으로	기존 고객 및 관계 개발에 초점	개별 구매 단위
표본	대규모 개별 표본	작은 양자관계 표본	매우 편의된(biased) 개별 고객 표본

(4) 고객과 협력

전통적으로 신제품을 창출하고 개발하는 것은 제조기업의 독점적 임무라고 가정되어 왔다. 이 생각은 제조업체 주도형 패러다임이다. 그러나 1970년대부터 혁신 프로세스에서 고객 혹은 사용자에 의해 수행된 역할에 많은 관심이 주어졌다. 그 결과, 고객 주도형 패러다임이 등장하였다. 원칙적으로 이 두 패러다임이 완전히 배타적인 것이 아닐지라도 다른 적용 상황을 갖는다. 유사한 관심과 니즈를 갖는 사용자들은 멤버들이 그들의 혁신을 자유롭게 드러내고 혁신 개발에서 서로를 지원하는 사용자 혁신 커뮤니티를 형성한다. 이 사용자 혁신은 사업화된 제품들로 변환되고 많은 혁신가들은 수요에 대응하여 기업의 방향을 이 커뮤니티에 기초하여 결정한다.

(5) 선도 사용자

선도 사용자(lead user)는 커뮤니티에서 그들의 지식 공유를 형성하는 데 핵심 역할을 할 수 있다는 특징을 갖고 있다. 선도 사용자는 다른 사람보다 일찍 혁신에 대한 니즈를 인식하고 그들이 이 분야에서 혁신관련 문제들을 해결하여 매우 큰 편익을 기대할 수 있는 초기 적용을 하는 소비자라는 것이다. 따라서, 오프라인이든 온라인든지 간에 선도 사용자로 구성된 네트워크를 통해서 시장의 정보를 선행적으로 확보하는 것이 필수적이 되고 있다.

3.1.2. 제품 혹은 기술 선택

(1) 개념

제품 혹은 기술 선택은 시장에 제공하려고 하는 재화/서비스/기술 즉, 디자인을 결정하는 것을 의미한다. 제품 선택시 최우선적인 고려사항은 조직이 선정한 목표시장(target market)이다. 이를 위해, 새로운 제품 아이디어를 선별(screening)하기 위한 기술적 및 경제적 타당성(feasibility) 검토가 이루어진다. 이를 위해 부적합한 아이디어를 신속하게 제거하는 체크리스트(checklist) 방법, 충분한 수요가 없을 것 같은 아이디어를 제거하는 수요예측, 신제품의 금전적 효과를 평가하는 재무투자분석(예 추정 ROI) 등이 적용될 수 있다. 또한, 다양한 제품 개념을 두고서 이 제품 개념의 개선이나 결합을 통해 새로운 제품 개념을 도출하거나 제안할 수 있다.

(2) 기술 포트폴리오

일반적으로 제품 선택이라는 용어는 R&D 프로젝트 선정과 일치한다. 나아가, 제품 선택과 R&D 프로젝트 선정의 하위 집합으로서 기술 선택이라는 용어가 사용되기도 한다. 이때, R&D 프로젝트 선정은 기술 포트폴리오의 형태로 이루어진다. 이 기술 포트폴리오는 현재 기술분야의 위치를 토대로 미래의 상황에 대한 방향을 제시해야 한다. 일반적으로 기술 포트폴리오는 다음의 <그림 7-6>과 같이 경쟁적 위치와 경쟁적 영향을 토대로 구성될 수 있다.

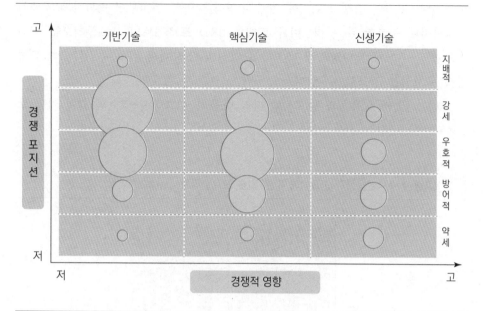

자료원: Arthur D. Little Inc.

여기서, 경쟁적 영향은 기술의 라이프사이클에 따라 출현(emerging)기술, 신생(pacing)기술, 핵심(key)기술, 기반(base)기술로 구분된다(<그림 7-6>은 세 가지만 고려).

① 출현기술

　장기적으로 경쟁에 영향을 미치는 기술

② 신생기술

　경쟁적 위치를 바꿀 수 있는 잠재력 있는 기술

③ 핵심기술

　경쟁적 성과에 큰 영향을 미치는 기술

④ 기반기술

　기술적 기초를 이루지만 경쟁자를 포함한 모든 시장에서 활용가능한 기술

또한 상대적 경쟁력이나 취할 수 있는 전략에 따라 지배적, 강세, 우호적, 방어적, 약세의 다섯 가지로 구분할 수 있다.

어떤 조직의 경쟁력에 미치는 영향은 신생기술로 갈수록 더 높아진다. 이에 비해 어떤 조직의 경쟁적 위치에 미치는 영향은 약한 위치부터 명확하게 지배적 위치까지로 구분할 수 있다. 이를 토대로 R&D 프로젝트의 포트폴리오를 위의 <그림 7-6>처럼 다양하게 배치하여 자신의 조직에서 취할 수 있는 여러 경쟁적 포지션을 강조할 수 있다.

또한, 기술의 실용성과 중요성에 따라 다음의 <그림 7-7>과 같이 기술 포트폴리오를 구성할 수도 있다.

〈그림 7-7〉 실용성과 중요성에 따른 기술 포트폴리오

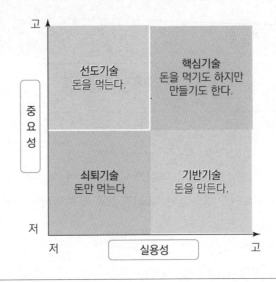

(3) 전략적 포트폴리오 모형

이 모형은 특정 기술이 아닌 전사적 관점에서 전략적으로 포트폴리오를 구성하는 방법이다. 프로젝트별로 예상되는 상업적 가치와 기술적 성공 가능성의 두 가지 수준에 따라 <그림 7-8>과 같이 네 가지 차원이 구성된다.

① 버터바른 빵(bread and butter)

성공가능성은 높지만 상업적 가치가 작은 규모가 작고 간단한 프로젝트로서 프로젝트 연장, 변경, 업데이트가 주로 이루어진다.

② 진주(pearls)

성공 가능성과 상업적 가치가 매우 높아 잠재적 스타 제품을 만들어 낼 수 있는 프로젝트이다.

③ 굴(oysters)

예상되는 상업적 가치는 높지만 기술적 성공가능성이 낮은 프로젝트로서 기술적 혁신을 통해 장기적으로 확실한 보상을 얻을 수 있는 토대를 마련하는 제품이 주로 해당된다.

④ 하얀 코끼리(white elephants)

낮은 성공 가능성과 상업적 가치를 보이는 프로젝트로서 초기에는 뛰어난 프로젝트로 시작했으나 점차 매력이 떨어지는 경우에 해당한다.

〈그림 7-8〉 전략적 포트폴리오 구성

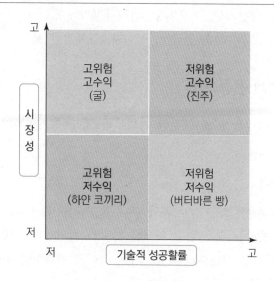

(4) 기술선택 시 고려 사항

기술선택 시 고려사항은 요구사항 기준과 기술적 적용 기준으로 구분할 수 있다.

① 요구사항 기준

기술적(기술에 의해 제공된 제품 품질, 기술의 신뢰성/유연성/반복가능성, 기술에 의해 제조될 제품의 양 등), 재무적(기술의 자본비용, 기술의 운영비용, 기술에 의해 발생된 추가 매출 수익 등), 외부 압력 기준(기술과 관련한 규제 압력, 환경 압력 등)이 있다.

② 기술의 적용 기준

통합가능성(호환성과 영향처럼 기술이 조직으로 통합될 수 있는지), 이용가능성(유용성과 효용처럼 기술이 의도된 목적으로 활용될 수 있는지), 공급자 적합성(서비스 파트너십처럼 기술의 공급자가 수용가능한지), 전략적 적합(지원, 호환성처럼 기술의 적용이 기업의 전략적 목표와 일치하는지), 리스크(기술의 라이프사이클처럼 기술과 관련된 운영적/기술적/사업적 불확실성)가 있다.

또한, 이러한 요인들에 영향을 미치는 조직의 내외부 주체들을 고려해야 한다.
- 내부 주체들: 생산기능, 재무기능, 인적자원기능 등
- 외부 주체들: 고객, 기술 공급자, 경쟁자, 규제기관 등

(5) R&D 과제 선정 기법

R&D 과제의 선정을 위해 단순한 기법부터 정교한 기법까지 다양한 기법들이 적용될 수 있다.

① Q-sort 분류

Q(Quick) 분류방법은 각 과제에 대해 특정 기준(예 리스크 상중하 등)을 충족시키지 못하는 경우에 그 과제를 하나씩 제외시키는 방법이다. 그 기준은 가장 중요한 기준부터 적용시키는 것이 바람직하다. 비교적 적용이 단순하고 이해하기 쉬운 방법이다.

② 프로파일(profile) 방법

개별 프로젝트들을 여러 기준(예 기술적 실행가능성, 경제성, 시장 가능성, 성장과 규모, 제품 우월성과 품질 등) 하에 수준(혹은 점수)을 파악한 후에 그 프로젝트들의 개략적인 특징을 파악하여 비교하는 방법이다.

③ 체크리스트(checklist) 방법

개별 프로젝트들을 여러 평가 기준에 따라 점수를 체크하여 기준별 총 점수를 합산하여 프로젝트들을 비교평가하는 방법이다.

④ 프론티어(frontier) 방법

자료포괄분석(Data Envelopment Analysis: DEA)의 원칙을 이용하여 리스크와 수익의 두 가지 기준 하에 동일한 리스크에서 가장 높은 수익을 제공하거나 동일한 수익 하에 가장 낮은 리스크를 제공하는 프로젝트들로 구성된 효율적 프론티어를 구성하고 이들에 비해 비효율적인 프로젝트들을 찾아내는 방법이다. 이들은 선형계획법(Linear Programming: LP)에 기초하여 분석되는 비모수적 추정 방법으로서 자주 언급된다.

⑤ 점수(scoring) 방법

가중치가 부여된 여러 기준 하에서 각 프로젝트별로 평가한 후 가중치와 결정된 점수를 곱해 최종 점수를 산정한 후 비교하는 방법이다.

⑥ 의사결정나무(decision tree) 방법

각 프로젝트가 의사결정나무 형태의 시나리오(성공 혹은 실패)에 따라 어떤 예상 수익을 창출할 수 있는지를 평가하여 비교하는 방식이다.

⑦ 정수계획모형(integer programming) 적용

이용가능한 총 예산을 제약조건으로 설정하고 어떤 프로젝트가 선발되었을 때 총 기대 수익을 극대화하는 0−1 정수계획모형을 적용하는 방법이다. 이 모형에서 적용하는 의사결정변수는 어떤 프로젝트가 선택되었을 때 1의 값을 갖고 그렇지 못하면 0의 값을 갖는다.

⑧ 델파이(delphi) 방법

이 방법은 여러 번의 반복과정을 거쳐 전문가 집단에 의한 동의를 확보하는 방법이다. 일반적으로 기술 예측에 적용되기도 하지만 장기적인 차원의 기술 포트폴리오를 결정하는 데에도 널리 활용될 수 있다. 진행 절차로는 우선 전문가에게 특정 주제에 대한 질문서를 배포한 후에 1단계에서 하위 25%와 상위 75%에 해당하는 불일치 부분을 제외하고 2단계에

서 다시 하위 25%와 상위 75%에 해당하는 불일치 부분을 제외하는 방식으로 진행된다. 필요시에는 이 단계를 추가하여 진행할 수 있다. 비록 전문가 선정의 어려움과 보편적인 다수의 의견에만 초점을 둔다는 단점이 있지만 적용이 쉽다는 장점이 있다.

3.1.3. 예비제품 설계

이 단계에서는 제품의 크기, 모양, 색, 에너지 소요, 수명 등과 같은 개략적인 윤곽을 설계한다. 제품 설계는 아래와 같은 다양한 목표를 동시에 충족시킬 수 있도록 고려될 필요가 있다.

① 고객요구 충족
② 원가와 품질 향상
③ 제조 혹은 납기 용이성
④ 판매 증대
⑤ 이익 창출
⑥ 기업의 사회적 책임 확대
⑦ ESG(Environment, Social, Governance)

3.1.4. 프로토타입 제작

이 단계에서 하나 혹은 그 이상의 관심 차원을 따르는 제품을 개요화시킨다.

 〈그림 7-9〉 다양한 형태의 프로토타입

자료원: Ulrich & Eppinger(2011).

예를 들어, <그림 7-9>에서 볼 수 있듯이 다양한 목적으로 비행기 날개(날개의 강도를 테스트하기 위해), 스크루 드라이버(손잡이의 편안함을 평가하기 위해), 빔프로젝터(제품의 형태와 스타일을 소통하기 위한 외관 모형) 등의 사례를 통해 프로토타입이 제안될 수 있다. 최근에는 <그림 7-10>과 같은 CAD(Computer Aided Design)와 CAM(Computer Aided Manufacturing)이 자주 사용된다.

〈그림 7-10〉 CAD를 이용한 프로토타입

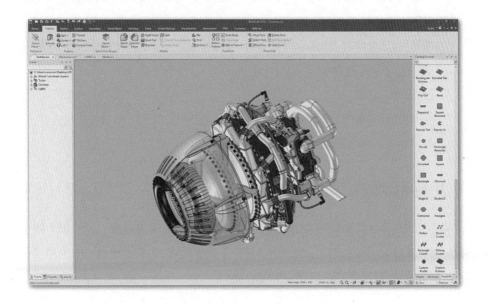

3.1.5. 최종제품 설계

최종 제품은 기능, 형태, 생산을 위한 설계를 통해 완성된다.

(1) 기능설계

기능설계에서는 품질 수준, 신뢰성 및 원가 사이의 관계 등을 고려하여 기술적 규격을 결정한다. 기능설계 시에는 신뢰도, 정비성, 이용성, 안전도 등을 고려해야 한다.

① 신뢰도

제품이 일정기간 동안 정상적인 운영조건 하에서 주어진 기능을 고장없이 수행할 가능성을 나타내며, (1 – 고장율)로서 측정한다.

② 정비성

정비를 통해 제품을 사용 가능한 상태로 보전할 수 있는 기능과 관련되며, 평균수리시간(Mean Time to Repair: MTTR), 평균고장시간간격(Mean Time between Failures: MTBF), 평균예방정비시간(Mean Preventive Maintenance Time: MPMT), 평균고장시간(Mean Downtime: MDT) 등으로 측정될 수 있다.

③ 이용성

제품이 고장나지 않고 이용가능한 상태에 있는 정보를 의미하며, (전체 운영시간 중 가동상태에 있는 시간의 비율)로서 측정한다.

④ 안전도

사용자가 위험에 노출되지 않는 정도를 나타내며, (1 – 안전하지 않을 확률)을 뺀 값으로 측정한다.

(2) 형태설계

제품의 외관이나 모양에 관심을 두고 최종 설계를 결정한다. 소비재의 경우에는 기능보다 색상, 스타일, 패션이 더욱 중요한 경우가 존재한다. 산업 디자인 분야에서 주요 관심을 갖는 분야이다.

(3) 생산설계

최종제품을 경제적으로 생산하는 방식에 초점을 둔다. 이 설계 시 고려사항으로는 제품의 단순화, 다양화, 표준화, 모듈(module)설계 방식 등이 있다.

① 단순화

제품라인, 기능, 설계의 단순화

② 다양화

다양한 고객 요구 충족, 위험 분산, 유휴시설 활용

③ 표준화

크기, 모양, 색상, 수량, 성능, 작업방법, 장비, 절차 및 공정 등에서 균일성을 보장하려는 노력이다. 부품의 호환성을 통하여 대량생산을 가능케 하고, 제품의 정비성을 높여줌으로써 생산설계에서 중요한 경제적 역할을 수행하는 데 도움이 된다.

④ 모듈설계

다양한 제품으로 결합될 수 있는 표준화된 소수의 구성품(모듈)을 개발하여 최종 조립단계에서 이들을 서로 상이하게 결합함으로써 제품다양화를 추구할 수 있다. <그림 7-11>에서 볼 수 있듯이, 모듈식 자동차 디자인을 하게 되면 모듈의 공유와 아키텍처의 결합을 통해 다양한 자동차를 유연하고 신속하게 제조할 수 있다.

〈그림 7-11〉 모듈식 자동차 디자인 사례

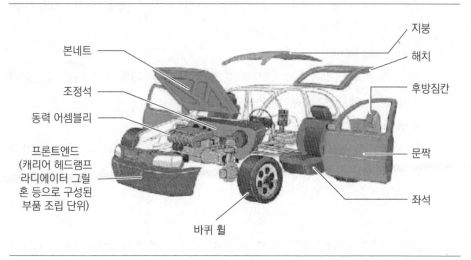

3.1.6. NPD 성과의 측정

NPD 프로세스의 성과를 측정함으로서 기업이 혁신 전략과 프로세스를 향상시키는 것을 지원할 수 있다. 구체적으로, 이 성과측정은 다음을 지원한다.

① 어떤 프로젝트가 그들의 목표를 충족시키는지를 규명하고 그 이유를 설명한다.

② 경쟁자의 성과 혹은 자신의 이전 성과와 비교하여 어떤 조직의 성과를 벤

치마킹한다.

③ 자원배분과 종업원 보상을 향상시킨다.

④ 미래의 혁신전략을 개선한다.

이러한 NPD 성과는 공정한 평가결과를 만들기 위해 다차원적인 측정치들을 사용한다. 일반적으로 조직의 NPD 성과는 운영시스템의 관점에서 투입물, 변환과정, 산출물, 성과의 관점에서 측정된다.

① 투입물 요소(inputs)

　NPD 활동의 선행요인들에 해당하는 R&D 자원(R&D 인력, 매출액 대비 R&D 비율), 지식 스톡(1인당 GDP, 특허 스톡) 등

② 변환과정(transformation process)

주로 NPD 활동의 효율성에 영향을 미치는 지식 창출 역량, 기술역량, NPD 속도, 투입물 대 산출물의 비율 등

③ 산출물(outputs)

NPD 활동의 직접적이고 단기적인 결과인 특허, 개발된 신제품 수, 신제품의 전체 매출에서 차지하는 비율 등

④ 성과(outcomes)

NPD 활동의 포괄적이고 장기적인 결과인 적용된 혁신의 수, 매출/시장지분/이익 성장, 시장진입 속도, 주가, 기업의 이미지, 고객과의 장기적 관계 등

이외에도 NPD는 의도하지 않은 부정적 성과를 발생시키기도 하기 때문에 그 성과를 피드백(feedback)하여 줄이려는 부가적 활동이 필요하다. 예를 들어, 너무 과도한 변화, 시장 리스크, 종업원 저항(스트레스, 불만족, 이직 등), 비용의 증가 등이 있다. 혁신을 개발하기 위해 많은 자원을 지출하고 있음에도 불구하고 과거에는 혁신의 비용을 거의 다루지 않았다. 제품혁신은 거의 회복되지 않는 비용으로 일반적으로 매우 많은 비용이 들어가기 때문에 반드시 이러한 부분도 다루어질 필요가 있다.

3.2. 리스크와 자원의 양에 기초한 NPD 절차

Matthews(1991)는 기술적 불확실성으로 표현되는 리스크와 할당된 자원의 양을 토대로 NPD를 위한 R&D 프로세스 프레임워크를 <그림 7-12>와 같이 제안하였다.

이 모형에서 R&D는 세 개의 주요 단계들로 구성된 프로세스이다. 그것은 기술개발에서 출발하여 시장성이 높은 제품으로 결과되는 실제 제품개발로 종료된다. 여기서, 두 가지 필수적 차원들이 고려된다.

① 기술적 불확실성
② 할당된 자원들의 양

〈그림 7-12〉

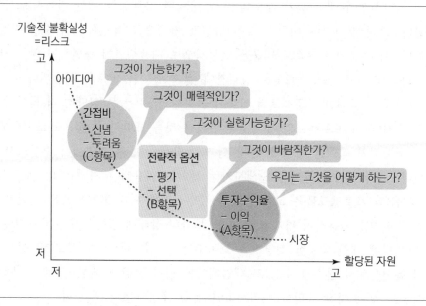

만약 R&D 프로세스가 진행되면, 신제품 성공의 예상이 높아지기 때문에 기술적 불확실성은 감소될 것이다. 일반적으로, 제품이 시장에 더 가까이 다가갈 때 자원들은 개발 프로젝트로 더 많이 할당된다.

전체 R&D 프로세스를 완성하는 것은 다음의 다섯 개 질문에 대답하는 것을 필요로 한다.

① 그것이 가능한가?

② 그것이 매력적인가?

③ 그것이 실현가능한가?

④ 그것이 바람직한가?

⑤ 우리는 그것을 어떻게 하는가?

R&D의 도전은 단계마다 다를 것이다. C항목에 속하는 프로젝트들은 예를 들어 A항목에 속하는 프로젝트와 다르게 관리되어져야 한다. 그 이유는 연구 프로젝트(C항목)가 전형적으로 상세 제품(A항목) 혹은 개념개발 프로젝트(B항목)와 다른 목표, 목적, 제약을 갖기 때문이다. 연구 프로젝트들은 종종 특정 산업과 시장성 있는 제품에 결합될 수 없는 기술적 이슈만을 다룰 수 있다. 그들은 기술적 불확실성이 매우 높기 때문에 주로 '유망한 올챙이를 위한 번식지'로서 봉사한다. 오직 시간만이 이들 기술이 상업적 제품으로 유인할 것인지를 결정할 것이다. 이 유형의 프로젝트 비용은 전형적으로 제품생산에 공헌하지 않는 간접비로서 고려되고, 프로젝트들은 장시간에 걸쳐 결과를 낳도록 허용된다.

반면에, 제품개발 프로젝트의 기술적 불확실성(A항목)은 상당히 더 낮아야 하지만 동시에 이 프로젝트의 목적은 재무적인 것을 포함하여 연구 프로젝트보다 더욱 현실적인 목표를 가져야 한다. 단기 개발은 전형적 기업에서 투자로서 고려된다. 그러나 가장 문제를 발생시키는 분야는 비용과 투자 사이의 갭이다.

항목B의 프로젝트들은 그들이 순수한 번식지를 나타내거나 혹은 건전한 재무적 측정치를 사용하여 평가될 수 있는 투자의 상태에 접근하지 못하기 때문에 종종 펀딩에 대한 충분한 정당성을 보여주는 데 실패한다. 이 프로젝트들은 전략적 옵션들로서 간주될 수 있고 해결해야할 사항은 실제 제품개발로 진행하는 잠재성을 갖는 가장 유망하고 실제적인 것을 규명하는 것에 있다.

04 Stage-Gate® 프로세스

4.1. 개념

　1980년대에 여러 제조업체에서 적용된 프로세스를 정형화시킨 교차기능적인 Stage－Gate® [Robert G. Cooper와 the Product Development Institute(http://www.stage－gate.com)]에 의해 등록된 상표) 모델이 Cooper(1990)에 의해 제안되었다. 이 모델은 아이디어부터 출시까지(idea－to－launch)의 프로세스를 일련의 5－6단계(국면)으로 분해하는 방법이다. 이 단계에서 각 Stage는 이전 Stage보다 비용이 더 많이 소요되기 때문에 점진적 몰입이 필요하고 각 Stage의 선행 절차는 Gate를 거치게 된다. 이 Gate에서 프로젝트를 계속 진행할지 아니면 소멸시킬

〈그림 7-13〉 전형적인 Stage-Gate® 프로세스

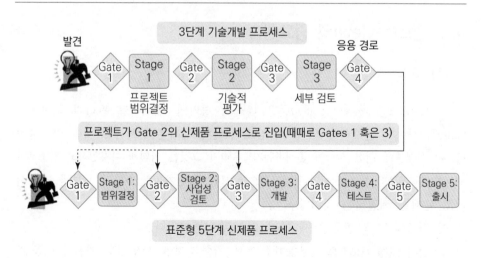

지에 대한 Go/Kill 의사결정을 수행하게 된다. 즉, 이 Gate들은 올바른 프로젝트를 하고 있는가? 이 프로젝트는 올바른가?에 대한 답을 결정하게 된다.

각 단계별 주요 활동은 다음과 같다.

① Stage 1(범위결정)

예비 시장평가, 예비 기술평가, 예비 재무 및 사업성 평가, Stage 2를 위한 활동계획 등에 의해 아이디어 선별

② Stage 2(비즈니스 사례 구축)

사용자 니즈와 원츠 연구, 경쟁분석, 가치명제 정의, 기술 실행가능성 평가, 운영 평가, 제품 정의, 재무 분석 등을 통한 두 번째 아이디어 선별

③ Stage 3(개발)

기술적 개발, 신속한 프로토타입, 초기 고객 피드백, 프로토타입 개발, 내부 제품 테스트, 운영 프로세스 개발, 정식 출시와 운영 계획 등을 통한 개발을 위한 의사결정

④ Stage 4(테스트와 타당성)

확장된 사내 테스트, 고객 현장시험, 생산설비 획득, 시장 테스트/시범 판매, 최종 출시와 운영 계획, 출시 후와 라이프사이클 계획 등을 통해 테스트하는 의사결정

⑤ Stage 5(출시)

시장 출시와 신제품 출시, 대량 생산, 판매 시작, 결과 모니터링, 출시 후와 라이프사이클 계획 진행 등을 통한 출시 의사결정

4.2. 검토(review)의 중요성

(1) 목적

각 Gate(혹은 review points)들은 리스크 평가와 프로젝트 관리의 목적으로 Stage들 사이에 존재하고 있다. 이 검토의 일차 목적은 신제품에 대한 의사결정(예 이 신제품에 대한 시장이 존재하는가? 우리가 그것을 어떻게 디자인하고 제조해야 하는가? 이 제품을 제조하는 것이 재무적으로 실행가능한가?)을 촉진할 정보를 발생시키고 문제를 해결하는 것이다.

이 검토의 주요 활동은 세 가지 요소로 이루어진다.

① 결과물(예 프로젝트 진행에 대한 정보, 기술적 지연, 시장 상황, 가시성, 성공 가

능성과 같은 요소들)

② 충족시키거나 피해야 하는 기준, 장애물, 지표

③ 의사결정: 각 개발 단계 후에 프로젝트 정보는 검토되고 프로세스의 다음 단계로 진행할지, 완료 이전에 멈출지 혹은 더 많은 정보가 수집되고 더 나은 의사결정이 이루어질 때까지 중단할지에 대한 의사결정이 이루어진다. 이러한 임무를 수행하는 검토 팀(review team)은 마케팅, 재무, R&D, 제조의 최고 관리자들로 구성된 전형적으로 교차기능적 형태이다.

(2) 의의

Gate는 또한 신제품 포트폴리오 관리에서 프로젝트 우선순위 결정과 자원 배분을 촉진함으로서 더 넓은 전략적 목적에 기여한다. 이들은 리스크를 통제하는 메카니즘을 제공한다는 이유로 인해 효과적 NPD에 중요하다. 이들은 노력과 자원이 가장 가치있게 사용될 수 있도록 상대적으로 더 약한 NPD 프로젝트들을 제거하는 방법이 되고 그 장소가 된다. 이를 위해 사전에 규정된 기준을 통해서 전형적으로 다른 임무들이 효율적이고 효과적으로 완료되어 왔는지와 프로젝트들이 강한 사업화 잠재성을 보였는지를 평가하기 위해 사용된다. 따라서, 이 검토 의사결정은 관리자들이 가장 큰 잠재적 수익을 지닌 프로젝트들에 대해 그들의 돈을 투자하는 고위험 투자 의사결정에 해당한다.

(3) 의사결정을 위한 기준

이 Gate들의 중요한 구성요소는 신제품을 평가하기 위해 사용된 기준이고 프로젝트의 go/stop과 우선순위 설정 의사결정을 수행한다. 이 의사결정을 위한 다양한 기준으로는 여러 가지가 있다. 기술적 실행가능성, 직관, 시장 잠재성과 같은 기준은 NPD 프로세스의 초기에 강조되는 반면에, 제품성과, 품질과 개발 예산 내에 머무르는 것은 프로세스의 개발 단계 후에 더 중요하다. 마지막으로 고객 수용, 고객 만족, 단위 판매량은 시장출시 동안 혹은 출시 후에 일차적 고려대상이다. 또한 시장수용 기준은 NPD 프로세스의 모든 Gate들에 영향을 미치고 재무적 차원은 비즈니스 분석 Gate에서 특히 중요하며, 제품성과 차원은 제품과 시장 테스트 Gate에서 두드러지게 활용되는 기준이다.

일반적으로 이러한 기준은 다음의 다섯 개 차원들로 그룹화될 수 있다. 물론

이 차원들 내 여러 기준들이 존재하고 그들의 상대적 중요성은 프로세스 단계에 따라 달라질 수 있다.

① 전략 적합성
② 기술적 실행가능성
③ 고객 수용
④ 시장 기회
⑤ 재무 성과

4.3. 변형 모델

이 프로세스는 신제품의 개념, 개발, 출시에 바람직한 영향을 미치는 유연하고 강력한 도구로서 인정받고 있다. 이러한 기본적 개념에 포트폴리오 관리, 출시 후 검토, 효과적 아이디어 창출(Stage 0을 발견으로 추가), 지속적 제품 유효성 확인을 위한 나선형 혹은 반복적 개발과 같은 연속적 개선을 접목하는 것이 가능하다.

하지만 이 프로세스는 오늘날의 혁신적이고 동태적인 프로젝트를 다루는데 너무 선형적, 경직적, 계획적이어서 충분하지 않고 실험을 권장하지 않는다는 단점도 보유하고 있다. 따라서, 이 프로세스는 유연성과 속도를 더 높일 필요가 있고 구축-테스트-개선(build-test-revise) 사이클을 도입하여 적응적이고 유연한 의사결정 구조를 갖고 다양한 산업에 확장되도록 개선할 필요가 있다.

그 결과, 표준적인 Stage-Gate®는 다양한 형태로 변화시킬 수 있다. 예를 들어, 다른 규모와 리스크 수준의 프로젝트를 다루는 규모변동 가능 Stage-Gate® 모델은 다음 <그림 7-14>와 같다.

Stage-Gate® 모델의 처음은 정확하고, 초기이고, 사실에 기반하는 제품정의가 기본 원칙이다. 그러나, 고객은 자신이 원하는 것(니즈와 원츠)을 잘 모르는 경향이 있다. 예를 들어, 스티브 잡스(Steve Jobs)는 사람들은 당신이 물건을 그들에게 보여줄 때까지 원하는 것을 모른다고 한 바 있다. 따라서, 새로운 고객 니즈의 등장, 새로운 경쟁제품의 등장, 새로운 기술적 가능성의 등장과 같은 이유로 이러한 변화하는 고객의 요구사항에 적응할 필요가 있거나 개발이 진행되는 동안에 요구사항이 바뀔 수 있다. 따라서, 아이디어-출시(idea-to-launch) 시스템은 유동적 정보에 대응하기 위해 적응적으로 규정되어야 한다. 이를 위해, 초기의 잠재적 사용자들에 대해 빈번하게 무언가를 얻기 위해 디자인된 반복적인 개발 사이

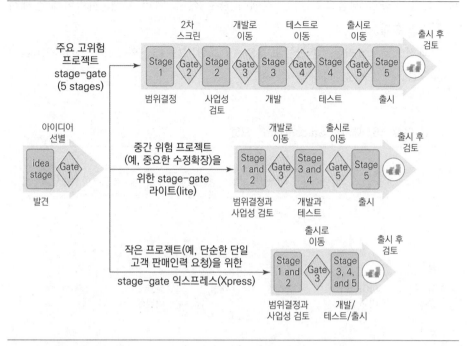

자료원: Cooper(2017)

클의 도입이 필요하다. 이러한 사이클은 다음의 순서로 진행된다.

① **구축(build)**

고객에게 보여주는 무언가를 구축해야 한다. 신속한 프로토타입, 프로토
컨셉트(protoconcept: 제안된 제품의 표현으로서 개념보다 더 발전된 것임), 베
타 버전이 있다.

② **테스트(test)**

실제 및 잠재 고객과 제품 버전과 어떻게 상호작용하는지와 그 가치를 지
적하면서 제품의 각 버전을 검증한다.

③ **피드백(feedback)**

고객 및 사용자로부터 제품의 버전에 대한 피드백을 수집한다.

④ **개선(revise)**

제품 버전의 디자인뿐만 아니라 가치 명제와 편익에 대한 생각을 다시 설
정하기 위해 피드백을 사용한다.

이러한 반복적 개발 사이클은 나선형 접근을 취하는데 이 접근법은 실험을 촉진하고 성공적 제품으로 가는 길에서 자주 실패, 빨리 실패, 저렴하게 실패하도록 유도한다.

결과적으로 이러한 혼합 모델은 <그림 7-15>와 같이 애자일(agile) Stage-Gate® 모델로 나타날 수 있다.

〈그림 7-15〉 애자일 Stage-Gate® 모델

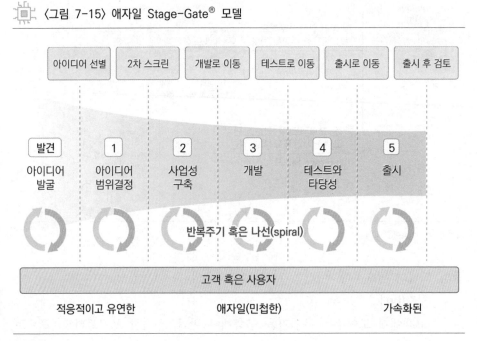

자료원: Cooper(2017)

이 모델은 idea-to-launch 프로세스를 <그림 7-16>과 같이 반복주기(iteration)와 나선형의 방식(학습과 지식공유)을 통해 사용자의 니즈와 원츠, 명제와 개념 테스트, 신속한 프로토타입과 테스트, 현장 시험, 베타 테스트, 사용자 테스트와 나선형으로 연계되어야 한다.

〈그림 7-16〉 반복적이고 나선형인 Stage-Gate® 모델

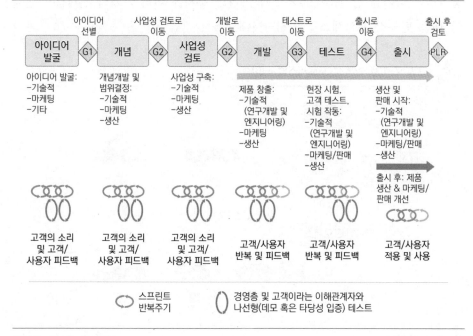

자료원: Cooper(2017)

여기서, 나선형의 개념은 <그림 7-17>과 같이 아이디어 창출, 개념, 사업성 검토, 개발, 테스트, 출시가 계속 나선모양으로 반복되는 형태로 이루어져야한다는 것을 의미한다.

 〈그림 7-17〉 나선형 프로세스의 의미

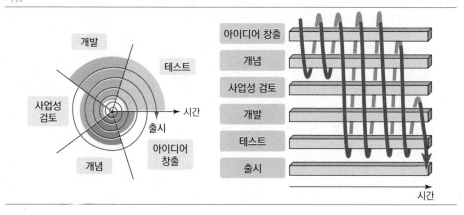

반복적이라는 개념은 아래의 <그림 7-18>과 같이 한 제품의 가치를 계속 증가시켜 나가는 점진적 프로세스가 아니라 동시에 여러 가치의 신제품을 만들어 내는 반복적 프로세스를 암시한다.

〈그림 7-18〉 반복적 프로세스의 의미

자료원: Nieto(2003)

05 NPD 프로세스의 개선 방안

5.1. 품질기능전개

품질기능전개(Quality Function Deployment: QFD)는 고객의 요구사항을 제품 (또는 서비스)의 설계 명세에 반영하는 체계적인 방법으로 제안되었다. 1972년

〈그림 7-19〉 자동차 도어의 품질의 집 사례

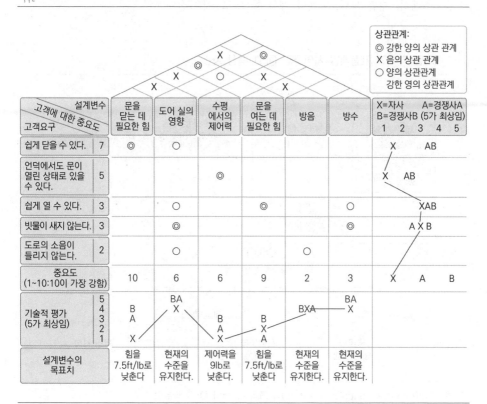

일본 미쯔비시사에서 처음 제안되었으며 이후 도요타에서 더욱 발전시켜 본격적으로 사용되었다. 구체적으로, QFD는 제품개발의 각 단계에서 고객의 요구사항(진정한 품질)을 적절한 설계요건(대응품질)으로 변환시키는 방법이다.

QFD를 위해서는 품질의 집(house of quality)의 개념을 이해해야 한다. 이 개념은 <그림 7-19>와 같이 대표적으로 사용되는 사례인 자동차 도어의 사례를 통해 설명될 수 있다. 이 그림에서 상관관계행렬(relationship matrix)은 고객속성과 제품특성간의 상관관계(+ 또는 -)를 보여주는 행렬이고 제품 특성 상쇄관개행렬(trade-off martrix)는 제품특성간의 상쇄관계에 관한 정보를 제공하는 행렬이다. 나아가, 기술적 평가와 목표치는 원가, 난이도 및 중요도 등과 같은 설계의 목표치를 보여준다.

이러한 품질의 집은 크라이슬러(Chrysler)의 사례와 같이 제품개발 사이클을 따라 <그림 7-20>과 같이 더욱 세분화될 수 있다.

① 1단계

제품개념 계획은 소비자와 시장연구에서부터 시작하고 제품계획(아이디어 스케치, 개념 모델, 마케팅 계획 등)으로 이어진다.

〈그림 7-20〉 제품개발 사이클과 QFD 핵심 사건

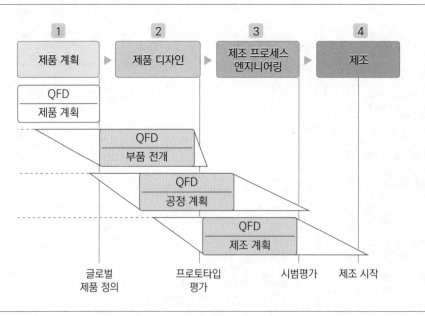

자료원: ASI(American Supplier Institute)와 크라이슬러의 QFD 매뉴얼

② 2단계

제품 디자인은 제품개념을 취하고 제품과 구성요소 규격을 개발하고 프로토타입이 구축되고 검증

③ 3단계

제조 프로세스와 생산도구들은 제품과 구성요소 규격에 기초하여 설계되고 생산 프로세스와 도구들에 대한 시범운영(시범 테스트)이 제품 생산가능성 수준과 생산 표준을 파악하기 위해 진행

④ 4단계

제품을 생산하고 고객에 전달하며, 고객 피드백이 제품의 다음 세대를 위해 투입물로서 작용

5.2. 가치분석/가치공학

가치분석(Value Analysis: VA)/가치공학(Value Engineering: VE)은 제품과 서비스의 가치를 증대시키기 위한 체계적인 혁신의 한 방법이다. 이것은 제품이나 서비스의 가치 또는 기능에 공헌하지 못하는 것은 모두 제거함으로써 제품의 성능요건과 고객의 요구를 가능한 최소의 비용으로 충족시키는 것을 목적으로 한다. 이를 위한 제품의 가치는 유용성을 원가로 나누어 정의된다. 여기서, 유용성은 품질, 신뢰도 및 제품의 성능과 관련된다.

따라서, 제품의 가치는 동일한 원가로 제품의 유용성을 높이든지 또는 동일한 유용성을 유지하면서 원가를 낮춤으로써 증가된다. 결과적으로 이러한 분석을 수행하는 주 목적은 제품의 가치에 공헌하지 않는 불필요한 기능 또는 비용이 많이 드는 기능들을 제거하는데 있다. 이를 위해 불필요한 제품 특성은 없는가?, 2개 이상의 부품을 하나로 결합할 수는 없는가?, 무게를 줄일 수는 없는가?, 제거되어야 할 비표준화된 부품은 없는가? 등에 대한 여러 질문에 답하면서 효율적인 NPD를 추진할 수 있다.

참고로, VA와 VE의 차이점은 다음과 같다. VA는 이미 생산되고 있는 제품에 적용되며 생산명세나 구매요구상에 나타난 제품의 명세나 요건을 분석하는 데 사용(VA는 주로 구매부서에 의해 원가절감기법으로 사용)된다. 이에 비해, VE는 원가회피 방법으로 생산단계 이전의 제품설계 시에 사용된다. 따라서, 두 기법은 한 제품에 대해 생산 전후의 관계에 있을 뿐 상호 피드백이 되어야 하므로 실질적인 차이는 없다.

5.3. 동시공학

신제품 개발을 위한 설계 과정이 <그림 7-21>과 같이 기존의 고전적인 순차적 방식에서 벗어나 다기능팀에 의해 동시에 진행되도록 하는 방식이다.

〈그림 7-21〉 순차적 설계와 동시설계의 비교

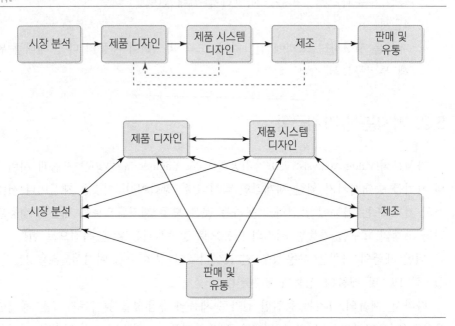

동시공학(concurrent engineering)은 제품개발 과정을 신속하게 수행하기 위한 방법으로서 NPD 단계를 순차적으로 밟아가는 것보다는 기능 간 통합과 제품 및 공정의 동시개발을 강조한다. 즉 제품의 설계, 기술, 생산, 마케팅, 서비스 등의 전 과정에 걸쳐 상이한 여러 기능부서로부터 다기능팀을 구성하고, 팀워크를 중시하며 함께 협력하는 경영방식이다. 나아가, 동시공학에서는 사내의 신제품 관련부서뿐만 아니라 외부의 공급자까지 신제품 개발팀에 참여시켜 공동작업을 통해 제품이나 서비스를 설계하고 생산공정을 선택하게 된다. 이러한 동시공학의 주요 목표는 제품개발 시간의 단축, 비용절감, 품질향상, 성공적인 신제품의 개발 등이 있으나, 가장 큰 장점은 전반적인 제품개발 과정을 단축하는 데 있다.

이러한 동시적 NPD의 업무 정의는 함께 일하는 생산과 엔지니어링/다기능

팀워크/집합적 팀의 공통 책임 하에서 순차적 활동을 동시적 활동으로 대체, 계획 활동을 프로젝트의 최전방으로 이전, 전체 프로젝트에 필요한 리더십 확보, 고객 투입을 보장하기 등이 있다. 이러한 동시공학이 성공하기 위해서는 제조용이성 디자인(design for manufacturability), 프로젝트 관리, four fields mapping, QFD, 초기 공급자 참여, 최고 경영층의 관여 등이 제안되어 왔다.

5.4. Four fields mapping

수십 페이지의 프로세스 매핑(process mapping)을 한 페이지의 읽기 쉬운 플로우 차트(flow chart)로 전환하기 위해 일본에서 사용된 프로젝트 계획의 매핑 방법이다. 여기서, 4개 분야는 다음과 같다.
① 팀 멤버
② 프로젝트 내 업무(활동)의 논리적 단계들 — 한 단계의 진행을 다음 단계로 허용하기 위해 접근될 필요가 있는 기준을 포함
③ 수행된 업무(활동) — 이루어진 의사결정과 만들어진 문서화 포함
④ 각 업무(활동)에 적용되는 품질표준

이들은 <그림 7-22>과 같은 프레임에 입력된다.

〈그림 7-22〉 Four fields mapping

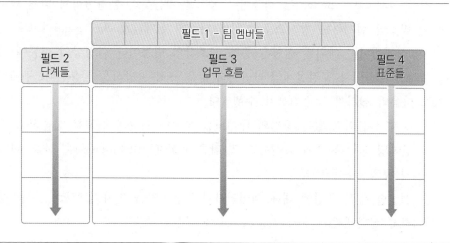

이 매핑의 편익은 제품이 고객 요구사항 충족, 시장진입시기 단축, 향상된 제품 품질, 증가된 시장지분, 제품 비용 축소, 서비스 이용가능성 향상, 제품 성과 개선, 제품 수명 확대, 제조가능성 확대 등이 있다.

5.5. 모듈 설계

모듈(module)이란 다수의 부품으로 구성되어 있는 표준화된 중간 조립품 또는 제품의 기본 구성품(자동차의 ▣ 엔진, 변속기 등)을 의미한다. 나아가, 모듈러 설계는 제품의 다양성은 높이면서도 동시에 제품 생산에 사용되는 구성품의 다양성은 낮추는 제품설계의 한 방법이다. 이 모듈러 설계의 기본적 아이디어는 서로 다른 제품으로 조립되어질 수 있는 일련의 기본 구성품, 즉 모듈을 개발함으로써 고객에게는 다양한 제품을 제공하되 생산에는 한정된 수의 기본 구성품만을 사용하는 장점을 가질 수 있다. 예를 들어, 자동차의 경우에 엔진 종류 4, 변속기 종류 2, 외부 색상 5, 내부 사양 2가지가 있다면 여기서 사용된 모듈의 수는 13(4+2+5+2)가지이다. 그러나, 이러한 모듈을 통해서 생산가능한 제품의 수는 80(4×2×5×2)가지이다.

5.6. 강건 설계

강건 설계(robust design)는 제품이나 공정을 처음부터 환경변화에 의해 영향을 덜 받도록 설계하는 방식으로서 일명 다구치 설계(Taguchi design)라고도 한다. 이 설계에서는 계획된 실험을 통해 제조상의 변동이나 환경상의 변동에 가장 둔감한 제품이나 공정설계의 파라미터 값을 구하는 방식을 적용한다. 구체적으로, 다음의 절차가 필수적으로 수행된다.

① 현재 생산되고 있는 공정의 데이터를 분석해 평균과 산포를 산출하고 백만개당 불량품 수와 공정능력 및 잡음의 통제력(Robustness)을 산출, 현재의 공정상태를 파악

② 개선할 품질 특성에 대해 제어인자와 잡음인자를 찾아 실험할 수준을 정하고 실험계획(experimental design)을 작성

③ 실험을 통해 필요한 데이터를 수집

④ 실험 데이터를 분석해 인자들을 최적화하고 확인실험 수행

⑤ 확인실험의 데이터를 통계적으로 분석해 개선된 공정이 몇 시그마 수준까지 도달했으며 잡음 통제능력의 정도가 얼마인가를 파악하고 품질 손실 함수를 이용해 경제적 수익을 산출

5.7. 초기 공급자 참여

공급자는 초점기업(주로, 완성품 제조업체)의 제품 및 기술 개발의 초기 단계에 참여하여 가장 효과가 높은 성과를 낼 수 있다. <그림 7-23>과 같이 공급자는 초점기업 NPD의 다양한 단계에 참여하여 다양한 역할을 한다.

〈그림 7-23〉 공급자의 NPD 단계 참여

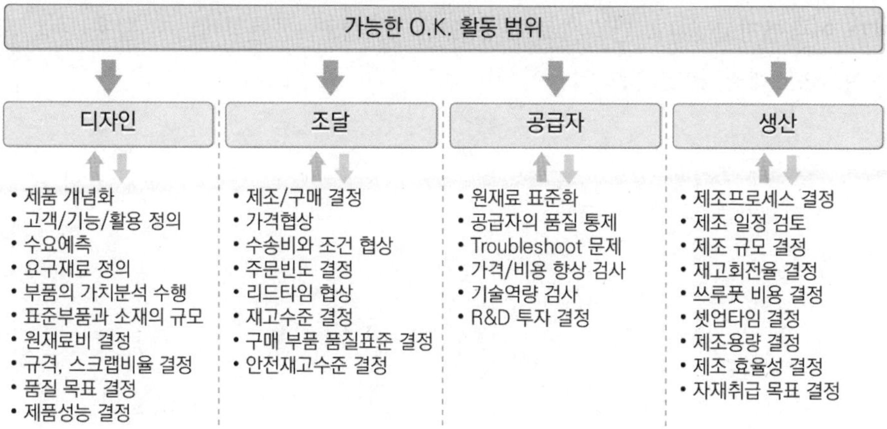

이러한 초기 공급자 참여(early vendor involvement: EVI)로 인해서 제품의 제조비용이 제품 디자인시 80%가 결정되는데 이 비용의 대폭절감을 유도할 수 있다(Clark & Fujimoto, 1991). 또한, 제품개발 리드타임 감소, 제품 품질 향상, 제조 가능성 향상, 지식공유와 향상 등의 장점이 있다. 그러나 이러한 장점에도 불구하고 독점적 지식의 누출, 내부역량의 공동화, 핵심기술의 경쟁사 모방 가능성,

전략적 고객사에 의존성 증가 등의 단점이 해소될 필요가 있다.

5.8. 기타

(1) 제조용이성 설계(design for manufacturability)

제조용이성 설계는 제품의 생산이 용이하고 경제적으로 이루어질 수 있도록 하는 제품설계 개념이다. 이를 위해, 제조에 용이한 제품 – 설계특성을 확인해야 하고 조작 및 조립에 용이한 부품의 설계에 초점을 두며, 제품설계와 공정설계를 동시에 수행하는 방식을 따른다. 이 설계의 장점으로는 제품설계의 질 향상, 제품을 설계하고 생산하는 데 소요되는 시간과 원가의 절감 등이 있다.

(2) 환경친화적 설계(design for environment)

환경과 지속가능성에 대한 관심이 증가하면서 이들을 고려한 다양한 제품 설계가 이루어지고 있다. 탄소제로 부품 활용 및 제조, 친환경에너지 활용 등은 모두 이러한 개념과 연계된 이슈이다.

<참고문헌>

Arthur D Little: Linking strategy, technology and innovation, https//www.adlittle.com.

Barczak, G. (1995), "New product strategy, structure, process, and performance in the telecommunications industry", Journal of Product Innovation Management, 12(3), 224–234.

Clark, K.B. & Fujimoto, T. (1991), Product development performance, Harvard Business School Press, Boston, MA.

Cooper, R. (1984), "New product strategies: what distinguishes the top performers?". Journal of Product Innovation Management, 1(3). 151–164.

Cooper, R. (1990), "Stage–Gate systems: a new tool for managing new products", Business Horizons. 33(3). 44–54.

Cooper, R. G. (2017). Winning at new products: creating value through innovation, 5th ed., Basic Books, New York, NY.

Firth, R.W. & Narayanan, V.K. (1996), "New product strategies of large, dominant product manufacturing firms: an exploratory analysis", Journal of Product Innovation Management, 13(4), 334–347.

MacCormack, A., Crandall, W., Henderson, P. & Toft, P. (2012), "Do you need a new product–development strategy? aligning process with context", Research Technology Management. 55(1), 34–43.

Matthews, H. W. (1991), "Kissing technological frogs: managing technology as a strategic resources", European Management Journal, 9(2), 145–148.

McGrath, M.E., Anthony, M.T. & Shapiro, A.R. (1992), Product development: success through product & cycle–time excellence (PACE), Butterworth–Heinemann, Oxford.

Song, X.M. & Montoya–Weiss, M.M. (1998), "Critical Development Activities for Really New versus Incremental Products", Journal of Product Innovation Management, 15(2), 124–135.

Ulrich, K.T. & Eppinger, S.D. (2011), Product Design and Development, 5th ed., McGraw–Hill education.

Veryzer Jr., R.W. (1998), "Discontinuous innovation and the new product development process", Journal of Product Innovation Management, 15(4), 304−321.

CHAPTER

08

신제품 개발 성공요인과 고려사항

01 NPD 성공요인
02 성공적 NPD를 위한 전략적 고려사항

기술경영
Management Of Technology

01 NPD 성공요인

NPD의 실행은 단순하지 않고 절차대로 진행한다고 해도 절대 그 성공을 보장하지 않는다. 다음의 몇 가지 예를 보자(Cooper, 1988).

- 7개 중 한 제품개념만이 상업적으로 성공한다. 그리고 4개 중 단지 하나의 프로젝트만이 승자로 결과된다.
- 미국 산업이 제품혁신에 바친 자원의 약 절반은 실패와 소멸된 프로젝트에 소비된다.
- 중역들의 63%는 그들 기업의 NPD 노력의 결과에 "다소" 혹은 "매우 실망스럽다."이다.
- 신제품은 출시하자마자 35%의 실패율에 직면한다.

이러한 이유로 NPD의 성공요인은 많은 관심의 대상이 되었다.

1.1. 성공요인의 광의의 분류

NPD의 성공률을 높이기 위해서는 이에 대한 적극적인 관리가 필요해진다. 일반적으로 신제품 성공의 요인을 개인, 조직, 조직 간, 사회의 네 가지로 크게 구분할 수 있다. 한편, NPD의 성공요인은 성공동인(driver)과 베스트 프랙티스(best practice) 등의 다양한 용어로도 표현되어 논의되고 있다.

(1) 개인적 요인

- 개인적 특질, 혁신 챔피언의 역할 등

(2) 조직적 요인

- 조직 구조, 조직문화와 전략, 교차기능팀 개발, 커뮤니케이션, 조직학습, 인센티브, 조직 여유, 정체성 등

(3) 조직 간 요인

- 기업 간 지식공유, 전략적 협력 네트워크 등

(4) 사회적 요인

- 교육, 클러스터 등

1.2. 성공동인과 베스트 프랙티스

1.2.1. NPD의 성공동인

Cooper(2019)는 자신의 여러 연구를 종합하여 개별 신제품 프로젝트, 비즈니스 성공의 동인(조직과 전략 요인), 올바른 시스템과 프로세스라는 세 가지 차원에서 NPD 성공동인을 제안하였다. 이 내용은 실제 NPD를 수행하는 담당자들에게 실무적인 관점에서 흥미로운 내용이 많아 중요한 부분을 발췌해 정리하도록 한다.

(1) 개별 신제품 프로젝트의 성공 동인

① 독특하고 우월한 제품

고객과 사용자에게 독특한 편익과 설득력 있는 가치를 제안하는 차별화된 제품을 제공하는 것이 중요하다. 그러한 우월한 제품은 거의 차별화된 특징을 갖지 않는 카피캣(copycat), 반응적, 그저 그런(ho-hum), 모방(me too) 제품에 비해 성공률의 5배, 시장지분의 4배, 수익의 4배를 창출한다 (Cooper, 2019). 우월한 제품은 공통적으로 다음의 특성을 보유한다.

- 사용자의 니즈를 충족시키는 관점에서 경쟁제품보다 우월하고, 경쟁제품에는 없는 독특한 특성을 제공하고, 경쟁제품에서 고객이 갖는 문제를 해결한다.
- 고객에게 뛰어난 금전적 가치의 특성을 제공하고, 고객의 총비용을 줄이고(높은 사용가치), 뛰어난 가격 대비 성과라는 특징을 갖는다.
- 경쟁자의 제품에 비해 뛰어난 제품품질을 제공한다.
- 고객이 유용한 것으로서 매우 가시적이고 쉽게 인식하는 제품편익 혹은 특성을 제공한다.

여기서, 제품 우월성(product superiority)이라는 용어는 혁신성과 관련되나 '기업에 새로운'이라는 내부 관점이 아닌 외부 관점 즉, '시장에 새로운', '세계에서 새로운'이라는 관점에서 정의된다. 그러나, 혁신성만으로는 모든 개념을 반영할 수 없다. 제품은 고객의 시각에서 새로워야 한다. 즉, 그 제품 유형에서 최초이어야 하며, 이전에 결코 보지 않은 것이어야 한다. 그럼에도 불구하고, 고객에게 편익을 거의 제공하지 못한다면 그것은 고객의 니즈를 충족시키는 데 우월하지 않다. 또한, 제품은 폭넓게 정의된다. 제품은 명백하거나 물리적인 제품을 포함할 뿐만 아니라 그 제품을 지원하는 시스템, 제품서비스, 기술지원, 제품의 이미지 혹은 브랜드를 포함하여 제품과 관련된 전체 편익 패키지인 확장제품을 포함한다. 한편, 제품 우월성은 신제품이 경쟁 제품에 비해 뛰어난 성과를 보이는 수준을 포착하는 반면에 제품 의미성(product meaningfulness)은 사용자가 구매로부터 받는 편익에 관심을 갖는다.

② 시장주도의 제품과 고객의 소리

고객의 니즈와 원츠, 경쟁 상황, 시장의 특성에 대한 철저한 이해는 신제품 성공의 필수 요소이다. 반대로, 제품혁신에서 강한 시장지향을 적용하는 데 실패, 필수적인 시장 평가를 수행하지 않으려는 의지, 제품개발에 고객을 포함시키지 않는 것은 재앙을 불러온다. 그럼에도 불구하고 강한 시장지향이 다수의 신제품 프로젝트에서 잊혀지고 있다. 일반적으로, 마케팅활동은 기술적 활동(엔지니어링, 디자인, R&D)보다 한참 아래로 평가된 채 전체 신제품 프로세스 활동에서 가장 빈약하게 실행된다. 게다가,

총 프로젝트 비용의 20% 미만으로서 상대적으로 작은 자원이 마케팅활동에 지출(출시를 제외하고)된다. 따라서, 시장초점은 다음의 전체 신제품 프로젝트를 통해서 확산되어 나가야 한다.

- 아이디어 창출

최고의 아이디어는 고객에게서 나온다. 충족되지 않은 니즈 혹은 문제를 결정하기 위한 초점그룹과 VoC 연구(ethnography(소비자의 행동양식을 이해하기 위해 소비자의 경험을 참여를 통해 조사)와 현장 조사)는 우월한 아이디어로 이어진다. 강건한 아이디어는 또한 혁신적 사용자와 웹기반의 고객 투입물로부터 나온다.

- 제품 디자인

고객 투입물은 제품의 요구사항과 규격을 결정하면서 제품의 디자인에서 핵심 역할을 한다. 흔히, 시장연구는 너무 늦게 수행된다. 즉, 제품 디자인이 이미 결정된 후에 사후 팩트 체크로서만 진행될 가능성이 있다. 그러나, 시장연구는 사용자 니즈와 원츠 연구와 함께 시작하면서 디자인 의사결정에 투입물로서 사용되어야 한다.

- 개발을 추진하기 전

최고의 성과기업(보통 신제품 개발 결과의 관점에서 상위 20%(신제품 매출의 비율, R&D의 투자수익율, 신제품 성공률(매출과 이익 목표를 충족시키는 신제품의 비율), 적시성과 등)의 상위에 해당하는 기업)은 모형, mock-ups(실물 크기의 모형), protocepts(개념 표현과 현장 시험 혹은 베타 테스트를 위해 준비된 제품 프로토타입의 중간에 있는 것), CAD(computer-aided design) 설계, 가상 프로토타입을 통한 제품의 표현을 제공하고 고객의 선호와 구매의도를 측정함으로서 고객과 함께 제품개념을 테스트한다. 제품을 개발하고 고객 테스트를 시작하는 것보다 개발을 시작하기 전에 테스트하고 학습하는 것이 훨씬 비용이 덜 든다.

- 전체 프로젝트에 걸쳐

고객 투입물은 개발 전 시장연구의 완료에서도 중단되어서는 안된다. 고객 투입물을 추구하고 사용자와 함께 개념 혹은 디자인을 테스트하는 것은 반복적인 프로세스이다. 일련의 신속한 프로토타입과 테스트, 작업모형의 고객 테스트, 현장시험을 통해서 제품의 양상을 관찰하기 위해 개발자는 고객을 프로세스와 연결시켜 성공하는 제품 디자인에 대한 모든 전제를 입증한다.

③ 사전 개발작업-과제

아이디어 발굴과 프로젝트 개념정립은 성공에 결정적이다. NPD의 선행 단계들은 승자와 패자 사이의 차이를 만드는 결정적 역할을 한다. 성공적 기업들은 이 필수 전방단계(up-front) 활동에 성공하지 못한 기업들보다

약 2배의 시간과 비용을 지출한다.

- 예비시장 평가

  시장 잠재력과 원하는 제품특성을 평가하기 위한 신속한 시장연구

- 예비기술 평가

  기술적 타당성을 평가하고 기술적 리스크를 규명하는 프로젝트의 첫 번째 기술적 평가

- 세부 시장연구와 고객의 소리에 대한 연구

- 세부기술 평가

  개념의 검증, 지적재산 이슈 해결, 운영 혹은 공급원천 평가를 구축하는 세부 기술적 평가

- 대량생산 개발로 가기 위한 투자 의사결정 직전의 비즈니스와 재무 분석

또다른 이슈는 단계 내 균형이다. 성공하는 기업들은 시장/비즈니스 지향적 업무와 기술적 업무 사이의 적절한 균형을 유지한다. 최악의 수행자들은 기술적 측면만을 추진하는 경향이 있고 프로젝트의 초기 단계 동안에 마케팅과 사업부문에 립서비스(lip service)만을 하는 경향이 있다. '더 많은 과제는 더 긴 개발 시간을 의미한다는 것'은 빈번하게 나오는 불평이다. 그러나, 과제는 향상된 성공률만큼 돈이 절약되고 실제로 개발시간을 줄인다.

- 만약 과제가 생략되면 훨씬 많은 제품실패 가능성으로 결과된다.
- 더 나은 프로젝트 정의, 건전한 과제의 결과, 개발 프로세스의 가속화: 모호한 목표를 갖고 빈약하게 정의된 프로젝트와 변동하는 목표는 개발단계로 진입하면서 시기의 불이행을 초래한다.
- 프로젝트의 일생동안 발생하는 필수불가결한 제품 디자인 진화를 고려한다면 대부분의 이 디자인 변화는 비용이 덜 들게 수정할 수 있는 프로세스의 초기에 이루어져야 한다.

④ 분명한, 초기의, 사실기반의 제품정의

최악의 시간낭비 기업의 두 가지 요인은 프로젝트 범위의 불명확과 불완전한 제품규격이다. 프로젝트는 단일고객 주도로 시작하고 다음에 다수의 사용자들로 목표화하고 최종적으로 새로운 제품 패밀리를 위한 플랫

폼이 되는 것으로 종료될 수 있다. 불완전한 제품규격은 제품정의(제품 요구사항과 규격)가 개발 단계에서 계속 변하는 것을 의미한다. 따라서, 기술인력은 모호한 개발목표(즉, 이동하는 골대)를 추적하고 지속적으로 목표에 다가가야 한다.

과제 동안의 분명한, 초기의, 사실기반 제품 정의는 솔루션이다. 개발 단계가 시작되기 이전에 얼마나 잘 제품이 정의되었는지는 수익성과 감소된 시장 진입시간 모두에 긍정적으로 영향을 미치는 주요 성공요인이다. 이 정의는 다음을 포함한다.

‒ 프로젝트 범위

‒ 목표 시장

‒ 제품개념과 사용자에게 전달될 편익(가치 명제를 포함)

‒ 포지셔닝 전략(목표 가격을 포함)

‒ 제품 특성, 특징, 요구사항, 고수준의 규격

이 제품 정의가 적절하지 않고 사실기반이지 않다면 실패가 증가한다.

⑤ 반복적, 나선형 개발‒구축, 테스트, 피드백, 개선

나선형 혹은 반복주기적 개발은 빨리 진행하는 프로젝트 팀들이 유동적이고 변화하는 정보를 갖는 동태적 정보 프로세스를 다루는 방식이다. 나선형 개발은 어떤 정보가 유동적이고 심지어 신뢰할 수 없을지라도 팀이 특히 빠르게 변동하는 시장에서 개발단계로 진입할 때 팀이 제품정의와 제품권한을 획득하는 것을 지원한다.

많은 기업들은 제품개발에서 너무 경직되어 선형적 프로세스를 사용한다. 프로젝트 팀은 사전 개발 단계에서 고객을 부지런히 방문하고 그들이 할 수 있는 최선의 수준에서 고객 요구사항을 결정한다. 아이디어 발굴과 프로젝트 정의 단계 업무는 적절히 수행되고, 제품규격이 결정되고, 제품정의가 결정된 후에 개발을 시작한다. 그러나, 세계는 너무 빠르게 변화하여 안정적이고 견실한 제품정의를 항상 만들 수 없다. 흔히 고객은 그들이 원하는 것(원츠)에 분명하지 않고 따라서 개발 이전에 정확한 제품정의를 얻는 것이 어렵다. 그리고 때때로 요구사항은 개발의 전체 과정에서 변동하기 때문에 원래의 제품정의는 더 이상 타당하지 않을 수 있다. 그 결과, 제품 디자인을 처음부터 다시 생각하기 위해 전방단계의 개발로

돌아가는 사이클이 필요하다.

스마트한 프로젝트 팀과 기업들은 아이디어-출시 시스템을 나선형 혹은 반복적 개발을 통해 그때그때 봐가며 훨씬 더 적응적이고 조정할 수 있도록 만들었다. 각 반복단계는 다음으로 구성된다.

- 구축

  고객에게 보여주기 위해 무언가를 구축한다. 예를 들어 컴퓨터 생성 그래픽, 시뮬레이션, 가상-실제 프로토타입, 프로토셉트(protocept), 신속 프로토타입(rapid prototype), 단순한 운전모형, 초기 베타버전, pretotype(가능한 한 가장 작은 양의 자원을 사용한 모델), MVP(minimum viable product: 실제로 판매될 수 있고 따라서 수익을 창출할 수 있는 특성이 제한된 제품으로서 스타트업과 첨단기술 기업에서 더욱 일반적이다)가 있다.

- 테스트

  고객과 각 제품버전을 검증

- 피드백

  고객 혹은 사용자로부터 제품의 각 버전에 대한 피드백을 수집
  (그들이 좋아하거나 좋아하지 않는 것과 그들이 바라보는 가치가 무엇인가 등)

- 개선

  가치명제, 추구되는 편익, 피드백에 기초한 제품의 디자인에 대한 자신의 사고를 다시 설정하고 다음 반복단계로 이동

나선형 접근법은 프로젝트 팀이 자주 실패하고, 빠르게 실패하고, 저렴하게 실패하도록 고무하는 실험(experimentation)을 촉진한다. 반복 혹은 나선형은 실험적이고 반복적인 방식으로 기술적 솔루션을 추구함으로서 시장 불확실성을 줄일 뿐만 아니라 또한 기술적 불확실성을 줄이는 데도 사용될 수 있다. 최고 성과를 보이는 기업들의 44.8%가 고객과 함께 이 구축-테스트-피드백-개선 반복을 한다고 한다(Cooper, 2012).

⑥ 세계적 제품-글로벌 지향

기업성장과 수익성은 제품혁신과 결합된 글로벌 비즈니스 전략에 의존한다. 글로벌 시장에서 제품개발은 지속가능한 경쟁우위를 얻는 데 일차적 역할을 한다. 그리고 NPD에 글로벌 접근법을 취하는 다국적 기업들은 자국 내 시장에 R&D 지출을 집중하는 기업들보다 높은 성과를 낸다. 국

제적 신제품과 자국 내 제품 사이의 차이는 다양한 성과 관점에서 2:1 혹은 3:1로 현저하게 차이난다(Cooper, 2019).

이때, 글로벌화는 글로벌 혁신 문화와 글로벌 혁신전략을 요구한다. 단순히 자국 내와 인근의 편리한 국가들에서 새로운 제품 시장을 정의하는 것은 시장기회를 제한한다. 제품혁신에서 최대의 성공을 위해 그 목표는 세계와 세계로의 시장을 위해 디자인되어야 한다.

이 글로벌 지향은 시장을 국제적으로서 정의하는 것과 제품을 단지 자국 내가 아니라 국제적 요구사항을 충족시키는 것을 의미한다. 이 결과는 글로벌 제품(전 세계를 위한 한 버전) 혹은 글로컬 제품(glocal product: 한 개발 노력, 한 기초 제품 혹은 플랫폼이나 다른 국제적 지역을 만족시키기 위한 몇 가지 제품 변형) 중 하나로 결과된다. 글로벌 지향은 또한 단지 자국 내 시장이라기보다는 다수 국가에서 고객의 소리 연구, 개념 테스트, 제품 테스트와 다수 국가에서 맞춤형 출시 계획을 의미하고 다수 국가로 구성된 팀 멤버들을 갖는 글로벌 프로젝트 팀을 활용하는 것을 포함한다.

⑦ 출시를 계획하고 자원을 모으기

에머슨(Emerson)은 더 나은 쥐덫을 구축하면 세계는 당신의 문에 길을 내어 달려갈 것이라고 말했다. 그러나, 에머슨은 시인이지 비즈니스맨이 아니다. 제품이 우월해야 할 뿐만 아니라 숙련된 방식으로 출시, 마케팅, 지원되어야 한다. 바람직한 시장 출시는 신제품 수익성과 강하게 연결되고 효과적인 판매 후 서비스는 신제품의 성공적 출시의 핵심이다.

좋은 신제품의 시장 출시는 R&D 프로젝트의 후반부에서 다루어질 필요가 있는 사후적인 생각으로서 취급되어서는 안된다. 잘 통합되고 적절하게 목표가 설정된 출시는 미세하게 정제된 마케팅 계획과 능숙한 실행의 결과이다. 출시는 사람과 자금 모두의 관점에서 자원이 충족되어야 한다. 그렇지 않으면 너무 흔하게 위대한 신제품이 단순히 자원이 충족되지 않은 채 출시되었다는 이유로 인해서 판매목표를 달성하는 데 실패한다. 그리고 출시를 실행하는 사람들(판매 인력, 기술지원 인력, 기타 현장 인력 등)은 시장 출시계획의 개발에 관여해야 하고 프로젝트 팀의 멤버이어야 한다. 이것은 가치있는 투입과 출시노력의 디자인에 대한 통찰, 필요 시 자원의 이용가능성, 출시를 실행해야 하는 사람들에 의한 인정을 보장한다.

(2) 기업의 성공을 위한 동인-조직과 전략적 요인들

① 사업을 위한 제품혁신과 기술전략

NPD를 위한 계획을 세우고 신제품 전략을 갖는 것은 긍정적 성과와 연관된다. 그러한 전략의 구성요소는 다음을 포함한다.

- **명확하게 정의된 제품혁신 목표**: 예를 들어, 비즈니스 매출 혹은 성장의 비율이 신제품에서 얼마나 나올 것인지를 규정한다.
- 비즈니스의 전체 목표에 제품혁신 목표를 연결시키기 위해 전체 비즈니스 목표를 달성하는데 제품혁신의 역할을 규정한다.
- 정의된 전략적 분야(신제품 노력을 어디에 집중할지에 대한 전략적 초점 분야로서 그 목표는 혁신을 위한 기회가 풍부한 전략적 분야를 선택하는 것임)는 기업의 미래 성장엔진을 창출할 것이다. 이 전략적 분야(시장, 제품 영역, 산업 부문, 기술)를 효과적으로 결정할 필요가 있으나 많은 기업들은 필요한 기회를 산출하는 데 실패하고 단지 전통적이고 무익한 분야에 초점을 둔다.
- **적절한 제품 로드맵**: 흔히 미래의 5-7년이라는 시간에 따른 계획을 수립한다. 로드맵은 바람직한 목표를 달성하기 원하는 위치에 도달하기 위한 방법에 관한 경영의 관점이고 구체적 미래 개발 프로젝트를 위한 이정표를 제공한다.

② 초점이 있고 선명한 프로젝트 선택 의사결정-포트폴리오 관리

대부분의 기업들은 너무 많은 프로젝트를 대상으로 하고 흔히 잘못된 프로젝트를 선정하여 효과적이고 적시의 노력을 전개하는 것을 어렵게 만든다. 구체적으로 첫째, 희소하고 가치있는 자원들이 빈약한 프로젝트에서 낭비된다. 둘째, 정말 가치있는 프로젝트는 필요한 자원을 받지 못하여 필요한 자원을 갈망해야 하기 때문에 천천히 진행되거나 심지어 진행되지 않는다. 이것은 적절한 프로젝트 평가와 우선순위화의 결여로 인해 발생하고 부정적 결과를 낳는다. 최고의 프로젝트에 제한된 초점을 맞추는 니즈와 결합되어 나쁜 프로젝트를 추려내는 욕구는 Go/Kill과 우선순위 의사결정이 적절히 이루어져야 한다는 것을 의미한다. 이것은 더 선명한 초점, 더 높은 성공률, 더 단축된 시장진입으로 결과된다. 그러나, 프로젝트 평가는 빈약하게 취급되거나 존재하지 않는 것으로서 현장에서 지속적으로 이야기 된다. 이 의사결정은 잘못된 기능부문에서 모여든 잘못된 사람들을 포함하고, 프로젝트를 스크리닝하거나 서열화하는 일관적인 기준이 존재하지 않고, 프로젝트를 죽이려고 하는 의지가 없기 때문에 프로젝트들이 자신의 일생을 스스로 개척하고 지속하도록 허용하는 문제가 발생한다.

이를 해결하기 위해 더 분명한 초점을 갖고 집중적이면서 바람직한 개발 노력이 필요하다. 그 결과, 아이디어-출시 시스템을 재디자인하고 빈약한 프로젝트를 성공적으로 제거하는 깔때기 프로세스가 필요해 진다. 이 프로세스에서 가시적인 Go/Kill 기준의 사용은 스코어링 모형과 같은 여러 기법을 활용하여 의사결정의 효과성을 향상시킬 필요가 있다.

그러나, 높은 가치의 신제품 프로젝트를 선발하는 것은 단지 업무의 일부분일 뿐이다. 다른 포트폴리오 목표는 개발 포트폴리오에서 프로젝트들의 올바른 배합과 균형을 선택하고 포트폴리오에서 전략적으로 적합한 배치를 보장하는 것이다. 제품혁신에 대한 기업의 지출은 자신의 전략적 우선순위를 반영하여 결정되어야 한다. 많은 기업들은 자원을 효과적으로 할당하는 것을 지원하고 신제품 프로젝트들을 우선순위화하기 위해 더욱 공식적인 포트폴리오 관리 시스템을 만든다. 개발 프로젝트의 올바른 배합과 균형을 보장하기 위해 선도기업들은 다른 프로젝트 유형 혹은 다른 전략적 분야를 목표로 하는 전략적 바구니(strategic buckets)를 적용하였다.

③ 핵심 역량을 레버리지하기-시너지(synergy)와 친숙성(familiarity)

신제품 관리에도 '강점분야에서 공격'이라는 격언이 적용된다. 기반사업과 시너지가 결여될 때 신제품은 일반적으로 빈약하게 전개된다. 시너지는 다음의 관점에서 신제품 프로젝트의 니즈와 자원/역량/경험 사이에서 강한 적합성을 갖는 것을 의미한다.

- R&D와 기술 자원(이상적으로 신제품은 기존 기술역량을 레버리지시켜야 한다)
- 마케팅, 판매력, 유통(채널) 자원

- 브랜딩, 이미지와 마케팅 커뮤니케이션, 촉진 자산
- 제조, 운영 혹은 공급원의 역량과 자원
- 기술적 지원과 고객 서비스 자원
- 관리 역량

이 여섯 개의 시너지 혹은 레버리지 구성요소는 신제품 프로젝트를 우선순위화하는 스코어링 모델에서 중요한 체크리스트가 된다. 만약 레버리지 점수가 낮다면 프로젝트를 진행하는 다른 설득력있는 이유들이 존재해야 한다. 레버리지는 필수가 아니나 성공의 기회를 향상시킨다.

또한, 친숙성은 시너지와 유사한 개념이다. 어떤 신제품 프로젝트는 기업을 친숙하지 않은 영역(기업에 새로운 제품 카테고리, 새로운 판매인력/채널/서비스 요구사항, 친숙하지 않은 제조 프로세스)으로 이끈다. 그리고 그 기업은 그에 대한 비용을 지불한다. 단계에서 제외되는(step-out) 프로젝트들은 경험/지식/스킬/자원의 결여로 인해서 리스크가 더 높고 더 높은 실패율을 갖는다. 그러나, 이때의 부정적 영향은 대부분의 다른 성공동인들만큼 강력하지 않다. 새롭고 친숙하지 않은 영역은 평균적으로 더 낮은 성공률과 수익성으로 결과되나 그 성공률은 급격하게 낮아지지 않는다. 따라서 때때로 새롭고 친숙하지 않은 시장, 기술, 제조 프로세스와 레버리지가 제한될 수 있는 영역(예 어떤 핵심 스킬 혹은 자원들이 결여됨)을 감행하는 것이 필요하다. 비록 성공률이 영향을 받을 수 있으나 그 성과는 비용을 들일 가치가 충분히 있다.

나아가 그러한 단계에서 제외되는 프로젝트에 대해 협력적 개발과 개방형 혁신과 같은 전략은 개발자들이 필수적이고 결여된 자원, 스킬, 지식을 얻는 것을 도와 성공가능성을 높일 수 있다. 실제로 파트너 기업(고객, 다른 개발자 기업, 심지어 공급자)의 자원들은 또한 효과적 교차기능팀(파트너 기업에서 이용가능한 팀 멤버들), 고객의 소리 업무, 효과적 출시와 같이 다른 성공 요인들에 긍정적 영향을 미칠 수 있다. NPD 프로젝트에서 초기에 확장된 공급자 참여는 개발 효과성과 효율성을 향상시키는 잠재력을 갖는다. 흔히 개발 중인 기업의 공급자들은 필수적이지만 자신들이 보유하지 못한 자원, 스킬, 역량을 제공할 수 있다. 가령, 공급자는 신제품 개발에 필수적인 기술을 보유하고 그것을 그들의 고객과 공유할 수 있고,

공급자들의 생산역량은 또한 핵심 구성요소 혹은 부품을 공급하는 데 유리하도록 사용될 수 있다.

그러나, 이러한 외부 이해관계자와 협력은 리스크를 발생시킨다. 개방형 혁신 계약과 협력적 개발은 항상 두 당사자들에게 윈－윈 상황이지 않다. 갈등과 잘못된 계약은 오해, 문화적 차이, 심지어 신뢰의 결여로 인해 발생할 수 있다.

④ 매력적 시장을 목표로 하기

시장 매력은 중요한 전략적 요인이고 Porter의 five forces 모델, 2차원 GE－McKinsey Map(<그림 8-1> 참조), 비즈니스 포트폴리오 그리드 (grid)와 같은 유명한 전략모델에서 핵심역할을 한다. 더욱 매력적 시장을 목표로 하는 신제품은 더욱 성공적이기 때문에 시장 매력은 또한 신제품을 위해 중요하다. 따라서, 시장 매력은 프로젝트 선택과 여러 선택 기법에서 고려되어야 한다.

시장 매력에 두 가지 차원이 존재한다.

－ 시장 잠재력: 긍정적 시장 환경 즉, 대규모의 장기 잠재력을 갖고 있으며 성장하는 시장과 구매가 고객에게 중요한 시장

－ 경쟁 상황: 시장의 경쟁이 치열한 가격 경쟁과 낮은 마진을 보이며, 역량있고 경쟁력을 보유한 판매인력/유통채널/지원서비스를 갖는 강력한 제품을 출시하는 경쟁자들로 특징되는 부정적 시장

위 두 시장 매력의 요소들은 신제품의 운명에 영향을 미치고 이 둘은 프로젝트 선택과 우선순위화를 위한 기준으로서 고려되어야 한다.

⑤ 자원이 준비되어 있어야 함

너무 많은 프로젝트들은 시간과 금전적 부족에 시달려 훨씬 높은 실패율에 시달릴 것이다. 이익 추구가 격화되면서 기업들은 보통 사업의 재구조화와 비용절감으로 대응하기 때문에 이용가능한 자원은 더욱 제한된다. 하지만, 많은 기업은 자신이 보유한 이용가능한 자원으로 너무 많은 프로젝트를 하려고 노력한다. 보통 기업은 썩 좋지 않은 개발 프로젝트에 아니오라고 말하지 못하고 부적합한 프로젝트를 죽이지 못한다. 그 결과로 나타나는 자원의 부족은 큰 피해를 주고 제품개발을 괴롭히는 많은 것들

〈그림 8-1〉 GE-McKinsey 맵

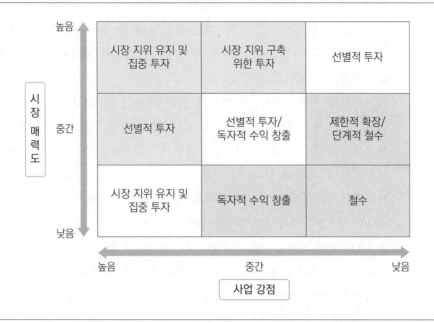

의 근본원인이 된다. 근본원인들로는 고객의 소리 결여, 부적절한 전방 (front-end) 과제, 비효과적인 출시, 단순한/빠른/저렴한 프로젝트에 대한 지나친 강조가 있다.

⑥ **효과적 교차기능팀**

제품혁신은 팀에 기반한 노력으로 달성 가능해 진다. 어떤 실패한 신제품 프로젝트에 대해 사후분석을 하는 경우에 필수불가결하게 각 기능분야 사이에 커뮤니케이션이 거의 없고 프로젝트에 대한 팀 멤버들의 실질적 헌신이 없는 즉, 자신만의 프로젝트를 하는 각 팀을 발견할 것이다.

프로젝트 팀이 조직화되고 기능하는 방식이 프로젝트 성과에 강하게 영향을 미친다. 베스트 기업들은 그들의 새로운 제품 프로젝트 팀들을 다음처럼 조직화한다.

- 모든 중요한 신제품 프로젝트는 명확하게 정의된 프로젝트 팀(프로젝트의 일부이고 그것을 위해 일하는 사람들)을 갖는다. 그리고 프로젝트 팀은 R&D, 판매, 마케팅, 운영 등의 팀 멤버들로 교차기능적으로 구성된

다. 팀 멤버들은 단지 자신 기능부문의 대표자가 아니라 공통 목표로 함께 일하는 프로젝트 팀의 진정한 멤버이다.

- 프로젝트 팀은 단기 혹은 한 기간 동안만이 아니라 처음부터 끝까지 프로젝트에 남아 있는다. 대부분의 성공 기업은 이 'end-to-end' 팀 접근법을 사용한다.

- 프로젝트를 이끌어가는 데 책임있는 팀 멤버인 프로젝트 리더가 존재해야 한다. 프로젝트 리더는 단지 하나 혹은 소수 단계가 아니라 전체 프로세스를 통해 프로젝트를 수행하면서, 아이디어부터 출시까지 전체 프로젝트에 책임이 있다.

- 프로젝트 팀 멤버를 위해 집중적인 공유 정보시스템(기능, 위치, 심지어 국가를 가로질러 프로젝트 정보의 공유를 허용하고 프로젝트 팀 멤버들이 효과적으로 함께 일하는 것을 허용하는 IT 시스템)이 준비되어야 한다.

- 프로젝트 팀들은 그들 프로젝트의 최종 결과에 책임이 있다. 가령 프로젝트가 이익, 수익 목표, 시간 목표를 충족시키는지를 보장하도록 팀의 책임이 부각되어야 한다.

⑦ 올바른 환경-분위기와 문화

혁신을 위한 긍정적 분위기는 NPD에서 최고 성과를 만드는 것을 지원한다. 그러한 분위기는 다음을 포함한다.

- 사업에서 혁신을 강하고 열정적으로 지원하는 상위경영층
- 기업 내 기업가(intrepreneur)의 권장과 위험 수용 행태
- 보상되거나 인정된 신제품 성공(그리고 벌받지 않는 실패)
- 개인이 아닌 팀의 노력에 대한 인정
- 소소한 일까지 챙기는 팀과 사후에 프로젝트 팀을 비판하는 것을 삼가는 상위경영층
- 상위 사람들과 개방적인 프로젝트 리뷰 미팅
- 아이디어 창출자에 대한 인정과 보상
- 창의적 사람들이 자신의 자유로운 선택 하에 프로젝트(예 부업으로 하는 프로젝트)에서 일하는 것을 허용하는 시간
- 스컹크 업무(skunk work: 비밀 실험실을 활용)와 어떤 비공식적인 프로젝트를 허용(시스템 외부에서 수행된 프로젝트)

⑧ 최고경영층의 지원

최고경영층의 주요 역할은 막후의 촉진자가 되기 위해 제품혁신을 위한 무대를 준비하는 것이다. 최고 성과기업에서 상위경영층은 성장의 원천으로서 제품 혁신에 장기적으로 헌신한다. 그들은 제품혁신을 위한 비전, 목표, 전략을 개발하고 제품 개발을 위한 필수 자원을 이용가능하게 만든다. 그리고, 상위경영층은 신제품 프로세스, 리뷰 프로세스에 관여하며, 적시의 Go/Kill 의사결정을 하고 만약 Go라면 프로젝트 팀에게 자원을 충분히 지원한다. 게다가, 그 경영층은 프로젝트 팀에게 권한 부여를 하고 프로젝트 리더와 팀들의 멘토, 촉진자, 대부, 후원자로서 행동하여 NPD에 헌신하는 챔피언을 지원한다.

(3) 올바른 시스템과 프로세스

기업이 마련한 전술, 시스템, 방법, 절차와 그들이 얼마나 잘 실행되는지는 흔히 신제품 성공에 핵심이 된다.

① 다단계, 원칙있는 아이디어-출시 시스템

Stage-Gate® 시스템과 같은 체계적인 아이디어-출시 방법론은 신제품 노력을 방해하는 결점을 극복하기 위해 많은 기업들이 적용한 솔루션이다. 로드맵 혹은 각본(playbook)의 역할을 하는 이 시스템의 활용을 통해 향상된 팀워크, 더 작은 리사이클링과 재작업, 향상된 프로젝트 성공률, 실패의 초기 감지, 더 나은 시장 출시, 심지어 더욱 단축된 사이클타임의 성과가 나타나는 것으로 자주 보고되었다. 실제로 미국 기업들의 88%는 그러한 프로세스를 활용하고 있으며, 이 프로세스가 가장 강력한 베스트 프랙티스 중 하나이고 거의 모든 최고 성과기업에 의해 활용되는 것으로 나타났다(Cooper & Edgett, 2012).

② 속도-그러나 실행의 품질을 희생시키지 않고서

속도는 시장에 처음 존재하는 경쟁우위 즉 선발진입 우위(first mover advantage)를 제공한다. 이 속도는 시장 상황이 변하는 가능성이 더 작음을 의미하고 이익의 더 빠른 실현으로 결과된다. 그러나, 속도는 단지 중간목표이고 궁극적 목적은 수익성이다. 속도와 수익성은 연결되는 반면에 그 관계는 결코 직접적이지 않다. 속도에 대한 어두운 면이 존재한다. 흔히 개발시간을 줄이려고 사용된 방법들은 부작용을 산출하고 많은 경우에 매우 높은 비용이 소요된다. 그들은 건전한 관리 프랙티스와 조화를 이루지 못한다. 또한, 속도에 대한 과도한 강조는 어떤 기업에서 제품 개발의 평준화로 이어질 수 있다. 비록 많은 제품수정과 라인확장이 빠르게 완료될 수 있을지라도 진정 혁신적인 제품의 부족으로 결과될 수 있다.

프로젝트 팀들이 시장진입을 단축시키기 위해 포용할 수 있는 건전한 원칙들은 다음을 포함한다.

- 전방 단계 즉, 아이디어 발굴과 초기의 사실기반 제품 정의를 잘 수행하는 것은 후방 단계의 시간을 절약한다.
- 프로젝트의 모든 단계에서 높은 품질수준으로 실행: 시간을 절약하는 최선의 방법은 사이클을 뒤로 돌리는 것과 두 번 하는 것을 피하는 것이다.
- 효과적인 교차기능팀을 활용: 나쁘게 개발된 프로젝트를 즉각 죽여라. 그렇지 않으면 siloing[메모를 위와 아래로 보내거나 의사결정에서 조직적 사일로(정보가 흐르지 않고 한 곳에 쌓이는 현상)]을 만들고 순차적 문제해결을 통해서 그 원인을 찾는데 시간을 낭비할 것이다.
- 병행 프로세스(동시공학처럼 업무를 동시에 수행하는 것)와 심지어 중복적 단계(후지쓰의 upfronting과 같이 장기 리드타임을 앞으로 옮기고 부분 정보로 진행시키기)를 허용: 제품개발에 계주(relay race), 순차적, 혹은 연쇄적 접근법은 오늘날의 빠르게 진행되는 프로젝트에 구식이고 부적절하다.
- 나선형 혹은 반복적 개발을 사용: 이 구축-테스트-피드백-개선 반복은 제품을 더 일찍 얻고 공식적 제품 테스트가 시작하기 오래 전에 필요한 적응을 이룬다.
- 더 높은 가치를 갖는 더 소수의 프로젝트에 집중하기 위해 우선순위화하고 초점화: 진정으로 할 가치가 있는 프로젝트에 자원을 집중함으로서 일을

더 잘 할 뿐만 아니라 더 빨리 완료될 것이다.

- 민첩한(agile) 접근법을 활용: 시장진입 시기의 단축과 증가된 NPD 생산성을 유인한다.

③ 효과적 아이디에이션(ideation)

뛰어난 아이디어는 위대한 신제품을 위한 토대이다. 따라서, 점점 더 혁신 프로세스의 퍼지프런트엔드(fuzzy front-end: 연구개발 기획 단계)에 더 많은 관심이 주어지고 있다. 비록 아이디에이션의 내부 방법들(예 자신의 직원을 사용하기)이 가장 대중적일지라도 가장 효과적이지는 않다. 위대한 아이디어를 발생시키기 위해 성공한 기업은 아이디어-출시 시스템의 가장 빠른 단계에서 고객의 소리를 구축한다.

- 고객 방문 팀: 소수의 대표 고객 중 핵심 구매 영향력을 갖는 사람들에게 체계적으로 방문하는 프로그램을 수행하는 2-3명의 교차기능팀이 이용된다.

- 선도 사용자 분석: 선도적이거나 혁신적 사용자들과 함께 신제품 개념을 규명(새로운 물결 즉, 유행의 발생 이전에)하고 그들과 함께 일한다(전형적으로 워크샵 형태로).

- 문화기술적(ethnography) 방법: 고객의 행태를 관찰하기 위해 그들과 함께 야외로 나가기(문화인류학)와 그렇게 함으로서 그들의 말해지지 않고 충족되지 않는, 흔히 알려지지 않은 니즈를 이해하는 것이 필요하다.

- 초점그룹: 문제, 욕구, 니즈, 원츠를 규정하기 위해 고객들의 그룹(흔히 소비자들)과 함께 인터뷰한다.

- 디자인 사고(design thinking): 고객의 요구사항이 고객의 소리(가령, 문화기술적 방법)를 통해 이해되고 일련의 제품 버전들이 즉각적으로 사용자들과 함께 테스트된다.

또한, 개방형 혁신(한 기업의 외부를 보는 것)은 다른 신제품 아이디어의 가치있는 원천을 발생시킨다. 개방형 혁신을 통해서 개발자는 기업의 외부에 있는 원천들(신제품을 위한 아이디어, 지적재산권와 아웃소싱된 개발 업무, 마케팅과 출시 자원, 심지어 판매된 준비가 되어 있는 라이센스된 제품)로부터 지식과 자원을 획득한다.

④ 실행의 품질(quality-of-execution)

'처음에 그것을 올바로 해라.'는 빈약한 실행 품질이 일을 수정하는 데 다시 돌아가야 함으로서 보통 큰 낭비로 결과된다는 것을 의미하는 오래된 격언이다. 신제품 실패의 원인 중 하나는 신제품 프로젝트가 실행된 방식에서 심각한 결함에 기인한다. 예를 들어 시장 연구의 결여, 빈약하게 실행된 출시, 약한 비즈니스 분석 등이 있다. 시장 연구는 프로젝트의 73%에서 빈약하게 수행되고, 제품 출시는 54%에서 약했고, 제품 테스트 결함은 시장 실패의 49%에서 문제가 되었다(Cooper, 2017).

이와 관련한 관리적 시사점을 정리하면 다음과 같다. 첫째, 실행 품질은 실제로 신제품 성과에 차이를 만든다. 둘째, 그것은 너무 많은 기업, 너무 많은 프로젝트, 너무 많은 핵심 업무에 걸쳐서 현저하게 결여되고 있다. 셋째, 가장 약한 영역은 프론트엔드(사전 개발)와 비즈니스와 마케팅 관련 업무(기술적 업무는 훨씬 강점)이다. 품질은 그것이 제조 프로세스 혹은 혁신 프로세스이든지간에 어떤 프로세스로 구축될 수 있고 최고 기업은 신제품 프로젝트에서 실행 품질, 역량있고 잘 훈련된 인력을 갖는 프로젝트 팀, 고품질의 직무를 하는 데 이용가능한 시간을 갖는 전담 팀 멤버들, 관리 멘토링과 지원, 프로젝트 팀을 위해 유용한 가이드라인을 갖는 명백한 혁신 프로세스, 프로젝트 동안 품질 체크 혹은 게이트를 통해서 달성될 수 있다.

1.2.2. NPD 베스트 프랙티스

(1) 중요성

프랙티스는 어떤 일을 하는데 습관적 혹은 통례적 성과와 어떤 전통으로서 정의된다. 프랙티스는 의도된 결과를 달성하기 위한 아이디어의 실행(implementation)을 나타내고, 여기서, 실행은 정책의 수립(formulation)과 수행(execution)을 나타낸다. 베스트 프랙티스는 어떤 영역 내에서 어떤 다른 기법, 방법, 프로세스, 활동보다 특정 결과를 제공하는 데 더욱 효과적인 기법, 방법, 프로세스, 활동으로서 정의될 수 있다. NPD의 경우에 어떤 베스트 프랙티스의 규명과 후속 적용은 가장 잘 실행하는 기업들의 NPD 성공을 모방하는 것을 도울 수 있다. 하지만, 하나의 최선의 방법은 존재하지 않고 오히려 동일한 최종 목표에 다른 경로가 존재한다고 하는 주장도 있다. 즉, 기업의 생존은 그 기업이 얼마나 잘 특정 환경에 적응하는지에 의존하기 때문에 하나의 베스트 프랙티스 NPD 프로세스는 존재하지 않는다는 것이다. 하지만, 비록 어떤 NPD 베스트 프랙티스가 항상 성공을 지원하지 못할지라도 그 성공을 유인하는 여러 요인 중에서 가장 빈번하고 중요하게 고려되는 요소들에 대한 이해를 하는 것도 중요할 것이다.

(2) 프레임워크

NPD 베스트 프랙티스는 여섯 개의 차원들로 이루어진다(Kahn et al., 2006).

① 전략

전략은 전략적 사업부단위, 부서, 제품라인, 개별 프로젝트에서 NPD 노력의 초점을 정의하고 계획하는 것을 나타낸다. 선도조직들은 전략을 사용하여 그들의 NPD 활동을 더욱 잘 이끌 것이고 제품개발을 전략적, 장기적 노력으로 보는 기업들은 미래 시장기회를 잘 찾아낼 것이다. 이들 기업들은 또한 신제품 전략을 규명하는 과정에서 고객의 실제 혹은 표현되지 않은 원츠를 인식하고 규명한다.

② 포트폴리오 관리

포트폴리오 관리는 어떤 프로젝트를 진행할 것인지와 함께 바람직한 제품개념을 규명하기 위한 제품개념의 결정을 나타낸다. 더욱 정교한 NPD 조직은 여러 자원의 더 나은 배분으로 결과되는 공식적이고 체계적인 포트폴리오 관리 방법론을 가진다. 이 조직은 또한 급진적 혹은 대변혁적 유형의 프로젝트와 점진적 프로젝트의 균형을 유지하는 포트폴리오를 갖는다.

③ 프로세스

프로세스는 제품을 출시하기 위한 NPD 단계, 상응하는 활동, 게이트 기준들을 나타낸다. 많은 기업은 각 게이트에서 프로젝트를 평가하기 위해 명확히 정의된 기준을 갖고 있으며, 그 프로세스를 담당하고 잘 기능하도록 프로세스 관리자를 임명하고 있고 상황에 따라 프로젝트를 평가할 수 있는 공식적인 프로세스를 갖고 있다. 가장 잘 실행하는 기업들은 가시화할 수 있고, 문서화할 수 있고 사용되는 명확히 정의된 stages와 gates를 갖는 공식적 프로세스를 사용하고 있다.

④ 시장연구

시장연구는 시장에서 고객, 경쟁자, 거시환경적 요인들을 이해하고, 그들에 대해 감지(sensing), 학습을 위한 활동의 적용을 포함한다. 더욱 정교한 조직은 고객이 개발 프로세스에 참여될 수 있도록 다양한 시장연구 기법들을 사용한다. 이들은 제품정의와 고객반응을 결정하기 위한 개념 테스트, 제품 테스트(내부와 외부), 시장 테스트를 포함한다. 선도조직은 고객의 현재와 표현되지 않은 요구사항/문제/편익, 제안된 제품에 대한 고객반응과 가격 민감성, 시장규모와 잠재성, 기대된 매출수익, 경쟁적 상황 등을 학습하기 위해 시장연구 기능을 지원하고 다양한 시장정보를 모으기 위해 필요한 자원을 제공한다.

⑤ 사람

사람은 인적자원과 팀 관련 주도권을 포함한다. 선도기업은 NPD 노력을 이끌기 위해 챔피언을 사용하고 NPD 프로세스 전체에 걸쳐 교차기능팀에 의존하며, NPD 전문가들이 프로세스에 헌신하기 위해 정규직으로 일한다.

⑥ 지표와 성과

측정기준과 성과평가는 NPD 성과가 어떻게 측정, 추적, 보고, 인식, 보상되는지와 관련된다. 정교한 조직은 전략적 기준(예 핵심 역량, 시장 니즈, 재무 목적과 적합)을 강조한다. 이 조직은 또한 프로젝트가 시장지분, 고객만족, 시장진입 시간, 매출규모, 고객의 브랜드에 대한 태도와 같은 구체적 NPD 목표에 얼마나 잘 충족하는지를 더 자주 그리고 더 많이 측정한다.

1.3. 기타 NPD의 성공 특성

Henard & Szymanski(2001)는 많은 문헌연구를 통해서 신제품 성과에 영향을 미치는 요인을 선정하였다.

① 제품 특성

- 제품우위: 경쟁제품에 대한 우월성과 차별화
- 제품의 고객 니즈에 충족: 제품이 고객의 요구와 니즈를 충족시키는 것으로 인식된 수준
- 제품 가격: 인식된 가격 - 성과 일치(예 가치)
- 제품기술 정교성: 제품의 인식된 기술 정교성(예 고기술, 저기술)
- 제품 혁신성: 제품의 인식된 새로움/독창성/창조성/혁신성

② 기업전략 특성

- 마케팅 전략: 기업의 현재 마케팅 역량과 성공적으로 신제품 출시를 실행하는데 필요한 마케팅 역량사이의 조화
- 기술적 시너지: 기업의 현재 기술 역량과 성공적인 신제품 출시를 실행하는데 필요한 기술적 역량사이의 조화
- 진입 순서: 시장진입 시기
- 헌신적인 인적 자원: 신제품 출시에 인적자원의 초점화된 몰입
- 헌신적인 R&D 자원: 신제품 출시에 R&D 자원의 초점화된 몰입

③ 기업 프로세스 특성

- 체계적인 접근: 공식화된 제품개발 절차의 제공
- 사전개발 임무 숙련성: 기업이 제품출시 전 활동(아이디어 창출/스크리닝, 시장연구, 재무분석 등)을 수행하는 스킬
- 마케팅 업무 숙련성: 기업이 마케팅 활동을 수행하는 스킬
- 기술적 숙련성: 신제품 출시에 기술사용의 스킬
- 출시 숙련성: 기업이 제품/서비스를 출시하는 스킬
- 감소된 사이클타임: 개념에서 출시까지 시간의 감소(시장 진입 시간)
- 시장 지향성: 기업의 내부, 경쟁자, 고객에 대해 지향하는 수준

- 고객 투입: 신제품 출시에 고객명세의 도입
- 교차기능 통합: 신제품 출시에 다부문 참여의 수준
- 교차기능 의사소통: 신제품 출시에 부문간 커뮤니케이션의 수준
- 상위경영층의 지원: 신제품 출시에 상위경영층 지원 수준

④ 시장 특성

- 경쟁적 반응의 발생가능성: 신제품 도입에 대한 경쟁자 반응의 정도
- 경쟁적 반응의 강도: 신제품 도입에 대한 경쟁자 반응의 정도, 강도 혹은 수준
- 시장 잠재성: 시장에서 고객과 수요의 기대된 성장

02 성공적 NPD를 위한 전략적 고려사항

2.1. 시장지향

(1) 개념

시장지향은 현재 및 미래의 고객 요구사항, 전체 부서에 걸친 정보의 확산과 관련한 시장 지능정보(intelligence)의 조직차원의 창출과 그것에 대한 조직차원의 대응성으로서 정의한다. Narver & Slater(1990)는 시장지향은 고객에 대해 우월한 가치를 창출하고 비즈니스에 대해 지속적인 성과 우월성을 발생시키기 위해 필요한 행동을 가장 효과적이고 효율적으로 창출하는 비즈니스 문화의 필수적 요소라고 주장한다. 그들에 따르면, 시장지향은 조직을 위한 세 가지 행태적 구성요소들로 이루어진다.
① 고객지향
② 경쟁자지향
③ 기능 간 조정

여기서, 고객지향과 경쟁자지향이 목표고객의 현재 및 미래의 요구사항을 만족시키고 현재 및 잠재적 경쟁자들의 행동을 분석하기 위해 시장지향적 조직의 필요성과 관련되며, 교차기능 간 조정은 목표고객에 대해 우월한 가치를 창출하는데 조정된 기업자원의 활용을 의미한다. 비록 시장지향의 세 가지 모든 구성요소들이 효과적 시장지향에 공헌할지라도 다른 환경에서 한 개별 요소가 다른 요소들보다 더 강조될 수 있다. 또한, 세 가지 개별 구성요소들은 다른 조직 프로세스, 자원, 초점과 관련된다. 가령, 고객지향의 프로세스는 고객니즈의 조사로 시작하고 다시 그 고객에게 서비스하는 데 필요된 자원과 학습을 내부적으로 개발하는 것을 추구하는 반면에, 경쟁자지향 프로세스는 경쟁자들의 행동의 규명과 기대로 시작하고 다시 경쟁적 행동에 효과적으로 대응하거나 심지어 선제하기 위해 내부의 자원과 역량을 활용하고 개발하는 것을 추구한다.

(2) 고객지향

고객지향은 고객이 지속적으로 우월한 가치를 창출할 수 있도록 목표 구매자들에 대해 충분히 이해하는 것을 의미한다. 즉, 고객지향적 기업은 현재 및 미래의 요구사항을 규명, 분석, 이해, 답하는 능력과 의지를 갖는다. 기업은 고객니즈와 만족에 대한 노력에 초점을 둠으로서 경쟁자들과 비교하여 신제품에 대한 우위를 누릴 수 있다. 고객지향은 고객니즈의 조사에서 시작한다.

기술혁신 분야에서 고객지향과 흔히 대비되는 개념으로서 기술지향이 있다. 어떤 기업이 R&D에 많이 투자할 때 강한 기술지향을 갖는다고 볼 수 있고 이 기업은 신기술을 확보하는 데 우월적 위치에 있게 된다, 기업의 기술지향은 NPD에 정교한 기술의 사용, 신속한 신기술의 통합, 신기술을 선행적으로 개발, 신제품 아이디어 창출에 초점을 둔다. 기술지향적 기업은 내부의 기술자원(예 과학적 숙련성, 디자인 프로세스, 내부 커뮤니케이션)과 외부의 기술기회(예 정보 수집, 기술 스캐닝, 기술 확산, 기술 네트워킹)에 동시에 초점을 두는 능력을 갖는다. 그러한 기술적 및 조직적 수월성은 기업에게 경쟁에 의해 쉽게 모방될 수 없는 더 큰 경쟁우위의 잠재력을 제공한다. 어떤 사람들은 많은 본원적인 혁신들은 소비자 혹은 시장연구에서 나오는 것이 아니고 오히려 R&D 인력에 의해 개발된다고 주장하기도 한다. 따라서, 매우 경쟁적 환경에서 기업이 산업의 외부와 내부에서 적합한 기술적 정보를 수집(일반적 정보수집을 강조하는 안테나와 흔히 특정 정보수집을 강조하는 레이더를 사용)하는 것이 중요하다.

(3) 경쟁자지향

경쟁자지향은 기업이 자신의 단기적인 강점 및 약점, 장기적인 역량, 현재 및 잠재적 경쟁자들의 전략을 이해하는 것을 의미한다. 그것은 경쟁자들의 행동을 선행적으로 규명, 분석, 기대하는 기업의 능력 및 의지를 반영한다. 경쟁에 대항하여 자신을 보호하는 의미에서 경쟁자지향이 혁신성과에 긍정적 영향을 미칠 것이라고 가정하는 것은 합리적이다. 혁신성과에 강한 영향을 미치는 경쟁자지향을 위해 기업은 제품 차별화를 목적으로 중요한 기술적 특성들을 개발할 수 있어야 한다. 즉, 경쟁자들에 앞서 경쟁우위를 개발하고 경쟁자들의 행동을 선행적으로 규명하고 기대함으로서 더 향상된 NPD를 기대할 수 있을 것이다.

그러나, 경쟁자지향과 제품개발 성과의 관계는 항상 긍정적으로만 나타나지 않는다. 경쟁자지향은 고객지향과 정반대의 위치에 놓이게 만들 수 있다. 경쟁자지향적 행태는 유일한 목적이 경쟁자들에 비해 일을 더 잘 수행하는 것일 때 (예 어떤 기업은 더 빈약한 품질과 더 낮은 가격을 갖는 제품 모방을 통해 경쟁할 수 있다.) 실제로 수익의 감소를 불러일으킬 수 있다. 또한, 경쟁자지향은 수요가 크고 시장이 확장 중일 때 효과적이지 않을 것이다. 그러한 환경에서, 기업은 빠르게 성장하는 시장 수요를 만족시키기 위해 신제품과 서비스를 개발하는 데 더욱 초점을 두어야 한다.

(4) 교차기능 간 조정

교차기능 간 조정은 목표고객에게 우월한 가치를 제공하는 데 기업자원의 활용을 조장하는 것을 의미한다. 효율적이고 효과적인 교차기능 간 조정은 조직 내 공유된 시장정보와 전문화된 지식을 낳고, 다시 이것은 신지식의 창출을 촉진한다. 반대로, 강한 부서지향을 갖는 조직은 그들의 공통업무에 대한 이해의 공유를 덜 보여줄 것이다. 부서 상호업무에 대한 인식과 이해의 차이는 부서 사이(특히, R&D와 마케팅)의 효과적 통합을 제한할 수 있고 성공적 혁신에 중요한 혁신 의사결정의 효과를 제한할 수 있다.

2.2. NPD의 가속화

다양한 제품을 시장에 빨리 출시하여 여러 목표고객의 요구사항을 적시에 충족시키는 차원에서 제품개발 속도는 기업의 경쟁력에 강한 영향을 미친다. 이에 NPD 속도는 매우 중요한 관심사안이 되었다.

(1) 가속화 방안

① Millson et al. (1992)의 연구

- NPD 운영의 단순화
- 불필요한 NPD 활동의 제거
- NPD 활동의 병행
- NPD 프로세스에서 지연을 제거
- NPD 운영의 가속화

② Langerak et al. (2008)의 연구

- 공급자 참여
- 선도 사용자 참여
- 활동과 임무의 가속화
- 신제품에서 부품과 구성요소의 축소
- 종업원 훈련과 보상
- 지원시스템과 기법 실행
- 기능 간 협력을 촉진
- 고객에 대한 가치를 강조
- 조직 구조의 단순화

이러한 연구들을 종합하면 가속화 접근법을 위해서 기업은 NPD 활동의 단순화, 모듈러 디자인과 셀룰러 제조, NPD 운영의 단순화, 불필요한 활동과 지연의 제거, 프로세스 및 업무의 병행 처리에 초점이 맞추어져 있다.

(2) 신속이 항상 바람직한가?

많은 사람들이 더 빠른 NPD가 신제품의 성공과 관련이 있다고 믿은 반면에 어떤 사람들은 몇 가지 리스크로 인해서 오히려 반대의 결과가 나올 수 있음을 지적하였다. 그 리스크는 NPD 가속화에 숨겨진 비용과 관련된다. 이 비용이 발생하는 원인은 필수 단계들을 건너 띄면서 결과된 실수, 시간 압박 하의 기술적 리스크, 마케팅 불확실성 증가, 수익이 더 많은 급진적 혁신을 몰아내는 점진적 혁신 추구를 포함한다.

여기서, 시간압박 비경제의 개념을 고려할 필요가 있다. 이 개념은 개인과 조직은 시간 압박에 직면할 때 감소하는 수익률을 얻기 쉽다는 것이다. 2년짜리 MBA 프로그램에 비해 비록 시간 이외의 모든 투입물들이 2배가 될지라도 1년 MBA 프로그램에서 동일한 지식을 축적할 수 없을 것이다. 즉, 사람들은 임무를 완료하기 위해 과도하게 시간을 압축할 수 없다. 이 시간 압박 비경제는 인간의 정보처리 역량의 제한으로부터 결과될 수 있다. 이와 유사한, 제한된 합리성 (bounded rationality)의 개념은 사람들이 필요한 정보 혹은 정보처리와 의사결정 하는데 필요한 분석적 역량 중 하나가 결여될 수 있기 때문에 의사결정이 빈번히 비합리적이라는 것을 반영한다.

2.3. 즉흥과 망각

(1) 의의

NPD는 많은 잠재적 위험과 도전을 갖고 있다. NPD 프로젝트가 직면한 핵심 도전은 프로젝트 혹은 결과제품 중 하나의 실패 위험을 줄이기 위해 환경적 급변성에 대응하는 법이다. 이 점에서 기술과 혁신관리 문헌은 NPD 활동 동안에 경험된 환경적 변화와 급변에 대응하기 위한 망각[혹은 폐기학습(unlearning)]과 즉흥(improvisation)의 필수적 역할을 부각시켰다. 특히, 학자들은 계획과 행동이 동시에 조작화된 팀 즉흥과 믿음과 루틴의 변화로서 조작화된 망각이 시장과 기술의 빠른 변화에 유연하고 추진력있는 대응을 촉진한다고 지적하였다.

(2) 즉흥

재즈 공연에서 적용되어 비즈니스에 응용된 것처럼 즉흥은 계획과 어떤 활동의 동시 실행이다. 아이디어 창출(즉, 제품개념 창출)과 실행(R&D) 사이에 시간 분리가 없고 아이디어 발생과 실행이 거의 동시에 일어난다. 다시 말해, 즉흥은 '네가 진행하면서 그것을 생각(구성)'하는 조직 전략이다. 흔히 고정된 루틴과 신념은 일반적으로 학습 프로세스에 경로 의존성을 창출하기 때문에 즉흥적 행동에 저항한다. 예를 들어, 연구자들의 신념과 믿음은 긍정적 피드백에 의해 기존 관행에 둘러싸이게 될 수 있다. 만약 긍정적 피드백이 충분히 빠르게, 일관성있게, 폭넓게 발생한다면 고착(lock-in)이 발생할 수 있다. 처음 형성된 신념과 루틴은 반복되는 경향이 있고 향후에도 유일한 것이 될 수 있다. 이 점에서 고정된 루틴과 신념의 결과인 경로 의존성은 새로운 학습 기회를 위한 탐색을 제한하고 팀의 기능과 활동을 제약한다. 프로젝트 팀이 예측하지 못한 문제에 직면했을 때, 엄격하게 뒤따르는 계획과 절차들은 팀 멤버들의 활동을 마비시키는 경향이 있다. 이것은 특히, 빠르게 변화하는 시장과 기술 조건이 결합되었을 때 사실이다.

팀 즉흥은 신념과 프로젝트 루틴을 변화시키기 위한 방법론을 제공한다. 즉흥은 새로운 정보 획득의 씨를 뿌리고 경험된 현상들의 직관적 이해와 비판, 재구조화, 시험을 허용한다. 팀은 즉흥의 부산물로 새로운 정보와 지식을 획득함으로서 현재 프랙티스, 계획, 신념에 의문을 던진다. 이것은 새로운 디자인 대안, 새로운 시장과 기술 인식, 새로운 절차와 도구를 발생시키고 테스트하는 것을 돕는 실험, 신속한 프로토타이핑 혹은 시행착오식 문제해결을 통해 팀 즉흥에서 쉽게 관찰된다. 이를 위해, 실험적 조직 문화 창출, 팀원의 자유로운 활동 영역 제공, 실수를 즐겁게 받아들이는 문화, 유기적인 팀워크와 커뮤니케이션, 모든 구성원이 리더인 순환 리더십, 최소한으로 계획되고 구조화된 NPD 조직이 필요하다.

(3) 망각

오랜 기간 동안의 조직 생활에서 유사한 가치, 신념, 지식 등을 흡수하게 되어 고유의 사고 패턴이 형성되는데, 이것은 '지배적인 논리(dominant logic)'이다. 마치 생명체의 유전자처럼 구조, 제도, 의사 결정 프로세스 등 조직 내 제반 경영 활동에 깊이 코드화되어 있기 때문에, 이 지배적인 논리는 새로운 학습을 방해한다. 즉, 기존에 학습된 틀에 따라 상황을 선별적으로 지각하고 판단하기 때문에 새로운 것을 효과적으로 학습하지 못하게 될 수 있다는 것이다.

현재 지식을 잊어버리는 능력이 없다면 핵심역량은 핵심 경직성 혹은 역량 함정이 된다고 하는 주장이 제기되었다. 특히, 사람 혹은 조직은 그들이 이전에 일하던 방법에 많은 감정적 투자를 하였기 때문에 그들은 새로운 기술과 시장을 무시하도록 유인되고, 광범위하게 구축되고 받아들여진 신념과 방법을 계속 유지한다고 한다. 과거의 행동과 해석은 반복된 성과에 의해 강화되고 다음 기간의 자기만족은 고전적 지혜와 상반되는 정보의 거절을 유도한다. 여기서 망각은 일반적으로 기억 제거, 특히 변화된 믿음/규범/가치/절차/루틴으로서 간주된다. 또한, 조직망각은 본질적으로 조직에서 신념과 루틴의 변화를 의미한다. 따라서, 조직이 선행적으로 오래 유지된 루틴, 전제, 신념에 의문을 가질 때 그들은 망각 프랙티스에 참여하는 것이라고 할 수 있다.

이러한 망각 행동은 NPD 팀에도 반드시 필요한 덕목이 되고 있다. 일본 제품개발 팀의 장점 중 하나는 그들의 전략을 제품 개발 프로세스의 변화하는 환경에 맞추는 유연성에 있다고 한다(Imai et al., 1988). 즉, 망각은 프로젝트가 너무 경직되는 것을 막아준다. 프로젝트에 걸쳐 사전에 결정된 루틴과 사고방식을 보존하는 경직된 제품개발 절차와 그룹 신념은 새로운 정보의 가치 혹은 인식을 줄이면서 새로운 시장과 기술정보의 수용과 평가를 저해한다. 현상 유지(status quo)는 어떤 프로젝트 초기 계획과 권위주의적 절차에 의해 결정되는 것처럼 고정된 루틴에 의해 강화된다. 결국, 변화하는 신념과 루틴(즉, 망각)은 팀을 급변하는 조건하에 행동하는 것을 더욱 유연하게 만들면서 진부한 정보의 전환 혹은 잊어버림을 허용하고 그 결과, 신지식의 처리를 허용하게 만든다. 이를 위해, 기존 조직과 분리된 새로운 조직 구축, 도전적 목표 설정을 통해 구성원이 기존의 틀을 초월하여 새로운 방법을 모색하도록 유인, 기존과 다른 차별화된 행동과 사고를 할 수 있는 인재를 선발, 비판적 의견이나 다른 생각을 두려움 없이 자유롭게 이야기할 수 있는 개방적 커뮤니케이션 환경 조성 등의 방법을 활용할 수 있다.

2.4. 제품수명주기

<그림 8-2>와 같이 도입기, 성장기, 성숙기, 쇠퇴기에 따른 제품수명주기 (product life cycle)를 토대로 각 단계에서 매출액과 이익이 변화된다. 어떤 제품은 도입기에 치열한 경쟁을 거쳐 생존하게 되면 성장기에 매출과 이익이 급증하고 성숙기를 거치면서 성장의 한계에 따른 안정적이지만 포화상태의 이익이 창출되고 이후에 원가 경쟁이 주도하는 쇠퇴기에 이르게 된다. 따라서, 고려하는 제품이 수명주기상의 어떤 위치에 있느냐를 고려할 필요가 있다. 결국, 고려하

는 제품이 수명주기의 위치에 적합하도록 제품을 개선하거나 신제품을 개발해야 한다.

〈그림 8-2〉 제품수명주기에 따른 매출액과 이익

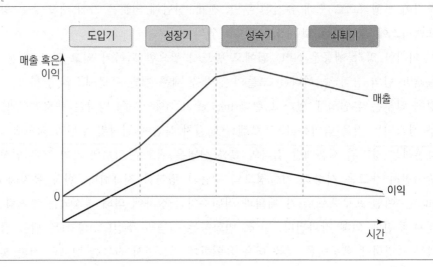

각 단계별 특징을 정리하면 다음과 같다.

① 도입기

낮은 매출과 높은 고객당 비용으로 인해 음의 이익이 창출된다. 주로 높은 가격에서 기본 제품이 초기 적용자들에게 높은 유통비용으로 제공된다. 혁신의 목적은 제품 인식을 구축하고 시험적인 일차 수요를 자극하는 데 있다.

② 성장기

빠르게 성장하는 매출과 도입기에 비해 고객당 비용이 감소하여 이익이 가장 높게 증가한다. 도입기에 비해 상대적으로 낮은 가격에서 제품과 프로세스 모두에 대해 혁신이 발생하고 도입기 적용자들의 구전과 대량 시장광고에 기초하여 증가하는 유통채널을 통해 혁신의 목적인 제품과 공정을 통한 매출을 극대화한다.

③ 성숙기

고객당 낮은 비용으로 최고의 매출을 보이나 성장이 느려지고 안정화되어 이익이 감소한다. 경쟁자들과 경쟁하기 위해 더 낮은 가격을 책정하고 더욱 집중적인 유통과 브랜드 차별성을 강조하고 매출 촉진에 집중하여 라인확장을 통해 브랜드를 다양화한다. 혁신의 목적은 시장지분을 방어하는 데 있다.

④ 쇠퇴기

매출과 이익이 지속적으로 감소하고 더 낮은 가격에 기초한 경쟁이 가장 치열해지고 유통과 브랜드 차별성보다는 시장에서 철수를 위한 준비를 하고 오직 경쟁력 있는 소수 브랜드에만 집중한다. 혁신의 목적은 제품이라기보다는 프로세스에 집중한다.

2.5. 제품 다양성

빠르게 변화하는 기술, 글로벌 경쟁, 정교한 고객들은 자동차, 화학, 신용카드와 같은 다양한 산업에서 제품 다양성의 증가에 공헌하고 있다. 하지만 이러한 기업에서 단순히 다양성을 증가시키는 것만이 장기적인 이익을 증가시키는 것을 보장하지 않으며, 오히려 경쟁력을 악화시킬 수도 있다.

다양성 창출과 관련한 의사결정은 다음의 네 가지 핵심 의사결정 주제로 정리된다.

① 다양성 차원

다양성은 물리적 형태와 제품기능의 차이들로부터 발생한다. 예를 들어, 자전거 제조업체는 프레임 구조와 소재, 색, 구성요소 등에 의해 다양성을 창출할 수 있다. 나아가, 어떤 경우에는 브랜드, 포장, 마케팅 채널, 보증, 판매 후 지원 수준과 같은 확장된 제품특성을 통해서 인식된 다양성을 창출하기도 한다. 기업이 경쟁하기 위해 선택하는 이러한 다양성 차원들은 고객에게 가치를 제공해야 하고 또한 특정 차원을 따라 가치를 제공하는 독특한 포지션에 있을 경우에 경쟁우위의 원천이 될 수 있다. 하지만, 차이나는 새로운 제품을 창출하는 것은 비용을 증가시킬 수 있다. 결국 높은 비용을 창출하지 않고 높은 수준의 인식된 다양성을 창출하는 것은 여러 제품에 걸쳐 시너지를 구축하는 것에 달려 있다. 따라서 다양성 창출 전략의 핵심 요소는 차별화와 다양화를 추진하지 않는 물리적 혹은 확장 특성을 규명하는 것이고 이 차원을 따라 다양성을 줄이는 것에 있다.

② 제품 아키텍쳐

어떤 조립된 제품에서 아키텍쳐는 제품의 기능과 그 구성요소들 사이의 관계를 결정한다. 아키텍쳐는 어떻게 기업이 그 제품을 차별화하고 다양화할 수 있는 지를 결정하는 주요 요인이다. 기능과 구성요소들과 구성요소들 사이의 표준화된 인터페이스 사이의 일대일 매핑을 갖는 모듈러 아키텍쳐는 기업이 특정 구성요소에 대한 차별화 혹은 다양화에 초점을 두는 것을 허용한다.

③ 고객화의 수준

기업은 고객들에게 이미 만들어진 제공품 집합에서 여러 가지 옵션을 제공하여 고객 니즈의 기대에서 다양성을 창출할 수 있다. 이와 대비되는 전략은 개별 규격에 기초한 완전한 고객화이다. 중간 전략인 대량 고객화는 표준화된 구성요소 집합 혹은 허용가능한 특성에 기초하여 개별 니즈에 부분적으로 고객화하는 것을 의미한다. 기업은 이 전략들의 결합을 추진할 수 있다. 결과적으로, 기업이 추구하는 고객화의 수준은 시장이 가치를 두는 것과 기업 자신의 내부 및 공급사슬 역량의 결합에 기초하여 판단해야 할 것이다.

④ 시기(timing)

다양성을 관리하는 것은 본원적으로 시간이 고려되는 동태적 프로세스이다. 이 의사결정들이 의식적으로 이루어지든 아니든 간에 어떻게 기업의 제품라인이 시간에 따라 전개되는지에 따라서 소비자에 의해 인식된 다양성에 영향을 미치게 된다. 따라서, 모든 다양성 관련 의사결정은 시간을 고려해야 한다.

2.6. NPD의 양면성

(1) 활용과 탐구

증가하는 경쟁에 직면하여 기업은 기존 역량을 활용하고 새로운 역량을 탐구하는 패러독스와 같은 도전들에 부딪힌다. 활용(exploitation)과 탐구(exploration)는 근본적으로 다른 구조와 역량을 필요로 하고 둘은 부족한 자원들을 위해 경쟁한다. 활용은 기존 지식, 스킬, 기술의 개선과 확장을 포함하는 반면에, 탐구는 새로운 대안들로 실험과 새로운 지식, 스킬, 기술의 획득을 포함한다(March, 1991). 어떤 연구는 활용과 탐구의 역설과 둘 사이의 상충관계를 주장한다. 하지만, 비록 활용과 탐구의 특징들이 충돌하고 역설적인 도전을 가져올지라도 일반적으로 어떤 조직 내 활용과 탐구의 동시적 추구와 통합이 강조되고 있다.

(2) 양면성

활용과 탐구의 결합은 조직이 활용에 초점을 두어 결과되는 구조적 관성을 극복하고 그들이 편익을 얻지 못하고 탐구를 가속화하는 것을 막는 것을 돕는다. 이 관점에서 양면성(ambidexterity)은 활용과 탐구에 관해 기업의 두 역량을 결합하는 개념이다. 기존 역량의 활용은 흔히 새로운 역량을 탐구하기 위해 필요되고, 새로운 역량의 탐구는 기업의 기존 지식기반을 향상시킨다. 결과적으로, 활용과 탐구에서 양면성은 기업의 생존과 번영을 위한 가치를 창출할 수 있다.

(3) NPD에서 양면성

양면적 혁신은 탐구적 혁신과 활용적 혁신을 동시에 활용하는 조직적 행동으로서 간주된다. 신제품 개발의 상황에서 프로젝트 팀은 환경의 변화하는 수요를 충족시키기 위해 활용과 탐구적 활동들을 지속적으로 동원, 통합, 재구성해야 한다. 양면성을 갖는 팀 멤버들은 반복적인 실수를 피하기 위해 과거의 경험들로부터 교훈을 사용할 수 있고 신제품을 개발하기 위해 창의적 방법과 기술적 조언들을 고안하고 사용할 수 있다. 따라서, 활용과 탐구에서 양면성은 더 나은 성과를 얻는 것을 유인하는 신제품 개발을 위한 기반을 제공한다.

탐구적 혁신과 활용적 혁신은 기업의 다른 목적에 기여한다. 급진적 변화, 위험감수, 창의성, 파괴적 혁신에 관련된 탐구적 혁신은 새로운 제품 시장 영역에 진입하는 것을 지향하는 기술적 혁신 활동들을 의미한다. 탐구적 혁신은 기업들이 신지식을 추구하고 신기술을 개설하고, 새로운 디자인을 창출하는 것들을 통해 새로운 고객들과 시장들에 신제품을 개발하도록 고무할 수 있다. 게다가, 탐구적 혁신은 기업들이 동태적 외부 환경에 적응하고 시장 기회를 적시에 활용하고, 그들의 시장 지분을 확장하도록 준비하기 때문에 기업 성장을 촉진하는 것을 도울 수 있다. 반대로 점진적 변화와 혁신적 행동의 개선과 관련된 활용적 혁신은 기존의 제품 시장 포지션을 향상시키는 것을 지향하는 기술적 혁신 활동들을 나타낸다. 활용적 혁신은 기업이 그들의 기존 지식과 기술적 역량을 확장하고, 그들의 기존 디자인을 향상시키는 것뿐만 아니라 현재 시장을 위한 기존 제품을 확장하는 것을 도울 수 있다.

2.7. 모듈성

(1) 의의

모듈성은 독립적으로 디자인되나 전체적으로 함께 기능할 수 있는 더 작은 하위 시스템들로 구성된 제품 혹은 프로세스의 구조를 의미한다. 모듈 요소들이 시스템의 전반적 구조를 효과적으로 수정하지 않고 자율적으로 발전할 수 있는 반면에 모듈 시스템은 차별적 기능을 독립적으로 수행하는 것이다. 따라서, 모듈 시스템은 밀착 결합된 요소들보다 더욱 효과적으로 환경적 변화를 다룰 수 있다. 시스템이 매우 크고 그 시스템내 요소들 사이의 상호의존성이 너무 광범위해서 통합된 디자인 노력들이 어려울 때 모듈 구조들이 잠재적으로 유용해진다.

모듈 디자인은 복잡성을 관리하는 유용한 수단이다. 모듈 구조는 신제품 도입 성과를 전반적으로 향상시키는 것으로 각광받아 왔고 특히 신속한 도입을 촉진한다. 모듈 제품 아키텍처는 디자인 문제의 규모를 줄이고, 제품 요소들 사이의 상호의존성을 축소시키고, 디자인 파라메터의 변동에 대한 기능적 요구사항들과 성과의 민감성을 경감시키기 때문에 모듈 제품 아키텍처는 신제품 도입 성과를 향상시키는 잠재력을 갖는다.

이제 모듈 디자인은 변동하는 모듈의 교체를 통해 제품 다양성과 혁신의 증가, 개발 업무의 분리로 인한 제품개발 시간의 단축, 제품도입의 빈도의 증가, 더 높은 디자인 변화의 위험을 허용하는(전체 제품 변화 니즈를 회피하면서) 능력과 쉽게 신제품에 적용될 수 있는 프로세스 아키텍처를 수용하기 때문에 효율적이고 적시의 제품출시를 증가시키는 것으로 인정받고 있다.

(2) 모듈성의 요소

기능적 결합, 인터페이스 표준화, 분해가능성이라는 모듈성의 세 가지 핵심 요소가 존재한다.

① 기능적 결합(또한 기능적 매핑 혹은 모듈 분할)

이것은 어떤 시스템의 디자인된 기능의 구획화를 의미한다. 핵심 개념은 구성요소(혹은 하위 프로세스)를 추가(혹은 삭제)함으로서 기능을 제품(혹은 프로세스)에 부가하는(혹은 차감하는) 것을 허용하는 구성요소(혹은 프로세스 모듈성을 위한 하위 프로세스)에서 기능의 일대일 매핑이다. 기능적 결합은 그들의 자율적 디자인을 가능하게 하면서, 구성요소들의 상호의존성을 줄이는 작용을 한다.

② 인터페이스 표준화

이것은 시스템의 보완적 제품 혹은 프로세스 구성요소들 사이에 상호작용을 위한 메카니즘의 공통을 의미한다. 이 인터페이스는 시간에 걸쳐 지속되며, 이해관계자들에 걸쳐 폭넓게 알려진 규격을 갖고 보완적 시스템 구성요소들의 개방적 상호교환을 위해 제공한다.

③ 분할 가능성

이것은 얼마나 쉽게 시스템이 구성요소 교환을 실제로 만들면서 그 다양한 구성요소들로 분리될 수 있는지를 포착한다. 분할 가능성이 구성요소 교체를 실제로 만들기 때문에 유연성 우위와 가장 빈번하게 관련되는 것은 이런 모듈성의 측면이다. 분할 가능성은 시스템이 성과에 해로운 영향 없이 동일한, 유사한, 혹은 보완적 구성요소들을 사용하여 쉽게 재구성되도록 허용한다.

(3) 제품과 공정 모듈성

① 제품 모듈성

제품 모듈성은 다른 기능적 형태로 쉽게 재조립되거나 재배열되거나 다른 제품라인에 걸쳐 공유될 수 있도록 표준화된 제품 모듈을 사용하는 프랙티스이다. 성공적 제품 모듈화의 핵심은 제품의 기능적 요소들이 구조적으로 독립적인 물리적 구성요소들로 배분된 스킴(scheme)인 제품 아키텍처이다. 다른 구성요소들의 디자인의 변화를 필요로 하지 않고 다양한 구성요소들의 대체를 허용하도록 기능적 구성요소들 사이의 인터페이스가 표준화되고 규정될 때 효과적 아키텍처가 창출된다.

② 공정 모듈성

공정 모듈성은 기존의 모듈이 쉽게 재순서화되거나 새로운 모듈이 변화하는 제품 요구사항에 대응하여 재빨리 추가될 수 있도록 제조의 하위 프로세스를 표준화하는 프랙티스이다. 이 공정 모듈성은 세 가지 원칙에 기반한다.

- 프로세스 표준화(예 프로세스를 표준화된 기반 단위들을 만드는 표준 하위 프로세스로 분할하고 제품들에 의해 공유된 기반 단위들의 하위 프로세스를 고객화하기)
- 프로세스 재순서화(예 표준 하위 프로세스들이 우선 발생하고 고객화 하위 프로세스가 뒤에 발생하도록 하위 프로세스를 재순서화하기)
- 프로세스 지연(예 고객 주문이 이루어질 때까지 고객화 하위 프로세스를 지연하거나 최대 유연성을 달성하기 위해 유통 센터에 하위 프로세스들을 위치시키기)

2.8. 소셜 미디어의 활용

NPD에 소셜 미디어(social media)의 활용이 점차 증가 추세에 있다. 소셜 미디어 사용의 유형은 비공식적 활용과 공식적 활용으로 구분할 수 있는데 그들의 주요 특징은 <표 8-1>과 같다.

표 8-1 소셜 미디어 활용 유형의 특징

소셜 미디어 활용 유형	비공식적 활용	공식적 활용
정의	소셜 미디어 플랫폼 상에서 가끔 수행되는 외부정보 탐색 수행	소셜 미디어는 소셜 네트워크(페이스북, 온라인 커뮤니티), 초미니 블로깅 서비스(예 트위터), 비디오 공유(예 유튜브), 블로그로 구성되고 이들은 기업이 고객과 상호작용하는 플랫폼을 제공
활동	신제품(출시 후 활동), 출시 후 리뷰, 과거 제품성과	NPD 프로세스(아이디어 창출, 제품 디자인, 신제품 연구)
주체/실무자	마케팅 연구 관리자	R&D 관리자, 제품혁신 관리자, 마케팅 전문가
소셜 미디어 플랫폼	페이스북, 유튜브, 구글, 애널리틱스, 온라인 리뷰	페이스북, 구글 애널리틱스, 블로그, 고객 데이터베이스, 비디오 공유 포탈(틱톡 등), 초미니 블로그 서비스(트위터 등) 등
장점	• 고객 니즈/원츠/선호/구매동기/브랜드 연계/공급자의 선호에 대한 정보 • 경쟁자 제품에 대한 지식 • 폭넓은 시장 관점 • 현재 추세	• 고객 및 공급자에 대한 정밀한 정보 • 경쟁자 제품에 대한 구체적 지식 • 밀접한 시장 관점 • 현재 추세에 대한 구체적 검토 • 신제품에 대한 정보를 확산시키는 안전한 접근법 • 데이터의 보안성 유지 • 적합한 정보 • 충분한 정보 • 신제품 개발에 대한 더 많은 연구
단점	• 고객에 대한 폭넓은 정보 • 경쟁자 제품에 대한 본원적 정보 • 일반적 시장 관점 • 현재 추세에 대한 일반적 검토 • NPD에 불충분하고 무익한 정보 • 매우 불확실	• 적절한, 타당한, 충분한 정보를 얻기 위한 필터링이 필요 • 기술/재무/인적 측면의 관점에서 더욱 많은 자원 소요 • 소셜 미디어 데이터 분석가들과 같은 기술인력을 필요로 함

2.9. 혁신 네트워크

기술혁신은 점점 더 네트워크 관계를 통해 달성되고 있다. 기술적 진보와 기업의 리스트럭처링이 점점 더 과학 및 기술적 지식의 진기한 시너지와 결합으로부터 도출되는 방식이기 때문에 그러한 협력은 또한 성공적 혁신전략의 필수적 측면으로서 규명되어 왔다. 기술개발은 내부의 연합 혹은 네트워크의 창출을 통해 그리고 환경에서 다른 조직들을 포함하기 위한 이 네트워크의 확장에 의해 가능하게 된다. NPD 전략은 지금 필수불가결하게 네트워킹 전략이 되고 있다.

이러한 혁신 네트워크는 새로운 하이브리드 조직 형태로서 고려될 수 있다. 그러한 조직적 배열들은 기업 기능, 공급자들, 고객들, 다른 네트워크 주체들 사이의 관계뿐만 아니라 산업부문 간 관계를 변화시키기 위해 새로운 기술을 사용하고 전개할 수 있다. 이러한 전략적 혁신 네트워크는 구성원들이 경쟁우위를 얻고 그들의 혁신 활동을 고무할 수 있도록 기업들이 지식의 공유를 촉진하고, 다양한 자원의 교환에 공헌하고, 혁신의 속도를 가속화하는 것을 도울 수 있다. 본 교재의 관련 장에서 더 구체적으로 다루도록 한다.

2.10. 환경의 영향

환경적 상황은 특정 유형의 전략에 기여할 수 있다. 많은 환경적 변수들이 고려 대상이 된다. 예를 들어, 시장 급변성과 기술적 급변성, 시장 성장률과 경쟁 강도, 산업 환경의 적대성, 제품 라이프사이클의 단계 등이 있다.

2.11. 기타

(1) 적절한 자원배분

신제품을 개발하기 위해서는 NPD에 필요한 자원을 고려하지 않을 수 없다. 조직의 자원은 항상 양적으로나 질적으로 제한되어 있다. 따라서, 여러 활동에 대한 적절한 자원배분 문제가 중요한 관리적 의사결정이 될 수 있다.

(2) 제조물 책임

제품의 생산, 유통, 판매 등 일련의 과정에 관여한 자가 그 제품의 결함에 의해 야기된 생명, 신체, 재산 및 기타 권리에 대한 침해로 인해 생긴 손해에 대해 최종 소비자나 이용자 또는 제3자에 대해 배상할 의무를 부담하는 것을 의미한다. 설계상의 결함, 제조상의 결함, 경고상의 결함 등 다양한 유형에 따라 제조물의 책임이 달라질 수 있다.

<참고문헌>

Cooper, R. G. (1979), "The dimensions of industrial new product success and failure", Journal of Marketing, 43(3), 93−103.

Cooper, R.G. (1988), Winning at new products, Gage Educational Publications, Toronto, Ontario.

Cooper, R. G. (2012). The Stage−Gate® system for product innovation in B2B firms. In Lilien, G.L. & Grewat, R. (ed.). Handbook of business−to−business marketing Cheltenham, UK and Northampton, MA, USA: Edward Elgar Publishing.

Cooper, R.G. (2019), "The drivers of success in new−product development", Industrial Marketing Management, 76, 36−47.

Cooper, R. & Edgett, S. (2012), "Best practices in the idea−to−launch process and its governance", Research Technology Management. 55(2), 43−54.

Henard, D.H. & Szymanski, D.M. (2001), "Why some new products are more successful than others", Journal of Marketing Research, 38(3), 362−375.

Imai, K., Nonaka I. & Takeuchi H. (1988), "Managing the new product development process: how Japanese companies learn and unlearn," in Thushman, M.L., and Moore, W.L. (ed.), Reading in the Management of Innovation, Ballinger Publishing Company, 533−560.

Langerak, F. & Hultink, E.J. (2008), "The effect of new product development acceleration approaches on development speed: a case study, Journal of Engineering and Technology Management, 25(3), 157−167.

March, J.G. (1991), "Exploration and exploitation in organizational learning", Organization Science, 2(1), 71−87.

Millson, M.R., Raj, S.P. & Wilemon, D. (1992), "A survey of major approaches for accelerating product development", Journal of Product Innovation Management, 9(1), 53−69.

Narver, J.C, & Slater, S.F. (1990), "The effect of a market orientation on business profitability", Journal of Marketing, 54(4), 20−35.

Kahn, K.B., Barczak, G., Nicholas, J. Ledwith, A. & Perks, H. (2012), "An examination of new product development best practice", Journal of Product Innovation Management, 29(2), 180−192.

연구개발 관리

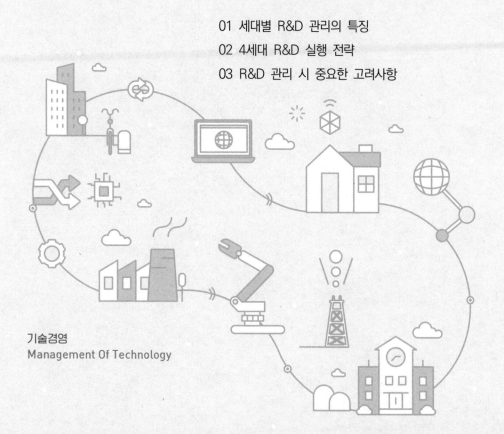

기술경영
Management Of Technology

01 세대별 R&D 관리의 특징

1.1. R&D 관리의 역사

R&D 관리의 역사는 세대별로 분류하여 그 주요 특징을 다음과 같이 정리할 수 있다.

(1) 1세대 R&D 관리

100년 이상 전에 연구소가 처음 도입되어 이곳에 투자하면 어떻게든 뭔가 좋은 연구성과가 나올 것이라는 막연한 희망과 기대를 갖고서 R&D에 투자하던 시기이다. 굳이 이것을 전략이라고 표현한다면 희망전략이라고 할 수 있으나 실제로 요즘에 인정하는 전략적 틀은 존재하지 않고 단순한 직관적인 관리가 중심이었다. 체계적인 관리가 존재하지 않았기 때문에 자유방임적인 연구활동이 이루어졌고 연구소의 거의 유일한 관리는 우수한 연구원(뛰어난 학위와 학술적 의식을 가진 연구원)의 채용이라고 할 수 있다. 연구소에 대한 금전적 지원이 유일한 관리 목적이기 때문에 연구소는 비용 센터로서 포지셔닝되었다.

(2) 2세대 R&D 관리

2차 대전이 끝나고 개별 R&D 프로젝트에 대한 관리에 관심이 주어지기 시작하였다. 관련 사업부와 연계가 이루어지던 개별 프로젝트를 담당하는 팀이 중심이 되어 관리하였으나 여전히 개별 프로젝트별로 단편적인 R&D 활동 및 관리가 이루어지고 있었고 R&D와 기업 전략과의 통합이 이루어지지 않았다.

(3) 3세대 R&D 관리

30년 전에 나온 개념으로서 해당 사업부의 목적을 지향하는 차원에서 개별 프로젝트 중심이 아니라 전사적인 R&D 관리가 이루어지기 시작하였다. 이를 위해 전사 R&D 전략이 중심이 되어 R&D 포트폴리오(portfolio)나 기술 로드맵(technology roadmap)을 통해 지배적 디자인(dominant design)차원에서 전사적 기술관리가 이루어졌다. 현재 적용되고 있는 기술경영의 다양한 기법이 이 시기에 대부분 개발되었다. 이전까지 분리되어 운영되었던 R&D와 사업부서 간의 진정한 파트너십이 중시되었고 목적, 시간, 리스크, 성과의 균형에 입각한 R&D 포트폴리오 관리가 중요하게 고려되었다

1.2. 4세대 R&D 관리

1.2.1. 두 가지 배경

(1) 혁신자의 딜레마(innovator's dilema)

이 개념은 시장을 선도하는 기술을 가진 거대기업이 어느 시점에서 더 이상 혁신을 이뤄내지 못하고 후발 기업의 기술에 시장 지배력을 잠식당하는 현상을 의미한다(Christensen, 1997). 고객이 자신들의 잠재적 원츠를 알거나 표현하지 못하기 때문에 전통적인 마케팅이나 R&D를 가지고는 새로운 지배적 디자인을 찾기 어렵다. 예를 들어, 1985년 휴대폰이 처음 Bell 연구소에서 개발되었을 때 컨설팅회사에 그 시장규모를 조사토록 하였는데 그 대답은 시장이 없다는 것이었다.

거대기업들은 기술개발을 위해 공격적으로 R&D에 투자하지만 그들은 보통 주요 고객들이 기대하는 수준에 맞춰 기존 제품의 성능을 개선하는 데에 집착한다. 반면, 새롭고 급진적인 기술 개발에는 인색한 경우가 많다. 이로 인해 선도 기업들은 새로운 기술의 경로를 만들 수 있는 기반을 갖고 있지만 이에 대한 투자를 소홀히 한 결과 몰락의 길을 걷게 된다는 것이다.

(2) 앎과 행동의 격차(knowing-doing gap)

무엇을 해야 하는 지를 단순히 아는 것과 그것을 실천에 옮기는 것에는 격차가 존재하여 기술개발이 사업화로 연계되지 못하게 된다(Pfeffer & Sutton, 2000). 이러한 지행불일치로 인해 많은 조직은 많은 자본을 투자하고 개선에 노력하지만 어려움을 겪는다. 그러한 이유로는 사람들은 옳지 못한 방법이라도 너무 빨리 학습하고 이를 체화한다는 것이다. 또한, 뛰어난 의사결정이라도 현실적인 방안인지를 너무 고민한다는 것이다. 이러한 문제를 해결하기 위해서는 내부 경쟁과 협력적인 분위기로 지식의 전파를 통해 사업화를 도모하고 기술과 사업화 사이의 격차를 메꾸는 것이 필요하게 되며, 단순한 정보보다는 상황을 고려한 지능정보(intelligence)가 더 중요하다는 것이다.

1.2.2. 4세대 R&D의 특징

(1) 지배적 디자인 개념에서 탈피

지금까지 R&D는 제품이라고 하는 지배적 디자인에 너무 얽매여 있었다. 하지만 단순히 제품을 개발하는 것이 혁신이 아니다. 4세대 R&D에서는 단순히 제품의 문제로 국한하는 것이 아니라 더 넓게 보려고 한다. 예를 들어, 자동차의 경우에 제4세대에서는 단순히 자동차를 개발하는 것이 아니라 고객으로 하여금 자동차를 유용하게 사용도록 도와주는 것을 개발하는 것이다. 이에 따라 서비스가 더욱 중요해지고 있다.

이제는 산업 자체도 기술의 융복합화 현상으로 인해 그 산업의 정의와 경쟁제품의 정의가 어려워지고 있다. 지엠(GM)의 경우에도 자동차가 단순히 수송수단이 아니라 정보제공과 엔터테인먼트의 수단(항법, 컴퓨터 기능, 시간 활용)으로 가고 있기 때문에 기존의 사고방식으로 접근하면 안된다고 생각한다. 즉, 이제는 경쟁과 관련한 사고방식의 변화가 필요한 시기이다. 이미 설명한 바 있지만 그 예로는 삼성전자 모바일 부문의 경쟁자는 과거 휴대폰업체인 노키아(Nokia)였으나 이제는 PC업체인 애플(Apple)이다. 또한, 현대기아차의 경쟁자도 과거에는 전통적 자동차업체이었으나, 이제는 무인자동차 시장에서 탐색엔진 서비스 회사였던 구글(Google)이 포함될 것이다.

(2) 고객의 요구사항 파악을 위한 학습

기존 R&D는 사업부서가 고객의 요구사항을 결정하였다. 그러나, 이제는 고객에게 단순히 원하는 것이 무엇인지를 묻는 것은 무의미하게 되었다. 그들의 잠재적 원츠를 고객과 기업이 함께 역동적인 상호작용을 통해 찾아내야 한다. 이를 위해 4세대에서는 공급업체를 포함한 고객과 R&D가 함께 고객의 잠재적 요구사항을 이해하기 위해 역동적이고 반복적인 학습 프로세스를 거치게 된다. 이 과정에서 지식채널과 학습의 나선형 프로세스(spiral process)가 필요하게 된다. 이것은 노나카(Nonaka) 지식경영의 나선형 학습 프로세스(기업의 내부 관계자, 고객, 공급업체를 통틀어 이해관계자들이 상호 간의 역동적인 교류를 통해 암묵지의 형식지화와 내부와, 외부화, 결합, 사회화의 발전적 반복을 통해 전진해 간다는 지식경영의 이론)를 통해 이 딜레마를 해결할 수 있다. 이제 R&D 인력도 비즈니스를 생각할 수 있는 더 넓은 관점을 가져야 한다. 자동차의 사례에서 GM은 자동차에 대한 고객의 요구를 차를 이용하는 데 있는 것이 아니라 차를 효과적으로 이용하는 데 있다고 판단하고 있다.

(3) 단순 정보보다는 상황이 중요

또한 단순히 안다는 것과 행동하는 것 사이에는 격차가 존재하기 때문에 이 격차를 줄일 수 있어야 한다. 2차 대전 후, 미군은 CIA 설립을 위한 예산을 의회로부터 얻어내려 노력하였는데 그 정당성을 입증하기 위해 적군의 정보암호를 해독하여 12-24시간 전에 좋은 정보를 제공하였다. 그런데, 실제로 제공된 정보의 절반 이상이 효과적으로 활용되지 못해 실행에 옮겨지지 못했었다는 것이 나중에 밝혀졌다. 그 이유는 과도한 확신과 부족한 확신이었고 더욱 중요한 이유는 단순히 정보만을 제공하고 그 정보의 상황을 파악하지 못했기 때문이었다. 예를 들어, 일기예보에서 구름이 많을 것이라는 정보보다는 그 상황 즉, 비올 확률, 온도, 시간, 강수량 등의 정보가 더욱 중요한 것이다. 그래서 정보와 상황을 함께 제공해 주는 것이 실행방안을 강구하는 데 절대적으로 필요하다. 자동차의 경우에 단순히 자동차의 우수한 기능과 성능을 고객이 요구할 것이라고 생각하는 것은 문제가 될 수 있다. 고객은 실제 성능을 제대로 평가할 수 있는 역량이 없을 뿐만 아니라 오히려 자동차에 대해 느끼는 감정, 자동차의 사용시기, 자동차와 연결된 활동, 자동차에 대한 정보를 얻는 방법 등의 정보가 더 중요할 수 있다.

(4) 실행을 위한 역량과 아키텍처가 중요

이러한 나선형 프로세스가 가능하려면 역량(capability)과 아키텍처(architecture)가 필요하다. 이 프로세스는 고객과 공급자가 시행착오를 통한 확신을 통해 상호 간에 지배적 디자인을 발견해 간다는 의미이기 때문이다. 4세대에서는 미래 시장에서의 성공요소를 파악하기 위해 고객의 경험과 상황을 고려한 채 고객과 내부 직원이 함께 학습해 나가야 한다. 혁신이란 공급 네트워크를 통해 역량을 고객에게 제공하는 것이다. 예를 들어, 역량은 단순히 차라는 제품이 아니라 차를 유용하게 이용할 수 있는 방법과 같은 것이다. 즉, 역량은 지식, 기술, 도구, 프로세스를 갖춘 인력으로 대표되는 실행가능한 자원으로 정의될 수 있다. 또한, 아키텍처는 이러한 역량이 작동되는 구조를 의미한다. 3세대에서는 대학에서 기초연구를 수행하고 기업은 응용연구를 수행한다는 것과 같은 분리된 구조에 있었지만 4세대에서는 혁신과 응용을 결합한 새로운 유형의 연구를 창출해야 한다. 이에 따라 R&D 연구소는 이제 혁신연구소로 바뀌어야 한다. 나아가, 4세대 R&D가 지향하는 지배적 디자인을 위해서는 전략을 책임지는 CEO를 기반으로 시장을 책임지는 CINO, 기술을 책임지는 CTO, 비즈니스를 책임지는 COO, 지식을 책임지는 CKO가 아키텍처로서 필요한 것이다.

1.2.3. 종합

4세대 혁신 모델(Miller & Morris, 1999)은 혁신을 위한 새로운 비즈니스 프로세스로서 지배적 디자인을 관리하는 새로운 전략을 필요로 하고 있다. 이를 위해 여러 기능부문을 포괄할 수 있는 새로운 기능영역을 필요로 하며(ⓔ R&D와 마케팅의 결합), 혁신의 장애물을 극복할 수 있는 역량과 아키텍처, 고객과 함께 상호학습하는 지식채널, 역동적 상호교호작용을 통해 상승되는 새로운 나선형 프로세스를 필요로 하고 CINO(chief innovation officer)라고 하는 새로운 제도의 창출이 필요해 진다.

02 ▶ 4세대 R&D 실행 전략

본 교재에서는 4세대 R&D의 효과적인 실행 전략으로서 네 가지의 변화를 제안한다.

① 고객참여 → 고객주도의 혁신(customer-driven innovation)
② 핵심역량에 기반을 둔 전략수립/경쟁구조 분석을 통한 핵심경쟁요인 파악/기술개발 기반이 되는 조직능력 개발→ 역량 개발
③ 다양한 형태의 지식채널 활용 → 개방 네트워크 구축
④ 플랫폼 활용으로 비용감소, 시간단축 → R&D 프로세스 개선

2.1. 고객 주도의 혁신

(1) 중요성

<그림 9-1>과 같이 과거 우리나라 기업의 기술혁신을 위한 주력 전략은 모방을 통한 신속한 추격자(fast follower)이었다. 이 시기에는 연구자와 회사가 하고 싶은 R&D를 하던 시기였으나 어느 정도 기술혁신 성과가 높은 시기 즉, 미래의 기술혁신을 선도해야 하는 입장이 된 후로는 무엇을 어떻게 연구해야 할지를 고민하고 있는 중이다[비록 6T, BBIG(Bio, Battery, Internet, Game), 4차 산업혁명과 같은 미래 신수종 기술에 대한 제안이 계속 나오고 있지만 너무 포괄적이고 추상적임]. 이제는 연구의 방향을 고객(시장)으로부터 도출해야 한다.

몇 가지 사례로서, 보잉(Boeing) 777은 대규모 주문을 유지하고 시장진출을 단축하기 위해 주요 항공사와 부품조달과 비행기 개발을 공동으로 하고 있고 피앤지(P&G)는 제품의 50%를 사용자와 공동으로 개발하고 있으며, 쓰리엠(3M)의

경우에도 수술을 대체하는 제품개발을 위해 병원과 공동으로 개발 및 테스트하고 있다.

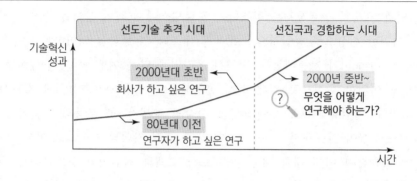

〈그림 9-1〉 우리나라 R&D의 미래

(2) 고객에 의한 혁신

이제 혁신전략은 '고객을 위한 혁신'이 아닌 '고객에 의한 혁신'으로 변화하고 있다. 혁신을 위해서는 고객을 포함한 지식 공동창출이 필요해 지고 있고 고객은 제품과 서비스 혁신의 파트너가 되고 있다. 이러한 상황에서 선도고객(lead user)에 대한 관심이 증가하고 있다. 선도고객은 신제품/서비스 개발과 현 제품의 향상을 위한 좋은 방향을 지원하고 제시하는 핵심 주체이다.

통계와 빅데이터 분석을 포함한 대부분의 소프트웨어 회사는 자체적인 제품 연구센터를 두어 고객 워크샵 주최, 슈퍼 유저(super user)로부터 학습 등을 통해 미래의 소프트웨어 버전의 개발에 적용하고 있다. 또한, 이베이(eBay)는 혁신적 정보기술을 통한 고객 간 연계를 위해 위키(Wiki) 체제를 도입하여 자사 포털(portal)에 대한 고객의 관심 유인, 고객에게 오너십(ownership)과 통제경험 제공, 고객의 영감(insight)과 아이디어 획득을 위한 제품리뷰와 추천을 받고 있다. 티지아이(TGI Friday)는 고객이 건강식을 찾는다는 것을 고객정보를 통해 관찰한 후 다이어트 메뉴와 저칼로리 식단을 변경하는 방식(예 프렌치 프라이를 구운 감자 혹은 녹색 채소로 변경)으로 메뉴 개선을 이루었고 포스(Point of Sale: POS) 자료로부터 데이터마이닝(data mining)을 이용하여 고객의 구매 패턴과 조합을 파악하였다. 이제, 정보통신기술의 발전으로 실시간 정보 획득이 가능해졌고 고객과 상호작용의 결과를 쉽게 정기적으로 파악하는 것이 가능해졌다.

(3) 고객과의 상호작용

기업과 고객의 상호작용은 비즈니스 프로세스에 고객의 참여를 점차 늘리고 있다. 이러한 현상으로 공급사슬 프로세스 내 고객의 통합을 의미하는 탈중개화(disintermediation)가 가능해졌다. 비행시 온라인 예약은 여행사의 탈중개화를 초래하였고 이러한 현상으로 인해 전체 공급사슬 프로세스의 효율성과 효과성이 향상되었다. 델컴퓨터(Dell Computer)는 시장의 추세가 PC 부품의 표준화로 제조의 아웃소싱이 가능해지고 PC 기술에 대한 고객 지식의 확장으로 이어진다는 사실에 기반하여 이에 대한 대응전략으로서 고객과 직접적인 상호작용과 주문의 고객화로 고객에게 더 많은 선택 기회를 제공하였다. 그 결과, 낮은 재고비와 고객의 니즈 파악에 대한 향상이 이루어졌다. 또한, 고객의 참여를 격려하기 위해 아마존(Amazon)과 같은 대부분의 온라인 서점은 자사의 사이트에 독자들의 의사결정 지원을 위한 줄거리, 리뷰, 가격, 저자 서평 등 책에 대한 풍부한 정보를 제공하였고 구글(Google)과 같은 포털은 웹 사이트에 사용자들이 제품/서비스의 무료 베타 버전을 사용할 수 있도록 하여 직접 개발자에게 피드백을 이메일과 공동 커뮤니티를 통해 전달하였다. 이러한 제품/서비스 혁신은 고객으로부터 획득한 지식(영감, 아이디어, 생각, 정보 등)의 실행으로부터 혁신이 나온다는 것을 실행한 결과이다.

(4) 선도 사용자 분석

특히, 선도 사용자의 중요성이 증가하고 있다. 이제 평균적인 고객이 아닌 선도 사용자로부터 영감을 찾는다는 것은 전통적인 고객이 원하는 것을 묻는 것이 아니라 가장 앞서 나가는 고객이 이미 하고 있는 것을 규명하고 그들의 혁신이 사업의 미래를 위해 의미하는 것을 이해하는 것을 나타낸다. 이러한 분석은 일상적 사용자가 아닌 선도 사용자의 요구사항에 초점을 두어 사용자로부터 니즈뿐만 아니라 원츠를 탐색하고 조직 내 다양한 부서의 관점에서 교차기능팀을 이뤄 목표시장과 더불어 인접시장, 불명확한 시장, 유사시장에서도 솔루션을 탐색하도록 한다.

선도 사용자 분석을 위해서는 다음의 네 단계를 따를 필요가 있다. 이 분석에는 일반적으로 6−8개월이 소요된다.

① 1단계(선도 고객 프로젝트 추진 준비)

팀 구성 및 프로젝트 일정 계획 수립과 현 시장에 대한 학습을 한 후 프로젝트의 초점을 형성하는 단계이다.

② 2단계(핵심 추세와 고객 요구사항 규명)

R&D에 영향을 미치는 추세를 이해하기 위해 팀의 코치 결정, 선도 고객 탐색, 시장의 갭을 메꾸는 변화하는 솔루션을 혁신으로 만드는 내용들을 관찰하고 규명하며, 다음 단계의 초점이 될 요구사항들을 체계화하는 단계이다.

③ 3단계(선도 고객 요구사항과 솔루션 탐색)

다양한 네트워크와 인터뷰를 통해 선도 고객 지속 탐색, 선도 고객도 모르는 암묵적 정보 발견(인과관계 발견), 선도 고객으로부터 나온 통찰과 종합을 통해 예비 솔루션을 창출하는 단계이다. 솔루션은 네트워킹, 데이터 분석, 인터뷰, 직접 관찰, 문헌연구, 종합화를 통해 달성된다.

④ 4단계(선도 고객과 함께 솔루션 개념 향상)

선택된 선도 고객 그룹에 대해 2박 3일 워크샵을 실시하여 예비 솔루션 추가 및 개선, 솔루션을 다른 솔루션과 연계, 사업 창출, 보고 및 확산으로 이어지는 단계이다.

2.2. 역량 개발

(1) 역량의 개념

조직의 역량은 다양한 용어로도 표현된다. 인사관리 분야에서는 더욱 세분화하지만 본 교재에서는 이들을 역량(competency 혹은 capability), 능력(ability), 자원(resource)으로 구분할 것이다.

① 역량

현재 시장에 침투할 수 있는 R&D에서 만들어진 독특한 제품/서비스로서 주로 신생기업이 보유한다. 이것은 차별화의 원천으로서 R&D, 신소재 적용, 신기술 및 공정 창출, 제품의 융복합 등과 관련된다.

② 능력

신제품/서비스를 효율적, 반복적, 대규모로 제공하는 운영에 초점을 맞춘 개념으로서 주로 대기업이 보유한다. 이것은 제조, 로지스틱스, 마케팅, 파트너십, 노동 관계를 통해 도출되는 역량이다.

③ 자원

조직의 지속성을 보장하기 위해서 최소한으로 필요하며, 역량과 능력을 보장하는 요소이다. 주로 가스와 소재기업 등 천연자원이 투입물로 활용되는 기업들에게 필요해 진다. 즉, 역량과 능력을 계속 제공하는 기업의 자원으로서 인력, 설비, 자원, 자본과 관련되며, 역량과 능력을 통한 시장 침투를 지원한다.

이런 구분 하에 기존 기업은 대부분 능력이 역량보다 크며, 신생 기업은 대부분 능력보다 큰 역량을 지니고 있다. 따라서, 이러한 세 가지 역량은 <그림 9-2>와 같이 조직의 목적에 따라 전략적 적합성을 갖추어야 한다. 흔히, 역량의 전략적 적합성은 도끼에 비유할 수 있다. 여기서, 도끼의 자루는 기업의 자원, 쐐기는 조직의 능력, 날은 기술역량을 나타내고 시장을 침투하는 데 이 세 요소가 어떤 방식으로 결합되었느냐에 따라 각기 다른 효과를 발휘할 수 있다. 어떤 경우에는 세 가지 요소가 부족한 것보다 적절하게 결합되지 않았을 때 더 큰 문제를 발생시킬 수도 있다. 자루만 이용할 경우에 넓은 시장을 목표로 할 수 있으나 침투의 깊이가 없고, 날만 이용할 경우에는 시장에 대해 깊은 침투가 가능하나 침투하는 시장의 범위가 매우 좁고 능력만 사용할 경우에는 그 중간에 해당한다. 따라서, 완벽한 도끼를 이용하여(즉, 전략적 적합성이 이루어진 상태로) 정확한 목표시장에 진출할 필요가 있다.

애플(Apple)의 역량은 PC에서 스타일과 파워가 차별화된 독특한 제품 창출로서 현재 제품에 새로운 혁신 부가(iMac 등)와 새로운 제품 창출(iPod, iPhone 등)

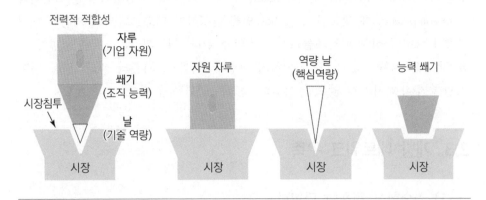

에 있었다. 능력은 제품 제공을 독특하고 가치있게 만드는 마케팅을 동반한 고품질 제품 디자인에 있었고 자원으로는 우수하고 뛰어난 인력, 기술, 조직구조와 다르게 생각/행동/창출하도록 만드는 조직의 관용과 관련된 가치와 규범이 있었다. 이에 비해 구글(Google)은 핵심 역량으로서 구글의 Mail, Earth, Maps, Desktop, Toolbar, Blogger, Picassa, YouTube, Finance, Books, Shopping, Docs, Calendar, News 등 데이터를 수집, 분석, 이해, 판매하는 역량을 지속적으로 확장하는 데 있으며, 핵심능력으로서 탐색 결과에 기반한 타겟 광고가 있고 자원으로서 풍부한 인적 및 재무적 자원을 보유하고 있었다. 그렇다면, 이 회사의 경쟁사인 삼성전자와 네이버의 역량은 어떻게 규정될 수 있는가?

기술혁신을 달성하기 위한 역량은 전략적 적합성과 더불어 추가적인 이해와 관리가 필요하다. 여기서 역량은 고차원적인 역량이다. 과거에 지속적으로 향상하는 기업을 만들기 위한 방법은 R&D 투자였다. 그러나, 이제 기술혁신 역량은 그 역량을 지속적으로 새로운 것으로 교체하는 것을 의미한다. 이러한 역량의 향상을 위해서 가장 중요한 것은 조직의 학습역량(learning capability)이다. 이것은 외부의 지식을 흡수, 통합, 공유하는 능력으로서 보완지식 배제와 의사소통과 협력 방해로 핵심역량의 파편화를 초래하는 강력한 조직경계를 무너뜨리는 데 기여하는 역할을 한다. 따라서, 기업가는 기존의 관행(역량)을 잊고 새로운 솔루션을 탐색하기 위해 지속적으로 망각을 위한 학습을 해야 한다.

그렇지 않은 조직은 역량함정(competency trap)에 빠지기 쉽다. 역량이 변화하는 환경과 그에 상응하는 고객 요구사항을 충족시키지 못해 경쟁우위를 제공하지 못할 경우에 핵심경직성(core rigidity)에 빠지게 되고 그 결과 역량함정의 수렁에서 나오지 못하게 된다(Leonard, 1992). 여기서, 핵심경직성은 핵심역량 (core competency)에 과도한 초점으로 인해 발생하게 되고 그 결과, 기존의 핵심 역량이 오히려 성장에 장애물로서 작용하게 된다. 기존의 잘 나가던 기업이 지금 얼마나 생존해 있는지를 기억하기 바란다. 따라서, 기존의 핵심역량을 변화 (개발/축적/확장)시키지 않으면 기업의 성장은 중단하게 된다.

2.3. 개방 네트워크 구축

(1) 기술혁신 원천의 다변화

기술혁신의 원천은 점차 다양해 지고 있다. 이러한 이유로 네트워크에 의한 혁신(innovation by network)이라는 용어가 나타났고 다양하고 풍부한 내외부의 혁신자원을 활용하지 못하는 기업은 혁신경쟁에서 도태될 수밖에 없게 된다. 다음은 외부의 기술혁신 원천의 대표적 예이다.

① 창의성

개인의 창의성(예 다르게 생각하라!)과 조직의 창의성(예 구글의 창의적 문화)

② 수직사슬 상의 이해관계자

고객(예 고객의 행태를 통해 기술개발 방향 결정)과 협력업체(기술개발의 하위 구성요소 결정)

③ 수평사슬 상의 이해관계자

보완업체(기술 융복합의 핵심)와 경쟁업체(미래 기술개발 방향 결정)

④ 기타 대학, 연구소, 클러스터, 지식 중개인(knowledge broker) 등

(2) 기술혁신 원천의 진화

기술혁신은 <그림 9-3>과 같이 과거 개인에 의한 혁신에서 기업에 의한 혁신, 나아가 분산된 네트워크에 의한 혁신으로 변화하고 있다. 개인에 의한 혁

신은 에디슨(Thomas Edison)과 같은 천재 발명가에 의해 혁신이 이루어져 다른 혁신 원천과 상호작용 수준은 매우 낮았다. 이후 기업에 의한 혁신은 기업 내부의 역량과 자체적인 혁신 프로세스를 통해 기술혁신이 발생했으며, 상호작용 수준은 조금 증가하였다. 그러나, 현재는 기업의 내부뿐만 아니라 외부 이해관계자의 아이디어 교류에 기초한 기술혁신이 주를 이루고 있고 상호작용 수준은 극단적으로 높아질 수밖에 없게 되었다.

〈그림 9-3〉 기술혁신 패러다임의 진화

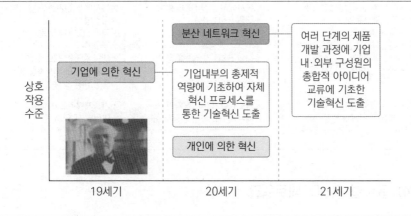

현재는 기술혁신의 두 가지 원동력을 기업의 경계 외부에 있는 광대한 기술지식과 기술의 융복합으로 볼 수 있다. 이러한 혁신원천의 폭과 깊이를 적절히 활용하는 조직이 결국 승자가 될 것이다. 이와 관련된 주요 패러다임으로서 개방형 혁신(open innovation)이 등장하였다.

(3) 분산 R&D 네트워크

이제 R&D는 〈그림 9-4〉와 같이 집중 R&D 방식에서 완전 분산형의 통합 R&D 네트워크로 변화하고 있다. 그러나, 이러한 진화 수준은 산업별로 격차가 존재한다.

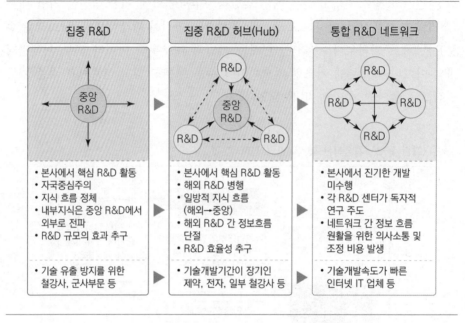

집중 R&D	집중 R&D 허브(Hub)	통합 R&D 네트워크
• 본사에서 핵심 R&D 활동 • 자국중심주의 • 지식 흐름 정체 • 내부지식은 중앙 R&D에서 외부로 전파 • R&D 규모의 효과 추구	• 본사에서 핵심 R&D 활동 • 해외 R&D 병행 • 일방적 지식 흐름 (해외→중앙) • 해외 R&D 간 정보흐름 단절 • R&D 효율성 추구	• 본사에서 진기한 개발 미수행 • 각 R&D 센터가 독자적 연구 주도 • 네트워크 간 정보 흐름 원활을 위한 의사소통 및 조정 비용 발생
• 기술 유출 방지를 위한 철강사, 군사부문 등	• 기술개발기간이 장기인 제약, 전자, 일부 철강사 등	• 기술개발속도가 빠른 인터넷 IT 업체 등

(4) 글로벌 R&D 네트워크

분산 네트워크 형태로서 자주 등장하는 사례가 글로벌 R&D 네트워크이다. 글로벌 R&D가 필요한 이유는 다음과 같다.

① 현재 경쟁력 강화: 해외 시장에서 문제해결, 생산 및 판매 등 적극 지원
② 기술자원 확보 강화: 해외 우수 자원(인력, 지식, 자재 등) 확보를 통한 개방형 혁신 촉진
③ 시너지 창출: 기보유 기술의 해외 적용을 통해 활용범위 확대(레버리지 효과)
④ 조직 간 학습 추구: 해외 R&D 거점과 본사 간 지식 확산, 경쟁을 통한 R&D 선순환 유도 등

하지만 기술역량의 분산 및 지식 유출 가능성이라는 글로벌 R&D 리스크 요인도 고려해야 한다. 이러한 글로벌 R&D의 유형으로는 초점 대상과 관리방식에 따라 다음의 <그림 9-5>와 같이 네 가지가 있다.

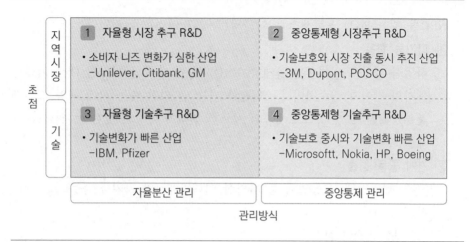

2.4. R&D 프로세스 개선

(1) R&D 프로세스

프로세스는 가치를 창출하는 운영시스템에서 투입물을 산출물로 변환시키는 과정을 의미한다. 이 프로세스는 일반적으로 다음의 특징을 지닌다.

① 주어진 목적을 달성하기 위해 모인 활동들의 집합

② 활동의 시작과 끝이 명확하고 실질적으로 일을 수행

③ 기본 프로세스 또는 2개 이상의 프로세스로 구성

④ 여러 기능에 걸쳐서 발생(즉, 교차기능 프로세스로서 NPD를 위한 R&D 프로세스가 마케팅, 판매, R&D, 제조 등의 다양한 기능부문이 결합되어 운영)

하지만, 이 프로세스에 대한 명확한 이해가 없으면 그것은 블랙박스(black box)로서 존재하게 되고 이 블랙박스는 관리가 어려워 무관심의 대상이 될 수밖에 없기 때문에 이에 대한 명확한 이해없이 주먹구구식 관리가 이루어지게 된다. 그 결과, '무조건 열심히 일하면 된다'라는 잘못된 격언이 나오게 되고 업무를 잘 하고 있는지 측정이 어렵기 때문에 직원의 불만이 상시적으로 존재하게 된다. 따라서, 프로세스의 효과적이고 효율적인 관리를 위해서는 이 자체를 명확히 이해하고 규명할 필요가 있다.

NPD를 위한 R&D 프로세스는 다음의 특징과 어려움을 지닌다.

① 다기능 활동

사업화 성공을 위해서는 마케팅, R&D, 생산, 재무 등 다양한 내부 이해관계자의 참여가 필수적이다. 그 결과 기능 간 의견 충돌 시에 책임 소재가 불분명해질 수 있고 프로세스의 사소한 변화가 예상치 못한 큰 위험을 초래할 수 있다.

② 가치 공동 창출

고객, 협력업체, 유통업체 등 다양한 이해관계자와 가치를 공동으로 창출하게 된다.

③ 프로세스 기간이 장기

제약산업의 프로젝트 평균 기간은 평균 12년이라고 한다. 이러한 평가 대상기간의 장기화로 성과측정에 대해 무감각해질 수 있다.

④ 산출물이 무형의 지식

프로세스별 가치 파악이 어려워질 수 있다. 따라서 현상분석이 어려워질 수 있고 이것이 제대로 이루어지지 않으면 R&D가 단지 비용센터가 아니라 이익센터라는 것은 공허한 주장에 그칠 수 있다.

⑤ 대부분 지식업무

이 지식은 명시적이 아니라 암묵적인 경우가 많다. 따라서 변화의 대상이 손에 잡히지 않는 경우가 많다.

⑥ 점진적 변화 추구

R&D의 전략적 중요성으로 인해 프로세스를 쉽게 변화시키는 것은 큰 리스크를 초래할 수 있어 점진적 변화를 추구하는 성향이 높고 R&D 인력의 전문성과 자존성은 급진적인 변화를 회피하고 외부 변화에 대한 저항이 극심하다(예 NIH 신드롬).

(2) 프로세스 혁신

협의의 프로세스 혁신은 공정혁신에 초점을 둔다. 이 개념은 제품혁신과 비교되어 여러 투입물을 통해 유형의 제품 혹은 무형의 서비스를 제조하는 공정에서 발생하는 혁신(예 새로운 공법, 설비, 기법의 도입)을 나타낸다. 그러나, 광의의 프로세스 혁신은 효율적이고 효과적으로 어떤 제품/서비스를 만들어내기 위한 R&D 프로세스 전체의 혁신(📷 새로운 R&D 프로세스)을 의미한다. 즉, R&D 부문 성과의 급진적 향상을 위한 프로세스의 본질적 재고와 근본적인 재설계를 반영한다. 이를 위해서는 표준화를 통한 일하는 방식의 변화, 결과 위주가 아닌 프로세스 중심의 관리, 상대적 의미의 혁신(개선 대 혁신)으로 프로세스 혁신이 요구된다.

이러한 프로세스 혁신을 위한 도구와 철학으로서 비즈니스 프로세스 리엔지니어링(business process reengineering), 종합적 품질 경영(total qualtiy management), 도요타 생산시스템(Toyota production system), 전사자원관리(eneterprise resource planning), 식스 시그마(six sigma), 린제조시스템(lean production system) 등의 진화가 이루어지고 있다. 이러한 발전의 특징은 모든 시스템과 업무의 순서, 방법을 고객 중심으로 전환하고 관리상의 모든 비효율과 비능률이라는 군살을 제거하는 목적에서 기업 문화, 프로세스, 정보시스템 등을 포괄하여 관리하는 방향으로 나아가고 있다는 것으로 요약할 수 있다.

(3) R&D 프로세스 혁신

올바른 R&D를 위해서는 <그림 9-6>과 같이 효율성과 효과성의 관점에서 처음부터 올바른 일을 올바르게 수행할 필요가 있다.

〈그림 9-6〉 올바른 연구개발의 방향

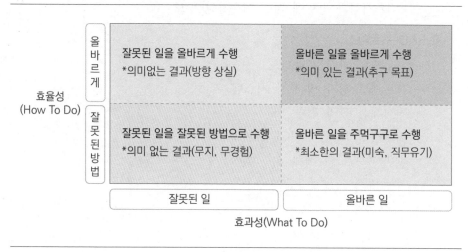

이러한 R&D 프로세스가 효과적으로 진행되기 위해서는 종합적으로 R&D 전략, 자원, 조직, 프로세스 차원에서 다음의 이슈에 대한 종합적 진단, 평가, 관리가 필요해 진다.

① R&D 비전/전략 수립

- R&D 비전, 중장기 R&D 전략, 핵심가치로 이어지는 체계를 전사 전략과 일치하도록 수립
- 중장기 R&D전략을 수시로 rolling(환경변화에 맞춰 목표치 수정)
- 기술전략과 적합도가 높은 기능부서별 기술개발 전략 실행계획
- R&D 네트워크 전략
- R&D 문화 및 분위기

② R&D 조직 정비

- 매트릭스 형태와 교차기능적 협력 조직 및 운영 구성
- CTO를 포함한 여러 조직의 역할, 권한, 책임

③ R&D 인력 및 자원

- 혁신 챔피온 양성(프로젝트 관리자의 역량 및 리더십 강화)
- 혁신에 대한 인센티브 및 동기부여 체계
- 승진 및 이중사다리(dual ladder 혹은 multi-ladder) 시스템
- 타 기능부서와의 인적 교류 강화
- 선발, 육성(교육, 연수, 경력 개발 등) 및 평가 프로그램
- R&D 시설과 장비에 대한 여유자원 확보

④ R&D 프로세스

- 프로젝트 관리 프로세스
- 프로젝트 평가 및 보상 시스템
- 지적재산 관리 전략
- 지식경영시스템 및 ICT 활용
- R&D 성과분석 체계

03 R&D 관리 시 중요한 고려사항

앞서 제시했던 효과적인 R&D 관리 중 중요한 몇 가지 핵심 요소를 구체적으로 설명한다.

3.1. 문화와 전략적 방향

R&D의 방향을 설정해 주는 R&D의 비전, 전략, 계획 등이 효과적 R&D 관리의 출발점이 될 수 있다. 여기서는 지향문화를 중심으로 설명한다.

(1) 혁신지향 문화

문화는 신념, 공유된 핵심 가치, 중요한 이해들이 결합되어 집합을 이룬 이념 혹은 인간 마인드의 집합을 포함한다. 혁신적 문화가 혁신 기업의 핵심 결정요인 중 하나임은 분명하다. 문화는 규정되지 않은 다양한 상황에서 조직 멤버들이 무엇을 해야 할지와 어떻게 해야 할지에 대해 알려주는 암묵적으로 이해된 폭넓은 규칙과 절차들의 집합으로서 고려된다. 혁신적 기업은 총 고객 만족과 종합적 품질경영에 의해 이끌어진 강한 문화, 미션과 목적에 대한 명확한 이해, 정교하게 수립된 전략, 지속적 개선의 비즈니스 철학을 갖는다. 관련한 베스트 프랙티스는 다음의 특징을 갖는다.

① 비전있는 경영자에 의한 리더십
② 변화에 대한 열정적 챔피언들
③ 고객을 알기

④ 새롭고, 차별화된 제품 및 서비스들을 지속적으로 도입

⑤ 고객 기대를 넘어서는 제품 및 서비스를 제공

⑥ 좋은 커뮤니케이션

⑦ 팀워크와 훈련에 의해 사람들의 잠재력을 확대

창의적 기업이 보여주는 직무구조는 흔히 최소의 규칙과 규제, 느슨한 직무명세, 높은 자율성으로 유연하게 되는 경향이 있다. 이러한 성향이 조직의 모든 수준에서 중요한 의사결정이 이루어지는 것을 가능하게 만들기 때문에 수직적이 아닌 수평적 구조가 필요해진다. 리더십 스타일은 또한 혁신에 영향을 미친다. 민주적, 참여적, 변혁적 리더십 스타일은 창의성을 지원하는 반면에 더욱 독재적 스타일들은 그것을 감소시킬 것이다.

(2) 기업가지향

① 개념

기업가적 기업은 유연하고 잘 변화하기 위해 혁신/변화를 시작하고 빠르게 대응하는 능력을 지닌다. 또한 기업가정신(entrepreneurship)은 아이디어 창출과 기업가 정신이 권장된다는 규범을 갖는 기업가지향 문화에 의해 촉진된다. 기업가지향은 경영자들이 기업가적으로 행동하기 위해 사용하는 방법, 프랙티스, 의사결정 스타일로서 정의된다. 기업가지향은 환경변화와 시장추세에 대한 적응을 향상시키고, 미래의 기업 행동에 대응하는 경쟁자의 능력을 약화시키고, 경쟁자에 앞서 더 나은 솔루션을 개발하고, 그들과 차별화를 촉진하는 데 핵심 요인이다. 기업가는 새로운 제품－시장 기회를 기꺼이 포착하고 위험한 모험을 수행하는 성향을 가지면서, 유망한 신기술로 실험하는 것과 같은 프로세스를 선호한다.

② 기업가지향의 차원

기업가지향은 다섯 개의 자율적 차원을 갖는 프로세스와 프랙티스로서 특징될 수 있다.

－ 혁신성

새로운 제품, 서비스, 혹은 기술적 프로세스로 결과되는 새로운 아이디어, 진기성, 창

의성, 프로세스를 지원하는 기업의 성향을 의미한다.

- 진취성

환경의 변화와 기회를 기대하고, 신제품 혹은 현재 제품의 향상을 개발하고, 미래 시장추세를 감지하고, 전술의 변화를 촉진하려고 노력하는 미래 관점을 나타낸다. 진취성의 본질은 시장기회를 활용하기 위해 신제품과 서비스를 도입하는 기업의 능력에 있다

- 위험수용

비록 기업이 어떤 행동의 성공 가능성 혹은 결과를 알지 못할지라도 환경에서 발생한 기회를 활용하기 위한 의지를 나타낸다.

- 경쟁적 공격성

경쟁자에게 직접 강하게 도전하면서 산업 내 그들의 포지션을 향상시키는 기업의 행동을 나타낸다.

- 자율

독립적인 개인 혹은 팀 행동을 허용하고 아이디어 혹은 비전을 지지하고 자율적 프로세스에서 그것을 완성하는 기업의 의지를 의미한다.

③ 선행요인

- 내부 선행요인: CEO 특징, 최고경영팀, 전략, 조직자원, 문화, 구조, 리더십 등
- 외부 선행요인: 복잡성, 동태성, 이질성, 적개심, 산업의 라이프사이클 단계 등

(3) 기타 전략적 지향

이전 장에서 설명하였지만 전략적 지향(strategic orientation)은 조직이 더욱 우호적인 조직의 배열을 위해 환경 측면들을 적용/변화시키기고자 어떻게 전략을 사용하는가로 정의된다. 일반적으로 조직이 추구하는 전략적 지향으로는 Porter(1980)의 분류에 기초하여 혁신, 비용, 품질이 있다. 이외에도 마케팅지향, 시장지향, 기술지향 등의 다양한 지향이 강조된다.

① 마케팅지향

마케팅 지능(혹은 정보)의 창출, 모든 부서에 그 지능의 확산, 지능에 대한 조직 차원의 대응으로서 정의되고 고객지향, 고객만족, 조정되거나 통합

된 마케팅, 수익성에 대한 초점의 차원으로 구성된다.

② 시장(고객)지향

시장지향은 고객니즈와 기호에 대한 조직의 대응으로 고려되며, 지능정보 창출, 지능정보 확산, 대응성의 차원으로 구성된다. 이러한 시장지향이 되기 위해서는 다음의 세 가지가 충족되어야 한다. 첫째, 시장지향적 기업은 시장 변화를 빠르고 정확하게 학습하도록 하는 우월한 시장정보 수집과 처리능력을 갖는다. 둘째, 시장지향은 밀접하고 효과적인 교차기능 간 협력을 포함한다. 셋째, 점차 더 동태적 환경에서 시장변화에 대응함으로써 시장지향적 기업은 그들보다 덜 시장지향적인 경쟁자보다 더 큰 불확실성을 다루고 더 큰 위험을 감수한다.

③ 기술지향

기술지향의 차원은 NPD에 정교한 기술의 사용, 신기술 통합의 신속성, 신기술을 선행적으로 개발, 신제품 아이디어를 창출하기를 포함한다. 기술지향적 기업은 내부의 기술적 자원(예 과학적 숙련성, 디자인 프로세스, 내부의 커뮤니케이션)과 외부의 기술적 기회(예 지능정보 수집, 기술 스캐닝, 확산, 네트워킹)에 동시에 초점을 두는 능력을 갖는다.

3.2. 자원과 역량

R&D 자원배분, 인력의 선발 및 육성, 승진과 교육 등이 R&D를 위한 효과적 인프라로서 작용할 수 있다. 여기서는 지식경영, 지적 자본, 역량관리를 중심으로 설명한다.

(1) 지식경영

지식창출은 명시적 지식과 암묵적 지식의 상호작용에 의해 발생된다(Nonaka & Takeuchi, 1995). 지식 변환 모델을 사용하면 조직의 지식은 암묵적 지식과 명시적 지식 간의 지속적인 상호작용의 결과이다. 여기서, 네 개의 변환모형이 존재한다.

① 단일화(unification): 암묵적 지식을 암묵적 지식으로 전환

② 외부화(externalization): 암묵적 지식을 명시적 지식으로 전환

③ 재결합(recombination): 명시적 지식을 명시적 지식으로 전환

④ 내부화(internalization): 명시적 지식을 암묵적 지식으로 전환

위의 전환을 통해 경험이 획득되었을 때 그것은 가치있는 지식자산이 된다. 지식경영의 주요 목적이 지식혁신이기 때문에 각 조직 구성원들은 사회화, 외부화, 재결합, 내부화의 나선형 과정을 통해 자신의 지식을 증가시킬 수 있다. 그럼으로써 조직의 경쟁력이 획득되고 지식공유와 통합 프로세스가 새로운 지식을 발생시킨다.

지식경영은 정보를 수집하고 수요자에게 정보를 이전하는 것을 포함한다. 지식획득(obtaining), 지식개선(refining), 지식저장(storing), 지식공유(sharing)를 포함한 그러한 활동은 조직 내 지식자산의 가치를 효과적으로 증가시킬 수 있다. R&D는 일종의 정보처리 프로세스이다. 지식경영이 NPD에 참여하는 의도는 그 과정에서 불확실성을 줄이는 것이다. 또한, 통합적 지식경영은 더 폭넓고 기능을 초월하는 통합 역량에 의존한다. 따라서, NPD 전략은 그 목적을 달성하기 위해 더욱 폭넓은 지식 통합에 의존한다. 결국, 지식경영의 효과성이 NPD 전략의 중요한 역할을 한다.

(2) 지적 자본

자본(capital)은 조직이 보유한 자원과 역량을 통칭하는 용어로서 경쟁력의 핵심으로 고려된다. 이 유형은 다음과 같다.

① 인적 자본(human capital)

인력에 내재된 모든 자본을 의미한다. 즉, 직원과 관리자의 역량, 경험, 지식, 스킬, 태도, 몰입, 지혜 등이 포함된다.

② 구조적 자본(structural capital)

– 프로세스 자본(process capital): 조직 내 업무 흐름의 효율성과 효과성 수준을 의미한다. 운영 프로세스, 특정 방법, 사업개발 플랜, 정보기술 시스템, 협력적 문화 등을 포함한다.

- 혁신 자본(innovation capital): 주로 조직 내 지적자산을 의미한다. 특허, 저작권, 상표권, 노우하우 등과 더불어 신제품 개발 성과에 투자하는 R&D 예산과 인력이 포함된다.

③ 관계 자본(relational capital)

이해관계자, 고객, 협력업체 등과 이루어지는 관계에서 발생하는 모든 가치를 포함한다.

(3) 역량 관리

이미 언급한 바와 같이 역량은 조직의 내부 동력 역할을 한다. 전략적 지향이 환경에 대한 인식과 접근법을 나타내는 데 비해 역량은 이러한 지향이 성공하도록 유인하고 오랜 기간 동안에 걸쳐 기업이 우월한 수익성을 획득하고 경쟁우위를 유지하는 것을 가능하게 한다. 오늘날의 동태적 비즈니스 환경 하의 혁신 프로세스에서 세 가지 요소들이 중요하다. 첫째, 혁신을 위해 유용하게 활용할 수 있는 자원의 스톡이 중요하다. 이들은 물리적 자원, 지식, 능력과 직원들 및 관리자의 역량이다. 둘째, 동태적 역량(예 필요할 때 혁신 프로세스를 조직하는 능력)이 또한 중요하다. 이것은 창의성, 상호작용, 기업가 정신을 초래하는 능력이다.

이 역량으로 중요하게 제안된 역량은 핵심역량, 동태적 역량, 흡수역량이 있다.

① 핵심역량

기업의 우월한 핵심 기술은 핵심역량을 향상시킬 수 있고 이것은 다시 경쟁우위를 향상시킨다(Hamel & Prahalad, 1994). 핵심기술에 고도로 집중하고 장기적인 참여를 하는 기업은 혁신을 향상시킨다. 기업은 장기간 동안 핵심기술 역량을 축적하는 것을 필요로 하며, 이 축적은 경쟁자들이 이 역량을 모방하고 학습하는 것을 어렵게 만든다.

② 동태적 역량

핵심 기술에 영향을 미치는 경로 의존성은 기술역량의 향상을 위험에 빠트릴 수 있다. 어떤 기업이 특정 기술에 자원을 바치기 시작할 때 그 기업의 역량은 특화된 기술을 중심으로 진화하고 초기의 기술적 선택은 향후 기술 기회에 대한 미래 옵션의 선택을 제한하는 역할을 한다. 즉, 기존 역량에 대한 과도한 몰입은 새로운 자원 혹은 역량을 획득하는 기업의 능력을 위험에 빠트린다(Leonard-Barton, 1992). 특히 경쟁이 심한 환경에서 외부 상황에서 발생하는 기술적 불연속성 혹은 이동은 기존 역량을 진부하게 만들 수 있고 핵심역량은 핵심 경직성이 될 수도 있다. 이 핵심 경직성은 더 나쁜 혁신 성과를 유인한다.

동태적 역량들은 경쟁우위를 획득하기 위해 역량과 자원들을 구축, 적응, 통합, 재구성, 출시하는 기업의 능력으로 정의된다(Teece et al., 1997). 동태적 역량 접근법은 조직이 그들의 환경과 상호작용하고 환경에 적용하는 개방 시스템으로서 간주하는 것을 필요로 한다. 이 동태적 역량은 다음의 세 가지 차원으로 구성된다.

- **적응역량**: 새롭게 떠오르는 시장 기회를 규명하고 이용하는 기업의 능력
- **흡수역량**: 기업 외부에서 수집된 새로운 정보의 가치를 인식, 동화, 좋은 상업적 용도로 활용하는 기업의 능력
- **혁신역량**: 새로운 제품 혹은 프로세스로 결과되는 신지식을 창출하기 위해 종업원들의 지식을 동원하고 결합하는 기업의 능력

③ 흡수역량

기업의 흡수역량은 새로운 외부의 정보의 가치를 인식하고, 그것을 흡수하고, 그것을 상업적 목적으로 적용하는 기업의 능력으로서 정의한다(Cohen & Levinthal, 1990). 즉, 기업이 동태적인 조직역량을 창출하기 위해 지식을 획득, 동화, 변환, 활용하는 조직의 관행과 프로세스의 집합이다. 잠재적으로 개발할 수 있는 외부 지식은 기업의 기존 지식기반과 밀접하게 관련될 때 부산물로 만들어진 흡수역량을 지식 활용에 충분히 활용할 수 있다. 그러나, 기존의 지식기반과 차이나는 지식을 획득하고 사용하려고 할 때 기업은 자신의 지식처리 역량을 의도적으로 개발해야 한다. 학습은 신지식 획득이 개인과 조직 수준 모두에서 기존의 지식기반에 의해 크게 결정된다는 의미에서 경로 의존적 활동이 되는 경향이 있다. 축적된 이전의 지식은 다시 지식기반과 관련된 지식을 동화하는 능력을 향상시킨다. 그 의미에서 흡수역량은 경쟁우위의 잠재적 원천일 수 있다.

흡수역량의 구체적 차원과 그 구성요소를 정리하면 <표 9-1>과 같다.

▮표 9-1 흡수역량의 차원과 구성요소

차원/역량	구성요소	세부 구성요소
획득	사전 투자 사전 지식 강도 속도 방향	(탐색범위)외부의 지식을 광범위하게 탐색 (인지적 스키마)외부에서 획득한 지식과 관련한 사전 지식을 충분히 보유 (새로운 연계)외부 지식 제공자와 지속적으로 새로운 관계 형성 (학습의 속도)외부 지식에 대한 학습의 속도가 신속 (학습의 품질)외부 지식에 대한 학습의 질이 우수
동화	이해	(해석)외부에서 획득한 지식을 해석하는 능력이 뛰어남 (이해)외부에서 획득한 지식을 이해하는 능력이 뛰어남 (학습)외부에서 획득한 지식을 학습하는 능력이 뛰어남
변환	내부화 전환	(시너지)현재 보유하고 있는 지식, 새롭게 획득한 지식, 동화된 지식을 결합하는 능력이 뛰어남 (재체계화)외부에서 획득한 지식을 첨가하고 삭제하거나 다른 방식으로 해석하는 능력이 뛰어남 (이연연상)외부에서 획득한 불일치하는 정보를 인식하고 결합하는 능력이 뛰어남
활용	활용 실행	(핵심역량)조직이 현재 역량을 개선, 확장, 레버리지화하는 능력이 뛰어남 (자원수확)획득, 변형된 지식을 실제 업무에 활용하여 새로운 지식으로 창출하는 능력이 뛰어남

기업이 역량 함정에 빠질 것이라는 리스크가 존재하고 변화하는 시장의 요구사항에 맞추기 위해 역량을 다시 새롭게 구성하는 니즈는 저항에 부딪히게 된다. 환경의 변화가 존재할 때 기업의 지식기반은 부분적으로 부적합하게 되고 그것의 개발된 흡수역량의 가치는 침식된다. 그러한 상황에서 흡수역량을 유지하기 위해 기존의 지식기반을 효과적으로 다시 새롭게 하는 능력을 필요로 한다. 이것은 비즈니스 환경이 유동 상태에 있을 때 특히 중요하다. 따라서 지식을 획득, 동화, 변환, 활용하는 조직 프로세스는 조직의 재생에 중심적 역할을 한다.

이 흡수역량의 구성개념은 경쟁우위를 얻고 유지하는 기업의 능력을 향상시키는 지식창출과 활용에 관련된 동태적 역량이다. 이 동태적 역량은 기업의 지식기반 자산들의 연속적 재구성을 초점화하고, 지식 스톡보다는 지식 처리에 더 강조를 둔다. 흡수역량은 다시 잠재적(potential) 및 실현적(realized) 흡수역량으로 세분화된다. 잠재적 흡수역량은 획득과 동화 차원을 포함하여 외부 시그널들을 잘 받아들이는 기업의 능력을 의미하는 반면에, 실현된 흡수역량은 변환과 활용을 포함하여 지식이 어떻게 활용되는지를 반영한다.

④ 기술역량

전략적 기술역량은 기업이 주어진 환경에서 경쟁전략을 실행하고 가치를 창출함으로서 혁신제품과 생산 프로세스를 성공적으로 개발하도록 하고, 다른 과학과 기술 자원을 동원하는 본원적인 지식집중 능력이다. 이러한 기술역량은 기술 기회, R&D에 대한 헌신, 조정 역량, 핵심 기술, R&D 의 사결정의 자율성과 같은 R&D 업무 분위기, 혁신에 대한 최고 경영팀의 태도라는 특징을 포함한다. 또한, 이 기술역량은 다차원적, 복잡한, 상호 작용적 혁신활동들이기 때문에 다양한 차원으로 정의된다. 예를 들어, 학습역량, R&D 역량, 제조 역량, 마케팅 역량, 자원활용 역량, 조직 역량, 전략적 역량으로 구성되는 것으로 고려되기도 하고 학습, R&D, 자원 배분, 제조, 마케팅, 조직화, 전략적 계획으로 구분되기도 한다. 그러나, 그들은 결국 다음의 주요 역량으로 정의된다.
- 신제품들을 개발함으로서 시장 요구사항들을 만족시키는 능력
- 적합한 기술적 프로세스를 사용하여 신제품을 제조하는 능력
- 신제품과 기술적 프로세스를 개발하고 판매함으로서 미래 시장니즈를 만족시키는 능력
- 경쟁자뿐만 아니라 예측할 수 없는 시장 환경에 의한 예기치 못한 기술 활동들에 효과적으로 대응하는 능력

3.3. 조직

R&D가 수행되는 바탕인 조직의 구성, 운영 특성, 역할/권한/책임 등의 주제가 중요한 고려요소이다. 이밖에도 중요하게 고려해야 하는 조직관련 특성은 다음과 같다.

① 학습조직

혁신 프로세스에서 혁신과 학습이라는 두 가지 결과가 나타난다. 기술지식(학습)을 획득하는 것은 그것이 혁신을 촉진하기 때문에 가치가 있다. 조직학습(organizational learning)은 조직에서 의사결정하거나 다른 사람에게 영향을 미치는 데 지식을 적용할 수 있고 적용하려는 주체들에 의한 신지식의 획득으로 정의한다. 또한, 기술학습은 기업이 기술, 제품, 프로세스에 대한 자신의 지식기반을 구축하고 보완하며 폭넓은 인력의 스킬 사용을 개발하고 향상시키는 방식으로 정의한다. 이러한 학습은 협력적 학습(collaborative learning)의 형태로 발현되는 것이 바람직하다.

이러한 학습조직의 역량은 다음의 차원으로 구성된다.

- 실험(experimentation): 새로운 아이디어 제공시 지원과 격려 제공, 아이디어 발의로 우호적인 반응 획득, 새로운 아이디어를 창출하도록 권장받고 있음을 느낌
- 위험감수(risk taking): 조직 내에서 위험을 받아들이도록 장려, 종종 미지의 영역에 과감히 도전
- 외부환경과 상호작용: 회사 외부가 어떻게 변화하고 있는지에 대한 정보를 수집/회상/보고하는 것은 모든 직원의 임무, 외부 환경에 대한 정보를 획득하고 조회하고 공유하는 시스템과 절차를 보유, 직원들이 환경(경쟁자, 고객, 기술연구소, 대학, 공급업체 등)과 상호작용하도록 장려
- 대화(dialogue): 직원들이 의사소통하도록 장려, 업무집단 내에 자유롭고 발전된 커뮤니케이션, 교차기능 팀워크가 일반적인 관행
- 참여적 의사결정: 조직 내 경영층은 중요한 의사결정에 직원을 자주 포함, 정책은 종업원의 견해에 의해 중요하게 영향받음, 직원이 회사의 중요한 의사결정에 관여

② 교차기능팀

NPD에서 교차기능팀의 사용은 특히 향상된 개발 속도, 전반적 프로젝트 성공과 조직의 성과와 더불어 더 높은 프로세스 성과와 관련된다. 성과에 대한 이러한 긍정적 영향은 폭넓은 교차기능 팀에 의해 가능해진 더 많은 정보와 정보의 다양성에 의해 설명될 수 있다. 교차기능팀의 사용은

NPD 의사결정에서 요구되는 더 많이 필요한 정보의 양과 다양성을 창출하고 이것은 다시 더 우수한 문제해결의 창의성을 낳는다.

③ 자율조직

R&D 부문에서 변혁적 리더십과 권한부여에 기초한 자율성이 강조된 조직이 필요하다. 환경에 대한 기업의 적응성은 기업 혁신성을 이끌 수 있는데 더 높은 수준의 자율성은 적응성의 결정요인 중 하나이다. 여기서, R&D의 자율성은 연구자에 의한 지시와 독립적으로 일하고 추구하는 문제를 선택하는 자유로서 정의한다. 참여적 문화와 잘 조직된 업무현장을 소유한 기업은 그렇지 않은 기업들보다 뛰어난 성과를 낼 것이다.

빠르게 변화하는 기술 추세와 고객니즈는 경쟁을 심화시킬 수 있는데 이러한 환경에서 더 높은 수준의 R&D 자율성을 갖는 기업은 자신의 R&D 프로젝트를 빠르게 변화시키는 기술개발과 고객 선호를 더욱 즉각적으로 충족시키도록 조정하는 것을 가능하게 한다. 결과적으로, 더욱 경쟁이 심한 환경에서 더 높은 수준의 자율성이 기업의 혁신성과를 향상시킬 수 있기 때문에 이게 가능하도록 자율적인 조직을 구축하는 것이 필요하다.

④ 양면적 조직

이미 설명하였지만 조직적 양면성은 탐구 및 활용적 활동을 동시에 추구하는 조직의 능력으로서 정의된다. 조직적 양면성이 기업성과와 경쟁력을 향상시킬 수 있기 때문에 기존 역량을 활용하고 새로운 기회를 탐구할 수 있다. 이 양면성을 위해 탐구 혹은 활용의 균형(균형된 양면성) 혹은 둘의 동시적 극대화(결합된 양면성)를 추구해야 한다.

균형된 양면성 관점은 단기와 장기에 성공하기 위해 탐구와 활용의 최적 배합을 얻는 것을 필요로 한다. 반대로 결합된 양면성은 가장 높은 조직 양면성 수준을 얻기 위해 극대화될 수 있고 또 그렇게 되어야 하는 독립적 활동들로서 탐구와 활용을 고려한다. 양면성의 균형된 차원은 탐구와 활용의 상대적 크기를 균형화하는 것을 수반한다.

두 유형의 혁신 사이의 양면성을 창출하기 위한 구조적, 상황적, 리더십 솔루션들이 제안되었다. 활용과 탐구의 균형된(혹은 실제로 상호 향상적인) 결합은 다른 조직 단위들로 활용과 탐구를 위한 책임 분담을 포함하는 구조적 양면성을 통해 달성될 수 있다. 구조적 솔루션들은 통합 메카니즘에 의해 조정되기 위한 분리된 사업단위들로 탐구와 활용적 혁신들의 공간적 분리를 지지한다. 또한, 양면성을 지원하는 상황으로서 대단히 중요한 비전과 가치, 유연성과 문화가 강조된다. 그것은 프로세스에서 협력, 자율, 보상과 같은 내부 기업상황의 집합에 기초하면서 조직의 상황에 따라 한 조직에서 다르게 대응하도록 만드는 방법이다. 마지막으로, 리더들이 탐구적 및 활용적 혁신 활동들의 양면적 조정에 필수적이기 때문에 지원적 리더, 유연한 관리자, 일치된 최고경영층이 이 양면성을 뒷받침하도록 만드는 방법이다.

3.4. 프로세스 관리

R&D가 수행되는 프로세스를 효과적으로 관리하는 것과 관련한 몇 가지 흥미로운 이슈가 있다.

(1) R&D 투자

NPD에 대한 R&D 지출은 신제품을 제공하여 이익을 창출하는 R&D 활동에 필요하기 때문에 중요하다. 그 결과, R&D 투자의 규모가 혁신의 결과에 긍정적 영향을 미친다고 보는 의견이 다수이다. 하지만, 그 혁신의 효과성이 R&D 기능의 기술적 역량에 의존할지라도 투자만으로는 혁신의 성공이 항상 보장되지 않는다. 그 이유는 투자가 항상 R&D의 사업화와 직접 연결되지 않기 때문이다. 기업이 R&D 투자를 확대할 때 손실이 발생할 수 있는 리스크는 더욱 커질 수 있다. 하지만, 관리가 제대로 이루어진다면 R&D 투자는 혁신과 그 성과에 긍정적인 영향을 미칠 것이다.

(2) 여유자원의 관리

이미 설명하였지만 여유(slack)는 조직에 이용가능한 자원과 그 결합을 유지하기 위해 필요한 지불 사이의 불균형으로서 정의된다. 다른 의미로는 조직이 필수적인 지출에 사용하지 않은 채 획득한 자원들이 본질적으로 여유롭게 자유재량으로 사용될 수 있는 자원을 나타낸다. 일반적으로 이용가능한 여유자원이 존재할 때 관리자들은 위험하지만 잠재적으로 진기한 프로젝트에 투자하는 자유로움을 느낄 수 있다.

여유는 몇 가지 이유로 혁신 생산성에 긍정적 영향을 미치는 것으로 주장되어 왔다. 첫째, 여유는 관리자들이 기업이 새로운 프로젝트를 추구해야 하는지에 관한 더 많은 재량을 허용하기 때문에 관리적 통제의 완화를 유인한다. 둘째, 여유는 곤경의 시기에 사용될 수 있는 자원을 포함한다. 조직이 실험적 프로젝트의 불확실성으로부터 보호받을 때(즉, 여유 자원의 존재로 인해서) 혁신 문화가 발전될 것이다. 나아가, 그 기업의 구성원들은 그러한 실패로부터 손실을 완충하는 여유자원을 기업이 갖고 있기 때문에 실패의 위험에 대해 걱정을 덜 하게 된다. 결국, 여유가 혁신의 추가비용을 긍정적으로 완충시킬 수 있고 관리비용을 완화시킬 수 있으며, 실험문화를 창출할 수 있기 때문에 혁신에 긍정적 영향을 미친다. 그러나 여유는 또한 비효율성을 낳고 위험감수 행태를 과도하게 촉진하여 대리인 문제(agent problem)의 원천이 되면서 부정적 효과를 낳을 수도 있다. 따라서, 적절한 수준의 여유자원을 확보하는 것이 중요하다.

(3) 혁신 피로의 관리

조직은 실행 효과성(예 빈번한 종업원들의 혁신에 대한 헌신과 사용)과 혁신 효과성(예 혁신으로부터 발생된 편익들)과 같은 혁신관련 성과를 얻는 데 자주 어려움에 부딪친다. 이미 알고 있지만 혁신은 두 가지 활동으로 구성된다.
① 진기하고 유용한 아이디어들의 발생을 언급하는 창의성
② 그러한 아이디어들을 실행하는 신제품, 서비스, 프로세스로 아이디어의 전환을 나타내는 실행

여기서, 실행이 매우 중요한 요소가 되고 있다. 조직이 빈번하게 혁신을 도입(높은 혁신 강도)하나 그들로부터 편익을 보는 데 실패(높은 혁신 실패)한다고 믿을 때 종업원은 빈번한 혁신에 관련된 무기력을 경험한다. 이것은 학습된 무기력이다. 종업원들 사이에 계속되는 이 무력감은 종업원을 후속적인 혁신에 참여하는 것을 좌절시키는 혁신 피로(fatigue)를 초래할 수 있다.

조직은 인식, 적용, 실행, 루틴화라는 네 단계를 통해 혁신을 도입한다. 잠재적 혁신에 대한 조직의 인식의 기반에서 가장 바람직하거나 실행가능한 혁신을 적용하고 다시 혁신이 루틴화될 때까지 선택된 혁신을 지속적으로 실행 및 적용한다. 경쟁적이고 동태적인 비즈니스 환경에서 비록 이전의 적용된 혁신이 여전히 실행의 초기 단계에 있을지라도 조직은 새로운 혁신 사이클(즉, 새로운 혁신운동)을 바로 시작하는 경향이 있다. 이 상황에서 종업원은 중단없이 끊임없는 여러 혁신을 경험하고 실행에 옮겨야만 한다. 하지만, 종업원은 이전의 혁신에 대한 높은 강도와 반복된 실패를 인지할 수 있다. 또한 혁신 적용에 대한 대부분의 의사결정은 최고 경영층에서 이루어지고 그 실행의 많은 종업원들에게 부과된다. 시간이 지남에 따라 그러한 강요되거나 의무적인 실행을 반복하는 것은 종업원에게서 그들의 통제감을 빼앗는다. 종업원은 만약 그들이 지속적으로 수많은 혁신을 실행해야 한다면 혁신을 다룰 때 개인적 탈진(burn out)을 경험할 수 있다.

우리는 혁신 피로를 후속 혁신에 종업원의 추가 참여를 방해하는 종업원의 감정적 및 인지적 자원들의 소진으로서 정의한다. 이전 혁신의 인식된 실패는 과거 노력의 실패가 스트레스와 소진과 강하게 연결되기 때문에 탈진 혹은 정신적 피로를 발생시킨다. 따라서, 과거 조직적 혁신의 실패는 종업원 간에 스트레

스, 소외, 피로로 결과되어서 이러한 부정적인 인지적 및 감정적 상태들(**예** 피로 와 탈진)은 행동 장애로 이어지고 업무의 생산성과 효과성을 떨어뜨릴 뿐만 아니 라 종업원이 지속적으로 후속 혁신을 적용하고 실행하는 것을 좌절시킨다.

(4) 속도 관리

이전 장에서 이미 논의한 바와 같이 시장에 늦게 진입하는 결과는 더 높은 개발 및 제조비용, 더 낮은 이익 마진, 기업의 시장 가치를 줄이는 것을 포함한 다. 그러나 더 빨리, 더 좋게, 더 싸게(즉 속도, 품질, 비용) 사이의 성과 간의 상충 관계가 고려될 필요가 있다. 일반적으로, 속도는 비용 억제, 고 품질 제품 창출, 더 확장된 매출 사이클, 초기 진입 우위, 종합적 수익성 보장의 결과가 나타난다 고 주장하지만 그 반대로 속도는 자원의 재할당 시 비용 초과를 유인, 핵심 정 보수집 활동의 생략, 조급함에 의한 품질 하락으로 고통받을 수도 있다. 나아가, 이들 사이에 아무런 관계가 없다는 주장도 있다. 따라서, 시장진입 속도 혹은 NPD 속도는 기술혁신 전략, 표준 전략, 조직 내 보유자원과 역량, 환경 특성 등 다양한 요소를 고려하여 적정 수준을 결정해야 하는 문제이다.

<참고문헌>

Christensen, C. (1997), The innovator's dilemma: when new technologies cause great firms to fail", Harvard Business Review Press. Boston, MA.

Cohen, W.M., & Levinthal, D.A. (1990), "Absorptive capacity: a new perspective on learning and innovation", Administrative Science Quarterly, 35(1), 128−152.

Hamel, G. & Prahalad, C.K. (1994), "Competing for the future", Harvard Business School Press, Boston, MA.

Leonard−Barton, D. (1992), "Core capability and core rigidities: a paradox in managing new product development", Strategic Management Journal. 13(1). 111−125.

Miller, W.L. & Morris, L. (1999), Fourth generation R&D: managing knowledge, technology, and innovation, Wiley.

Nonaka, I (1991), "The knowledge creating company", Harvard Business Review, 69(6), 96−104.

Nonaka, I, & Takeuchi, H. (1995), The knowledge creating company: how Japanese companies create the dynamics of innovation. Oxford University Press, New York, NY.

Pfeffer, J. & Sutton, R.I. (2000), The knowing doing gap, Harvard Business School Press, Boston, MA.

Porter, M.E (1980), Competitive strategy: techniques for analyzing industries and competitors, Free Press, New York, NY.

Teece, D.J., Pisano, G. & Shuen, A. (1997), "Dynamic capabilities and strategic management", Strategic Management Journal, 18(7), 509−533.

CHAPTER

10

기술혁신 네트워크

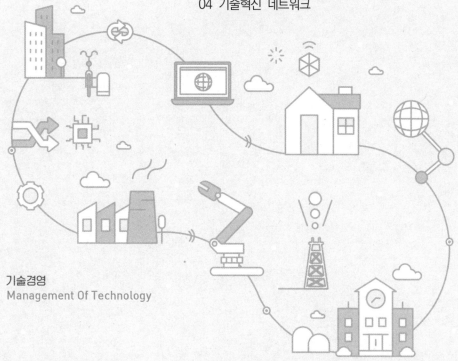

기술경영
Management Of Technology

01 기업 간 협력

표준전쟁에서 승리하고 기술의 확산을 위해 기업 사이에 기술기반 제휴가 증가하고 있다. 이러한 현상은 기술혁신을 위한 기업 간 협력(interfirm collaboration)으로 설명할 수 있다. 기업의 내부뿐만 아니라 외부의 지식 투입물을 결합하고 산출물을 활용하는 역량은 경쟁우위의 핵심 원천이 되었다. 산업 내에서 지식을 신속하게 전파하는 것은 혁신성과를 획득하고 향상시키는 방법일 뿐만 아니라 혁신이 자원, 아이디어, 기술의 새로운 조합을 통해서 발생함에 따라 많은 기업이 기술혁신을 위해 외부 기업과 협력에 의존하고 있다. 전통적 경쟁형태였던 기업 대 기업 간 경쟁은 네트워크 간 경쟁이라는 새로운 방식으로 변화하고 있으며, 이에 따라 기술혁신을 촉진시키기 위한 방안 중 하나로 협력적 R&D 또는 기술적 협력 활동이 빈번히 일어나고 있다.

1.1. 개념

기업들은 종종 내부 기능부서 간 협력에만 관심을 갖고 외부자원은 무시하게 된다. 이러한 현상은 특히, 조직의 변화가 환경변화 속도보다 느릴 때 발생한다. 그러나, 불확실성이 점차 증가하는 현대의 경영환경 하에서 이제 외부와의 협력은 필수가 되고 있다. 협력은 두 개 이상의 독립 기업이 상호 혜택을 기대하면서 공동의 목적을 위해 일하는 공동활동의 존재로서 정의될 수 있다. 협력을 통해서 기업은 위험, 비용, 지식을 공유하고 신제품을 효과적으로 개발하도록 유인하는 R&D를 제공한다. 협력 당사자들은 중복되는 제품개발 업무에 의해서 야기되는 지연과 낭비를 피하기 위해 서로의 전문성을 사용하고 이 지식을 파트너와 공유하는 데 노력할 것이다.

1.2. 협력의 편익과 단점

(1) 편익

제휴에서 발생하는 네 가지 경영 편익으로는 특정 역량에 대한 니즈, 비용
최소화, 시장으로의 진입속도, 재무위험의 분산이 있다. 이외에도 기술혁신에 초
점을 둔 협력의 편익으로는 다음이 있다.

① 협력의 유용성은 기업 간 협력을 통해서 거래비용을 감소시킬 수 있다는
거래비용이론(transaction cost theory)과 협력이 지식을 통합하고 전달하는
효율적 메카니즘이고 제품의 지식을 결집시키는 효과적인 방법이라는 지
식기반이론(knowledge–based theory)에 의해 설명된다.

② 협력활동은 신제품에 대한 정보를 획득하거나 시장 혁신적인 제품을 보다
쉽게 개발할 수 있는 방법을 제공해 줄 수 있다. 그러나 협력 그 자체로
부터 편익을 얻을 수 있는 것은 아니다. 기업이 협력 상대방의 지식을 인
식하지 못한다면 지식을 교환하고 창출할 가능성이 제한된다.

③ 혁신의 공동개발은 상대방으로부터 획득된 정보를 흡수하는 능력에 달려
있다. 따라서 파트너 간 지식의 수준이 다르다면 혁신을 실행하는 것이 어
려울 수 있다. 따라서 협력하려는 기업은 자신의 지식능력에 사전적으로
투자(R&D 투자)를 해야 하고 그 결과 기업의 성과를 향상시킬 수 있다. 따
라서 R&D 투자와 협력은 조직학습에 중요한 공헌을 하는 도구이다.

④ 협력을 통해서 기업은 위험, 비용, 지식을 공유하고 신제품을 개발하도록
유인하는 본질적인 R&D를 제공한다.

⑤ 조직의 지식체계와 다른 조직과의 연계는 혁신제품을 개발하는 기업의 역
량에 중요한 영향을 미친다.

⑥ 협력은 각 기업이 다른 기업의 노우하우에 접근하도록 하고 서로에게 이
익이 되는 무언가를 만들기 위해서 그들의 지식을 총체적으로 사용하도
록 한다.

⑦ 개방형 혁신 패러다임과 같이 협력적 조직 간 관계는 혁신의 중요한 원천
이다.

종합적으로 다음의 편익을 다시 정리할 필요가 있다.

- 혁신의 위험성과 과비용을 감소시킨다.
- 시장에 대한 진입속도를 증가시킨다.
- 내부의 부족한 역량과 자원을 외부에서 보완하도록 한다.
- 다른 지식체계를 외부에서 연계하도록 한다.
- 혁신이 고객의 니즈에서 출발하도록 하여 성공으로 이끈다.
- 현재 기업 내에 존재하는 과거의 가정들에 대한 질문을 하도록 한다.

(2) 단점

협력이 항상 편익만 제공하는 것은 아니다. 예를 들어, 협력이 통제되지 않으면 문제가 발생할 수 있다. 정보와 역량의 누출, 외부 파트너에 대한 과도한 의존, 기회주의 등은 협력의 어두운 면이기 때문에 신뢰의 결여와 통제의 어려움은 효과적인 협력의 중요한 장애물이다. 또한 자신의 약한 부분만 협력하려 한다면 연구협력의 장점은 기술의 평준화와 같이 제한적이 될 수밖에 없고 선도기술을 보유한 기업은 이 협력에 대한 인센티브를 갖지 못한다.

1.3. 기업 간 협력의 기반 이론

(1) 거래비용이론(transaction cost theory)

기업 간 협력을 통해서 거래 양 당사자들은 시장거래에서 요구되는 거래비용을 감소시킬 수 있다. 이 거래비용에서 고정비 및 운영비가 최소인 조직을 파트너로 선정하여 다양한 방법을 통해서 협력하게 된다.

(2) 자원기반이론(resource-based theory)

기업의 경쟁력은 보유한 모든 자산과 능력으로 판단하는 이론이다. 기업이 추가자원이 필요한데 시장거래를 통해 구할 수 없거나 내부적으로 수용 가능한 비용이나 적정 기간 내에 생산할 수 없을 경우에 이러한 자원을 확보하기 위해 다른 기업과 협력한다.

(3) 지식기반이론(knowledge-based theory)

일반적으로 기업은 지식을 교환하거나 결합함으로써 가치를 창출하는 최선의 환경을 조성하려고 한다. 특히 높은 환경 불확실성에 직면한 기업은 조직의 학습속도 및 역량을 강화하고 환경을 재정비하여 불확실성을 줄이기 위해 기업 간 협력을 활용할 수 있다. 이 협력이 지식을 통합하고 전달하는 효율적 메카니즘이고 제품의 지식을 결집시키는 효과적인 방법이기 때문이다.

(4) 네트워크 이론(network theory)

기업의 경쟁력은 다양한 이해관계자들과의 관계 자본에 의해 결정되는 시기이다. 이러한 관계 자본은 사회적 자본(social capital)으로 나타내지고 어떤 네트워크에 내재된 사회적 자본에 기반한 이론이 기업 간 협력을 설명할 수 있다.

02 기술협력의 유형과 관리방안

2.1. 기술협력의 유형

2.1.1. 기업 간 협력의 유형

일반적인 기업 간 협력은 다양한 관계를 포함한다. 즉, 수직적 공급자－구매자 관계, 연구계약(research contracts), 기술과 노우하우 교환, 공동 제품개발, 협력 연구, 협력적 마케팅 협약 등이 있다. 이러한 협력은 일년 이상의 중장기이고 관계가 소유권이나 공식 협정에 의해 완전히 결정되지 않는 비공식적으로 협약이 맺어지기도 하지만 경우에 따라서는 소유권 연계(소액주식투자), 수직적 연계(예 임원의 겸임), 공식 계약(라이센싱과 소싱 협약) 등과 같이 공식적으로 협약이 맺어지기도 한다. 협력은 두 기업으로 이루어진 단일의 쌍방 협약을 포함하기도 하고 기업 간 네트워크를 형성하는 다수의 쌍방향 연계에 의해 다수 기업 군을 포함하기도 한다. 구체적 유형은 다음과 같다.

① 계층 관계(hierarchical relationship)

인수 및 합병을 통해 한 기업이 다른 기업의 자산에 대한 완전한 통제를 하고 소유권에 기반하여 활동을 조정하는 것을 의미한다. 수직적 통합(vertical integration)이라고 하기도 한다.

② 조인트 벤처(joint venture)

둘 이상의 기업이 모기업에게 제한된 목적(예 특정 R&D 혹은 마케팅)을 갖는 공동 소유의 법적 조직을 창출한다.

③ 지분 참여(equity participation)

다른 기업에 대한 다수 혹은 소액 지분을 직접적으로 구매하여 확보하는 방법이다.

④ 협동조합(cooperative)

소기업의 연합체를 만들어 집합 자원을 결합, 조정, 관리하는 방식이다.

⑤ R&D 컨소시엄(consortium)

보통 빠르게 변하는 기술분야에서 형성된 R&D 협력을 위한 기업 간 협약을 나타낸다.

⑥ 전략적 협력/제휴 협약(strategic alliance)

핵심 전략적 의사결정에 대해 협력하고 그 성과결과에 대한 책임을 공유하는 파트너와 함께 다자 간의 전략적 통제에 기초하여 형성한 협력적 비즈니스 네트워크이다.

⑦ 카르텔(cartel)

대기업이 특정산업 내에서 경쟁을 제한하기 위해 생산과 가격을 협력적으로 통제함으로서 공모하는 방식이다.

⑧ 프랜차이징(franchising)

본사(franchisor)가 가맹점(franchisee)에게 특정 지역에서 수수료를 받고 브랜드의 사용을 허용하나 가격, 마케팅, 표준화된 서비스 규범에 대한 컨설팅과 통제를 보유하는 계약에 기초한 가맹점 네트워크 방식이다.

⑨ 라이센싱(licensing)

한 기업이 로얄티와 수수료를 보상으로 특허 기술 혹은 생산 프로세스를 일정 기간동안 사용하는 권리를 다른 기업에게 허용하는 방식이다.

⑩ 공급 네트워크(supplier network)

초점기업(주로, 대기업 혹은 구매기업)이 공급자의 장기 가격, 생산 기간, 인도 스케줄을 협상하는 방식으로 거래를 하는 상호연결된 공급자 네트워크이다.

⑪ 시장관계(market relationship)

오직 가격 메카니즘에 의해 조정된 조직 간의 견제(arm's length)형태의 거래를 의미한다.

2.1.2. 기술협력의 유형

다음은 일반적 기업 간 협력이 아닌 기술협력의 대표적인 유형이다.

(1) 기술 제휴

기업 경계의 내부와 외부 모두에서 지식을 통합하는 능력은 네트워크 경제 (network economy)에서 핵심 성공요인 중 하나이다. 지식의 외부 원천은 새로운 아이디어, 통찰, 전문성을 얻기 위한 기업에게 중요하고 그것으로 새로운 지식 혁신을 발생시킨다. 이때 많은 기업은 다른 기업과 전략적 기술 제휴(strategic technology alliance)를 활용한다.

기술 제휴의 필수적 요소는 지식의 생산과 공유에 있어 관련 기업들의 참여이다. 이 제휴의 일차적 강점은 지식을 얻는 데 있기 보다는 오히려 그 지식에 접근하는 데 있다. R&D 프로젝트를 위한 지식에 접근하는 것과 더불어 외부와 파트너링 연결은 새로운 제품 아이디어의 중요한 원천일 수 있는 기업의 핵심역량에 외부의 정보와 지식을 추가할 수 있다. 따라서, 파트너 기업들이 협력관계를 더 효과적으로 만들기 위해 시간에 따라 어떻게 차별적 루틴을 개발할 수 있는지를 설명하기 위해 관계특유의 자산(relationship-specific asset)이라는 개념을 강조할 필요가 있다. 그러나, 기업들은 자신의 제휴 포트폴리오에서 어떤 성과를 보는 데 자주 실패한다. 이걸 막기 위해서 어떤 기업의 제휴와 협력적 협약의 포트폴리오는 기업전략을 지원하는 통합적인 전체의 관점에서 바라봐야 한다.

(2) 협력과 경쟁

기업 간 협력과 경쟁을 동시에 구현하는 전략으로서 정의하는 코피티션(coopetition)이 증가하고 있다. 코피티션은 단축되는 제품 라이프사이클, 큰 R&D 투자비, 기술의 융복합화, 기술 표준의 중요성과 같은 환경의 변화로 인해 첨단기술 상황에서 더욱 중요하다. 경쟁기업이 대부분 유사한 자원을 소유하고 유사한 압력에 직면하고 있기 때문에 경쟁자와 협력은 적절한 신기술 지식을 획득하고 창출하며, 혁신의 추구에서 지식을 활용하는 것을 용이하게 한다. 이 협력과 경쟁의 대중성이 높아지는 것은 협력적 관계(전략적 제휴)의 50% 이상이 동일산업 내 기업 간 즉, 경쟁자들 간이라는 사실에 의해 명백해진다(Harbison & Pekar, 1998).

기술제휴 파트너들과 네트워크는 기업이 혁신을 추구하는 데 중요한 자원에 접근, 획득, 레버리지하는 것을 돕는다. 협력은 그렇지 않은 경우에 이용이 불가능한 지식과 자원에 대한 적시의 접근을 가능하게 하고 기업은 위험이 크고 많은 투자를 요구하는 기술혁신 프로젝트를 진행하는 데 여러 다른 자원들을 효율적으로 결합할 수 있다. 그 관계로부터 나오는 관계적 자원과 우위가 중요하기 때문에 기업은 신지식을 창출하기 위해 기업 간 제휴와 협력을 적극적으로 추구하고 그 결과 그들은 혁신성과(주로 다른 사업분야에서)를 향상시킬 수 있다.

그러나, 코피티션이 윈-윈(win-win) 전략으로 고려될지라도 참여하는 기업은 가치를 창출하기 위해 함께 일할 필요성과 더 큰 가치를 전유하기 위해 기회주의적이 되려고 하는 유혹 사이의 갈등과 싸운다. 따라서 코피티션 관계는 서로 높은 수준의 상호의존성을 포함하지만 갈등으로 가득 차 있을 뿐만 아니라 여전히 잠재적인 이익발생의 수준이 높다.

(3) 기술 M&A

인수 및 합병을 통한 성장의 전형적 이유는 다음과 같다.
① 경쟁 포지셔닝 향상
② 시장 지분의 구매
③ 관련 비즈니스에 진입
④ 기술의 획득
⑤ 계열사로 수직적 통합
⑥ 새로운 유통채널 확보
⑦ 비즈니스 모델의 재정의

그러나, 기술 M&A에서 인수합병에 대한 강조는 시장확장에서 목표 기업에 내재된 자원에 대한 접근 향상으로 초점을 옮겨야 한다. 보통 모호하고 막연한 암묵적인 지식기반 자산은 지식이전과 커뮤니케이션의 어려움으로 인해 모방이 쉽지 않다. 따라서, 다른 기업을 인수한다고 해서 그 피인수기업의 지식기반 자원을 쉽게 동화시키거나 모방할 수는 없다. 특히 첨단기술 분야의 인수는 인수자와 피인수자가 공통의 지식기반을 갖고 동일한 산업부문에 속할 때 성공 가능성이 높아진다. 여기서, 다양한 배경을 갖는 업무팀은 외부지식 공유의 역량이 더 높을 것이다. 또한 지식이전과 관련된 경험과 풍부한 지식을 갖는 기업은 신지식을 획득하고 동화시키는 데 더 좋은 실력을 발휘할 것이다. 최근, 중국기업의 국내기업 인수(예 SUV 생산기술 확보를 위한 쌍용차 인수)도 이러한 차원에서 많이 나타나고 있다.

(4) R&D 협력

기업은 혁신에 필요한 추가 지식에 접근하기 위해 다른 조직들과 R&D 협력을 구축하여 관련 편익을 얻는다. 이 협력은 지석의 폭과 지식에 대한 접근 용이성에 따라 대학, 공급자, 경쟁자, 고객과 협력으로 다시 구분할 수 있다.

▎표 10-1 R&D 협력의 유형

		신지식에 대한 접근 용이성	
		높음	낮음
신지식의 폭	높음	대학과 R&D 협력	고객과 R&D 협력
	낮음	공급자와 R&D 협력	경쟁자와 R&D 협력

① 대학과 R&D 협력

혁신제품 창출을 도울 수 있는 R&D 협력의 네 가지 유형 중에서 지식이 폭이 넓고 그 지식에 접근하는 장애물이 줄어들기 때문에 대학과 R&D 협력은 제품혁신을 가장 높은 수준으로 향상시킬 것이다. 대학은 다른 협력 파트너들보다 더 폭넓은 지식기반을 소유하기 때문에 제품혁신을 더 잘 지원한다. 대학의 전통적 역할은 비록 직접적인 상업적 성과와 떨어져 있을지라도 여러 분야의 연구를 통해 폭넓은 지식을 만드는 것에 있다. 대학 내 다양한 학문분야의 존재는 다른 조직에서 공존하지 않는 분야에서 지식의 폭을 넓게 제공하고 지식에 대한 접근과 지식의 통합을 위한 독특한 기회를 제시한다. 그 결과, 대학과 협력은 전적으로 새로운 시장 혹은 시장 세그먼트를 열 수 있는 급진적이고 대변혁적인 제품혁신을 지향한다고 볼 수 있다.

② 경쟁자와 R&D 협력

협력과 경쟁(competition)과 동일한 경쟁자와 R&D 협력은 제품혁신에 가장 작은 영향을 미칠 것이다. 기업이 경쟁자들로부터 얻을 수 있는 신지식의 폭이 제한되고 경쟁자가 그것에 대한 접근을 적극적으로 막을 것이기 때문에 접근하는 데 어려움을 수반할 것이다. 기업과 그들의 경쟁자들은 보통 제품혁신을 달성하는 가능성을 제한하는 유사한 지식기반을 갖고 유사한 고객니즈를 충족시키기 위해 디자인된 유사한 제품라인을 창출한다. 하지만, 이러한 이유로 기업이 경쟁자들로부터 학습할 수 없다는 것을 의미하지는 않는다.

그러나, 경쟁자들과 협력은 행동을 조정하고 중복된 투자와 리스크를 감소시키는 것처럼 다른 사업 영역에서 더욱 많은 편익을 제공할 수 있다. 그 이유로 이 협력은 지식의 유사성보다 차이를 더 필요로 하기 때문에 제품혁신에 유용하게 활용하기 어렵다. 비록 경쟁자들과 협력이 종종 R&D 비용을 공유하는 필요성, 자원의 결합을 통한 시너지 효과의 추구, 규제와 산업 표준을 다루는 니즈에 의해 동기부여될지라도 그러한 협력은 기술혁신에 의미있는 영향을 미치지 않는다.

일반적으로, 경쟁자들이 경쟁기업으로 지식이 이전되는 것을 적극적으로 막을 것이기 때문에 경쟁자들이 신지식에 접근하는 것은 매우 어렵다. 어떤 기업이 다른 기업에 대해 지속가능한 경쟁우위를 얻고 유지하기 위해서는 그 기업은 가치있고, 희소하고, 모방과 대체가 어려운 자원을 가져야 한다. 하지만, 대부분 기업들은 그들의 경쟁우위 원천을 경쟁자들이 모방하는 것을 막는 장애물을 적극적으로 구축한다. 따라서, 경쟁자와 협력하는 기업은 자신을 희생하여 경쟁자의 우위를 강화하는 위험을 항상 의식할 수밖에 없다. 그 결과 기업이 혁신을 발생시키기 위해 경쟁자들의 지식에 접근함으로서 편익을 얻을 수 있을지라도 실제 결과는 경쟁자들이 그러한 지식에 접근하는 것을 제한하기 때문에 많은 어려움에 직면할 것이다.

③ 공급자와 R&D 협력

공급자와 R&D 협력은 제한된 신지식을 제공하나 이 지식은 고객 및 경쟁자들과의 협력보다 혁신을 더 잘 지원하고 더욱 쉽게 다가갈 수 있다. 이 협력은 비록 제한된 신지식만을 다룰지라도 그것이 기업의 기존 지식과 다르기 때문에 제품혁신을 위해 여전히 유용하다. 공급자와 협력으로부터 획득된 지식은 많은 경우에 공급자들과 구매기업 즉, 초점기업(focal firm)이 동일하거나 유사한 산업에서 주로 운영하기 때문에 좁은 지식범위를 갖는다. 그럼에도 불구하고 그 지식이 초점기업이 아니라 공급자에 의해 소유된 전문화된 스킬의 집합이기 때문에 그 공급자에 의해 제공된 지식은 유용하다.

구매기업은 신제품의 시장진입 속도, 개발 비용, 제품 품질과 비용의 관점에서 개발 프로세스의 초기에 공급자를 참여시킴으로서 편익을 얻을 수 있다. 이러한 신제품 개발 프로세스의 초기공급자참여(early vendor/supplier involvement)는 구매 기업이 새로운 역량 확보, 위험 공유, 신시장에 신속한 진출을 얻는 데 도움을 줄 수 있다. 기업은 더 나은 제품을 창출하기 위해 공급자의 전문지식에 의존할 수밖에 없고 이 협력은 종종 공정혁신을 통해 투입물 품질향상과 비용 절감으로 나타난다.

④ 고객과 R&D 협력

고객과 R&D 협력은 기업에게 제품혁신에 유용한 폭넓은 지식을 제공하나 그에 대한 접근이 쉽지 않다. 결과적으로, 비록 경쟁자들과 협력보다는 높지만 이 협력은 대학 혹은 공급자들과 협력보다 제품혁신에 덜 영향을 미칠 것이다. 이 방식의 협력을 통해서 제품혁신을 지원하면서 기업에게 폭넓은 지식을 제공할 수 있다. 고객은 혁신을 창출하는 기회를 제공하면서 그들의 이행되지 않은 선호와 요구사항에 대한 지식을 제공할 수 있다. 고객의 소리를 듣는 것은 기업이 그들의 요구사항을 더 잘 이해하도록 만들며, 제품개발 프로세스에서 시간을 낭비하고 많은 비용이 들어가는 낭비가 발생하는 것을 피하도록 만들 수 있다.

그러나 이미 여러 번 언급하였지만 제품을 혁신하기 위해 고객의 지식에 접근하는 것은 여러 이유로 쉽지 않다. 첫째, 암묵적이고 복잡한 고객 지식을 얻는 데 많은 어려움이 따른다. 다시 강조하지만 사람들은 그들이 표현할 수 있는 것 이상을 알고 있기 때문에 그 암묵적 지식을 명시적 지식으로 전환하는 것이 쉽지 않다. 둘째, 조직의 경계를 넘어 암묵적 지식을 획득하는 어려움이 존재한다. 고객은 기업의 일부분이 아니기 때문에 기업에게 자신의 지식 혹은 기업 내 사람들과 상호작용하는 데 필요한 사고방식을 제공하는 인센티브를 전혀 갖지 않는다. 셋째, 고객과 밀접한 연계 혹은 상호작용이 오히려 여러 대안을 탐구하는 것을 제한할 수 있기 때문에 적절한 거리와 수준을 유지하는 것이 매우 어렵다.

2.2. 협력의 성공요인

2.2.1. 파트너와 관계특성에 기초한 성공요인

전통적으로 협력에 관한 연구는 파트너 특성과 기업 간 관계의 특성에 초점을 맞춰왔다. 전자는 자원의 교환 및 협력에서 자원의 가치에 관심을 두고 후자는 기업 간 협력의 상호작용적 본질에 관심을 집중하고 있다(Saxton, 1997).

(1) 파트너 특성

① 파트너 명성

파트너의 긍정적 명성은 기업이 지속적인 경쟁력을 확보할 수 있는 가치 있는 무형자산이며, 시장에서 희귀자원에 더욱 쉽게 접근할 수 있도록 해주기 때문에 그 명성은 내적 자산인 동시에 외적 자산을 확보하는 수단이다. 거래비용이론과 대리인이론에 따르면 긍정적 명성은 특정 기업과 협업을 위한 탐색 및 모니터링 비용을 감소시킬 수 있어서 전반적인 거래비용을 감소시키는 역할을 한다.

(2) 관계 특성

① 파트너 사이의 유사성

기업은 이해하지 못하는 비즈니스를 잘 관리할 수 없다. 따라서, 기술, 제품, 시장의 관점에서 기업 간 전략적 적합성 혹은 유사성이 유지될 필요가 있다. 기업이 협력을 통해 기대하는 시너지 효과를 얻기 위해서는 유사한 문화와 전략적 의사결정에 대한 유사한 접근법을 갖고 있어야 한다. 조직학습이론에서 파트너 간 유사성은 암묵적 및 명문화된 지식에 대한 적합성을 촉진함으로써 협력성과에 긍정적 영향을 미칠 것이다(Hedlund, 1994). 또한, 파트너 간 유사성은 신뢰를 형성하는 것을 돕고, 지식의 적합성을 높여 성공적인 협력 가능성을 높일 것이다.

② 파트너 사이의 협력 경험

협력경험은 협력성과에 대한 만족도와 명확한 관계가 규명되지 않고 있지만 이전의 기업 간 관계는 협력성과에 긍정적인 영향을 미칠 것이다. 협력을 이전의 시장접촉과 같이 광범위하게 정의한다면 협력경험은 파트너의 능력이나 자원을 보다 잘 이해할 수 있고 서로 신뢰감을 돈독히 하여 상호 협력방법을 잘 이해하게 만들 것이다.

③ 공유된 의사결정

협력의 전략적 의사결정에 상호 참여도가 높으면 참여는 신뢰감을 형성하고 지식의 적절성을 향상시키는 등을 통해 성과에 긍정적인 영향을 미칠 것이다.

2.2.2. 내부 영향요인에 기초한 성공요인

조직 간 관계에 대한 내부 영향요인들은 하드(hard) 혹은 소프트(soft)가 있다(Perry et al., 2004).

(1) 하드 요인

① 관계 종료 시 벌칙과 같은 명시적 계약 조항

② 전략적 양립성

③ 적절한 지배구조

(2) 소프트 요인

이 요인은 신뢰와 헌신과 같은 요소를 포함한다.

① 신뢰

초점 기업이 파트너 기업을 믿는 수준이 신뢰할만하고 정직성을 보유하는 것을 의미한다. 즉, 파트너의 정직성에 대한 믿음과 파트너가 정직하고 옳은 일을 할 것이라는 믿음을 포함한다.

② 헌신

앞으로도 협력관계를 지속할 수 있는 것이라는 안정성 관점과 관련된다.

2.2.3. 내용과 과정에 기초한 성공요인

중소기업 상황 하에 협력의 결정적 성공요인은 내용과 프로세스로 구분할 수 있다(Hoffmann & Schlosser 2001).

(1) 내용

① 권리와 의무의 정교한 정의

② 특정 장점에 공헌

③ 요구되는 자원을 구축

④ 모든 파트너로부터 공평한 공헌

(2) 과정

① 시간 요구사항에 대한 인식

② 사업전략으로부터 제휴 목적을 도출

③ 신뢰 구축

④ 신속한 실행과 빠른 결과

2.3. 협력 파트너 선정

경험, 제휴의 지배구조 형태, 국적, 협력을 위한 전략적 동기의 상대적 중요성에 따라 파트너 선정 기준의 상대적 중요성이 다를 것이다.

2.3.1. 협력 동기

① 혁신

R&D 비용 공유, 제품 다각화, 투자비 회수 등

② 시장 확대

규모의 경제, 시장침투/확장, 국제적 확장 등

③ 시장 방어

기존 시장에서 포지션 유지, 투자 리스크 분산 등

④ 기술 이전

공급자/유통채널과 제휴, 기존 기술의 교환 등

⑤ 시장 파워

경쟁을 감소시키기 위한 경쟁자와 제휴, 정부 정책에 따르기 위한 제휴 등

2.3.2. 파트너 선정 기준

주로 생산시스템의 투입물과 관련한 업무관련 파트너 선정 기준과 파트너의 특성에 맞는 선정 기준으로 분류할 수 있다.

(1) 업무 관련 파트너 선정 기준

지역 시장지식에 접근, 주요 공급자/구매자와 연계, 유통채널에 접근, 지역 문화지식에 접근, 제품 특유의 지식에 접근, 지역 규제지식에 접근, 기술에 접근, 자본에 접근, 자재/천연자원에 접근, 생산지식에 접근, 노동에 접근 등

(2) 파트너 관련 파트너 선정 기준

최고경영팀 사이의 신뢰, 파트너 비즈니스와의 연관성, 파트너 명성, 파트너 재무 상태, 파트너 기업 규모, 파트너와 우호적인 과거 경험 정도, 마케팅/유통 시스템에 접근, 파트너의 국제적 경험, 기술응용 경험, 신기술개발의 잠재력, 기술/지식에 접근, 지역정부와 협상하는 파트너 능력 등

이들은 다시 아래의 요인으로 재분류될 수 있다.

(3) 파트너 선택 기준의 재분류

① 제품관련 기술을 제공하는 파트너의 역량

  기술에 접근, 기술적 적용에 경험, 신기술개발 잠재력, 기술/지식에 접근, 제품 특유의 지식에 접근

② 마케팅/유통시스템에서 파트너의 역량과 전체적 위치

  유통채널에 접근, 마케팅/유통시스템에 접근, 파트너 재정 상태, 파트너 명성

③ 지역의 운영 지식을 제공하는 역량

  지역의 문화지식에 접근, 지역의 규제 지식에 접근, 지역의 시장 지식에 접근

④ 자본과 국제적 전문성에 접근하는 규모의 관점에서 경쟁적 역량

  파트너 기업의 규모, 자본에 접근, 파트너의 국제적 경험

⑤ 제품 투입을 향상시키는 효율성에 접근하는 역량

  자재/천연자원에 접근, 생산지식에 접근, 주요 공급자들과 연계에 접근

⑥ 최고경영층 사이에 파트너와 사전경험 및 신뢰

　과거 경험, 최고경영층 사이의 신뢰

⑦ 관련되지 않은 분야에서 지방정부와 노동관련 이슈를 협상하는 역량

　정부와 협상하는 파트너의 능력

2.4. 협력의 단계

전략적 제휴에 기초하여 Kanter(1994)는 인간의 결혼 관점을 비유하여 협력의 단계를 제시하였다.

① 1단계: 상호접근 및 구애의 단계(윈-윈 모색)

② 2단계: 약혼단계(상호비전 공유, 제휴의 제도화 및 공식화)

③ 3단계: 결혼단계(제휴를 하였지만 업무처리방식 등의 차이점 발견)

④ 4단계: 적응단계(서로 적응기법을 개발)

⑤ 5단계: 협력단계(제휴관계에 적응하면서 내부적으로 혁신)

또한, Meade et al.(1997)도 전략적 제휴가 이루어지는 과정을 다음의 네 가지 단계로 제시하였다.

① 1단계: 전략적 의사결정 단계(현재의 기업 현황 분석, 제휴의 필요성 조사)

② 2단계: 구성단계(제휴와 협력이 필요한 부분 결정)

③ 3단계: 파트너 선택 단계(구조적, 전략적, 문화적으로 적합한 파트너 선택)

④ 4단계: 관리단계(협상을 통한 계약 수립, 상호협력/학습/채택/검토의 과정으로 전략적 제휴가 이루어짐)

03 사회적 자본과 기술혁신 네트워크

3.1. 사회적 자본

(1) 개념

Coleman(1988)은 사회적 자본(social capital)의 정의를 처음으로 제안하였다. 사회적 자본 이론의 핵심 전제는 내재성(embeddedness)의 개념이다. Granovetter (1985)는 교환사건에서 어떤 주체들이 그들이 자원, 정보, 영향력에 더 큰 접근을 할 수 있도록 만드는 다른 주체들과 어떤 사회적 네트워크 내에 내재되기 때문에 완전한 경제적 합리성으로 행동하지 않는다고 전제한다. 그에 의하면 주체들은 행동적 선택(behavioral choice)이 내부의 경제적 합리성과 외부의 사회적 힘 사이의 협상을 통해 형성되는 것과 같이 그들의 사회적 접촉에 의해 그 선택이 영향받는다고 한다.

사회적 자본 이론은 경제적 행동들이 관계 네트워크에 내재된다는 토대에서 사회조직뿐만 아니라 기업에 대한 논의에 폭넓게 적용되어 왔다. 사회적 자본은 네트워크 관계에서 발생하는 실제 및 잠재적 자원들(예 지식)의 합이다. 인적 자본이 개인의 지식과 역량으로 구성된 반면에 사회적 자본은 사람과 네트워크들 간의 연결에 의존한다. 다양한 종류의 인적 자본을 갖은 사람들이 서로 접촉하고 상호작용할 때 사회적 자본이 발생한다. 경제적 행동이 지속적으로 발생하는 사회적 연결에 내재되고 이러한 내재는 정보의 상호이전과 교환을 촉진하면서, 다른 주체들 사이의 교환을 촉진하거나 저해할 수 있다. 그 결과, Granovetter(1992)는 개인의 행동과 경제 조직들이 그들의 사회적 관계로부터 분리하여 이해될 수 없다고 하였다. 다시, 경제적 상호작용은 개인과 사회적 관계의 네트워크에 내재되고 그 기업의 성공은 그 연결 네트워크에 의존한다. 나아가, 이러한 사회적 자본 관점에서 기술혁신이 어떻게 발생하는지를 분석하는 것이 혁신 연구에서 점점 더 폭넓게 논의되고 있다.

(2) 구성차원

Nahapiet & Ghoshal(1998)은 사회적 자본의 차원으로서 구조적, 관계적, 인지적이라는 세 가지 차원들을 제안하였다.

① 구조적 차원

이 차원은 전체로서 사회적 시스템과 관계의 네트워크의 특징에 초점을 두며, 접촉 네트워크에서 만들어진 사회적 상호작용을 의미한다. 구체적으로 이 차원은 주체들과 네트워크 구조 사이의 네트워크 연결을 통해 정의될 수 있다. 그것은 무엇이 얻어지고 어떻게 그것이 얻어지는 지를 분석하면서, 네트워크에서 주체들 간의 연결의 일반적 모형을 의미한다. 이 차원은 주체들이 밀도, 연결성, 계층뿐만 아니라 연결의 강도, 빈도, 단단함의 관점에서 관련되는 특정 방법에 초점을 두면서, 네트워크 내 기업의 구조적 위치의 중요성을 설명한다.

② 관계적 차원

이 차원은 주체 혹은 기업들이 그들의 상호작용의 역사를 통해 개발된 개인적 관계의 특징들을 중심으로 분석한다. 이 차원의 주요 측면으로서 신뢰, 정체성, 결속과 같은 관계적 자산에 기초한 관계의 특징들이 있다. 이 차원은 경제적 행동들이 주체 간의 관계품질에 의해 영향받는 수준을 반영한다.

③ 인지적 차원

이 차원은 당사자들 간에 의미의 공유된 표현, 해석, 시스템을 제공하는 자원을 나타낸다. 네트워크의 멤버들 간에 공유된 이해와 의미에 의해 제공된 자원에 초점을 두면서, 네트워크 내 주체들이 환경을 해석, 이해, 인지, 평가하는 방식을 보여준다. 이 차원의 두 가지 핵심 측면은 주체들에 의해 공유된 공통의 이해 및 목표들을 나타내는 공유된 목표와 네트워크에 제도화된 공유된 문화와 행동규범이다.

(3) 사회적 자본과 혁신

혁신은 많은 요인에 의해 영향을 받는데 그 중 중요한 하나는 네트워크, 신뢰, 규범 등과 같은 사회적 자본이다. 최근 혁신은 한 발명자의 작품이 아닌 상호의존적인 상황에서 다양한 행위자를 포함하는 지식의 상호작용과 교환에 의해 성공률이 결정되는 것으로서 고려되고 있다. 이러한 혁신의 패러다임 변화는 두 가지 결과를 초래했다. 첫째, 혁신은 더 이상 기술적 솔루션 개발을 포함하는 분리된 개별 사건으로서 고려되지 않고 사회적 상호작용을 포함하는 프로세스로서 고려된다. 둘째, 혁신은 유형자본(실물, 자금 등)의 단순한 독립적 결합이 아니라 무형자본, 특히 사회적 자본의 결합으로서 설명된다.

특히, 사회적 자본에서 구조적 차원이 중요한 것으로 지적되고 있는데 이 사회적 자본의 구조적 차원(공식과 비공식 네트워크)은 몇 가지 이유로 혁신에 공헌할 수 있다.

첫째, 혁신활동은 정보의 확산에 의존한다. 전문화되고 더욱 복잡한 기술은 더 많은 협력을 요구하는데 이 협력 네트워크는 개인들 사이의 연계로 구성된다. 이 연계를 통해서 정보교환이 지원되고 속도가 향상되고 정보 탐색비용이 낮춰진다. 또한, 노우하우에 대한 접근은 누가 무엇을 아는가에 대한 정보로 얻어질 수 있기 때문에 네트워크는 흔히 비용이 많이 드는 연구를 다시 하는 것을 피하도록 도와줄 수 있다.

둘째, 네트워크는 보완적 아이디어, 스킬, 자본을 함께 가져오는 시너지 효과를 갖고 있다. 유사하지 않은 창의적 아이디어와 사고를 연결하는 것은 평범하지 않은 결합과 급진적 대변혁을 유인할 수 있다. 그러나 네트워크를 통한 정보교환은 신뢰없이 성공할 수 없고 그 반대도 마찬가지이다. 네트워크를 통한 반복된 협력이 신뢰를 창출하기 때문에 이 신뢰문제는 어느 정도 네트워크를 통해 상쇄될 수 있다.

셋째, 조직 간 네트워크의 일차적 편익은 정보의 부가적 원천에 대한 접근과 향상된 정보품질, 적합성, 시기를 포함한다. 빠른 기술변화에 직면한 산업에서 단일 기업은 적시의 비용효과적인 신제품 혁신을 달성하는 데 필요한 모든 전문성을 확보하지 못한다. 개발비를 줄이고 신제품 도입에 내재된 리스크를 줄이면서, 내부적으로 이용가능하지 않은 기술과 노우하우에 접근하는 전략은 기업이 협력과 제휴를 적극적으로 하도록 유인한다. 이러한 상황에서 조직은 주요 R&D 프로젝트와 관련된 기술 전문화, 자원 부족, 위험 감소에 대응하면서 상호편익을 누리기 위한 자원을 교환할 수 있다.

넷째, 사회적 자본은 점진적 혁신뿐만 아니라 급진적 혁신을 향상시키는 것을 지원한다. 보완적 지식을 갖는 기업은 자신의 특정 강점을 결합할 수 있고 어떤 단일의 파트너가 홀로 창출할 수 없는 새로운 기술 혹은 제품을 개발할 수 있다. 게다가 기술 네트워크를 통한 제휴는 기업이 낮은 비용으로 새로운 기술을 기약하는 환경을 탐색하도록 유도하는 일종의 탐조등(searchlight)으로서 작용할 수 있기 때문에 급진적 혁신을 증가시킬 수 있다.

3.2. 사회 네트워크

(1) 개념

네트워킹(networking)은 경쟁우위의 잠재적 원천이다. 기본적으로 네트워크는 범위와 깊이가 다른 사회적 관계의 집합에 의해 연결된 주체들의 집합을 나타낸다. 흔히, 협력 네트워크는 참여기업들의 특정 성과수준을 설명하는데 그들의 구조적 특징과 커뮤니케이션 패턴에 의해 분석될 수 있다. 네트워크에 있는 주체들의 내재성으로 인해 그 주체의 개별 행동은 개별 관심에 의해 결정될 뿐만 아니라 그 관계의 구조에 의해 영향받기도 하기 때문이다. 기존에는 대부분(예 관계 마케팅) 고립된 양자관계에 초점을 두어 이러한 분석이 이루어졌으나 이제 네트워크의 등장으로 인해서 분석단위로서 네트워크에 초점을 두는 것이 필수불가결하게 되었다.

네트워크는 우정, 혈연, 정치 등의 관계 집합으로서 연결된 노드(node)들의 집합(Powell and Smith-Doerr, 1994)으로서 정의된다. 네트워크 관점은 어떤 시스템을 상호관련된 주체들 혹은 노드들의 집합으로서 본다. 여기서, 주체는 사람, 사물, 기업, 국가 등과 같이 다양한 수준의 집합체에서 행위자를 나타낸다. 이 행위자 간의 연대는 우정, 경쟁 등과 같이 다양한 유형일 수 있고 기간, 빈도

등과 같이 여러 차원을 따라 특징될 수도 있다.

네트워크 분석에서 기본적 공준은 주체들이 독립적이 아니고 서로에게 영향을 미친다는 것이다. 이 영향 중에서 가장 일반적으로 고려되는 것은 직접적인 전송 혹은 흐름의 메카니즘이다. 예를 들어, 정보를 고려하면 더 많은 연결을 갖는 노드들은 더 많은 정보를 갖고 그 정보가 성과에 미치는 영향을 고려했을 때 더 나은 성과를 보일 것이다.

사회 네트워크는 사회 시스템 내 참가자들 간의 교환과 공동 활동으로부터 발생하는 사회적 구조이다. 이 참가자들은 흔히 주체(혹은 노드 혹은 꼭짓점)라 불리고 몇 가지 수준의 분석으로 확장될 수 있다. 예를 들어, 그 수준은 개인(예 신제품 개발팀 내 개인들), 팀(예 어떤 프로젝트에서 함께 일하는 팀들), 공식 조직(시장 내 기업들), 연합체(예 로비 동맹들), 혹은 지역과 국가(예 WTO 멤버들)가 포함될 수 있다. 심지어 디지털 저장장치, 아이디어, 개념, 제품 모듈, 기술적 솔루션 등도 포함할 수 있다. 이 연결(또한 모서리로 불린다)은 주체들의 쌍을 연결하고 방향(송신자와 수신자가 존재하고 방향이 있는 흐름: 예 누군가에게 조언을 주기) 혹은 무방향(예 같이 배치)으로 나타날 수 있고 이분법적(예 두 기업이 협력하거나 안하거나) 혹은 가중된(예 두 기업 간 협력의 강도) 연결로 나타난다.

(2) 주요 지표

수학분야의 그래프 이론(graph theory)에서 파생한 사회 네트워크 분석(Social Network Analysis: SNA)에서 제공하는 여러 지표가 있다.

① 노드 수준

- 중심성

사회 네트워크에서 중심성은 네트워크에서 가장 중요하고 유명한 주체들을 묘사하는 개념이다. 이 주체들은 네트워크 내 전략적 위치를 점유하기 때문에 혁신의 확산이나 혁신을 위한 지식 및 정보수집에 효과적이다. 네트워크에서 중요성의 차원을 측정하는 여러 방법들이 제안되었다. 본 교재에서는 네트워크의 연결정도(degree), 매개(betweenness), 근접(closeness), 아이겐벡터(eigenvector) 중심성을 소개한다.
- 연결정도 중심성: 더 많은 직접적 연결을 가질수록 더욱 그 네트워크에서 중심적이라는 의미이다.
- 근접 중심성: 어떤 노드가 다른 노드들에게 얼마나 가깝게 위치하는가를 측정하며, 그 노드가 모든 다른 노드들에게 빨리 접근할 수 있으면 중심적이다.

- 매개 중심성: 어떤 노드가 얼마나 자주 다른 노드들의 모든 쌍의 결합들 사이에서 가장 짧은 경로에 위치하는가를 측정한다. 이 지표는 노드의 잠재적 통제 혹은 영향과 관련되며, 높은 매개 중심성을 갖는 노드는 다른 노드들 사이의 상호작용을 촉진하거나 제한하게 만드는 역량을 보유하고 있다는 의미이다. 일종의 중개 혹은 문지기(brokerage 혹은 gatekeeper)로서 허브(hub)와 중심축을 나타낸다. 네트워크 개방성을 반영하기 때문에 급진적 혁신과도 관련된다.
- 아이겐벡터 중심성: 직접적으로 연결되지 않은 노드들에 기초하여 모든 길이를 갖는 직접적 연결과 간접적 연결들의 가중 합으로 측정한다.

② 네트워크 수준

- 밀도

밀도(density)는 어떤 네트워크에서 가능한 총 연결의 수 대비 실제 연결의 수로서 측정하며, 어떤 네트워크의 전반적 연결성을 반영한다. 더 밀집한 네트워크(예 종교집단, 해병대, 출신에 따른 사조직 등)는 네트워크에서 거래비용을 줄이고 정보통제 메카니즘의 효과성을 향상시킬 수 있다. 흔히, 네트워크의 응집력(cohesiveness)을 암시하기도 하며, 복잡하고 암묵적 지식의 이전과 통합에 적합하다고 볼 수 있다.

- 네트워크 중심화

네트워크 밀도에 대한 보완으로서 네트워크 중심성(network centralization)이 활용된다. 네트워크 중심화가 네트워크에 걸쳐 파워 혹은 통제의 분포와 관련된 반면에 밀도는 네트워크의 응집력을 설명한다. 즉, 중심화는 응집이 특정 중심 주체들 주위에서 얼마나 확장하는지를 측정한다. 전반적 연결성은 네트워크의 특정 노드들 주변에 조직화된 수준을 반영하고 이 결과, 조직 상황에서 의사결정의 권한 혹은 파워가 집중된 수준을 의미한다. 과도하게 중심화된 구조는 대부분 소수의 정보 중개자 역할을 하는 중심 노드들을 통해 간접적 경로를 이용하기 때문에 노드들 간의 협력을 방해할 수도 있다.

- 네트워크 복잡성

네트워크 내 의존성 관계의 수를 반영한다. 어떤 네트워크 내 많은 수의 노드들은 높은 조정비용을 수반하고 이 노드들이 고도로 상호의존적이라면 집합적인 운영비용이 높고 그 네트워크 시스템은 복잡해진다. 흔히, 네트워크 밀도가 높고 네트워크 중심성이 낮은 경우로서 이 네트워크 복잡성은 네트워크 밀도 및 네트워크 중심화와 관련된다. 더욱 구체적인 개념은 다음과 같다. 첫째, 더욱 복잡한 네트워크(예 복잡한 공급네트워크)는 더 높은 운영부담(예 많은 공급자 수와 그들 간의 연결의 수는 조달되는 부품의 관리비용이 높아짐을 암시)을 필요로 한다. 둘째, 네트워크 밀도는 더 밀집한 네트워크가 구축하고 유지하는 데 더 많은 노력을 필요로 하기 때문에 네트워크 복잡성과 개념적으로 연결된다. 마지막으로, 모든 노드들이 서로 연결(예 가장 작은 중심화를 갖는 네트워크)될 때 가장 높은 조정비용이 필요할 것이기 때문에 네트워크 중심화는 네트워크 복잡성과 관련된다.

- 네트워크 범위

이 범위는 직접 연결된 연결의 수를 나타낸다. 이 연결이 클수록 다양하고 많은 지식 및 정보를 획득할 수 있다는 논리 하에 혁신이 증가한다고 볼 수 있다.

③ 노드와 네트워크의 혼합

- 네트워크 규모

규모(size)는 연결정도 중심성 혹은 직접 및 간접 연결의 전체 수로 측정한다. 다른 정보와 지식 원천들에 접근하는 채널의 수로서 해석하여 이것이 크면 혁신이 증가한다고 볼 수 있다. 보통 네트워크 규모가 클수록 급진적 혁신보다는 점진적 혁신에 긍정적 영향을 미치는 것으로 본다.

- 네트워크 강도

강도(strength)는 네트워크를 구성하는 연결의 평균적 강도로서 빈번한 상호작용, 감정적 친밀성, 장기적 관계로 특징되는 네트워크에서 연결의 수가 증가할 때 역시 증가하는 값으로 나타난다. 네트워크 강도는 혁신에 긍정 혹은 부정적 영향을 미친다.

- 구조적 공백

구조적 공백(structural hole)은 중복되지 않은 지식에 접근할 수 있고 자원 통제가 가능한 수준을 나타낸다. 구조적 공백은 일반적으로 지식 및 정보의 다양성을 간접적으로 나타내기 때문에 혁신(특히, 급진적 혁신)에 긍정적 영향을 미치는 것으로 알려졌다. 그 수준의 측정은 다음의 지표를 이용한다.

• 제약(constraint): 노드들이 어떤 단일 접촉으로 돌아가는 관계에 투자되는 수준
• 효율성(efficiency): 네트워크에서 중복적이지 않은 접촉의 비율
• 매개 중심성: 어떤 노드가 직접과 간접적 연결을 맺는 연결들 사이의 경로에 있을 수준

- 네트워크 폐쇄

폐쇄(closure)는 자신(ego)을 제외한 다른 노드들(alters)로부터 받은 총 연결의 합을 반영한다. 이 수준이 높다는 것은 응집적인 네트워크라는 것을 의미하고 밀집한 (dense) 네트워크일수록 노드들 간 신뢰가 높고 정보교환이 향상된다고 볼 수 있다.

- 구조적 등위

구조적 등위(structural equivalence)는 연결관계가 유사한 주체들을 모아놓은 집합이다. 구조적 등위 내 노드들은 유사한 성과 결과를 가질 것이기 때문에 구조적 등위 내 노드들은 서로가 혁신을 적용하는 데 타당한 벤치마크 혹은 준거(reference)가 될 수 있다.

- 응집적 하위 그룹

  이미 설명한 바와 같이 응집은 밀도와 관련된다. 이때, 밀도가 100%인 노드들의 최대 하위 집합을 하위 그룹(sub group)이라고 하고 이들을 파벌(clique)이라고도 한다. 따라서, 이 파벌 내에서 모든 노드는 다른 모든 노드들과 서로 연결관계를 맺고 있다. 흔히, 클러스터를 설명할 때 사용되는 지표로서 점진적 혁신과 밀접한 관련이 있다.

(3) 사회 네트워크와 혁신

네트워크가 주체 집합들 사이에 관계로 구성되었을지라도 그 관계가 기술혁신의 확산에 어떻게 영향을 미치는지에 대한 두 가지 접근법이 존재한다. 그것은 확산의 관계적 모델과 구조적 모델이다.

① 관계적 모델

이 모델은 직접 연결되는 주체들의 행태의 관점에서 핵심 주체의 적용 혹은 비적용을 고려한다. 예를 들어, 어떤 주체가 영향력있는 주체(예 여론 주도자)와 직접적인 접촉을 하게 되면 추진력 있는 혁신적용을 할 것으로 고려될 수 있다.

② 구조적 모델

이 모델은 주어진 주체가 가질 수 있는 직접적 유대만이 아니라 네트워크의 모든 관계를 고려한다. 구조적 네트워크 모델은 주어진 주체의 포지션뿐만 아니라 네트워크의 전반적 구조가 그 주체의 행태와 후속 성과에 영향을 미친다는 점을 가정한다. 예를 들어, 비록 두 주체들이 서로 직접적 접촉이 없을 수 있을지라도 매우 중심적이고 활동이 두드러진 한 주체에 의한 이전 때문에 다른 주체가 그 기술혁신을 적용할 수 있다.

한편, 네트워크 분석가들은 혁신확산의 구체적 프로세스를 전염으로서 언급한다. 지금까지 기술혁신과 관련하여 연구된 중요한 결론을 주체 수준과 네트워크 수준으로 분리하여 정리할 수 있다.

① 주체(actor) 수준(네트워크 내 개별 주체의 포지션을 토대로 분석)

- 혁신성은 네트워크에서 주체의 탁월성과 긍정적으로 연관된다(가장 단순한 측정치는 주체의 연결의 수). 이것은 여론 주도(opinion leaderhip)의 지표로서 간주될 수 있고 관련된 방법으로 주체가 얼마나 잘 통합되었

는지에 대한 측정치로서 고려될 수도 있다.

- 고도로 중심적인 주체들은 유리한 혁신의 초기 적용자인 반면에 주변 주체들은 더욱 위험스러운 혁신을 창출하는 위치에 있을 것이다. 매우 중심적인 잠재 적용자들은 아직 입증되지 않았거나 반규범적인 혁신을 적용함으로서 덜 위험을 무릅쓴다는 높은 평판을 갖는 경향이 있다. 그러나, 주변 주체들은 위험이 덜하기 때문에 그러한 위험을 더 받아들일 수 있다.
- 고립된 주체(예 다른 주체들과 연결되지 않은 어떤 주체)는 매우 늦게 혁신을 적용하는 경향이 있다.
- 약한 유대를 갖는 주체(예 연결되지 않은 주체들 사이에 연결을 해주는 즉, 일종의 교량으로서 작용하는 주체)는 확산 프로세스에서 중요한 연결고리 역할을 담당하는 주체이다.
- 혁신성은 구조적 중심성과 긍정적으로 연관된다(예 주체가 네트워크에서 갖는 포지션이 얼마나 의미있는가). 예를 들어, 매개 중심성은 다른 주체들 사이에 한 주체가 놓인 정도를 측정하는 반면(잠재적 통제에 상응), 근접 중심성은 한 주체가 다른 주체들에 가까운 정도를 측정한다(잠재적 접근에 상응). 여기서, 고도로 중심적인 주체들은 혁신 관련 정보를 더욱 쉽게 습득할 것이며, 이것은 초기에 영향을 미칠 것이기 때문에 초기에 혁신의 확산이 이루어질 것이다.

② 네트워크 수준(관계들의 전반적 패턴을 토대로 분석)

- 고도로 중심화된 네트워크(작은 수의 고도의 중심 주체를 갖는)는 더 높은 혁신 확산율을 보여야 한다. 그 이유는 중심적 주체들에 의해 적용되면 혁신이 네트워크를 통해 빨리 전파될 것이기 때문이다.
- 혁신확산은 밀집하게 상호연결된 네트워크에서 더욱 빠르게 진행될 것이다.
- 전염은 응집력있는 유대를 통해 작동한다(즉, 밀접한 접촉들과 강한 연결을 통해).

04 기술혁신 네트워크

4.1. 배경

기술협력의 개념은 연구분야에 따라 다양한 용어로서 사용되어 왔으나 전략 분야에서는 전략적 기술제휴로서 자주 사용되어 왔다. 이러한 전략적 기술제휴의 유형으로는 조인트 벤처, 공동 R&D, 기술교환협정, 지분투자, 고객－공급업체 관계, 기술이전 등이 있고 그 동기로서 기술개발의 고비용, 고객·공급업체·대학 등과 혁신 프로세스의 연계, 기술적 복잡성과 참신성, 정보기술의 보편성, 기술적 위험 증가, 기술지식의 암묵성, 시장진입 속도 향상, 기술표준의 창출이 있다(Hagedoorn & Schakenraad, 1994).

최근 우수한 R&D 인력의 국가 간 불균형적 분포, R&D 규모증가에 따른 막대한 자본비용 소요, 제품 라이프사이클의 단축, 시장진입 속도의 단축 필요성 증가, 시장 접근과 기회 창출 등과 같은 기술 및 시장 환경의 급격한 변화 등으로 인해서 기술협력의 필요성이 증가하고 있다. 혁신은 협력적 노력이다. 기존 지식과 아이디어들은 새로운 결합으로 합병하고 이전에 분리된 지식이 합쳐질 때 새로운 지식이 등장한다. 최근에 이러한 전략적 기술제휴는 기술혁신을 달성하기 위한 네트워크 개념으로 확장되고 있다.

4.2. 기술혁신 네트워크 형성의 이유

그렇다면 기업들은 왜 혁신과 관련한 네트워크를 형성하는가? 첫째는 사회적 자본 전략(social capital strategy)이 있다. 사회적 자본이란 조직화된 관계의 영속적인 네트워크를 보유함으로써 개인 혹은 집단에게 주어지는 실제 혹은 가상 자원의 총합을 의미한다. 일반적으로 많은 사회적 자본을 갖는 기업은 더 많은 정보 자원의 풀(pool)에 접근하려고 할 것이고 더 나은 파트너를 유인할 수 있을 것이다. 둘째는 구조적 공백전략(structural hole strategy)이다. 일반적으로 정보의 원천으로서 네트워크를 사용하려는 기업은 자신의 네트워크 내 구조적 공백을 채우려는 전략을 추진한다. 특히, 이 전략 하에서는 타 기업과 약한 연계를 보이는 부분을 집중적인 관리대상으로 선정하게 된다.

4.3. 네트워크 폐쇄와 구조적 공백에 대한 논쟁

사회 네트워크와 관련한 분야에서 다양한 주제들이 논의되었지만 가장 근원적이고 중요한 이슈로는 혁신성과에 대한 네트워크 폐쇄(network closure)와 구조적 공백(structural hole)의 논쟁이 있다. 전자는 더 풍부하고 밀집한 네트워크 내에 존재하는 주체들이 상호 간의 공통 목표와 실행, 높은 수준의 신뢰와 가치 공유 등으로 더욱 빈번한 상호관계와 효과적 커뮤니케이션이 가능해져 우수한 혁신성과를 발휘할 수 있다는 주장을 근간으로 하고 있다. 반면 후자는 혁신의 성과를 높이기 위해 중복적인 지식보다는 다양한 주체들과의 연계를 통해 광범위한 지식의 원천에 접근할 필요가 있다는 논리를 핵심으로 하고 있다.

(1) 네트워크 폐쇄 관점

Coleman(1990)은 밀집하게 연결된 즉, 응집력있는 그룹에 내재된 주체들은 이 응집이 사회적 자본, 신뢰, 공유된 정체성의 창출을 가능하게 만들기 때문에 가장 성공적일 수 있다고 주장한다. 폐쇄에 대한 Coleman(1988)의 사회적 자본 이론은 밀집하게 상호연결된 네트워크 구조의 주체들은 공통의 규범과 루틴을 구축하고, 기회주의적 행태를 회피하고, 공유된 의미/이해/신뢰를 창출하기 시작한다. 다시, 밀집 네트워크(dense network)에서 높은 수준의 연계성은 네트워크화된 기업들 사이에 신뢰를 증진시킨다. 밀집 네트워크는 기업들이 공통의 삼자 접촉들을 통해 현재 및 앞으로의 파트너에 대해 학습하는 것을 허용하고 이것은 기업들 간 정보 비대칭성을 줄이고 서로에게 지식기반의 신뢰를 증가시킨다.

신뢰는 제휴 파트너들이 지식을 보호하고, 지식을 공유하는 그들의 의지를 증가시키고, 기업 간 학습과 지식 창출을 증가시키는 수준을 감소시킨다. 또한, 네트워크 폐쇄는 기회주의의 비용을 증가시킴으로서 신뢰를 증진시킨다. 기업의 행태가 밀집 네트워크에서 더욱 가시적이기 때문에, 한 번의 기회주의 행동은 기존의 제휴를 위험에 빠트리고 미래의 파트너링 기회를 감소시키면서 명성에 피해를 끼침으로서 더욱 비용이 들도록 만들 수 있다. 결과적으로, 밀집 네트워크는 또한 기회주의로부터 관계를 보호함으로서 호혜성 교환을 장려한다.

또한, 밀집하게 연결된 하위 네트워크의 멤버에 의한 결함있는 행동은 눈에 띌 것이고 그 그룹의 다른 멤버들에 의해 효과적으로 제재될 수 있기 때문에 타인의 행동에 대한 불확실성을 줄이고 주체들은 더욱 집중적으로 협력하고 가치 있는 지식을 공유할 것이다. 게다가, 조직 사이의 응집적 연결은 새로운 기술적 영역에서 집합적 지식공유와 탐구적 학습을 촉진한다.

그러나, 큰 폐쇄 협력 네트워크들은 성과에 부정적으로 영향을 미칠 수도 있다. 폐쇄 협력 네트워크 내 기업들이 네트워크 내 개별 멤버들이 다른 사람들과 연결하는 것을 저해할 수 있어 자원과 정보에 대한 접근을 억제할 수 있다. 지나치게 큰 폐쇄 협력 네트워크는 외부 기업들과 지식과 정보를 공유하는 관점에서 제한을 발생시키고, 이것은 신제품 개발을 위한 이질적 지식과 아이디어의 획득을 제한하는 가능성을 갖는다. 마지막으로, 강한 긍정적 상호작용에 의해 연결된 폐쇄 협력 네트워크는 동질적인 과잉 정보의 발생을 초래할 수 있다. 폐쇄 네트워크는 연결을 형성하는 비용(돈, 시간, 심지어 심리적 자원)을 초래하기 때문에 폐쇄 네트워크가 수용할 수 있는 협력자의 수는 다른 네트워크 아키텍쳐에서 형성할 수 있는 수보다 훨씬 작다. 만약 두 기업을 연결하는 밀집한 파트너의 수가 폐쇄 협력 네트워크에서 증가한다면 사회적 감시와 비용은 더 높아지게 된다.

(2) 구조적 공백 관점

Burt(1992)는 비중복적인 네트워크 연결의 중요성을 강조하면서 네트워크 폐쇄와 반대의 관점을 소개하였다. 앞서 논의한 밀집 네트워크는 멤버들 사이의 정보의 빠른 확산을 지원한다. 그러나, 정보의 빠른 순환은 새로운 정보의 탐색에 적절하지 않는 중복성(redundancy)을 유인한다. 결과적으로, 중복적 연계를 피하고 새로운 연계를 탐색하는 데 시간과 에너지를 투자하는 것이 혁신 창출에 더욱 효과적이라는 것이다.

연결의 결여(즉, 구조적 공백)는 다른 연결되지 않은 네트워크 사이의 교량을 필요로 한다. 그들의 존재가 네트워크 내와 네트워크 사이에 다양성과 지식변동성을 향상시키기 때문에 이 공백은 지식 교환과 혁신의 효과성을 증가시키는 데 필수적 역할을 한다.

구조적 공백 이론은 Granovetter(1973)의 약한 연결(weak tie)의 장점 이론에 의해 영향받았다. 그의 주장은 많은 약한 유대를 갖는 주체들이 네트워크에서 더 유리하게 위치된다는 것이다. 이 약한 유대는 주체가 더욱 다양한 사회적 그룹들과 그 주체를 연결함으로서 받는 중복적이지 않은 정보의 양을 극대화한다. 구조적 공백은 사람 혹은 조직 그룹 간의 사회적 구조에서 가치의 차이(gap)이다. 중개자(broker)들은 이 공백에 다리를 놓음으로서 행위자들 간에 정보의 흐름을 향상시킬 수 있다. 결과적으로, 구조적 공백을 유지함으로서 네트워크 내 중개인은 정보와 통제라는 두 가지 편익을 얻는다.

구조적 공백이 기업 및 조직에게 새로운 정보와 비중복적인 자원에 대한 접근을 제공한다는 것은 확실하다. 연결하는 포지션은 혁신성과를 향상시키기 위해 기업에게 공백에 고유한 다양한 정보와 기회들을 제공하고 기업이 내부 강점을 활용하고 외부 자원을 더 잘 활용하도록 도울 수 있다. 또한, 기업은 네트워크에서 연결되지 않은 두 행위자들 사이에 자원과 정보를 재정거래함으로서 그 네트워크로부터 편익을 도출할 수 있다. 기업은 또한 한 네트워크 멤버들을 다른 멤버들로부터 떼어 놓기 위해 네트워크에서 갭을 더 잘 활용하고 정보흐름을 통제할 수 있다.

<참고문헌>

Burt, R.S. (1992), Structural holes: the social structure of competition, Harvard University Press, Boston, MA.

Coleman, J.S. (1988), "Social capital in the creation of human capital", The American Journal of Sociology, 94(supplement), S95–S120.

Coleman, J.S. (1990), Foundations of social theory. Harvard University Press, Boston, MA.

Granovetter, M. (1973), "The strength of weak ties", American Journal of Sociology, 78(6), 1360–1380.

Granovetter, M. (1985), "Economic action and social structure: the problem of embeddedness", American Journal of Sociology, 91(3), 481–510.

Granovetter, M. (1992), "Economic institutions as social constructions: a framework for analysis", Acta Sociologica, 35(1), 3–11.

Hagedoorn, J. & Schakenraad, J. (1994), "The effect of strategic technology alliances on company performance", Strategic Management Journal, 15(4), 291–309.

Harbison, J.R. & Pekar, P. Jr.(1998), Smart alliances: a practical guide to repeatable success, Wiley.

Hedlund, G. (1994), "A Model of Knowledge Management and the n–Form corporation", Strategic Management Journal, 15(S2), 73–90.

Hoffmann, W.H. & Schlosser, R. (2001), "Success factors of strategic alliances in small and medium–sized enterprises: an empirical survey", Long Range Planning, 34(3), 357–381.

Kanter, R. M. (1994), "Collaborative Advantage: The Art of Alliances", Harvard Business Review, 72(4), 96–108.

Meade, L.M., Liles, D.H. & Sarkis, J. (1997), "Justifying strategic alliance and partnering: a prerequisite for virtual enterprising", Omega: The International Journal of Management Science, 25(1), 29–42.

Nahapiet, J., & Ghoshal, S. (1998), "Social capital, intellectual capital, and the organizational advantage", The Academy of Management Review, 23(2), 242–266.

Perry, M.L., Sengupta, S. & Krapfel, R. (2004), "Effectiveness of horizontal strategic alliances in technologically uncertain environments: are trust and commitment enough?", Journal of Business Research, 57(9), 951−956.

Powell, W.W. & Smith−Doerr, L. (1994), "Networks and economic life", 363−402, in Smelser, N.J. & Swedberg, R. (eds.), Handbook of Economic Sociology, Princeton University Press, Princeton, NJ.

Ritter, T. & Gemünden, H.G. (2003), "Network competence: its impact on innovation success and its antecedents", Journal of Business Research, 56(9), 745−755.

Saxton, T. (1997), "The effects of partner and relationship characteristics on alliance outcomes", Academy of Management Journal, 40(2), 443−461.

CHAPTER

11

개방형 혁신 패러다임

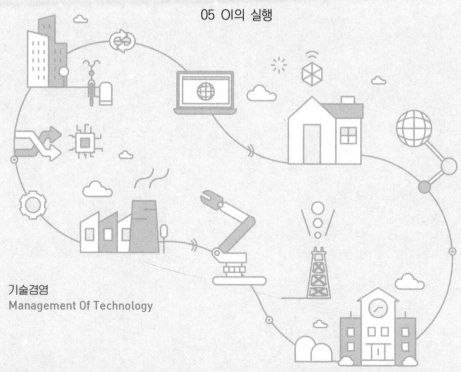

기술경영
Management Of Technology

01 > 등장 배경

1.1. R&D 추세의 변화

많은 기업들은 전통적으로 혁신활동의 초점을 내부 R&D에 두었다. 그러나 여러 이유로 내부 R&D만이 기술혁신의 유일한 대안이 아니라는 사고가 시작되었다. 최근에 조직경계를 넘어서 외부와 협력 하에 혁신을 달성하는 추세가 치열해 지고 있다.

이러한 변화의 원동력은 다음과 같다.

① 더욱 신속히, 향상된, 저비용의 R&D에 대한 압력의 증가
② 제품 수명주기 단축으로 다양한 수익원천의 발굴이 필요
③ 어떤 회사도 글로벌 R&D 역량의 1% 이상을 갖지 못한다는 인식
④ 증가하는 R&D 투자비와 R&D 기간
⑤ 낮은 R&D 사업화 성공율
⑥ 전세계 우수 인재의 균등한 분포로 전문가 그룹이 확대
⑦ 기술거래 플랫폼과 같은 인프라 형성

1.2. 기술혁신 패러다임의 진화

과거의 기술혁신은 높은 R&D 예산, R&D에서 규모의 경제(즉, R&D 투입물이 증가할수록 산출물은 더욱 크게 나온다는 의미), 자체보유 우수 인재의 역량 등으로 특징된다. 그러나 현재의 기술혁신은 R&D의 효율성 증가, 외부 기술의 흡수역량, 분산된 지적 자본의 통합이 중요한 시기가 되었다. 결과적으로 기술개발에

서 규모의 경제효과는 소멸되고 있으며, R&D 투자비는 기술개발 성과와 직결되지 않고 기술수준의 지표로 적절하지 않게 되었다.

구체적으로 기술혁신의 패러다임 변화를 초래한 다음의 특징이 지적되고 있다.

(1) 혁신방식에 따른 경제성의 변화

과거 피엔지(P&G)는 프링글스(pringles) 감자칩 위에 그림과 글자를 인쇄하는 기술개발을 하려고 하였다. 이 기술을 자체 개발할 수도 있었지만 이미 이탈리아 볼로냐(Bologna)에 있는 한 제과점에서 케이크와 쿠키에 잉크로 메시지를 인쇄하는 기술이 존재한다는 것을 발견하였다. 이에 이 기술을 구매하여 작은 비용으로 내부 자체개발보다 소요시간을 엄청나게 단축시킨 채 시장에 제품을 신속하게 출시할 수 있었다.

또한, 증가된 기술개발 비용과 단축된 제품수명은 혁신 투자의 경제성을 압박하여 혁신에 투자한 기업이 만족할만한 수익을 얻을 가능성을 점차 줄여 나갔다. 예를 들어, 1980년부터 2005년까지 제약산업의 매출액은 연평균 11%씩 성장한 반면에 동일기간 동안 연구개발비는 연평균 15%씩 증가하여 제약산업에서 혁신의 경제성 유지는 점점 어려워지고 있었다. 다른 산업에서도 기술개발비는 지속적으로 증가하여 인텔(Intel)의 반도체 생산공장 건설비용은 2006년 $30억이었으나 과거 1980년대에는 그것의 약 1%만이 소요되었다. 또한, 제품 수명주기도 단축되어 과거 하드 디스크 드라이브가 산업의 표준이 되면서 4~6년 동안 공급되었으나 1990년대부터는 6~9개월 밖에 공급하지 못하였고 제약산업의 특허 보호기간도 단축되고 있었으며, 스마트폰도 6개월마다 새로운 단말기가 시장에 출시되고 있다.

(2) 전문가 그룹 이용가능성 및 유동성 확대

각국 정부의 기초연구 투자 및 대학 육성 정책으로 인해 과거 대기업의 지식독점이 점차 완화되고 있다. 이제는 지식창출의 원천이 대학, 벤처기업, 외국기업, 공급자, 고객, 파트너 등으로 다양화되고 있으며, 특허출원 분포도 과거 대기업 중심에서 중소기업의 비율이 점차 증가하고 있고 미국을 제외한 개발도상국의 비율도 증가하고 있는 추세이다. 또한, 전문 인력의 이동성과 이용가능성이 높아져 해외의 우수인력 확보가 용이해지고 벤처창업에 대한 우호적 환경으로 인해 대기업만이 독점하던 우수인력의 유동성도 증가하고 있다.

(3) 아이디어 활용 다양성 증가

벤처캐피탈 확산으로 아이디어의 활용성이 증진되고 있다. 일반적으로 기업의 특허기술 활용 범위는 5~25% 수준이고, 나머지 75~95%는 휴면 상태에 있다고 한다. 예를 들어, 과거 2002년 지멘스(Siemens)의 등록된 특허 중 90% 이상은 사업화에 활용되지 않고 있었으며, 피엔지(P&G)도 보유 특허의 약 10% 정도만 활용하고 있고 다우케미컬(Dow Chemical)은 1993년 보유 특허 중 19%만 사업에 활용, 33%는 방어적 수단으로 활용, 타사에 라이선스는 23%, 미활용은 25%이었다. 또한 외부 공급자의 능력이 향상되고 있다. 특정 분야에서 공급자의 능력이 자사 내부와 같거나 더 뛰어나기 때문에 외부에서 미활용된 아이디어를 외부에서 활용하여 새로운 사업 창출이 가능해졌다. 게다가, 인터넷과 기술거래 인프라의 확산으로 인터넷을 활용한 정보탐색 능력이 증가하였고 이를 지원하는 기술거래 중개 사이트도 늘어나고 있다.

(4) 미활용 기술의 외부 제공 필요성 증가

미활용 기술은 기업이 보유한 자원의 낭비로 볼 수 있다. 또한, 이 기술은 아이디어 제안자에게 도덕적 혼란(자신의 아이디어가 사장됨으로서)을 불러일으키고 혁신시스템에도 혼란을 야기하여 혁신속도를 둔화시킨다. 그러나, 이 기술의 외부 활용 시에 새로운 시장 혹은 기술기회를 얻는다는 것이 가능하게 되었다.

(5) 기술거래 인프라 확대 및 특허 괴물

기술거래 인프라는 기업, 대학, 개인 발명가, 소비자 등을 연결해 주어 흥미로운 기술 발견, 협력을 통한 아이디어 사업화, 아이디어 판매를 통해 혁신의 화수분 역할을 하고 있으며, 아이디어 개발과 발명을 통해 시장 접근을 용이하게 만들고 중개 수수료와 지적 재산권을 포함한 새로운 가치를 만들어 준다. 또한, 수백개의 특허를 비공개로 출원하고 특허 등록 전에 명세서 수정을 반복하여 등록일자를 연기함으로서 특허의 상업적 가치를 높이고 특허를 계속 비공개 상태

로 유지하는 특허 괴물(patent troll) 등이 등장하여 이에 대한 대응이 필요하기도
하였다.

02 개방형 혁신의 개념과 특징

2.1. 개념

〈그림 11-1〉 폐쇄형 기술혁신과 개방형 기술혁신

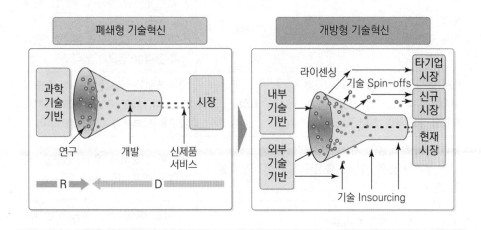

자료원: Chesbrough(2003)

<그림 11-1>의 좌측과 같은 과거의 폐쇄형 기술혁신(closed innovation)은 많은 R&D 자원의 내부 보유를 통해 핵심인력과 기술 독점을 추구하고 NIH(not invented here) 신드롬과 기술유출을 막기 위해 외부 협력을 등한시하였다. NIH 신드롬은 자신이 최고라고 생각하고 외부의 것을 수용하지 않는 자세를 나타내는 것으로서 다양성과 창의성을 축소시킨다. 이에 비해 우측의 개방형 혁신(open innovation: OI)은 외부 아이디어와 기술의 도입으로 혁신원천 다양화와 내부 혁신의 가속화를 추구하는 방식의 혁신 패러다임이다. 결국, OI는 기업의 내

부 혁신을 가속화시키고 혁신의 외부 활용을 위한 시장을 확대하기 위해 지식의 유입과 유출을 의도적으로 활용하는 것을 의미한다.

구체적으로 폐쇄형 기술혁신은 어떤 기업 내부에 자체적으로 보유한 과학기술 기반을 통해 깔때기 모형에 의해 설명되는 R&D 프로세스를 거쳐 소수의 프로젝트만이 신제품과 신서비스로 시장에서 성공적으로 사업화된다. 이 R&D 프로세스 중에 외부와의 상호작용이나 교류는 전혀 발생하지 않는다. 그러나, 개방형 기술혁신은 내부의 과학기술 기반뿐만 아니라 외부의 과학기술 기반을 활용하여(그 결과, 이용가능한 과학기술 기반이 더욱 커짐) R&D 프로세스가 진행된다.

▎표 11-1 폐쇄형 혁신과 개방형 혁신의 기본 사고

폐쇄형 혁신	주제	개방형 혁신
우리 분야의 우수 인력은 우리를 위해 일한다.	인적자원관리	• 모든 우수한 인력이 우리를 위해 일하지 않는다. • 우리 회사 내외부의 우수한 인력과 협력할 필요가 있다.
R&D를 통해 수익을 창출하기 위해서는 우리가 직접 발명, 개발, 유통을 담당해야 한다.	R&D	외부 R&D는 중요한 가치를 창출할 수 있다. 내부 R&D는 그 가치의 일부를 확보하기 위해 필요하다.
우리 스스로 발명한 기술에 대해서는 우리가 먼저 시장에 출시해야 한다.	신제품 개발	이익을 창출하기 위한 연구를 꼭 우리가 해야 하는 것은 아니다.
혁신을 시장에 처음 도입하는 회사가 승리한다.	비즈니스 모델	더 나은 비즈니스 모델을 구성하는 것이 시장에 먼저 진출하는 것보다 더 중요하다.
산업 내에서 우리가 가장 우수한 아이디어를 창출하면 우리가 승리할 것이다.	아이디어	내외부 아이디어를 가장 잘 활용하면 우리가 승리할 것이다.
우리는 우리 지적 자산을 관리해서 경쟁자가 우리 아이디어로부터 수익을 내지 못하게 해야 한다.	지적 자산 관리	우리의 지적 자산을 타사가 활용하는 것으로부터 수익을 얻고 우리의 비즈니스 모델을 발전시킬 수 있다면 다른 기업의 지적 자산을 구매해야 한다.

자료원: Chesbrough(2006)

이 R&D 프로세스 중에 외부 기술의 조달(insourcing) 및 구매가 이루어질 수 있고 사내 보유기술의 외부 라이센싱(licensing-out), 분사(spin-off) 등을 수행할 수 있다. 이러한 외부 주체와 활발한 상호작용과 교류로 인해서 기존에 목표로 하였던 현재 시장뿐만 아니라 타 기업이 보유하던 시장과 신규시장을 추가로 확보하여 전체 시장규모를 확대할 수 있다.

여러 경영 이슈와 관련되어 폐쇄형 혁신과 개방형 혁신의 사고를 비교하여 정리하면 <표 11-1>과 같다.

2.2. 유형

OI는 기술과 지식이 교류되는 방향에 따라 <그림 11-2>와 같이 내향형(outside-in), 혼합형(coupled), 외향형(inside-out)으로 구분한다. 내향형 OI는 외부의 기술과 지식이 조직의 내부로 들어오는 방식의 상호작용과 교류인 기술구매, 벤처인수, 라이센스 구입(license-in)에 초점을 두지만 외향향 OI는 내부의 기술과 지식이 조직의 외부로 나가는 방식인 기술판매, 라이센스 판매(license-out)와 같은 기술판매에 초점을 둔다. 결합형은 공동의 R&D 프로세스를 진행하는 것에 초점을 두어 공동연구, 계약연구, 조인트벤처 등이 개방형 혁신의 수단으로 활용된다.

〈그림 11-2〉 개방형 혁신의 유형

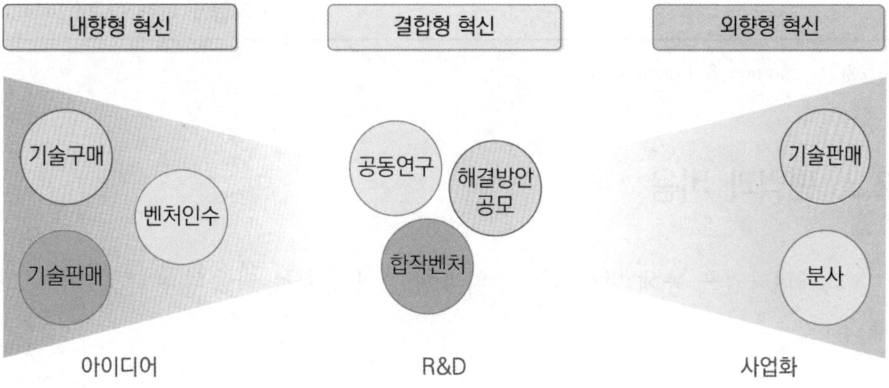

자료원: Gassmamm&Enkkel(2004)

이러한 세 가지 유형의 특징을 세부적으로 정리하면 다음의 <표 11-2>와 같다.

▌표 11-2 OI 유형의 세부 특징

구분	개념	혁신과정의 주요 내용	기업 특징
내향형	외부 지식 도입을 통해 자사의 지식 기반 확대 및 혁신성 제고	• 공급자 지식 초기 통합 • 사용자와 공동 개발 • 외부 지식 도입 및 통합 • 라이선스 및 특허 구입	• 저기술산업에서 유사 기술 확보를 위해 사용 • 지식중개자 혹은 지식창조자 역할 • 모듈화된 제품 • 높은 지식집약도
외향형	자사 기술을 외부로 유출해서 다른 경로로 수익 창출	• 아이디어 상업화 • 라이선스 및 특허 판매 • 기술을 다른 영역에 적용하여 가치 배가	• (기초)연구집약적 회사 • 기술확산을 통한 R&D 고정비용 절감, 브랜드 인지도 구축, 표준설정 등을 목표로 함
혼합형	보완적 파트너와 제휴하여 상호주의에 따라 내향형과 외향형 혼합	• 내향형 및 외향형 프로세스 혼합 • 외부 지식과 경쟁력을 내부로 통합하고, 내부 지식과 경쟁력을 외부로 확산	• 표준 설정(지배적 디자인 전단계) • 수익체증(기술배가를 통한 산업유통화) • 보완적 파트너와 제휴 • 주요 인터페이스를 공유하는 보완적 제품 • 기업에 대한 관계적 관점

자료원: Gassmann & Enkel(2004)

2.3. 편익과 비용

OI 패러다임을 통해 발생하는 수익과 비용의 변화는 다음의 <그림 11-3>과 같다.

〈그림 11-3〉 이를 통한 수익과 비용의 변화

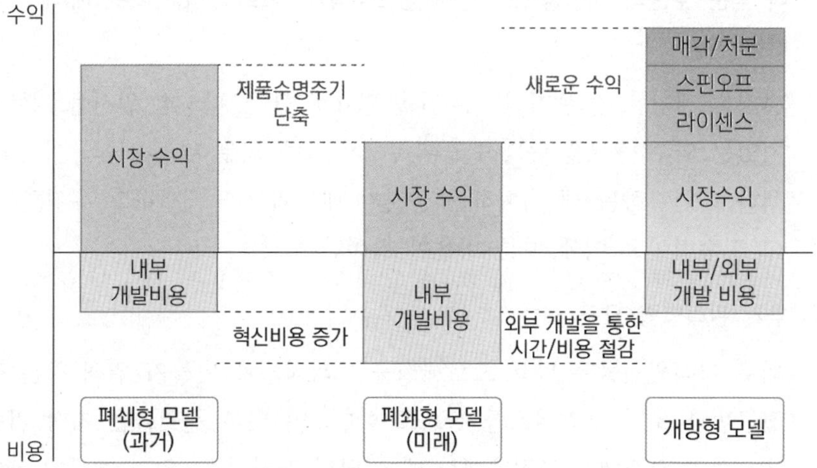

자료원: Chesbrough(2006)

(1) 편익

① 경제적 성과

개방형 혁신을 통해 새로운 수익원 창출과 비용 절감으로 이익의 확대를 얻을 수 있다.

② 신속한 기술개발

외부의 과학기술 기반을 추가로 활용함으로서 기술개발의 속도를 증가시킬 수 있다.

③ 우수한 혁신성과

더 넓어진 과학기술 기반에 기초하여 다수의 아이디어 창출이 가능해지고 외부와 활발한 교류로 인해 기술혁신의 성공가능성이 높아진다.

④ 기술의 활용성

자사가 보유한 기술지식을 외부로 유출하여 활용성을 높이고 새로운 부가가치 창출이 가능해 진다.

(2) 비용

① 더 높은 수준의 개방성으로 인해 정보탐색과 파트너링(partnering)에서 많은 비용 발생

환경 스캐닝은 많은 자원과 시간을 필요로 한다. 다양한 원천들로부터 가치있는 외부 정보를 규명하고 획득하기 위해 외부 대리인들과 기업을 탐색하고 연결하는 데 기여하는 문지기 네트워크를 개발하고 유지하는 것이 필수적이고 이에 따른 비용이 들어간다.

② 추가 관리역량 요구

외부 지식원천들은 탐색 프로세스를 효과적으로 만들기 위해 다른 관리 접근법과 조직 프랙티스를 필요로 한다. 몇 외부 원천들은 지식 기반의 유사성의 관점에서 조직에게서 매우 멀리 떨어질 수 있기 때문에 아이디어의 통합은 더욱 어려워진다. 따라서, 기업이 의지하는 외부 원천의 다양성이 높을수록 요구되는 관리 스킬의 다양성이 필요해 진다.

③ 외부 지식의 통합을 위한 흡수역량 필요

일단 획득된 외부 지식은 기업의 활동으로 완전히 통합되어질 필요가 있기 때문에 기업들은 공유된 커뮤니케이션을 용이하게 하도록 더욱 복잡하고 비용이 드는 통합된 메카니즘을 개발해야 한다. 게다가 기업은 효율적으로 그 지식을 규명, 접근, 동화, 적용하기 위해 충분한 이전 지식과 역량을 필요로 한다.

④ NIH 신드롬

개방형 혁신 계획의 실행은 외부에서 발생된 지식에 대한 직원들의 부정적 태도에 의해 방해받을 수 있다.

⑤ 관계유지 비용

많은 외부 관계를 유지하는 것에는 추가 비용이 들어갈 수 있다(Laursen & Salter, 2006).

⑥ 핵심기술 유출

개방성의 중요한 걱정은 기업이 공유하고 싶지 않은 내부 지식이 바람직하지 않은 주체 및 경쟁자들에게 누출될 수 있다는 위험에 있다. 이것은 기업들이 지적재산 소유 이슈를 해결하는 데 실무적인 문제점들을 관리하도록 요구한다.

기업 혹은 R&D 프로젝트에 따라 이러한 비용들이 개방성의 편익을 상쇄하거나 심지어 능가할 수도 있다. 예를 들어, 프로젝트 수준에서 증가하는 개방성은 제품개발 성과에 부정적 영향을 만들고 덜 개방성을 지닌 프로젝트들과 비교하여 더 느리고 비용이 더 드는 프로젝트를 만들기도 한다. 또한, 최적 수준을 넘어선 기업의 과잉탐색으로 인해 증가하는 외부 원천의 다양성은 오히려 혁신성과의 관점에서 수익의 감소를 초래할 수도 있다. 따라서, 적정 수준의 개방성을 유지하는 것이 기업의 중요한 관심사가 될 수 있다.

2.4. 이를 둘러싼 논쟁

사실, 내부 자원과 혁신 프로세스를 향상시키기 위해 외부에서 발생된 지식의 활용은 전혀 새로운 것이 아니다. 외부 지식에 접근하는 것은 성공적 혁신의 중요한 요인으로서 학계와 실무계에서 오랫동안 인식되어 왔고 많은 기업들이 암묵적으로 개방형 혁신 프랙티스를 실행하여 왔었다. 그 결과, 이러한 현상은 개방형 혁신이 새로운 병의 옛날 와인(즉, 기존의 내용을 다른 틀로만 바꿔 다루고 있는 것이 아닌가라는 주장) 혹은 4세대 R&D의 단순한 진화라고 주장하는 비판을 초래하였다.

그럼에도 불구하고, OI의 옹호자들은 그 패러다임이 이미 존재하는 혁신 주제에 대해 광범위한 활동과 관리방식을 통합하는 우산을 제공하고 기업과 환경 사이의 경계를 재정의하며, 궁극적으로 학자와 실무자들이 네트워크된 세상에서 혁신전략의 설계를 다시 생각하도록 유인하는 종합적인 관점을 제공한다고 주장한다.

기술경영 관점에서 바라본 급격한 환경변화의 시기는 다음과 같은 특징을 도출한다. 첫째, 기술융합의 시대이다. 현재와 같은 지식경제 시대에서는 기술융합에 기반하는 새로운 관리기법이 요구되고 있다. 둘째, 위기의 시대이다. 이러한 위기를 극복하기 위해서는 기업이 끊임없는 성장의 원동력을 창출하여 경쟁력을 확보해야만 한다. 셋째, 네트워크 시대이다. 기업은 혼자만의 행동 주체가 아니며, 다양한 외부 역량과 연계한 기술혁신의 가속화를 추구해야 경쟁우위를 획득할 수 있다. 이러한 환경 하에서 기업이 혁신을 통해 경쟁력을 갖추기 위해서는 외부와 협력관계를 맺어 가치사슬의 고리를 강화시킬 수 있어야 한다. 이에 상응하여 기술혁신의 원동력인 R&D 패러다임도 지속적으로 변화하고 있다.

이러한 맥락에서 OI는 4세대 R&D와 매우 밀접한 관련을 맺고 있다. OI는 내부 혁신을 가속화시키고 혁신의 외부 활용을 통해서 시장확대를 달성하기 위한 의도적인 지식의 유입과 유출의 활용을 반영한다. 여기서 기업이 혁신을 달성한다는 것은 속도, 저비용, 위험감소, 새로운 아이디어 등의 성과를 얻는다는 의미이다. 이를 위해서는 고객을 포함한 외부의 지식과 능력을 활용할 수 있어야 하고 이를 통해서 비용절감과 규모의 경제뿐만 아니라 전문가의 지식, 스킬, 기타 다른 역량을 신속하게 확보해야 한다.

03 OI의 원천과 수단

3.1. 대상 지식

OI의 대상이 되는 기술지식은 다양하게 분류할 수 있다.

① 핵심 대 주변기술

핵심기술은 내부 자체개발을 해야 하기 때문에 주변기술이 개방형 혁신
의 대상이 된다.

② 보완 대 보충기술

보완기술(자사의 전문분야가 아닌 기술) 대 보충기술(매우 유사한 기술로서 중
복적인 특징이 있는 기술)이 있으나 보완기술이 상대적으로 혁신성과에 더
긍정적인 영향을 미칠 것이다.

③ 이질적 대 동질적 기술

이질적 기술이 개인과 조직 수준에서 창의성을 배양하기 때문에 혁신성
과에 더 긍정적인 영향을 미칠 것이다.

④ 약점 대 강점기술

약점기술이 혁신성과에 더 긍정적인 영향을 미칠 것이나 협력의 비용(예
정보와 역량의 누수, 외부 파트너에 대한 의존 심화)으로 인해 자사가 강점을
보유한 기술은 협력 대상에서 제외하려는 경향이 있다. 따라서, 협력에
대한 통제와 신뢰가 중요하다.

⑤ 암묵적 대 명시적 기술

일반적으로 지식 모호성의 증가는 지식 이전을 어렵게 만들기 때문에 명

시적 지식이 암묵적 지식보다 이전하기 쉬울 것이다. 그러나, 암묵적 지식이 포함되지 않는다면 기술에 내재된 혁신성과에 대한 공헌정도는 낮을 것이기 때문에 이들 간의 적절한 조화가 필요하다.

3.2. 외부 혁신원천 유형

(1) Hauschildt(1992)의 연구

기업의 혁신을 자극하는 외부 조직의 네 가지 기본 유형은 다음과 같다.
① 시장(고객과 협력업체 포함)
② 과학 시스템(대학과 연구기관 포함)
③ 정부/공공기관(특허청과 재무센터 포함)
④ 중개시스템(컨설턴트, 언론, 박람회 포함)

(2) Laursen & Salter(2006)의 연구

① 타 기업(고객, 소재부품 공급업체, IT 공급업체, 자본재 공급업체, 동 산업의 경쟁업체, 동 기업의 계열사)
② 연구기관과 컨설팅기관(대학/응용과학학교, 타 민간/공공 연구소, 컨설팅 기업, 기술이전 사무소)
③ 전문 정보(특허 문서, 무역전시/박람회, 전문 컨퍼런스)

(3) Santamara et al.(2009)의 연구

혁신의 외부 원천을 컨설턴트 활용, 전문인력 채용, 협력 협약, 외부 R&D로 구분하였다.

(4) Keupp & Gassmann (2009)의 연구

13개의 외부 지식원천을 ① 타 기업[고객, 소재부품 공급업체, IT 공급업체, 자본재 공급업체, 동산업의 기업(경쟁업체)], 동 집단의 기업, ② 기관과 컨설팅(대학/응용과학교, 타 민간/공공 연구소, 컨설팅 기업, 기술이전 사무소), ③ 전문 정보(특허 문서, 무역전시/박람회, 전문 컨퍼런스)로 분류하였다.

(5) 공급사슬의 관점 하에서 혁신 원천

한편, 공급사슬의 관점에서 본다면 혁신의 원천은 크게 공급업체, 경쟁업체, 고객으로 구성된 산업 내부와 외부로 구분할 수 있다. 여기서, 산업의 외부에 대한 분류는 공급사슬 내 한 기업과 직접적인 재화의 흐름에 대한 연계를 맺지 않는 구성단위를 의미한다. 즉 대학, 외부 연구기관, 박람회 등 기타 지식 원천이 포함된다.

① 공급업체

이들은 기술개발의 핵심인 구성요소와 부품에 대한 뛰어난 지식과 전문성을 갖고 있다. 그들의 전문적인 역량은 신제품 개발 방법을 창출하고 잠재적 기술문제를 정확히 규정하며, 설계가 어렵고 비용이 많이 드는 디자인을 쉽게 변화시키도록 만들어 준다.

② 고객

고객과의 협력은 기업의 혁신성과를 향상시키는 또 다른 중요한 방법이다. 고객과의 협력은 기술개발의 시장기회를 명확히 해 줄 뿐만 아니라 개발의 초기단계에서 파생되는 설계 오류의 발생 가능성을 낮춰준다. 동시공학(concurrent engineering)과 품질기능전개(QFD)에서 이해할 수 있는 것처럼 영향력있는 고객의 니즈를 포착하는 것은 기업이 새로운 솔루션 아이디어를 파악하고 시장 트렌드를 신속하게 규명하여 신기술의 응용 및 사업화를 향상시켜 준다.

③ 경쟁업체

기업은 자사와 차별화되는 역량을 보유한 경쟁업체와 협력함으로써 기술적 혁신을 향상시킬 수 있다. 경쟁업체 간에 이러한 기술지식과 스킬을 공유함으로서 기업은 신지식 창출을 위한 시너지 효과를 창출할 수 있다. 한편, 경쟁업체와의 협력은 경쟁업체의 기술수준을 측정하는 좋은 기회도 제공한다. 예를 들어, 경쟁업체의 기술전략에 대해 자세히 파악하고 있는 기업은 자신의 차별화 전략을 수립하는 데 많은 도움을 받으며, 경쟁업체의 기술혁신 추진 시 발생한 실수와 문제에 관련된 교훈을 학습하게 된다.

④ 연구기관

지금까지 언급한 공급업체, 고객, 경쟁업체와의 협력은 기업으로 하여금 현재 보유한 기술역량을 심화시키는 반면, 연구기관과의 협력은 기술지식의 폭을 넓히는 역할을 하게 된다. 대학과 연구기관은 국가 내 혹은 국가 간 과학적 지식을 창출하고 확산하는 중요한 핵심 역할을 한다. 대학 및 연구기관과 공식·비공식적으로 상호작용하면서 기업들은 제품과 프로세스 혁신에 편익을 제공하는 새로운 과학적 지식을 획득할 수 있기 때문이다.

⑤ 기타

이외에도 특허권 구매, 전문 컨설턴트 활용, 기술 라이센싱 구매, 아웃소싱 등이 외부 혁신원천에 포함된다.

3.3. 실행 수단

(1) 법적 계약의 차이에 의한 분류

내부 R&D, 기술확보를 위한 합병 및 인수(Merge & Acquisition: M&A), 인수 후 개발(Acquisition & Development: A&D), 라이센스, 조인트 벤처, 구매, 스캐닝(외부 기술을 구매하지 않고 합법 또는 비합법적으로 획득) 등이 있다.

(2) 전략적 연계 차원에 의한 분류

수직적 연계와 수평적 연계로 구분하여 실행 수단을 분류할 수 있다. 수직적 연계는 가치사슬의 다른 수준에 걸쳐 협력하는 경우를 의미하고 수평적 연계는 동일 수준에서 협력하는 경우를 의미한다. 수직적 연계로는 배분 혹은 아웃소싱 협약이 있고 일반적인 수평적 연계에는 내부 기술기반을 보완할 가능성이 높은

R&D 컨소시엄, 특허 교환, 기술이전, 조인트 벤처 등이 있다. 일반적으로, 제품혁신보다는 비용경제성과 관련이 높은 고객-공급사 관계와 매출 계약과 같은 수직적 연계 비율은 낮지만, 장기적인 제품기술 개발을 향상시키는 R&D 조인트벤처, 연구협력, 공동 R&D 협약, 지분 투자와 같은 수평적 연계가 대부분을 차지한다.

(3) 개발의 담당 주체에 의한 분류

개발의 담당 주체에 따라 자체개발, 협력개발, 구매로도 구분할 수 있다. 일반적으로 자체개발 차원에서는 내부 자체개발과 자체개발 중인 과제의 일부를 외부 연구기관에 아웃소싱하는 위탁연구가 있다. 협력개발 차원에서는 기술의 한시적 사용권 확보를 꾀하는 라이센스 구매(license-in), 상호강점을 보유한 영역에 대한 협력개발(조인트 벤처와 컨소시엄 구성 형태) 형태인 공동개발, 인적자원 및 기술의 교류를 통한 기술습득 방법인 기술이전이 있다. 마지막으로 구매 차원에서는 대상 기술 및 개발인력, 지적자산의 포괄적 소유권을 확보하는 M&A와 기술의 영구적 사용권 확보 수단인 기술구매가 적용될 수 있다.

이러한 실행 수단은 <그림 11-4>와 같이 전략적 자율성과 시간, 관리 복잡성과 참여 수준에 따라 그 효과성이 결정될 수 있다.

〈그림 11-4〉 OI 실행수단의 기준별 적합성

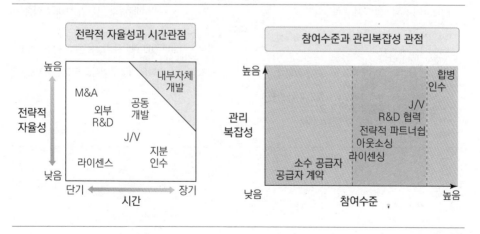

04 OI의 성공 사례

　구체적인 OI의 대표 사례는 외부 네트워크와의 연계, 기술 융합, 협력 네트워크 구성, 선택과 집중의 네 가지 특징을 통해 <그림 11-5>와 같이 정리할 수 있다.

〈그림 11-5〉 개방형 혁신의 성공 사례

P&G의 외부 네트워크

- 외부기술과 네트워크 연계를 위한 Connect & Development(C&D)전략 활동
  - 결과적으로 매출액 대비 R&D 비중은 2000년 4.8%에서 2005년 3.4% 감소, R&D 생산성은 60% 증가
- 2008년까지 출시제품의 50%를 외부에서 아이디어 조달

IBM의 기술융합

- 자사의 핵심기술과 외부기술을 융합하는 전략 채택
- 공격적 지적재산권 라이센싱 전략으로 자사기술의 표준화 및 추가 수익원 확보
  - 반도체 관련기술의 Intel 등에 대한 라이센싱으로 $19억 수익 창출

개방형 혁신 성공 사례

Pfizer의 R&D 협력 네트워크

- 제약산업에서 R&D 생산성, 제품개발 속도를 높이기 위해 외부 협력 필수
  〈제약산업 R&D 특징〉
  - 낮은 상업화: 100개 제품 중 1개만 상업화
  - 장기 연구기간: 평균 10년
  - 낮은 수익성: 출시 4제품 중 1개만 이익 창출
  - 높은 투자비: 제품당 $8억 소요
- 매년 3,000여건의 외부 협력계약 체결

Phillips의 혁신의 선택과 집중

- 광섬유 커뮤니케이션 R&D에 집중하고자 비핵심 사업인 일반 레이저 기술을 외부에 매각하여 €30억의 수익 창출
  - R&D ROI가 높은 기술에 역점을 두고 나머지는 외부 역량 활용

05 OI의 실행

OI의 실행을 위한 절차는 자신의 대상기술 선정(want), 기술의 규명(find), 기술의 획득(get), 실행 절차의 성과평가(manage)의 네 단계로 진행할 수 있다.

〈그림 11-6〉 개방형 혁신의 실행

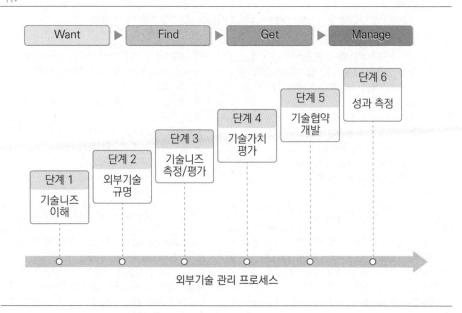

5.1. 기술니즈 이해

자사의 기술니즈에 대한 이해를 위해 다음의 질문에 대한 답을 할 필요가 있다.

① 전략적 계획과 연관된 기술니즈는 무엇인가?
② 어떤 제품이 현재 기술 포트폴리오에 의해 충족되나?
③ 경쟁자, 시장의 니즈와 비교하여 제품의 성과 특징은 무엇인가?
④ 기술이 특허에 의해 충분히 보장되고 있는가?
⑤ 어떤 지적재산권이 회사의 시장 포지션을 강화시키나?
⑥ 어떤 내부 자원이 외부 기술을 수익과 이익 성장으로 전환시키는 데 필요
  되나?

 〈그림 11-7〉 외부 기술 니즈 이해 사례

P&G	Air Products and Chemicals, Inc.
• "내 사업에 대해 지식을 갖고 있는 사람이 150만명이다. 우리는 그들이 내 팀이 되는 것을 원한다" –C&D개념 개발자인 수석부사장 Nabil Sakkab • 각 사업부의 기술니즈를 규명하고 외부기술을 파악하는 역할을 담당하는 50명 정도의 "Technology Enterpreneurs" 보유 • 내부 네트워크인 "Innovation Net"과 "Global Technology Council" 보유	• 각 사업부아 연계된 "Technology Partnerships Group"에서 핵심 기술니즈 "Top Problems" 리스트 작성 • 리스트 승인 후, 외부기술규명과 획득을 위해 예산 지원 • 총괄관리 시스템인 "Needs Tracker" 사이트를 운영하고 니즈를 게시하고 공지

Eilly Lilly/Shell	Genentech/IBM
• Eilly Lilly: 내부 연구원은 의료분야의 혁신을 추구하는 글로벌 연구 커뮤니티의 일부분 • "Office of Alliance Management"와 같은 다양한 내부 인프라 시스템 구축 • 외부관계 촉진을 통해 "Relationship Manager" 활용 • Shell: 외부기술원천에 대한 정보 파악과 자사 기술의 잠재 고객 파악을 위한 "Game Changers" 보유	• Genentech: 혁신과 성장을 위한 메커니즘으로서 "Alliance Engineering" 활용 • IBM: 신기회 창출과 글로벌 비즈니스에 대한 통찰력 강화를 목적으로 일련의 "Deep Dive" 워크샵 개최를 통해 주요 사회적 trend를 예측하였으며, 혁신을 외부에서 찾아 가치를 창출하는 문화적 변혁을 유도하였음

한편, 이러한 니즈 파악을 위해 다음의 기법이 사용될 수 있다. 전사 부문에서는 경쟁 분석(competitive analysis), 포트폴리오 분석(porfolio analysis), 기술 로드맵(technology roadmap), 특허분석이 있으며, 사업단위 수준에서는 기술 로드맵과 갭 분석(gap analysis)이 가장 효과적이다.

이와 관련된 사례로는 <그림 11-7>이 있다.

5.2. 외부 기술의 규명

(1) 정보의 원천

외부기술 규명을 위한 정보의 원천으로는 산업 간 정보교환, 조인트 벤처, 공급업체, 벤처회사, 계약연구기관, 정부산하 연구소, 국가 프로그램, 제휴 파트너, 특허와 문헌탐색, 대학과 연구소 접촉, 기술 중개인, 회사내부에 개인 혹은 팀 구성, 기술거래 플랫폼 등이 있다.

(2) 올바른 파트너 선택

올바른 파트너를 선정하는 일반적 가이드라인은 다음과 같다.
① 파트너가 제공하는 가치 규명
② 협력을 위한 명백한 인센티브 창출
③ **범위 정의**: 무엇이 포함되는가?
④ **역할 정의**: 누가 무엇을 하는가?
⑤ 명백한 자금과 일정 하에 계약
⑥ 이슈 제기 시 공동의사결정을 위한 프로세스 정의
⑦ **지적재산권 정의**: 누가 어떤 권리를 어디서 얻는가?
⑧ 신뢰 구축

(3) 규명 조직

외부기술 규명을 위한 조직은 제약 및 대기업의 경우와 같이 대규모 전담조직 형태로 구축될 수 있다. 그러나, 중소기업의 경우에는 2~3명의 소수 인력이 외부관계, 기술평가, 기술 라이센싱 팀 등의 형태로 문헌, 보고서, 회의 등의 내용을 체계적으로 보고, 관리하는 업무를 수행하도록 할 수 있다. 나아가 전담 조직없이 기술인력의 개인적인 외부 네트워킹 활동을 업무의 일부분으로 설정하는 경우도 있고 태스크포스(task force) 혹은 프로젝트 팀 형태로서 일시적으로 특정 기술 혹은 특정 사업분야의 기술대상을 탐색하도록 할 수 있다.

(4) 주요 활동

이 조직에서 주로 수행하는 활동으로는 다음이 있을 수 있다.
① 대학 연구인력과 전문성에 대한 특화된 상업적 데이터베이스 활용
② 기술이전센터나 정부 보고서 활용
③ 대학과 접촉(창업보육센터 혹은 교수)
④ 기업의 관심분야를 홍보하기 위한 자사 내외부 네트워크 활용(박사 채용 활동 등)
⑤ 특정 지역 및 기술에 대한 전문 컨설턴트 활용
⑥ 현지출신 직원 및 해외 사무소 활용
⑦ 선정한 대학 및 교수와 장기적 우호 관계 유지
⑧ 특정 기술에 대한 컨소시엄 및 플랫폼 참여
⑨ 주요 고객, 공급업체, 비경쟁기업과 관심기술 분야에 대한 공동 포럼 및 회의 등

또한, 기술 규명을 위한 도구로서 기술거래 플랫폼이 있다. 이 사이트는 플랫폼을 통해서 기업의 니즈에 적합한 기술규명과 실제 거래를 맺도록 지원해 준다. 그 장점은 솔루션이 없더라도 위험을 최소화할 수 있다는 것과 글로벌 네트워크를 통한 다양한 사고와 솔루션에 접근할 수 있다는 점이 있다. 예를 들어, NineSigma.com, InnoCentive, Yet2.com 등이 대표적이다.

(5) 사례

① 회사 내 팀 구성

에어프로덕츠(Air Products and Chemicals)는 Emerging Technology Identifi—cation(ETI) 팀을 통해 외부 기술을 규명하였다. 그 절차는 다음과 같다.
- 사업부, 마케팅, 기술부문에서 시급한 기술니즈 도출
- 재무, 위험, 전략적 일관성 등과 같은 특정 기준에 대해 기술니즈 서열화
- 경영층 검토 후 시급한 기술니즈를 승인
- 시급한 기술니즈는 내부에서 커뮤니케이션되어 외부자원의 향후 규명에 초점
- 이 기술니즈는 회사 내부의 사이트(Needs Tracker)에 게시

② 사내 네트워크 구성

듀퐁(DuPont)은 400개 이상의 사내 네트워크를 구성하였다. 모든 사업단위에서 회사가 흥미를 갖는 이슈에 대한 네트워크 그룹을 만들어 과학자와 엔지니어를 연계하는 네트워크 활용이 이루어졌다. 예를 들어, Adhesion Science and Practice Network는 접착(adhesion) 분야에 관심있는 다양한 사업부 출신의 사람들로 구성되었다. 여기서, 기술인력이 특정 문제를 게시하면 외부 기술원천에 대한 정보를 갖는 누군가가 그 정보를 재빨리 적절한 사람에게 전달하게 된다. 이러한 네트워크를 통해서 유럽 고객에게 DuPont Kapton 제품을 6개의 다른 기질에 접착시키는 방법에 대해 고객에게 48시간 내에 제공하게 된다.

③ 대학 연구원에게 장학금 제공과 특정 대학과 장기적인 협력 관계 유지

연구 지원금을 받는 사람은 회사 내 연구원과 연계되어 있다. 대부분의 연구지원금은 제 3세계 국가의 뛰어난 연구원에게 지원되고 이 관계는 특정 대학과 장기적인 관계 형태로 나타난다.

④ 컨소시엄 구성

예를 들어, 석유산업은 DeepLook 프로젝트와 같이 산업 내 기술적 장애물을 뛰어넘는 훌륭한 기술을 규명하기 위해 원유복구 이슈에 대한 다양한 컨소시엄을 구성하였다. 이 프로젝트는 대학, 정부연구소, 다른 산업,

벤처사가 결합하여 관련 기술을 탐색하기 위한 일종의 경쟁 원유회사 간 협력체이다. 이 프로젝트는 산업이 직면해 있는 기술적 도전 이슈에 대해 광범위하게 홍보하고 잠재적 솔루션을 갖고 있는 사람들에게 지원금을 제공하는 방식으로 수행되었다.

5.3. 기술 니즈 측정과 평가

이 단계에서는 내외부 전문가가 기술의 품질, 양, 상업적 잠재성에 대해서 검토하게 된다. 이 검토하는 팀은 교차기능 평가팀의 형태로 구성하는 것이 바람직하다. 그 이유는 공정하고 다양한 집단의 내부 니즈에 대응하는 데 적절하고 기술에 대한 다차원 평가를 지원할 수 있기 때문이다.

5.4. 기술 가치평가

(1) 의의

기술 영향평가(technology assessment)는 기술이나 기술발전이 사회, 경제, 정체제도 과정 등에 끼치는 잠재적 영향을 파악하는 것을 의미한다. 아이디어의 우수성 평가, R&D 프로젝트의 선정을 위한 평가, 프로젝트 계속 여부 판단 및 다른 기술과의 비교 등의 차원에서 검토되는 평가 등이 이 영향평가의 사례이다. 기술 영향평가와 유사한 개념으로서 기술 가치평가(technology valuation)가 있다. 기술 가치평가는 개별 기술을 대상으로 그 기술이 어떠한 가치를 지니고 있으며, 사업성이 있는 기술인가를 가늠할 수 있도록 제시해주는 데 목적이 있다.

(2) 목적

① **전략 측면**: 기업의 가치 향상, 기술의 제품화, 스핀오프 및 기타 장기 전략 경영계획 수립의 목적
② **거래 측면**: 인수 및 합병, 기술의 구입과 판매, 라이센싱을 위한 거래가격 결정 목적

③ **금융 측면**: 기술자산의 가치화나 대출담보 설정을 위한 목적과 기업의 청산이나 구조조정에 따른 자산의 평가 및 채무 상환계획을 위해 필요

④ **법적 측면**: 특허권 침해, 채무 불이행 및 기타 재산분쟁 관련 등의 법적 소송에 필요

(3) 가치평가 방법

기술 가치평가 방법은 <그림 11-8>과 같이 다양하게 분류될 수 있다. 이 방법들은 스코어링과 같은 단순한 방법부터 옵션(option)가치평가 등의 복잡한 방법으로 구성되어 있으나 복잡한 방법이 반드시 우수한 결과를 가져온다는 보장은 없기 때문에 이해하기 쉽고 가치에 관련된 당사자를 설득시킬 수 있는 방법이 더 적절하다고 볼 수 있다.

5.5. 기술협약 개발

기술협약 체계는 기술이 어떻게 획득되는지에 따라 결정된다. 이를 위해 기술거래소나 관련 컨설팅 기관 등에서 고안한 기술구매 전략과 기술 자체개발 또는 외부 아웃소싱 여부를 판단하는 체크리스트를 활용할 수 있다.

〈그림 11-8〉 기술 가치평가 방법론

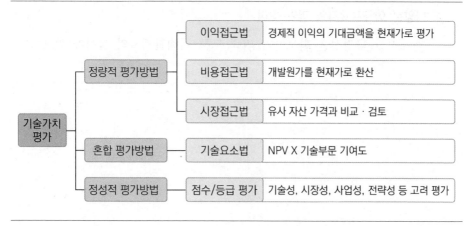

자료원: 김용식 등(2014)

5.6. 성과측정

외부 기술이 내부 기술개발에 공헌하는 것을 파악, 보고, 통제하기 위해 적절한 측정지표와 평가가 요구된다. 몇 가지 측정지표의 예로서, 외부 기술을 이용한 신제품의 수, 긍정적으로 영향받은 프로젝트의 수, 외부 기술에 의한 선도기술의 수, R&D 속도를 향상시키거나 비용을 절감한 외부 기술의 능력, 이익에 대한 공헌 등의 정량지표와 외부기술에 대한 만족도, 외부기술 인력이 평가한 인식 등의 정성지표가 있다. 이러한 지표는 다음의 원칙 하에 성과평가를 위해 운영될 필요가 있다.

① 조직 내 신뢰성 확보

예를 들어, 외부 기술거래 포트폴리오에 대해 주기적 감사를 실시하고 외부 감사는 사업부 직원, 은퇴 직원, 내외부 기술자들로 구성된 패널이 수행(다차원 측정을 보장하기 위해 각자 자신만의 지표를 개발하여 평가)하는 것이 바람직하다.

② 보고 목적에 맞는 지표 개발

CTO(chief technology officer)에 대해서는 외부기술이 영향을 미친 내부 프로젝트의 수와 같은 기술확산 지표가 적절하고 CFO(chief finance officer)에 대한 지표로는 전체 포트폴리오뿐만 아니라 개별 기술기반 거래도 추적할 수 있는 재무적 지표가 적절하다.

③ 다양한 이해관계자의 평가 참여

전체적인 공정성을 확보하기 위해 모든 이해관계자의 참여가 필요하다.

<참고문헌>

김용식, 김진한, 이윤석 (2014), 철강산업의 기술판매가격 산정 모형 개발", 기술혁신연구, 12(1), 287-304.

Chesbrough, H. (2003), Open innovation: the new imperative for creating and profiting from technology, Harvard Business School Press, Boston, MA.

Chesbrough, H. (2006), Open Business Model, Harvard Business School Press, Boston, MA.

Gassmann, O. & Enkel, E. (2004), "Towards a theory of open innovation: three core process archetypes", R&D management Conference, Lisabon, 1-18.

Hauschildt, J. (1992), "External acquisition of knowledge for innovations: a research agenda", R&D Management, 22(2), 105-110.

Keupp, M.M. & Gassmann, O. (2009), "Determinants and archetype users of open innovation", R&D Management, 39(4), 331-341.

Laursen, K. & Salter, A. (2006), "Open for innovation: the role of openness in explaining innovation performance among UK manufacturing firms", Strategic Management Journal, 27(2), 131-150.

Santamara, L. Nieto, M.J. & Barge-Gil, A. (2009), "Beyond formal R&D: taking advantage of other sources of innovation in low- and medium-technology industries", Research Policy, 38(3), 507-517.

혁신생태계와
지역혁신시스템

기술경영
Management Of Technology

01 혁신생태계

1.1. 등장 배경

　혁신은 단일 기업에 의해 창출된 독립적인 진기함이 아니라 여러 조직에 의해 만들어진 기존 및 새로운 구성요소, 제품 및 서비스의 새로운 결합으로 볼 수 있다. 따라서, 혁신은 고객에게 가치를 창출하기 위해 여러 부분들의 혁신에 대한 공헌이 함께 상호작용하는 것으로 고려되거나 더 넓은 시스템의 일부분으로서 창출된다. 결과적으로, 기업은 내부관리 프랙티스에 의해 혁신의 성공 가능성에 일부 영향을 미칠 수는 있지만 더 넓은 외부 협력 네트워크에서 다른 조직들의 노력과 동태성에 더 의존한다. 이 네트워크는 초점기업의 공급사슬과 혁신 제휴뿐만 아니라 보완적 혁신기업, 사용자 커뮤니티, 연구소, 정부 및 지역사회의 정책기관, 표준설정 기관, 금융기관을 포함한 여러 주체들로 구성된다.

　이제 과거의 수직적이고 일방향적 가치사슬 구조는 각 구성요소 간에 상호 연결됨으로써 이전보다 복잡한 경쟁과 협력양상을 보이고 있다. 이 복잡한 여러 주체들 사이의 상호관계와 상호의존성, 경쟁과 혁신 프로세스의 비선형적 동태성을 포착하기 위해 생태계(ecosystem)라는 비유가 도입되었다(Moore, 1993). 그 결과 과거에 경쟁이 원가, 규모, 품질, 효율성에 기초하여 이루어졌다면 이제는 네트워크, 생태계에 기반한 경쟁이 이루어지고 있다고 한다. 이제 어떤 주체가 가치를 창출, 전달, 전유하기 위해 다른 주체들과 상호작용하는 혁신생태계의 형태로 조직을 배치시키는 더 복잡한 상황이 등장하였다. 이 복잡한 현상에 대한 연구에서 시스템 접근법은 오랫동안 적용되었다. 혁신연구에서 혁신시스템의 개념은 국가혁신시스템, 지역혁신시스템, 산업혁신시스템과 같은 개념들과 함께 폭넓게 사용되었다.

1.2. 개념

(1) 기본 용어

혁신생태계의 개념을 정확하게 이해하기 위해서는 시스템, 혁신, 혁신시스템, 생태계의 개념을 먼저 이해할 필요가 있다.

① 시스템 개념

일반적 시스템의 개념은 주어진 환경에 영향을 받으면서 어떤 목적을 달성하기 위한 자율적인 구성요소의 집합과 이 구성요소들 사이의 관계의 집합으로 이루어진다는 것이다. 특히, 동태적 개방시스템의 공통 특징은 환경과 상호작용하는 주체들(구성요소)에 의해 수행된 활동을 통해 투입물이 산출물로 전환된다는 관점에 있다. 생산운영시스템의 개념을 여기에 적용하면 쉽게 이해할 수 있다.

② 혁신 개념

현대적 관점에서 혁신의 정의는 변화의 새로움 정도와 새로운 것의 적용에서 용이성 혹은 시장에서 성공의 정도라는 두 가지의 특징에 의존하는 프로세스의 결과로서 고려된다. 여기서 새로움의 개념은 상대적인 것으로서 세상에 새로움, 시장에 새로움, 국가에 새로움, 기업에 새로움 등으로 해석할 수 있다.

③ 혁신시스템 개념

혁신에 대한 시스템 접근법은 1980년대 후반부터 1990년대에 경제학과 정책문헌에서 처음 적용되고 발전되었다. 시스템을 적용한 혁신의 개념은 국가, 지역, 산업, 기업혁신시스템으로서 다양하게 전개되었다. 시스템의 개념을 혁신의 특징에 맞게 적용한 혁신시스템은 혁신의 발생, 활용, 성과에 영향을 미치는 구성요소들과 그들의 인과적 관계로 설명될 수 있다.

④ 생태계 개념

생태계는 상호작용하는 유기체들과 서로 영향을 주고받는 주변의 무생물 환경을 묶어서 부르는 용어이다. 동일한 장소에 생존하면서 서로 의존하는 유기체 집단이 완전히 독립된 체계를 이루면 이를 생태계라 할 수 있다. 이 말은 곧 상호의존성과 완결성이 하나의 생태계를 이루는 데 꼭 필요한 요소라는 뜻이다.

(2) 정의

혁신생태계의 개념적 역사는 혁신시스템의 개념적 역사와 본질적으로 다르다. 그 개념의 사용은 혁신생태계의 정의를 제공하는 Adner(2006)의 논문에서 시작한다. 그는 혁신생태계를 기업이 개별 제공품을 고객이 직면하는 솔루션으로 결합하는 일관성 있는 협력적 정렬(arrangement)로서 정의한다. 즉, 혁신생태계는 공동혁신 활동(기술적 혹은 비즈니스 관련 혁신들)으로부터 가치를 공동으로 창출하고 포착하는 것을 지향하는 조직들의 집단이다. 그 개념은 Moore(1993)에 의해 사용된 것처럼 비즈니스생태계의 관련 개념에 기원한다. 비즈니스생태계는 다음의 네 가지 특징을 지닌다.

① **공생관계(symbiotic relationship)**: 둘 이상의 개체간의 밀접하고 장기적인 상호작용
② **공진화(co-evolution)**: 어떤 개체의 변화가 관련된 개체의 변화에 의해 촉발
③ **공동창출(co-creation)**: 호혜적 가치의 공동 생산
④ **플랫폼(platform)**: 성과를 향상시키기 위해 생태계에서 사용된 도구, 서비스, 기술

이외에도 혁신생태계를 정의하거나 설명하는 몇 가지 시도가 추가적으로 이루어졌다. 하지만, 명시적 정의와 설명 사이의 다소 모호한 경계가 존재하기 때문에 대부분은 혁신생태계를 명시적으로 정의하지 않고 그 개념을 사용하였다. 이에 여러 가지 추가 정의도 고려할 필요가 있다. 최근에, Adner(2017)는 생태계를 초점이 되는 가치명제를 실현하기 위해 상호작용할 필요가 있는 다자간 파트너 집합의 정렬구조로서 정의하였다. 유사하게, Jacobides et al. (2018)은 혁신생태계는 가치를 창출하기 위해 관계와 정렬의 구체적 구조의 창출을 필요로 하면서 본원적이지 않고 독특하거나 혹은 모듈을 넘어서는 상호보완성(complementarity)을 다루어야 하는 기업들의 그룹으로서 정의하였다. 그들의 관점에서 생태계는 수직적 통합의 니즈없이 생산과 소비에서 상호보완성이 포함될 수 있고 조정될 수

있는 구조를 제공한다. 혁신생태계에서 일반적인 초점 가치명제는 새로운 비즈니스 모델을 도입하거나 기존의 비즈니스 모델을 변화시킴으로서 고객들에게 가치를 창출하는 새로운 제품과 서비스의 도입 혹은 새로운 방법이다. 마지막으로, Granstrand & Holgersson(2020)은 혁신생태계의 새로운 정의로서 <그림 12-1>과 같은 세 가지 구성요소로 이루어진 제도를 제안하였다.

<그림 12-1> 혁신생태계 정의의 구성요소

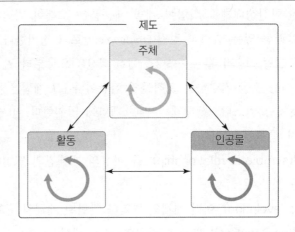

이 정의에 따르면 혁신생태계는 주체, 활동, 인공물, 한 주체 혹은 주체 집합의 혁신성과를 위해 중요하고 보완과 대체 관계를 포함하는 제도와 관계의 진화하는 집합이다. 이 정의에서 인공물은 제품과 서비스, 유형과 무형의 자원, 기술 및 비기술 자원, 다른 유형의 시스템 투입물과 산출물, 혁신을 포함한다. 혁신생태계는 초점기업 혹은 초점기업과 상관없이 협력적(보완적) 및 경쟁적(대체적) 관계를 갖는 주체와 보완 및 대체 관계를 갖는 인공물을 포함한다.

<그림 12-1>에서 관계(화살표)들은 여러 다른 특징들을 나타낸다. 가령, 두 주체 혹은 두 인공물 사이에서(즉, 주체 유형 내에서) 그들은 보완 및 대체 관계를 포함할 수 있고 그 주체 유형 간에 소유권과 사용권, 전환 관계, 외부성을 포함할 수 있다.

1.3. 혁신생태계를 바라보는 관점

생태계의 명확한 구분은 다음의 두 가지 일반적 관점을 통해 이루어질 수 있다.

(1) 제휴로서 생태계(주체에 초점)

비즈니스생태계의 개념은 산업경계 내에서 경쟁하는 경쟁자들을 넘어 고려하는 전략의 필요성을 강조한다. Moore(1996)는 비즈니스생태계를 상호작용하는 조직과 개인들(비즈니스 세계의 유기체)의 토대로 지원된 경제적 커뮤니티로 정의한다. 이 경제적 커뮤니티는 스스로가 생태계의 멤버인 고객에게 가치있는 재화와 서비스를 생산한다. 멤버 유기체로는 또한 공급자, 선도 생산자, 경쟁자, 기타 이해관계자들이 있다. 시간이 지나 그들은 자신의 역량과 역할을 공동진화시키고 자신을 하나 이상의 핵심기업이 설정한 방향으로 일치시키는 경향이 있다. 리더십 역할을 보유한 그 핵심기업들은 시간에 따라 변할 수 있으나 멤버들이 자신의 투자를 배분하고 호혜적으로 서로를 지원하는 역할을 발견하기 위해 공유된 비전으로 이동하도록 만들 수 있기 때문에 생태계 리더의 기능은 중요하고 그 커뮤니티에 의해 가치가 매겨진다.

이 관점은 전통적 산업경계의 파괴, 상호의존성의 등장, 생산적 생태계에서 공생적 관계의 잠재력을 강조한다. 그것은 더 큰 네트워크에서 파트너의 수, 네트워크의 밀도, 주체의 중심성과 같은 지표를 강조하면서 접근과 개방성의 질문에 초점을 둔다. 예를 들어 비즈니스 상황에서 이 관점은 '헬스케어 생태계', '마이크로소프트 생태계', '실리콘밸리 생태계', '기업가적 생태계'의 수준에서 활용된다.

제휴로서 생태계에서 전략은 중심성과 기대된 파워를 증가시키고 초점 주체 혹은 네트워크/플랫폼/다면시장(network/platform/multi-sided market)과 연결하는 주체들의 수를 증가시키는 것에 초점을 두는 경향이 있다. 생태계에서 참가자들의 수와 밀도를 증가시킴으로서 초점 주체는 협상력을 증가시키고, 직접 및 간접 네트워크 외부성을 통해 시스템 가치를 증가시켜 다시 시스템의 전체 가치를 증가시킬 새로운 상호작용과 결합을 시작할 수 있는 가능성을 높인다.

(2) 구조로서 생태계(활동에 초점)

혁신생태계의 구조는 자동 구성되거나 혁신적 제품과 서비스 시스템을 제공하기 위해 다른 특성을 갖는 주체들의 다층 네트워크 형태로 관리적으로 디자인될 수 있다. 구조로서 생태계는 상호의존적인 가치창출을 가치명제에서 시작하고 그 명제가 실현되도록 상호작용할 필요가 있는 주체들의 집합을 규명하는 것을 추구한다.

이 정의의 구성요소와 시사점은 다음과 같다.

① 정렬구조

생태계 멤버들이 그들 사이의 위치와 활동 흐름을 정의한다. 정렬은 이 위치와 흐름에 관해 멤버들 사이의 상호 협약이 존재하는 수준을 나타낸다. 성공적 생태계는 모든 주체들이 그들의 위치에 최소한 일시적으로 만족하는 생태계이다. 따라서, 정렬은 단지 양립가능한 유인책과 동기를 의미하는 것이 아니고 주체들의 활동에 대한 일관성 있는 구성을 나타낸다.

② 다자적

생태계는 본질적으로 다자적이다. 이것은 파트너의 다양성을 의미할 뿐만 아니라 양자적 상호작용의 총합으로 분해될 수 없는 관계의 집합을 의미한다.

③ 파트너들의 집합

한 집합이 되기 위해서 멤버십(예 그것은 개방적이 아니다)이 정의된다. 다른 주체들은 집합의 구성에 관해 완전한, 변하지 않는, 경쟁하지 않는 것이 아니라 서로 다른 계획과 인식을 보유한다. 하지만, 시스템 내 참여 주체들이 일반적 목표로서 공동의 가치창출 노력을 한다.

④ 초점 가치명제의 구현

이 정의가 의미하는 것은 전략에서 생태계를 위한 생산적 분석 수준이 바로 가치명제라는 것이다. 여기서 가치명제는 노력의 목표가 기업이 전달하는 것의 반대급부로서 받는 것이라는 약속된 믿음을 의미한다.

종합하면 다음의 네 가지 기본 요소가 생태계에 대한 구조주의적 접근법을 특징짓는다.

① **활동**: 가치명제가 실현되기 위해 수행되는 별개의 행동
② **주체**: 활동을 수행하는 개체들로서 단일 주체는 복수의 활동을 수행할 수 있고 역으로 복수의 주체들이 단일 활동을 수행할 수도 있다.
③ **위치**: 시스템 전체에 걸친 활동의 흐름에서 규정된 위치
④ **연결**: 초점 주체를 포함하거나 포함하지 않을 수 있는 위치에서 나타나는 이동을 규정한다. 이 이동의 내용은 자재, 정보, 영향, 자금 등 다양할 수 있다.

1.4. 혁신생태계 사례

(1) VCR에서 혁신생태계

1970년대와 1980년대 소니(Sony)의 베타맥스(Betamax) 생태계와 JVC의 VHS 생태계 사이의 다수준 '시스템 경쟁'은 지금도 고전 사례로서 자주 등장하고 있다. 두 경쟁적인 인공물인 Betamax와 VHS는 전체적으로 VCR(Video Cassette Recorder)의 양립할 수 없는 경쟁적 표준을 갖는 기능적 대체물이었다. 소니는 1970년대 중반 소비자 VCR 시장에서 선발(최초) 진입자였다. 독점적인 betamax 표준을 보유하던 소니는 부분적으로만 혁신의 리더를 수행하던 전통과 이전의 표준화 시도에서 절충을 경험한 나쁜 경험으로 인해 처음에 Betamax 개발에서 다른 조직들과 협력하는 것을 반대하였다. 하지만, 후발 진입자인 JVC는 히다찌 (hitachi)와 샤프(sharp)를 포함한 협력자 그룹과 자신의 VHS 기술의 라이센스를 적극적으로 구축함으로서 소니의 선발 진입에 대응하였다. JVC의 비즈니스 전략은 폭넓은 라이센싱을 통해 VHS 혁신생태계 내 주체 사이의 경쟁과 협력(예 coopetition)의 장을 열었고 이것은 시간이 지나 하드웨어 제품과 VHS 포맷을 적용한 영화 컨텐츠(인공물)의 증가로 이어졌다. 다시 다양한 파생상품을 포함하여 VHS 제공품의 더 낮은 가격과 가치의 증가가 연속적으로 이루어졌다. 결과적으로 Betamax는 경쟁에 뒤처지게 되었다. Betamax 생태계에서 VHS 생태계로 이동한 다른 기업들로 인해서 소니는 결국 이에 굴복하고 JVC로부터 VHS 라이센

스를 구매하는 실패를 경험하였다. 그 결과, Betamax 인공물 시스템이 VHS에 의해 대체되면서 Betamax와 VHS 생태계의 주체 시스템들은 통합되었다. 따라서, JVC는 제품판매 뿐만 아니라 기술개발 프로세스에서 인공물 사이의 보완 및 대체와 주체들 사이의 협력과 경쟁을 위해 허용된 혁신생태계를 구축하고 관리함으로서 선발 진입자를 능가하였다.

(2) 애플의 혁신생태계

2000년대 초반 모바일 텔레커뮤니케이션 생태계에서 주요 주체 중 하나는 통신 표준의 설정에 적극적으로 기여한 세계에서 가장 큰 모바일 폰 제조업체인 노키아(Nokia)였다. 그러나, 애플(Apple)의 아이폰(iPhone) 도입 후에 노키아는 그 선두자리를 잃었고 그 때 당시의 CEO였던 스티븐 엘롭(Stephen Elop)은 '우리 경쟁자들은 장치로서 우리의 시장지분을 가져가지 않고 그들의 전체 생태계로 가져갔다.'는 유명한 표현을 하였다. 애플은 음악 플레이어인 아이팟(iPod)으로 자신을 시스템 통합자로 성공적으로 위치시켰고 컨텐츠 제공자(레코드 회사, 음악 출간회사 등)를 포함하여 보완기술과 주체들의 생태계를 구축하였다. 나아가, 모바일 텔레커뮤니케이션과 스마트폰에서도 동일한 전략을 적용한 것이 극히 성공적인 것으로 검증되었다. 이를 위해 앱(app)과 컨텐츠(contents)에 많은 보완적 투자자들을 도입하였을 뿐만 아니라 전유적 지적재산 전략으로 스마트폰 하드웨어와 운영시스템을 엄격히 통제함으로서 애플은 자신과 다른 보완적 주체들(예 컨텐츠 판매로부터 수익을 분할하는 방법의 관점에서) 사이의 경쟁과 다른 보완적 주체들(예 다른 게임 앱들 사이) 사이의 경쟁 모두에서 협력과 경쟁을 균형시켰다. 이러한 애플의 혁신생태계는 성공적 보완자들이 그들의 혁신을 위해 충분하고 거대한 수익을 수확하도록 하였으며, 동시에 앱 제공자들 사이의 경쟁을 허용하였다.

1.5. 혁신생태계의 유형

1.5.1. 계층수준에 따른 유형

조직의 계층수준에 따라 다양한 혁신생태계 유형으로 분류될 수 있다. 최상위에는 국가혁신시스템과 지역혁신시스템이 존재한다. 가장 넓은 범위를 갖는 국가혁신시스템은 여러 지역혁신시스템으로 이루어지는데 이 지역혁신시스템은 공통의 지역/사회경제적/문화적 상황에 내재된 상호의존적인 하위시스템을 나타낸다. 여기에는 기업, 고객, 공급자, 경쟁자를 포함하는 산업 하위시스템, 공공연구조직, 기술 중개조직, 대학, 기타 교육기관과 같은 지식과 스킬의 생산 및 확산에 관여하는 다양한 기관(제도)들로 구성된 제도적 하위시스템이 존재한다. 높은 성과를 보이는 지역에서 이 두 하위시스템은 지식발생, 확산, 응용, 활용 프로세스를 유지하는 강한 상호작용을 공유한다.

🔲 〈그림 12-2〉 계층수준에 따른 혁신생태계 유형

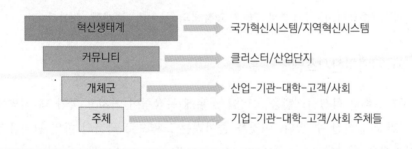

이 혁신시스템에는 하나 이상의 군집(community)들이 존재할 수 있는데 이것을 클러스터 혹은 산업단지로 부를 수 있다. 따라서, 지역혁신시스템은 여러 산업, 클러스터, 산업단지를 포함할 수 있기 때문에 내부적으로 동질적 시스템으로서 이해되어서는 안된다. 이 생태계를 형성하는 군집들은 기술적 클러스터(제품 생산업체, 서비스 제공업체, 공급자들, 대학들, 무역협회를 포함하여 특정 분야에서 상호연결된 기업 및 연관 제도들의 지리적으로 인접한 그룹)이고 산업단지(지배적 산업 활동을 보유하고 하나의 자연적으로 그리고 역사적으로 제한된 지역의 사람과 개체

군집의 존재로 특징되는 사회영역적 실체들)이다.

각 군집은 하나 이상의 개체군들로 구성된다. 그것은 산업 군집, 기관 군집, 대학 군집, 고객, 혹은 사회적 군집들이다. 대학, 산업, 정부뿐만 아니라 다른 이해관계자들이 참여하는 혁신적 프로세스를 특징짓는 지식의 교환에서 이 각 개체군들은 각각 기업, 기관, 대학, 고객(혹은 다른 사회적 주체들) 주체들로 구성된다.

1.5.2. 지리적/물리적 기준에 의한 분류

혁신시스템은 국가, 지역, 부문, 기술적 혁신시스템과 같이 지리적 혹은 물리적 상황에 따라 분류되기도 한다.

(1) 국가혁신시스템

혁신시스템의 경계가 국가의 경계에 기초한다. 기술혁신을 동기부여하는 데 기업, 제도(예 대학, 다른 연구소, 기타 기관들), 정부의 역할이 핵심 고려대상이다. 예를 들어, R&D의 초기단계에서 정부의 재정적 지원이 한 국가의 전자 및 기계 산업에서 중요하고 국가별로 그 기술정책의 차이가 존재할 것이다.

(2) 지역혁신시스템

국가수준의 혁신시스템을 고려할 경우에 복잡성이 커지고 국가 내 지역에 따라 이질성이 커질 수 있다. 이것을 줄이려는 노력으로 국가의 하위 관점에서 혁신시스템을 연구한다. 이 지역연구의 목적은 특정 지역 내에서 여러 산업부문 혹은 클러스터들이 어떻게 지역의 정부와 상호작용하고 인프라/국가 및 세계적 수준의 혁신을 지원하는지를 이해하려 노력하는 것이다. 혁신시스템에서 지역연구의 중요성은 특정 지역이 주체들 사이의 상호작용 방식에 영향을 미치는 규범과 가치뿐만 아니라 어떤 독특한 사회적 질서, 문화, 제도적 루틴을 보유한다는 사실에서 나온다. 예를 들어, 지역공간에 초점을 둔 혁신시스템은 지역이 경쟁적이 되기 위한 경쟁력 있는 규모인 임계치(critical mass)의 규정과 그 역할에 초점을 둔다.

(3) 산업혁신시스템

특정 산업부문 혹은 산업 내 제품의 집합과 제품의 창출, 생산, 판매를 위해 시장과 비시장적 상호작용을 수행하는 주체들의 집합을 의미한다. 여기서, 주체들은 제도에 의해 형성된 다양한 수준의 통합, 상호작용(⑩ 커뮤니케이션, 교환, 협력, 경쟁)에서 나타나는 개인과 조직일 수 있다. 혁신의 산업부문시스템은 다른 산업들 간의 상호의존성에 초점을 두는 것이 아니라 다른 산업 혹은 부문이 다른 기술적 영역 하에서 운영한다는 개념에 초점을 둔다.

(4) 기술혁신시스템

이것은 특정 경제 혹은 기술—산업 영역 내에서 기술을 창출, 확산, 활용하기 위해 상호작용하는 동태적 주체 네트워크이다. 기술혁신시스템은 경계들이 단일 국가시스템을 넘어서는 상대적으로 대규모의 국제적 네트워크이거나 실리콘 밸리와 같은 상대적으로 작은 규모의 지역 시스템일 수 있다.

1.5.3. 기타 유형

① 디지털 혁신생태계

애플과 구글처럼 하드웨어와 소프트웨어 혁신의 가치를 증가시키는 네트워크 외부성을 발생시키면서 고객, 사용자, 개발자들이 시너지 관계를 구축할 수 있는 디지털 생태계가 존재한다.

② 도시기반 혁신생태계와 혁신구역

이것은 대학의 지원으로 자자체에 의해 주로 계획된다. 그들은 새롭고 작은 기업에 초점을 두는 경향이 있고 적극적인 사업 개발보다는 희망을 주는 입지개발로 시작할 수 있기 때문에 테크노폴리스(technopolis)와는 약간 다르다.

③ 첨단 중소기업 중심 생태계

대만처럼 작은 국가의 제조역량이 중소기업에 의해 이루어지는 경우에 해당한다.

④ 인큐베이터와 엑셀러레이터

신생 기업을 지원하는 인큐베이터(incubator)와 단기 집중방식으로 기업을
지원하는 액셀러레이터(accelerator)의 관리자들은 하이퍼(hyper) 지역혁신
생태계를 창출하기 위해 지원서비스와 시설을 요청한다.

⑤ 대학기반 생태계

스페인의 마드리드공대(Technical University of Madrid)와 러시아의 스콜테
크(Skolkovo Institute of Science and Technology)는 대학기반 혁신생태계를
만들었다. 대부분의 대학은 혁신생태계의 부분집합으로서 기업가적 혁신
생태계로도 불린다.

1.6. 혁신생태계의 라이프사이클

혁신생태계의 진화는 네 가지 주요 단계로 설명될 수 있다. 그것은 탄생
(birth), 확장(expansion), 리더십(leadership), 자기재생 혹은 사망(self-renewal or
death)이다.

① 탄생

주체들이 그들의 가치명제(혁신)를 정의하고 어떻게 그들이 협력할지에
초점을 두는 단계이다. 이 단계는 높은 수준의 협력 기회와 현재 낮은 수
준에 있는 가치의 포착을 필요로 한다.

② 확장

생태계가 새로운 수준의 경쟁으로 확장할 때 발생한다. 이 단계에서 생태
계는 높은 가치를 갖는 공동창출로 확장하고 개발한다.

③ 리더십

이 단계에서 생태계 지배구조가 정의되고 선도적인 제조업체들이 핵심 고
객과 공급자들의 미래방향과 투자를 형성함으로서 통제를 본격적으로 시
작하고 확대한다. 이 단계의 생태계는 낮은 가치의 창출과 높은 가치의 포
착으로 성숙한다.

④ 자기재생 혹은 사망

이 최종 단계는 성숙한 생태계가 새로운 생태계와 혁신의 등장에 의해 위협 받을 때 발생한다. 이 위협의 두 가지 잠재적 결과들이 존재한다. 그것은 생태계의 자기재생 혹은 죽음이다. 이 단계는 낮은 가치의 창출과 포착으로 생태계의 죽음을 예고한다. 하지만 가치의 공동창출은 비즈니스 생태계의 재개발을 이끈다.

1.7. 혁신생태계의 계층구조와 조정

(1) 혁신생태계의 주체

생태계에서 계층구조(hierarchy)는 구분된 요소들이 정렬되어 있는 층(layer)을 의미한다. Moore(1993)는 비즈니스 생태계의 층(layer)을 <그림 12-3>과 같이 세 가지로 구분하였다.

〈그림 12-3〉 비즈니스 생태계의 층

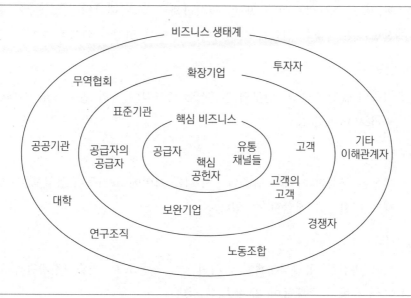

기업 및 고객과 달리 정부 대리인과 다른 비영리 조직(예 대학, 연구센터, 규제기관)들은 특징과 목적이 다르고 그에 따라 생태계에서 협력하는 그들의 목적도 다르다. 또한, 기업 내 대기업과 중소기업도 그들의 가치창출 메카니즘이 다르게 나타난다. 따라서, 이들 간 상충되는 목표, 관심, 인센티브, 행태를 조율하는 것이 중요하다.

혁신생태계에 참여하는 다양한 유형의 주체들은 기업, 스타트업, 대학 연구소, 정부기관 등을 포함한다.

① 기업

이들은 제품을 디자인/생산하거나 고객에게 서비스를 제공하는 스타트업, 중소기업, 대기업 등을 포함한다. 그들은 신제품 혹은 신서비스의 개발과 상업적 성공에 책임이 있기 때문에 대부분의 생태계에서 상당한 파워를 갖는다.

② 대학

이들은 지식을 창출하기 위해 다양한 형태의 공식적 및 비공식적 협력 채널을 통해서 다른 주체들과 상호작용한다. 그 산출물은 특허, 공동출판, 혹은 장비개발이다. 또한, 박사학생과 같은 대학원생은 연구자 혹은 산업 파트너들과 협력하고 지식의 이전에서 결정적 역할을 한다.

③ 연구소

기술의 발전과 R&D 업무의 전문성이 증가함에 따라 연구소와 그 역할의 증가로 이어진다.

④ 정부

이들은 지식과 가치가 창출되고 주체들 사이에 그것들이 공유될 수 있는 생태계 환경을 창출할 수 있다.

⑤ 기타

더욱 복잡한 혁신생태계에서 시민단체, 노동조합, 기술이전기관과 같은 다른 유형의 주체들이 참여할 수 있다.

가치가 혁신생태계에서 공동으로 창출되고 신지식을 창출하는데 모든 주체들이 참여한다는 사실을 고려하면 단지 조정자 혹은 허브(hub) 기업에 한정하는 것이 아니라 모든 주체들의 노력과 역할에 혁신생태계의 초점을 두는 것이 중요하다. 한 주체의 행동은 전체 생태계의 가치 창출과 분포에 영향을 미칠 수 있고 결과적으로 전체 생태계의 건강에 영향을 미칠 수 있다. 반면에 파트너들의 목표 차이는 혁신생태계에서 잠재적 도전 혹은 갈등으로 이어질 수 있다.

(2) 혁신생태계의 조율

여러 파트너들이 생태계에서 서로 보완적 역량을 갖기 때문에 혁신생태계는 번창한다. 이 보완성은 혁신생태계의 특징이고 협력하는 파트너들이 서로 모두 다르다는 것을 암시한다. 혁신생태계에서 주체들의 유형과 목적의 다양성은 생태계 환경의 복잡성에 추가된다. 따라서, 이 주체들 사이의 상호작용에 대한 관리와 조정은 매우 중요한 어려운 임무가 된다. 결국, 한 주체가 생태계를 이끌면서 생태계에서 발생하는 어려움을 해결하는 것이 중요하다.

생태계의 관리는 '생태계 지배구조' 혹은 '생태계 조율(orchestration)'로서 언급될 수 있다. 조율자(orchestrator) 혹은 허브기업(hub firm)은 혁신생태계의 디자인과 관리에 책임있는 주요 주체이다. 혁신생태계에서 조율자는 다른 자산과 역량을 갖는 주체들을 함께 모으고, 각 주체의 역량을 활용하고, 그들의 목적을 규명하고, 상호견제 관계를 넘어서는 목표를 달성하기 위해 적절한 전략을 구축하고 궁극적으로 혁신생태계를 형성하는 역할을 한다. 혁신생태계를 관리하기 위해 조율자는 두 가지 다른 임무를 고려해야 한다. 첫째는 가치창출이 극대화되도록 혁신생태계를 구조화하고 관리하는 방법을 규정하는 것이다. 둘째는 공동으로 창출된 가치가 참가자들 사이에서 공유되도록 협약을 맺는 것이다.

생태계의 전체 경쟁력은 생태계의 규모, 기술적 역량, 리더십, 긴밀한 협력, 기타 측면들에 의존한다. 주체들이 생태계로부터 더 많은 가치를 포착하기 위해 서로 경쟁하기 때문에 조율자는 그들 사이의 잠재적 긴장을 관리해야 할 뿐만 아니라 혁신생태계에서 발생하는 어떤 형태의 경쟁도 막아야 한다. 나아가, 조율자는 모든 참가자들이 생태계를 떠날 때보다 혁신생태계에 남아 있는 것이 더 좋다는 것을 보장해야 한다. 이 점에서 조율자는 파트너 사이의 가치 창출과 포착 프로세스를 관리하고 조정하는 것을 필요로 한다.

1.8. 혁신생태계 전략

연구자들의 높은 밀도, 기업가와 기업가적 문화의 존재, 촉진기관의 명확한 역할, 자본에 용이한 접근, 지원적 규제환경 등이 혁신생태계의 성공요인으로 지적되어왔다. 또한, 혁신생태계의 성공을 위한 전략의 정의와 접근법으로는 다음이 있다.

1.8.1. 정의

기업의 생태계 전략은 초점기업이 경쟁적 생태계에서 파트너들의 정렬을 설정하고 그 역할을 보장하는 방법으로서 정의된다. 그 전략의 구체적인 특징은 다음이 있다.

① 전략적 일관성

비록 생태계가 여러 기업들로 구성될지라도 모든 기업은 생태계 구조, 생태계 역할, 생태계 리스크를 포괄하는 자신의 생태계 전략을 정의한다. 이 모든 참가자들에게 전략은 일관적인 것부터 모순적인 것까지 다양하게 나타날 수 있다. 관련 주체들 사이에 전략의 일관성이 클수록 그들의 행동이 하나의 생태계로 수렴할 가능성은 더 높아질 것이다.

② 파트너의 정렬

어떤 기업의 생태계 전략 상황에서 파트너 정렬은 전체 생태계 전략이 설계하는 위치와 역할로 파트너를 데려오는 초점기업의 능력으로 평가된다. 따라서, 파트너 정렬에 대한 방법은 우선 정렬된 위치와 역할에 대한 차이를 인식하고 나서 이 차이를 차단하는 방법(자원배분 혹은 전략의 개정을 통해서)이 있다.

③ 역할을 보장

리더 혹은 추종자의 역할을 맡는 것은 초점기업의 바램과 가치명제가 의존하는 주체들의 협약에 의존한다. 생태계 리더는 타 조직들이 구조와 역할에 관한 비전을 따르는 기업이다. 그 리더는 생태계가 정렬된 후에 지배구조 규칙을 설정하여 강제하고, 참여와 활동시기를 결정하고, 보통 가장 큰 수익을 획득한다. 생태계 추종자는 이 조건에 동의하고 리더십 역할을 맡기는 기업들이다. 따라서 성공적 리더십은 추종자들이 기꺼이 따르는 팔로워쉽(followership: 리더와 조화를 이루며 자기 주도적으로 일을 수행하는 추종자의 태도와 능력)에 의존한다.

④ 경쟁력에 대한 관심

경쟁적 생태계에서 필요한 것은 생태계와 참가자의 경쟁력에 대한 관심에 의해 생태계가 이끌어져야 한다는 것이다.

1.8.2. 혁신생태계 전략

생태계는 동태적이고 주체들이 결정적 역할을 한다는 전제에서 시작한다. 이동태성은 한 조직의 내부 시스템 논리(logic)에 의해 지배되지 않고 시스템의 다른 계층 내와 계층 간의 많은 과학자, 정책입안자, 관리자 및 기타 보이는 손들(visible hands)의 전략적 전개의 결과들이다. 따라서, 혁신생태계 내 상호작용은 많은 주체들의 관계, 혁신 프로세스 내 다양한 단계, 기술/고객니즈/규제 등과 관련한 불확실성으로 인해서 매우 복잡하다.

이러한 특징을 고려하여 혁신생태계는 고려하는 주체에 따라 여러 전략을 도출할 수 있다.

(1) 전체 생태계 기준

전체 생태계의 관점에서 다음의 두 가지 기본 전략이 나올 수 있다.

① 협력적 생태계 전략

생태계 내 협력을 강조한다. 구글의 안드로이드(Android) 플랫폼, 위키피디아(Wikipedia) 등이 이러한 생태계를 구축하는 대표 사례이다.

② 경쟁적 생태계 전략

시장주도 전략으로서 애플의 앱스토어(app-store), 고어텍스(Gore-Tex) 등이 대표적 사례이다. 고어사는 직물 및 그 사용규칙과 같은 핵심기술을 라이센스하고 라이센스를 구매한 기업은 그 플랫폼 상에서 혁신하고 고객에게 그들의 제품을 판매한다.

(2) 생태계 내 기업 기준

생태계 전략의 선택은 기업의 의지, 전략적 사고, 생태계 내 현재 포지션에 의해 영향받는다. Iansiti & Levien(2004)는 기업이 선택할 수 있는 세 가지 (비즈니스) 생태계 전략을 규정하였다. 이 전략은 핵심(keystone), 지배자(dominator), 틈새(niche)이다. 이 전략은 주체의 중심 혹은 주변이라는 네트워크 구조 내 위치와 밀접하게 관련된다. 사회 네트워크 이론에 따르면 네트워크에서 중심적 위치는 다른 지식원천에 용이한 접근을 통해서 어떤 주체의 혁신성에 긍정적 영향을 미친다. 그러나 공급자(feeder), 사육자(breeder), 틈새(niche)라는 세 가지 역할을 담당하는 플레이어들(players)의 태도는 자신의 전략적 위치보다는 생태계의 공동진화에 더 의지한다.

Muegge(2011)은 기술집약적 비즈니스 조직의 혁신생태계 역할을 규정하였다. 그것은 개방형 플랫폼의 적용자(adopter)와 후원자(patron), 혁신 커뮤니티의 관리자(steward)와 촉진자(promoter)이다. 금융가(financier)와 후원자(sponsor)에 의해 수행된 핵심 역할과 더불어 기업가적 생태계에 대한 논의는 조언자(mentor)와 거래자(dealmaker)의 역할도 강조한다.

이러한 생태계 내 기업의 다양한 전략은 크게 허브(hub)와 스포크(spoke)의 관점으로 역할을 분류할 수 있다. 기업의 네트워크 위치와 관련하여 핵심(keystone), 지배자(dominators), 후원자(patrons), 촉진자(promoters), 공급자(feeders), 사육자(breeders)는 허브로서 작용하는 반면에, 틈새기업(niche firms), 관리자(stewards), 적용자(adopters)는 전형적으로 스포크(spoke)로서 작용한다. 결과적으로, 이러한 기업과 더불어, 금융업자(financiers), 스폰서(sponsors), 조언자(mentors), 협상자(dealmakers)와 같은 다른 유형의 플레이어들이 어떤 역할을 하지만 그들의 네트워크 위치는 명확하지 않다. 허브는 흔히 고객에게 하나의 얼굴을 제공하고 생태계 조율자로서 기능하는 반면에 스포크는 서비스, 기술적 솔루션, 다양한 상황에서 배분된 다른 자산을 제공하는 보완적 플레이어들을 의미한다. 따라서, 어떤 기업의 네트워크 위치와 역할은 다른 주체들의 전략과 행동에 의존하고 그들은 지속적으로 변화한다. 즉, 생태계는 항상 공동진화하고 니치 플레이어는 결국 새롭게 등장하는 생태계에서 핵심(keystone)이 될 수 있다. 나아가, 주어진 주체가 그들이 속한 다른 생태계에서 다른 역할을 할 수도 있다.

(3) 계층생태계 전략

생태계의 계층구조를 이해하는 것이 유기체적 상호작용을 이해하는 지름길이다. 자연생태계의 계층구조는 다음으로 구성된다.

① 개체군(population)

　한 지역에 함께 살고 있는 동일 생물종 개체들의 집단

② 군집(community)

　한 지역에 살고 있는 모든 개체군을 포함하는 생물 공동체

③ 생태계(ecosystem)

　한 지역에 살고 있는 모든 군집(개체군을 포함하는 생물 공동체)과 무생물 환경

④ 생물권(biosphere)

　작은 지역단위보다는 범지구적 규모로 사용되어 지구상의 모든 생물(생물 군집)과 사물

이러한 계층구조에서 하위수준의 과정은 높은 수준에 의해 영향받고 이 계층은 서로 밀접한 상호작용을 한다. 이러한 자연생태계의 개념은 비즈니스와 혁신에도 적용할 수 있다. 고려하는 산업, 환경, 주체 등에 따라 적절한 계층구조(예 3-layer ecosystem model, multi-layer ecosystem model 등)를 찾아 이들 간의 위치, 역할, 관계 등을 정의하면 된다. 관점에 따라 생태계의 구성요소를 구분하는 것에는 차이가 있지만 공통적으로 생태계 내의 플레이어들 사이에 상호작용은 공생(symbiotic)을 목적으로 한다. 각 플레이어들의 상호작용은 모두 생태계를 통해 상호 간 편익을 높이고자 하는 목적을 갖고 있다. 따라서, 이러한 편익을 극대화할 수 있는 다양한 생태계 모형이 만들어질 수 있다.

(4) 활용과 탐구에 기초한 전략

Valkokari(2015)는 기업의 혁신전략에 탐구와 활용이 핵심인 것처럼 생태계에도 탐구와 활용의 관점을 포함하여 가치창출을 위한 기존 기술의 활용과 신지식의 탐구를 함께 묶어 지식과 비즈니스 생태계의 교집합으로서 혁신생태계를 고려하였다. 이 모형에서는 전략적으로 적합한 혁신생태계의 복잡성을 포착하기 위해 탐구와 활용 층(layer) 사이를 구분한다. 각각은 다른 목적과 정렬 유형을 갖고 상호 간에 관련된다. 탐구 층은 발생하는 새로운 혁신 기회의 변동, 실험, 발견과 관련되는 이질적 주체들 간의 흐름을 포착하는 반면에 활용 층은 가치를 부가하는 혁신에 이 기회들의 선택, 실행, 구현으로 이루어진다. 결과적으로, <그림 12-4>와 같은 모형은 혁신생태계를 진기한 가치명제가 발생하도록 하고(탐구) 구현하도록 하는(활용) 것을 지향하는 이질적 주체들의 다중 상호작용을 정렬하는 다층(multi-layer) 구조로서 정의할 수 있다.

〈그림 12-4〉 활용과 탐구에 기초한 생태계 모형

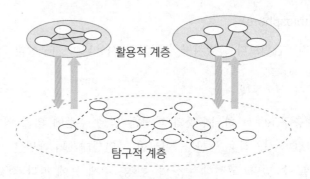

(5) 종합

혁신생태계 전략은 그 초점에 따라 두 가지 유형으로 분류할 수 있다. 첫째, 기업이 생태계 내 다른 기업 및 주체들과 비교하여 적응하는 역할 혹은 위치에 초점을 둔다. 예를 들어, 핵심(keystones), 물리적 지배자(physical dominators), 틈새(niche) 플레이어들이 있을 수 있는 반면에 허브(hubs)와 스포크(spokes) 기업을 구분할 필요가 있다. 이 각각 다른 위치들은 혁신생태계의 자원에 접근하고 가치를 전유하는 기회를 다르게 제공한다. 둘째, 생태계 내 협력 프로세스에 더욱 초점을 두고 전략을 주체들과 그들의 제공품을 정렬하는 다른 방법으로서 고려한다.

이에 비해 Adner(2017)는 이 두 관점을 결합하였다. 그는 정렬은 생태계 전략의 핵심에 있고 기업들은 그들이 생태계에서 정렬을 형성하거나 다른 기업의 리드를 추종하는 책임을 지기 원하는지에 대해 명확해야 한다고 주장한다. 그는 혁신생태계 전략은 초점기업이 파트너들의 정렬을 설정하고 경쟁적 생태계에서 그 역할을 보장하는 방식으로서 정의하였다. 이 정의에서 경쟁력은 생태계 내에서 이익이 많은 포지션을 위한 게임을 의미할 뿐만 아니라 경쟁 생태계와 비교하여 전체로서 생태계의 위치설정을 언급한다. 따라서, 전략적 포지셔닝은 허브와 스포크 두 가지 다른 수준에서 기능한다. 그러나, 이 포지셔닝과 정렬 활동들은 자동으로 혁신생태계 전략을 구성하지 않는다. 그들은 어느 정도 응집적 패턴을 형성하고 기업의 혁신성과 장기 경쟁력에 공헌하기 위해 의도적이고 계획적으로 추구되어야 한다.

생태계 전략에서는 대부분이 중심화된 생태계 구조를 전제하기 때문에 이익을 발생시키는 허브 포지션을 창출하고 방어하거나 이 허브 기업에 관련하여 보완적 포지션을 발견하는 것으로서 그 전략을 수립한다. 그러나, 생태계는 다극화되거나 분산화될 수 있어서 이것은 가능한 전략적 포지션을 더욱 다양하게 하고 위치설정 프로세스를 더욱 동태적으로 만든다.

02 ▶ 지역혁신시스템

2.1. 배경과 개념

(1) 혁신시스템으로서 지역

혁신 활동들은 공간적으로 균등하게 분포되지 않고 신기술 지식의 생산은 공간적으로 지역화하는 성향이 있다. 신지식의 불확실성, 복잡성, 암묵적 형태는 개인적 상호작용을 통해서만 이전가능하기 때문에 공간적 인접성은 상호작용적인 학습과 지식흐름을 촉진하는 데 유용하고 지역경계들은 이 지식의 흐름에 영향을 미친다. 이러한 의미에서 혁신의 지역시스템은 혁신활동을 분석하는 데 적절한 접근법이다.

지역이라는 경계는 다음의 의미에서 혁신시스템에서 중요성을 갖는다. 첫째, 지리적 지역은 행정적, 경제적으로 독립적이다. 비록 모든 지역이 어느 정도 중앙정부의 통제 하에서 동일한 법적 및 정치적 제도에 종속되기 때문에 완전한 독립은 아니지만 각 지역은 경제적이고 사회적인 개발정책을 수립하는 데 어느 정도의 자율성을 갖는다. 따라서, 기술정책과 혁신계획은 강한 지역적 특징을 갖는다. 둘째, 각 지역은 사회 및 문화적으로 독특한 특징을 갖는다. 방언, 관습, 전통, 정치 이데올로기, 문화는 지역적으로 독특한 특징을 이루고 있다. 오랜 역사를 거치면서 각 지역은 자신의 독특한 역사, 문화, 지리적 특징을 개발하고 형성하여 왔다. 이 사회적 자본은 지역에 내재되어 있고 이 자본은 다시 혁신의 진화 프로세스에 영향을 미친다. 결과적으로, 이러한 지역 내 높은 수준의 응집(coherence)과 내부 지향(inward orientation)은 상대적으로 독립적인 혁신 시스템으로서 지역을 다루는 타당성을 정당화한다. 나아가, 이러한 지역혁신시스템

(regional innovation system: RIS)은 다시 한 나라의 국가혁신시스템에서 중요한 부분을 구성한다.

(2) 중요성

지역은 혁신기반 학습경제를 유지하기 위한 가장 적절한 규모로서 간주되어 왔다. 이에 따라, 1990년대 초부터 RIS의 개념은 지역경제에서 혁신 프로세스의 이해를 발전시키기 위한 유망한 분석 프레임워크로서 정책입안자와 학술연구자로부터 중요한 관심을 받았다(Doloreux & Parto, 2005). RIS가 대중적으로 사용되게 된 배경은 지역혁신 정책의 등장뿐만 아니라 지역적으로 동일한 주체들 혹은 산업 클러스터의 등장과 더불어 지역이 혁신기반 학습경제를 유지하는 가장 적절한 방안이 될 수 있다는 주장에서 나온다.

본질적으로 지역의 주체들은 고립되어 혁신하지 않으며, 상호관련되고 상호작용하는 지역의 혁신 프로세스에 내재된다. 이 상호관련성과 상호작용성은 혁신시스템으로서 지역의 인식을 요구하고 있고 그들의 혁신성공이 지역 주체들의 혁신적 역량과 그들의 상호작용 구조에 의존한다는 것을 암시한다.

2.2. RIS의 원리

지금까지 RIS를 설명하는 구체적인 접근법은 진화경제학(evolutionary economics), 제도경제학(institutional economics), 지역경제학(regional economics), 학습경제(economics of learning), 혁신경제(economics of innovation), 네트워크이론(network theory)에서 도출된다. 이들은 모두 기술혁신을 다루고 있으나 혁신의 다양하고 복잡한 본질을 다루고 있는 만큼 특정 부분에 초점을 두어 설명하고 있다. 다만 이들의 공통적 토대는 혁신과 기술개발은 문제해결 프로세스이고 비선형적이고, 상호의존적 프로세스이며, 유리한 상호작용 시스템에서 혁신이 확산되었을 경우에 기술혁신이 더욱 효과적일 수 있다는 것을 제안하고 있다.

이처럼 상호작용 프로세스로서 혁신을 설명하는 것은 기술변화와 혁신이 특정 상황에 특유한 속성을 지니고 있는 것이 아니라 오히려 그들은, 생태계의 개념처럼 많은 다른 제도(institution)와 지역으로 분산된 여러 주체들 간 상호작용의 결과로서 기술혁신이 창출되고 확산된다는 것을 암시한다. Porter(1998)는 주어진 산업에서 특정 지역과 국가에서 기업의 성공은 지역요인, 수요조건, 관련 및 지원산업의 전략과 기업전략, 구조와 경쟁이라는 네 가지 요소에 의해 영향받는다고 하였다. 즉, 더욱 혁신적이고 생산적 활동을 위해 필요한 자원에 더 효과적인 접근을 하는 기업은 자신만의 역량이라기보다는 그들이 운영되는 환경을 강조할 필요가 있다. 예를 들어, 산업단지(industrial district)는 그 사례가 될 수 있다.

RIS의 기본적인 사고는 여러 주체들이 집합적으로 모여 혁신 역량과 경쟁력을 강화하려는 지역 내 기업들을 위해 그 지역 커뮤니티 내 사회적 관계, 규범, 가치, 상호작용으로부터 도출된 특정 자본형태를 개발하도록 지원하고 촉진하는 전체적인 효과를 유인한다는 것이다. RIS의 개념은 두 가지 중요한 이론 분야에서 기원한다. 첫째, 혁신시스템이다. 혁신은 진화이론에 기초하여 사회적인 프로세스로서 개념화된다. 혁신은 기업의 내외부에 있는 많은 주체들과 요인들에 의해 자극받고 영향받는다. 이러한 혁신의 사회적 측면은 다른 기업, 지식 제공자, 금융기관, 연구 및 교육기관 등과 외부적 협력뿐만 아니라 기업 내 부서 간의 집합적 학습 프로세스를 의미한다. 둘째, 지역에 대한 초점이다. 여기서, 지역은 사회제도적 환경 하에서 혁신이 발생하는 곳으로서 혁신은 지역화되고, 지역에 내재되고, 장소에 기반한 프로세스가 된다. 따라서, 상호작용적 학습과 조직 간 관계들은 RIS 이론의 근본적인 구성요소이다(Cooke, 1996).

2.3. 개념과 구성요소

(1) RIS의 개념

글로벌화하는 경제에서 지식은 가장 전략적 자원이고 학습은 경쟁을 위한 가장 근본적 활동이다. 지식의 중요성은 지식기반 경제라는 단어에 함축되어 있는 것처럼 더 강조할 필요가 없다. 또한, 학습경제에서 혁신은 사회적이고 지역적으로 내재되고 문화적이고 제도적으로 결합된 상호작용적 학습 프로세스로서 이해된다. 그것은 전문화된 지식의 스톡에 대한 접근을 강조하는 정적인 접근법보다는 혁신에 대한 동적인 접근법을 강조한다.

이때, 지역적 통합이라는 개념은 지식과 학습 프로세스의 지역적 내재에 관해 중요한 역할을 한다. 지역의 경제발전을 설명하는 프레임워크로서 RIS는 혁신과 기술적 변화의 이슈에 대한 공간적 접근법이다. RIS는 지식의 창출, 사용, 확산에 기여하는 조직 및 제도적 정렬과 관계들에 따라 기능하고 상호작용하는 민간 및 공공 기업들, 제도들, 기타 조직들의 집합으로 이루어진다. 또한, RIS는 기업들 및 기타 조직들이 내재성으로 특징되는 제도적 환경(institutional milieu)을 통해 상호작용적 학습에 체계적으로 참여하는 시스템으로 설명될 수 있다(Cooke et al., 1998). 이 접근법은 광의의 의미로서 산업단지(industrial districts), 혁신환경(innovative milieu), 학습지역(learning regions)의 다양한 용어와 유사하게 사용된다.

이 정의는 다음의 세 가지 측면을 강조한다. 첫째, RIS는 본질적으로 사회적 시스템이다. 둘째, 그것은 체계적인 방식으로 다른 주체들(민간과 공공 부문) 사이의 상호작용을 포함한다. 셋째, 상호작용의 체계적 패턴이 지역화된 학습역량을 증가시키고 향상시키기 위해 존재한다. 종합적으로 RIS는 기업과 다른 조직들이 내재성으로 특징된 제도적 환경을 통해 상호작용적 학습에 체계적으로 참여하는 시스템으로서 정의할 수 있다.

2.4. RIS의 구성요소

RIS를 이루기 위해서는 외부와 내부 메카니즘 관점에서 몇 가지 중요한 요소가 필요하다.

(1) 외부 메카니즘

① 기업

기업은 지식을 창출하고 확산시키는 책임을 맡음으로서 혁신시스템에서 중요한 역할을 하는 경제 주체이다. 그들은 환경을 공유하는 다른 기업 및 제도(혹은 기관)들과 상호작용하는 학습 조직으로서 고려되어야 한다. 모든 기업은 사용자, 생산자, 협력자와 경쟁자로서 고려될 수 있다.

② 제도

산업 R&D, 대학, 정부, 금융기관, 기타 기관들로 이루어진 제도들 (institutions)은 기술의 창출, 개발, 이전, 활용에 영향을 미칠 수 있는 결정적 주체들로서 언급된다. 이 제도들은 불확실성을 감소시키고, 지식의 사용을 조정하고, 갈등을 중재하고, 인센티브를 제공한다. 다양한 제도들이 이 역량에 기여함으로서 기술혁신을 자극하고, RIS의 성과에 필요한 안정적 사회적 상호작용을 촉진하는 규범적 구조를 제공하는 방법으로 환경을 형성한다. 그들은 명백한 목적을 갖는 공식적 구조의 형태를 띠기도 하지만 혁신에 영향을 미치는 규범, 규칙, 법규를 결정하는 비공식적 구조의 형태를 갖기도 한다. 보통 RIS의 제도적 요소들은 그들의 자금조달, 조직 구조, 활동이 한 국가의 공공 자원과 정책 의사결정에 의존하기 때문에 국가 시스템에 의해 대부분 형성된다.

③ 지식 인프라

지식 인프라는 혁신을 지원하는 데 필요한 물리적이고 조직적인 인프라를 의미한다. 기업과 혁신자들에 의해 사용된 지식 인프라는 다양한 형태를 갖는다. 한 형태는 기술 확산을 촉진(예 사이언스 파크, 테크노 파크)하고 지역적 수준에서 새롭고 수익성있는 산업 활동을 개발하는 것을 지향하는(예 기술 인큐베이터) 혁신 지원구조를 구성한다. 다른 형태는, 지식의 확산에 초점을 두는 공공기술 이전과 혁신자문 주체들로 구성된다. 그들의 역할은 지식기반 기업들에게 기술적 지원과 정보를 제공하는 것이다. 마지막으로 대학, 연구기관, 국가 연구소와 같은 제도들은 세 번째 유형의 지식 인프라를 구성한다. 그들은 기술의 관점에서 교육과 R&D뿐만 아니라 과학 및 기술 지식의 생산과 조정에 참여한다. 이들 유형의 지식 인프라와 기술에 간접적으로 영향을 미치는 인프라(시장 개발, 전략적 계획 수립, 지적재산권)는 혁신 노력들과 혁신 프로세스들을 촉진하고 조절한다.

④ 정책지향적 지역혁신

혁신정책은 RIS가 학습역량과 지식확산을 증가시키는 것을 보장하는 전체 시스템을 다룬다. 이 혁신정책은 지식 인프라, 기업, 제도들 간의 상호작용을 향상시키려고 한다. 이 정책은 지역적 규모로 기술의 확산을 고무함으로써 지역의 내재적 잠재력을 지원하기 위해 개발된다. 혁신정책은 또한 정책수립과 실행을 위한 제도적 프레임워크를 밑그림으로 계획함으로서 지역 경제의 전반적 혁신성과를 다룬다. 그 예로서 과학기반을 관리, 혁신노력/기술확산 정책/재무 인센티브 제공, 프로그램과 신기술기반 기업을 촉진, 혁신과 기술이전에 우호적인 무형자산을 창출하고 유지하는 것을 포함한다.

(2) 내부 메카니즘

이것은 RIS의 효율성과 성공을 설명할 수 있는 동태성을 나타낸다.

① 상호작용적 학습

상호작용적 학습은 RIS 개념의 중심에 있고 학습은 혁신과 밀접하게 연결되어 있다. 따라서 상호작용적 학습은 혁신 프로세스에 참여하는 주체들 간 학습을 발생시키는 프로세스로서 이해될 수 있다. 그것은 또한 혁신 주체들(기업들, 제도들)에 의해 공유되고 제도적 루틴과 사회적 관습에 의해 형성된 지식창출의 상호작용적 프로세스를 의미한다.

② 지식생산

학습은 보통 조직화된 프로세스이지만 지식은 덜 구조화된 환경에서 개발되고 공유된다. 이 공유된 지식이 상호작용적 학습역량이 증가하는 것을 지원하기 때문에 RIS의 중요한 측면이다. 이 지식은 사회적 상호작용을 통해 사회적으로 내재, 창출, 재생산된다.

③ 인접성

인접성의 역할과 중요성은 RIS에 대해 세 가지 시사점을 갖는다. 첫째, 인접성은 공간적 결합으로 발생된 편익과 관련된다. 풍부한 결합은 상호작용적 학습에 참여한 기업들에게 상호작용하기 위한 투입물/산출물의 임계치를 제공한다. 둘째, 인접성은 거래비용의 논리와 관련된다. 실제로 물리적 인접성이 클수록 지식과 정보를 교환하고 의사소통하는 데 비용이 덜 들어 의사소통 속도를 향상시키게 된다. 셋째, 인접성은 사회적이고 문화적인 문제와 관련될 수 있다. 암묵적 지식을 커뮤니케이션하는 데 필요한 높은 신뢰와 이해가 인접한 주체들의 관계에 공헌할 수 있다. RIS 상황에서 인접성은 단지 지리적 거리의 문제뿐만이 아니라 경제적, 조직적, 관계적, 사회적, 문화적 실체가 공유되는 수준도 중요하다.

④ 사회적 내재성

이 개념은 개인적 관계와 네트워크의 역할을 고려한다. 이 내재성은 기업과 제도들의 의미있는 집중, 높은 수준의 공유된 사회적이고 문화적인 가치, 새로운 생산과 프로세스를 발생시키는 데 사용될 수 있는 다양한 자원들을 보유한 지역에서 출현한다.

2.5. RIS 프레임워크

이 프레임워크는 혁신 프로세스의 지역적 차원을 강조하며, 지역의 혁신 및

〈그림 12-5〉 RIS의 개략도

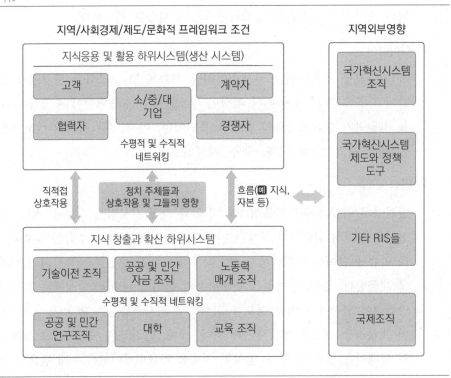

경제적 경쟁우위가 어떻게 주체 사이의 지리적 인접성과 관련하는지, 주체들과 제도들이 공간적으로 상호연결된 방식, RIS가 조직 및 사회－제도적 프레임워크 조건들의 관점에서 어떻게 구성되는지를 강조한다. <그림 12－5>에서 보여지듯이 RIS는 상호작용하는 주체들(색 상자)과 하위시스템(흰 상자)으로 구성된 시스템을 구성한다(Cooke, 2002).

이상적 관점에서 RIS 내 조직들은 지식응용과 활용(예 기업과 고객들) 혹은 지식창출과 확산 하위시스템(예 지원 조직, 공공기관, 교육 조직들) 중 하나에 속한다. 하위시스템의 주체들은 RIS에서 상업적 혁신활동에 매우 중요한 주요 동인들이다.

2.6. RIS의 체제와 유형

2.6.1. RIS의 체제

Cooke(1998)의 RIS 프레임워크는 지배구조 혁신차원(governance innovation dimension: GID)과 비즈니스 혁신 차원(business innovation dimension: BID)이라는 두 개의 분석 차원을 구분한다. 여기서, GID는 혁신 프로세스가 어떻게 관리되고 통제되는지를 포착하고 BID는 기업의 공간적 조직뿐만 아니라 혁신하는 주체들의 주요 특징과 구조를 묘사한다. 나아가, 두 차원 내에서 세 가지 모델들이 구분된다. BID에서 이들은 상호작용, 지역중심, 글로벌화된 모형이고 GID에서는 풀뿌리, 네트워크, 중앙통제 모형이다.

두 차원을 결합함으로서 Cooke(2004)은 <그림 12－6>과 같이 아홉개의 이론적 RIS 분류를 시도하였다. 매트릭스의 대각선에 위치한 RIS들(진한 박스들)은 그들의 특징이 가장 명확하게 구분되기 때문에 사례 중 가장 이상적 유형들로서 간주될 수 있다. 이 분류에, Stuck et al.(2016)이 네트워크 관점에서 보완한 내용을 정리하면 다음과 같다.

지배구조 차원

	풀뿌리	네트워크화	통제
글로벌화	글로벌화된 풀뿌리 RIS	글로별화된 네트워크화 RIS	글로벌화된 통제 RIS
상호작용	상호작용적 풀뿌리 RIS	상호작용적 네트워크화 RIS	상호작용적 통제 RIS
지역중심	지역중심 풀뿌리 RIS	지역중심 네트워크화 RIS	지역중심 통제 RIS

비즈니스 차원

(1) 상호작용적 네트워크화 RIS

규범적 관점에서 상호작용적 네트워크 시스템은 가장 이상적인 RIS 유형으로서 간주된다. 이 RIS의 상호작용적 형태는 다수의 기업들이 R&D에 참여하기 때문에, 대기업(국내 혹은 해외 소유의)뿐만 아니라 중소기업 사이의 상대적 균형을 보여준다. 이 R&D 활동은 첨단기술 부문에 대부분 초점을 둔다. 보통, 수많은 연구 주체들(예 고등교육 기관과 연구소)이 기업의 R&D 활동을 지원하면서 그러한 RIS 내에 존재한다.

비록 (공공)연구 부문이 지원역할을 하더라도 이익을 추구하는 민간 부문은 시스템의 명백한 동력이다. 조직의 기술적 성숙이 지식 네트워크에 참여하는 강한 노력과 연관되기 때문에 지역 내 주체들 사이의 협력성향은 매우 높다. 게다가, 이 R&D 활동은 잘 개발된 지역의 제도적 인프라에 내재된다. 이 RIS 내에서 긴밀한 지역적 협력과 더불어 많은 지역 주체들(공공 및 민간)은 지역 외 주체들

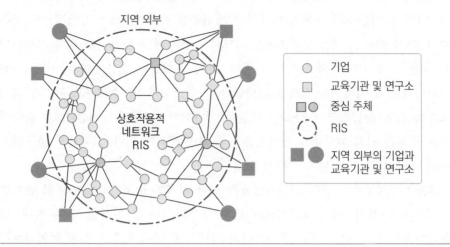

과도 잘 연결된 관계를 갖는다.

따라서, 상호작용적 네트워크 RIS는 국가 혹은 국제 수준뿐만 아니라 지역 수준에서 R&D에 상호작용하면서 참여하는 공공 및 민간조직들의 규모가 있는 집적체로 나타난다. 다른 RIS 유형과 비교하여 그들의 상호작용적 구성으로 인해 지역의 주체들은 그 지역의 지식 네트워크에 더 광범위하게 내재될 것이고 그들은 부수적으로 지역을 넘어선 관계에도 참여할 것이다. <그림 12-7>은 이 주장들을 도식적으로 묘사한다.

(2) 지역중심 풀뿌리 RIS

지역중심 풀뿌리 RIS의 풀뿌리 유형은 정책과 비즈니스 지배구조가 지역수준에서 대개 조직화된다. 따라서, 혁신활동은 지역 주체들에 의해 크게 통제되고 관리된다. 그 지역에 위치한 하나 이상의 작은 규모의 산업단지가 존재하기 때문에 이 RIS에서 BID의 지역중심 유형이 존재하게 된다. 그 단지들은 지역의 기업 간 학습 프로세스로 특징된다. 전체 기업들은 중소기업에 의해 지배되고 이것은 R&D에 거의 포함되지 않는다. 결과적으로, 대부분의 단지 내 기업들이 자발적, 산업 특유적, 실무적 지원에 관심있기 때문에 R&D와 관련한 지식의 상호작용 혹은 관계수립은 매우 드물게 나타난다.

R&D 활동이 부족하기 때문에 중소기업들은 암묵적 지식에 기초한 유연한 생산, 전문화, 강한 노동분업, 혁신 프로세스를 통해 경쟁을 유지하도록 노력한다. 따라서, 다른 RIS 유형과 비교하여 지역중심 풀뿌리 RIS는 상대적으로 작은 수의 R&D 수행 주체들을 관리한다. 그러나, R&D에 적극적인 소수의 선도기업들 혹은 더 큰 연구주체들이 이 유형의 RIS에 출현하는 경향이 있다. 이들은 첨단분야의 R&D에서 적극적으로 나타난다. 자연스럽게 이 주체들은 역량과 지식교환의 관점에서 지역의 R&D 활동들을 지배한다. 이들이 벌이는 R&D 활동의 주요 원천은 지역 외부와의 상호작용을 통해 발생하게 된다. 그럼에도 불구하고 지역 내에서 그들은 서로 강하게 연결된다.

R&D 주체들과는 달리 선도기업들은 또한 지역의 중소기업들과 어떤 관계를 유지한다. 따라서, 이 선도기업들은 단지 내부와 외부의 지식을 흡수, 이해, 확산시킴으로서 그 단지 혹은 클러스터의 나머지에 대해 일종의 지식 번역가로서 기능한다. 그렇게 하기 위해, 그들은 다양한 조직의 그룹들과 RIS의 하위시스템을 통합한다.

<그림 12-8>은 이 주장들을 도식적으로 요약한다. 네트워크 관점을 적용하여 다음이 도출될 수 있다. 중소기업들과 연구 주체들 사이의 분리와 결합하여 지역적 지식관계의 계층적 구조(선도기업-연구조직-중소기업들)는 지식 네트워크의 강한 파편화를 제안한다. 많은 중소기업들은 R&D의 결여와 지식역량 제

〈그림 12-8〉 지역중심 풀뿌리 RIS에서 지식 네트워크

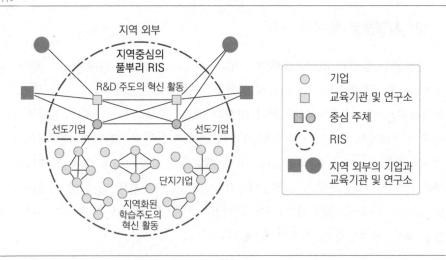

한으로 인해 지역적 지식 네트워크로부터 고립된 채 남아 있을 수 있다.

(3) 글로벌화된 중앙통제 RIS

이 GID의 중앙통제 유형은 RIS 외부의 강한 영향과 통제로부터 나온다. 따라서, 지역의 외부 요인들(예 중앙 정부)은 하향식 스타일로 지역적 문제에 대한 의사결정을 한다. 그 시스템의 BID는 첨단 클러스터, 사이언스 파크 등과 같이 하나 이상의 (산업)단지들의 존재에 의해 형성된다. 이들은 보통 대규모 조직의 본사, 대규모 다국적 기업의 계열사, 혹은 대규모 정부 연구소로 구성된다. 이 주체들의 R&D 활동이 지역의 외부 혁신 프로세스에 초점을 두기 때문에 그러한 대규모 주체들(소위 초점 주체들)의 지배적인 중요성과 경제적 가중치는 글로벌화된 양상을 낳는다. 단지 내 주변 조직들인 중소기업 혹은 지방 연구조직들은 일차적으로 지원적 역할을 한다.

초점 주체(대기업, 대규모 공공 및 민간연구소 등)는 명백히 지역의 지식 교환을 지배한다. 그 초점 주체는 글로벌 네트워크에 그들이 내재하는 것을 통해 단지 내로 필수적, 비지역적 지식 흐름을 보장한다. 만약 RIS가 초점 주체를 갖는 하나 이상의 단지로 특징된다면 그 초점 주체들 사이의 지역 간 상호작용이 가능하다. <그림 12-9>는 전형적인 글로벌화된 중앙통제 RIS의 네트워크를 도식

〈그림 12-9〉 글로벌화된 중앙통제 RIS에서 지식 네트워크

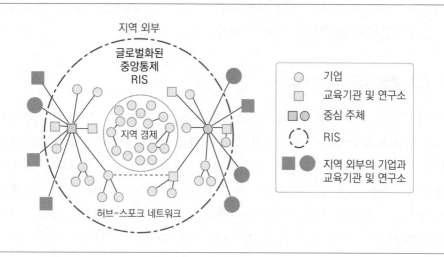

적으로 묘사한다. 그 초점 주체와 주변의 더 작은 지원조직들과 함께 글로벌화된 중앙통제 RIS는 허브-스포크 구조를 수반할 것이다. 이 구조들은 초점 주체인 허브와 마차바퀴와 유사하게 조직화된 다른 주체들(스포크)을 갖는 지역의 지식 네트워크로 번역한다.

2.6.2. RIS 유형

(1) 산업단지(Industrial districts)

20세기 초 알프레드 마샬(Alfred Marshall)은 소기업이 대기업에 비해 경쟁우위를 개발하기 위해서는 다음의 두 가지가 필요하다고 하였다. 첫째는 합병으로 결과되는 비용편익을 의미하는 외부 경제(external economies)이고 둘째는 학습 프로세스와 지식 획득에 유리한 공간적 집중(spatial concentration)과 산업적 분위기(industrial atmosphere)이다.

산업단지는 시간에 걸쳐 합리적으로 안정된 산업 간 관계의 지역화된 조밀화(a localized thickening)로 특징된 한 덩어리의 특정 형태로서 간주될 수 있다. 혁신과 학습은 지역 주체들 간 협력, 상호 의존, 신뢰로부터 결과된다. 따라서, 역사적 개발과 내재성은 단지의 기능화를 이해하는 데 핵심 요소이고, 그들은 자신의 기술적 궤적을 정의한다. 그러한 단지들의 개발을 낳는 주요 메카니즘은 주로 소기업, 제도, 외부 조직들 간에 높은 수준의 협력을 포함한다. 산업단지는 그 동력이 지역 규칙과 규제에 의해 지배되며 사회문화적(socio-cultural) 상황 하에서 개발된 소규모의 지역화된 생산시스템의 결과이다.

(2) 테크노폴(technopole)

이 개념은 일본의 기술지배 사회(technopolis) 프로젝트와 프랑스의 기술지배 사회 정책에 의해 1970년대 후반에 소개되었다. 기술의 중심축을 의미하는 테크노폴은 대학과 산업 간 제도적 협력을 위한 기회를 제공하며, 산업의 혁신 활동과 기술이전을 위한 중요한 제도와 인프라로서 인식된다. 이것은 첨단기술 활동의 성장을 자극하고 다시 수익성 있는 신제품과 프로세스의 개발을 낳는 기술이전을 배양할 수 있다. 혁신 기업의 가까운 곳에 대학/연구센터의 위치를 정하는 것은 테크노폴의 개념에 있어서 핵심이다. 비록 나라마다 다소 다른 형태로 사용되지만 다음의 공통 특징을 공유한다.

① 기술을 창출하고 확산시키는 임무를 갖는 대학과 연구기관들의 존재를 갖는 과학적 구성요소

② 지식과 기술을 생산하고 확산시킬 수 있는 지식집약 기업들로 구성된 생산적 구성요소

③ 기업에게 기술을 이전하기 위한 전문화된 서비스와 메카니즘을 포함하는 구조적 구성요소

(3) 혁신환경(innovative milieu)

이 접근법은 지역화된 학습과 혁신 프로세스라는 사고에 기반하고 지역적 경쟁우위를 위한 사회학적이고 문화적 차원에 기초한다. 여기서 환경의 개념은 지리적 단위만을 언급하는 것이 아니라 오히려 시너지를 낳는 프로세스를 주도할 수 있는 복합체로서 고려될 수 있다. 환경은 또한, 혁신적 기업가들에게 경제적이고 기술적인 프로세스를 촉진하며, 자원의 공급(혹은 지원하는 생산시스템)을 제공하는 환경으로서 인식된다.

이 접근법의 핵심 가정은 환경이 혁신의 필수적 구성요소라는 것이다. 환경은 새로운 형태의 지역 조직을 창출하는 데 사용된 다양한 자원들을 포용하고 그들에게 혁신을 위한 기회와 자원을 제공하며 기업의 혁신역량을 결정한다. 그것은 또한 혁신역량을 결정하는 주요 요인인 기술적 노우하우, 강한 지역적 연계의 이용가능성, 시장과의 인접성, 자격을 갖춘 직원 등에 대한 접근을 용이하게 한다.

(4) 학습지역(learning region)

학습지역은 보통 지식과 아이디어의 수집과 저장고로서 기능하고 지식, 아이디어, 학습의 흐름을 촉진하는 기저 환경 혹은 인프라를 제공하는 지역으로서 정의된다. 이 개념은 세 가지 다른 관점에 기원한다.

① 사회적 변화의 공간적 결과로서 학습지역을 고려하는 구조적 관점

② 혁신을 위한 기업가적 학습에 초점을 두는 주체 관련 관점

③ 학습지역을 새로운 지역개발 개념으로서 보는 활동 관련 관점

학습지역 개념을 정의하는 결정적 요소들은 지식 고객, 공급자, 기업 간 관계와 네트워크, 주체들 간 높은 수준의 경쟁이다.

학습지역은 기업과 조직 간의 네트워크와 상호작용적 학습의 구축을 지원하는 인접성과 공간적 집중의 개념에 기초한다. 이에 학습지역을 기업과 제도들이 상호작용하며 학습하고 조직 학습을 구성하는 집합적 활동을 수행할 수 있는 학습환경(learning environment)으로서 보기도 한다. 이 접근법에서 사회적·문화적·공간적 인접성의 동시발생은 상호작용적 프로세스에 매우 중요하다. 또한, 내재성은 주체들 간 상호작용의 본질을 정의하고 기업과 조직들이 집합지식을 공유하도록 권장함으로서 집합적 학습을 자극하는 것을 돕는다.

(5) 클러스터(cluster)

산업단지(Marshall, 1920)를 통해 기업들은 작은 지리적 영역 내에 통합되고 서로 인접하게 된다. 그 결과, 산업단지 내 기업들은 거래비용의 감소, 풍부한 자금에 용이한 접근을 통해 편익을 얻는다. 지역의 혁신을 위한 클러스터는 상호연결된 특성(예 클러스터들이 중요한 기회를 제공하는 협력적 네트워크, 협력의 집중, 경쟁으로서 특징)에 의해 산업단지와는 다를 수 있다. 산업 클러스터는 공급자, 소비자, 주변 산업, 정부, 대학과 같은 지원 제도를 포함하는 지리적 협력 그룹으로서 정의된다(Porter, 1998).

지역 클러스터에서 지역 내 네트워킹은 지식 확산과 지역화된 학습을 향상시키는 것으로 기대되며, 공통의 자원 풀 이용, 비공식적 상호작용과 지식흐름의 기회 향상, 클러스터에서 경쟁을 통한 혁신 자극을 유인한다. 그 결과 지역에 기원한 기업들은 지역 외부에 주둔한 기업들보다 더욱 도움을 받을 것으로 기대된다.

최근 정보통신기술의 발전으로 인해 클러스터와 네트워크가 경쟁적 관점에서 서로 논쟁의 대상이 되고 있다. 즉, 그들이 서로 다른 궤적을 따라 진화하였을 뿐만 아니라 서로 보완적인지 아니면 대체적인지에 대한 논쟁이 있다. 보완적 역할의 관점에서 지리적 클러스터에 위치하는 것은 효과적 지식 조달에 충분하지 않기 때문에 네트워크에 다가갈 필요가 있다고 한다. 반대로, 클러스터와 네트워크 사이의 부분적인 대체효과를 지적하여 혁신에 대한 클러스터의 영향은 네트워크의 크기에 따라 증가한다는 주장도 있다.

(6) 리빙랩(living lab)

① 등장배경

기술혁신이라는 창의적 프로세스에 사용자의 새로운 행태와 패턴을 더잘 발견하기 위해 사용자를 그 프로세스의 초기부터 참여시키도록 하는 시스템이 필요하다. 이를 위해, 기업, 시민, 정부 사이의 파트너십을 통해 가치 네트워크(value network) 상의 모든 이해관계자를 포함하는 기술개발과 새로운 제품과 서비스의 출시 사이의 혁신 격차를 연계할 필요가 있다. 즉, 실제 생활공간에서 교육이 이루어지면서 실제 활용이 가능한 미래의 실험적 학습을 추진하는 혁신생태계의 기본 공간으로 캠퍼스를 조성하는 차원에서 리빙랩이 시도되었다.

② 개념

리빙랩은 기존의 생산자(기업) 중심의 R&D가 아닌 사용자가 연구, 개발, 혁신 프로세스에 능동적으로 참여하도록 만들어 기업-시민-정부 파트너십에 기초한 사용자가 유인하는 혁신생태계이다. 리빙랩의 특성을 이루는 네 가지는 다음과 같다.

- **사용자 주도**: 사용자들이 개발자로 참여하여 혁신활동의 주체가 된다.
- **개방형 혁신**: 조직 외부의 다양한 혁신 원천을 활용한다.
- **생태계 시스템**: 파트너인 기업, 공공부문, 학계, 사용자의 네트워크를 구축한다.
- **실제 생활환경**: 사용자들이 실제로 일하고 생활하며, 여가를 즐기는 공간에서 새로운 제품과 서비스를 테스트한다.

③ 역할

- 수요에 부응하는 교육과 문제해결에 초점을 두어 교육이 목적이 아니라 문제해결을 가능하게 하는 동력으로서 역할을 강조
  - 지속가능성, 삶의 질과 같은 사회문제 해결을 리빙랩의 주요 목표로 설정
  - 현장에서 직접 경험한 사실들을 바탕으로 사용자와 기술 제공자의 상호작용을 통해 현실의 모호하고 불확실한 수요의 내용을 구체화하

여 R&D 현장과 기술이 활용되는 삶의 현장 사이의 격차를 축소하는
역할
- 리빙랩에서 참여와 기여를 통해 혁신활동을 추진해 나가는 모델 구축
  • 도시, 캠퍼스, 아파트와 같은 생활 세계에서 소비자와 산학연이 협력
    해서 문제를 해결하고 혁신을 수행하는 Public−Private−People−
    Partnership(PPPP)에 입각한 혁신적 실험모델 구축
  • 리빙랩을 '하나의 연구소로서의 사회(society as a laboratory)'의 모습
    을 갖추도록 지원
  • 대학, 연구소, 기업들이 참여하여 공동으로 추진하기 때문에 중소기
    업이 부족한 실증능력과 제품검증 활동을 지원
- 실생활을 통해 사용자 참여형 실험을 하는 공간에서 새로운 혁신전략
  을 내재한 혁신생태계로 진화하는 주축 역할을 담당
  • 소비자의 아이디어를 적극적으로 반영하여 혁신활동을 수행하고 다
    양한 주체들의 아이디어를 추가로 활용하기 때문에 개방형 혁신의
    특성을 보유
  • 실제 생활공간에서 소비 및 소통활동이 이루어지면서 실제 활용이
    가능한 역량개발을 추구
- 미래를 구성해가는 실험적 학습이 이루어지는 공간
  • 다양한 이해관계자가 참여를 통해 자신들의 미래를 설계하고 경험할
    수 있는 공간으로서 실험적 학습을 수행
  • 정책 담당자가 특정 기술이 구현되기 전에 그것이 가져오는 효과를
    현장에서 실험하여 관련 규제와 정책을 개선해 나가는 계기를 제공
  • 새로운 내용을 갖는 사회·기술시스템을 구성하고 실험해 보는 공간

④ 현황

2006년 EU는 리빙랩 사업이 시작된 후 The European Network of
Living Labs(ENoLL)을 결성하여 그들의 경험을 공유하였고 2020년에는
약 470여 개의 전세계 리빙랩이 이에 참여하고 있다. ENoLL은 민주주의
와 거버넌스, 보건, 농촌 및 지역개발, 에너지 효율성 분야에서 리빙랩 간
네트워크를 구축하여 지식과 경험을 공유하고 있다.

03 국가혁신시스템

3.1. 정의

국가혁신시스템(national innovatiosn system: NIS)은 국가수준의 사람, 기업, 제도들 간의 기술과 정보의 흐름으로서 정의된다. 이 NIS는 국가의 과학과 기술정책 영역에 폭넓게 적용될 수 있다. 또한 그들은 RIS와 기업혁신시스템(firm innovation system: FIS)를 위한 배경을 제공한다.

3.2. 국가혁신시스템의 구성

NIS를 폭넓게 정의하면 그 내부의 주체는 혁신을 창출, 확산, 활용하는 상호 관련된 모든 제도적 주체들을 포용하는 반면에 협소하게 정의하면 R&D 기관, 대학, 공공 기관들과 같은 기술 혁신을 탐색하고 탐구하는 것과 직접적으로 관련된 조직 및 제도들만을 포함한다. 예를 들어, NIS는 공공연구기관, 대학, 산업의 세 가지 포괄적인 혁신 주체그룹들로 구성된다. 그들은 R&D 활동들을 수행하는 실제 연구 생산자들이다. 또한 그들의 정책 도구, 비전, 미래를 위한 견해의 관점에서 연구 생산자들 사이에 조정자의 역할을 하는 정부(예 중앙 및 지방정부들)가 존재한다. 그러나, 무엇보다도 NIS의 궁극적 목적은 기업의 혁신역량을 향상시키는 것이다.

일반적으로, NIS가 개별 산업부문과 지역에 따라 분류될 수 있는 하위 시스템의 복합체로서 이해되기 때문에 <그림 12-10>과 같이 지역 및 산업부문 접근법이 활용될 수 있다(Chung, 2002).

	지역 A	지역 B	지역 C	......	
산업부문1	○ □ ▼ △	○ □ ▼ △	○ □ ▼ △	...	산업혁신시스템-1
산업부문2	○ □ ▼ △	○ □ ▼ △	○ □ ▼ △	...	산업혁신시스템-2
산업부문3	○ □ ▼ △	○ □ ▼ △	○ □ ▼ △	...	산업혁신시스템-3
산업부문4	○ □ ▼ △	○ □ ▼ △	○ □ ▼ △	...	산업혁신시스템-4
⋮	⋮	⋮	⋮		⋮
	지역혁신시스템-A	지역혁신시스템-B	지역혁신시스템-C	...	국가혁신시스템

(표시: 대학 및 공공연구소-○, 기업-□, 지방정부-▼, 중앙정부-△)
출처: Chung(1996,1999)

3.3. 나선형 시스템(helix system)

현재의 개방형 혁신 패러다임에서 조직 간 연구협력은 참가자들이 규모가 있는 투자비용을 공유하고, 리스크를 줄이고, 지식 투입물을 탐색하고 보완적 자원에 접근하고, 파트너들 간 정보와 지식흐름을 촉진하고, 참가자들의 혁신적 성과를 향상시키는 것을 도울 수 있다. 따라서, 조직 간 연구협력은 NIS 내에서 점점 더 중요성이 증가하고 있다. 그러나, 단순한 산학연협력에서 벗어나 융합을 주장하는 이론이 발생하였다.

이 상황에서, 트리플 헬릭스(Triple Helix: TH)이론은 대학-산업-정부의 나선형태의 상호작용 관계의 개발 동태성과 메카니즘을 설명하기 위해 개발되었다(Etzkowitz & Leydesdorff, 1995). 이 이론은 세 개 부문(대학, 산업, 정부) 사이의 상호작용의 어떤 수준이 혁신의 개발을 위해 효과적 시스템을 창출할 수 있다고 강조한다. 이 이론이 강조하는 것은 과학기술혁신 주체를 연결하는 지원기관과 제도의 시너지 효과, 공통의 목표와 혁신생태계 조성, 새로운 교육과 연구의 협력과 연계를 가능케 하는 혁신정책이다. 무엇보다도 정부의 조정역할이 중요하다. 정부가 미래 지향적인 비전과 조망으로 정책과 규제에서 연구개발 주체를 조정하고 연계할 수 있어야 국가혁신시스템이 올바로 작동한다고 보기 때문이다. 즉, 혁신 주체 간의 신뢰가 R&D 인프라의 핵심가치인데, 높은 수준의 신뢰와 강력한 연대를 가능케 하는 정부의 역할이 중요하다는 것이다.

<그림 12-11>과 같이 세 주체들이 나선형의 전략적 상호작용을 전개해야 한다. 후진국에서는 이 세 주체들이 전형 상호작용하지 않고 독자적으로 운영한다. 나아가, 개발도상국은 세 주체 간에 전략적 상호작용이 시작하고 있으나 사안별 단순한 협력 방식으로 이루어진다. 그러나, <그림 12-11>의 나선형의 전략적 상호작용은 단순한 협력이 아닌 융합의 형태로 이루어지고 이 역할이 과학단지(science park)와 같은 조직에 의해 수행된다.

〈그림 12-11〉 선진국의 트리플 헬릭스

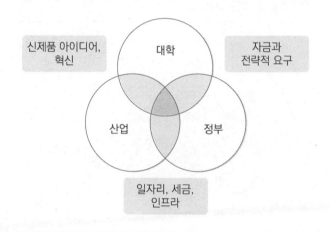

이 이론은 초기에 산업-대학-연구소(소위 산학연) 협력이라기보다는 대학-산업-정부의 협력연구에 기초하였다는 점을 주목하자. 많은 TH 이론에서 연구소는 정부 혹은 대학의 항목에 포함된 계열 기관으로서 다루어왔기 때문이다. 이것은 초기 TH 이론이 나타난 어떤 개발된 국가에서 국가 혁신 시스템에서 다른 혁신 조직들과 비교되어 연구소의 더 작은 중요성 때문일 수 있다. 그러나 러시아, 독일, 중국과 같은 몇 나라들에서 연구소들은 다른 부문들에 비해 R&D 능력과 지식창출에서 우월한 성과를 만들었다. 공공 및 민간 연구소들이 중요한 지식 창출자이고 오랫동안 산업부문을 위해 새로운 과학 혹은 기술적 지식의 중요한 원천으로서 작용하여 왔기 때문에 연구소, 산업, 대학 사이의 상호작용 메커니즘이 TH 이론을 더 확장하기 위해 강조될 필요가 있다.

최근에, 초기 TH 모델은 <그림 12-12>와 같이 4중나선(Quadruple Helix), 5중나선(Quintuple Helix), N중나선(N-Tuple Helices)으로 진화하고 있다. 4중 나선 이상의 출현은 혁신시스템에서 초기의 세 가지 나선들 이외에 더 많은 나선들이 존재한다는 것을 지적한다. 여기서, 4중나선 모형은 산학연(관) 주체의 상호작용에다 시민사회가 추가로 참여하는 모형으로 과학기술의 사회적 역할을 강조하고 오중나선 모형은 사중나선 모형에다 자연환경을 추가로 포함시킨 것으로 지속가능한 발전 및 사회생태 분석을 위한 학제 간 혹은 초학제 간 분석틀을 제공한다.

〈그림 12-12〉 4중 및 5중 나선 모형

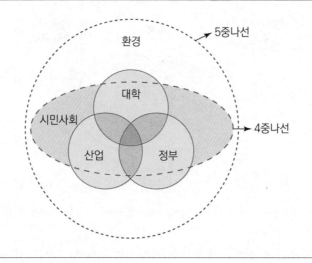

<참고문헌>

Adner, R. (2006), "Match your innovation strategy to your innovation ecosystem", Harvard Business Review, 84(4), 98 – 107.

Adner, R. (2017), "Ecosystem as structure: an actionable construct for strategy", Journal of Management, 43(1), 39 – 58.

Chung, S. (2002), "Building a national innovation system through regional innovation systems", Technovation, 22(8), 485 – 491.

Cooke, P. (1996), "The new wave of regional innovation networks: analysis, characteristics and strategy", Small Business Economics, 8(2), 159-171.

Cooke, P. (2002), "Regional innovation systems: general findings and some new evidence from biotechnology clusters", The Journal of Technology Transfer, 27(1), 133 – 145.

Cooke, P., Uranga, M.G. & Etxebarria, G. (1998), "Regional systems of innovation: an evolutionary perspective", Environment and Planning A, 30(9), 1563 – 1584.

Cooke, P., Martin, H. & Braczyk, H. (2004), Regional innovation systems: the role of governance in a globalised world, Routledge.

Doloreux, D. & Parto, S. (2005), "Regional innovation systems: current discourse and unresolved issues", Technology in Society, 27(2), 133 – 153.

Etzkowitz, H. & Leydesdorff, L. (1995), "The triple helix – university – industry – government relations: a laboratory for knowledge based economic development", EASST Review, 14(1), 14 – 19.

Granstrand, O. & Holgersson, M. (2020), "Innovation ecosystems: a conceptual review and a new definition", Technovation, 90 – 91, 1 – 12.

Iansiti, M., & Levien, R. (2004). Strategy as ecology. Harvard Business Review, 82(3), 68 – 81.

Jacobides, M.G., Cennamo, C. & Gawer, A. (2018), "Towards a theory of ecosystems", Strategic Management Journal, 29(8), 2255 – 2276.

Marshall, A. (1920), Principles of economics, MacMillan, London.

Moore, J.F. (1993), "Predators and prey: a new ecology of competition", Harvard Business Review, 71(3), 75 – 86.

Marshall, A. (1920), Principles of economics. 8th Edition, Macmillan, London.

Moore, J.F. (1996), The death of competition: leadership and strategy in the age of business ecosystems, HarperBusiness, New York.

Muegge, S. (2011), "Business ecosystems as institutions of participation: a systems perspective on community‒developed platforms", Technology Innovation Management Review, 1(2), 4‒13.

Porter, M. (1998), On Competition, Harvard Business School Press, Boston, MA.

Stuck, J., Broekel, T. & DIEZ, J.R. (2016), "Network structures in regional innovation systems", European Planning Studies, 24(3), 423‒442.

Valkokari, K. (2015). "Business, innovation, and knowledge ecosystems: how they differ and how to survive and thrive within them." Technology Innovation Management Review, 5(8), 17‒24.

CHAPTER

13

기술 사업화

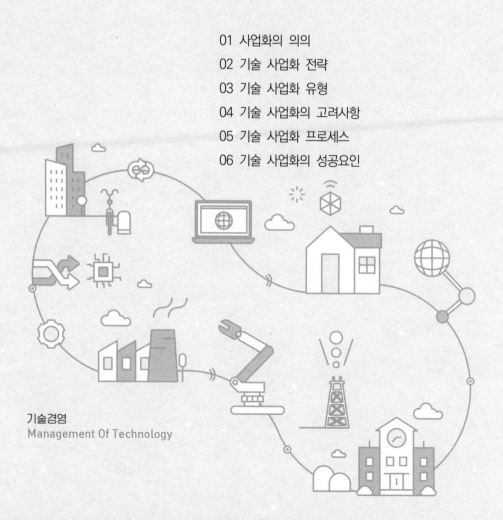

기술경영
Management Of Technology

01 ▶ 사업화의 의의

1.1. 중요성

기술이 개인과 국가의 부(wealth)를 창출하고 삶의 표준과 질에 영향을 미치는 중요한 역할을 하는 것은 분명하지만 기술 그 자체는 어떤 부를 창출할 수 없다. 이 부라는 것은 기술 적용과 기술 사업화(technology commercialization)의 효과적이고 적절한 운용을 통해서 달성될 수 있기 때문이다.

기술 사업화는 기술적 역량을 이익과 사회적 부를 증가시키는 편익을 제공하는 제품과 서비스로 전환시키는 것을 의미한다. 기술 사업화는 시장과 혁신의 유통에 진입하는 순간으로서 표현되기도 하며 신제품을 R&D, 제조, 유통하는 것을 포함하는 포괄적 프로세스를 반영한다. 따라서, 기술의 사업화는 혁신 프로세스의 중요한 부분이고 기술과 제품이 사업화 프로세스를 거치지 않고 시장에 성공적으로 진입할 수 없다는 것을 의미한다. 오늘날, 대부분의 기업은 수익을 얻고 시장지분을 유지하기 위해 사업화를 통해 그들의 신기술을 시장에 도입하도록 요구된다.

기술 사업화는 특히 기술에 기반한 기업에게 기술혁신으로부터 이익을 발생시키는 필수적이고 중요한 단계이다. 따라서, 기술 사업화는 기술혁신으로부터 이익을 발생시키는 활동 혹은 프로세스로서 고려될 수 있다. 더욱 구체적으로 기술 사업화는 아이디어를 획득, 아이디어를 보완적 지식과 함께 확장, 판매가 능한 제품을 개발하고 제조, 그 제품을 시장에 판매하는 프로세스로서 기술을 성공적으로 실행하기 위해 연구·개발·혁신·제품개발·마케팅과 판매 후 서비스를 포함한 완전한 기술개발의 전체 가치사슬이 강건하게 유지되는 것과 관련된다.

그러나, 많은 기업 혹은 기업가들은 사업화 프로세스 동안 여러 어려운 도전에 직면하고 기업가적 아이디어를 혁신적 첨단기술 제품으로 전환하는 데 실패하는 경우가 있다. 특히, 신규 창업기업은 기업가적 아이디어의 사업화에 더욱 많은 어려움을 겪는다. 그럼에도 불구하고 기술 사업화가 경제에 미치는 영향으로 인해서 많은 국가들은 컨설팅 서비스와 공동연구 프로젝트 수행을 통해 기업과 산업에서 기술을 사업화하는 것을 지원하기 위한 많은 정책을 전개하고 있는 중이다.

　혁신을 사업화하는 능력은 기업이 지속적 산업 리더십과 영속성에 공헌할 수 있게 기존 시장에 침투하거나 신시장을 창출하도록 도울 수 있다. 그 경로는 단순하다. 아이디어 창출에서 시작하여 제품 출시로 종료된다. 그러나, 두 극단 사이의 연결은 매우 복잡하고 다양하고 도전적인 기업가적 활동들을 포함한다. 이 어려움으로 인해 3,000개의 새로운 혁신적 아이디어 중 약 1개만이 성공적 제품이 되고 있다(Stevens & Burley, 1997). 실제로 검토를 위해 제출된 3,000개의 원래 아이디어들 중에서 단지 300개만이 재선발을 위한 단계로 가고 100개만이 작은 R&D 프로젝트로 가고 그 중에서 단지 8개만이 의미있는 개발 프로젝트가 되고 1.7개만이 제품 출시가 되고 1개만이 성공적인 제품이 된다(Stevens & Burley, 1997). 이것은 산업 평균이다. 제약과 같은 산업에서 그 비율은 더욱 낮아진다. 예를 들어, 10,000개 중 1개만이 신제품으로서 성공하고 발견에서 시장까지 시간은 10년 이상이 걸리고 $10 이상의 총 비용이 소요된다. 분명히 혁신적 아이디어의 창출은 혁신을 사업화시키는 데 충분하지 않다. 강력한 사업화 니즈로 인해서(예 기업들은 현재의 대부분의 수익을 단지 오래 전에 개발된 제품에 의존한다.), 기업들은 흔히 모호한 미래의 신제품 목표로서 미리 3년에서 5년을 지향한다(Burgelman et al., 2006). 여기에 글로벌화는 글로벌 경쟁을 막거나 글로벌 시장으로 확장하기 위해 혁신을 사업화하도록 기업에게 더 많은 압력을 부여한다. 그러한 추세와 높아지고 있는 사업화 속도는 혁신자들이 성공하는 것을 도울 것이다.

　실증연구들은 완전히 사업화된 신제품 중 40-50%는 분명히 실패한다는 연구결과를 분명히 보여주고 있다(Cierpicki et al., 2000). 이 사실과 관련하여 시장분석가들과 컨설턴트들은 그 성공하지 못한 제품들은 실패할 운명이 된다고 하나 Gourville(2006) 교수가 강조하였듯이 이것은 너무 단순한 설명으로 보인다.

만약 이 실패된 혁신들이 너무 빈약하게 개발되었다면 많은 비용이 드는 시장 출시 이전에 이것이 왜 명확하게 나타나지 않았을가? 그에 대한 답은 신제품의 상업적 성과는 그것을 사업화하고 시장에 출시하는데 사용된 접근법에 의해 크게 영향받을 수 있다는 것이다.

1.2. 사업화 개념

기술 사업화에 대한 많은 정의와 기준이 존재한다. 기술 사업화와 기술이전 (technology transfer) 용어는 자주 상호교환적으로 사용되었다. 비록 기술이전과 기술 사업화가 본래 약간 다른 의미를 가질지라도 이 용어는 동일한 프로세스를 언급하는 데 사용될 수 있다. 경제학자들이 처음 기술이전이라는 용어를 사용하였고 원래 기술이전이라는 용어는 기술을 시장으로 가져가는 의미에서 사업화 보다는 사회 내에서 혁신의 개발과 확산을 의미하는데 적용되었다.

다음은 다양한 기술 사업화 정의의 예시이다.

① Mitchell & Singh(1996)

사업화를 아이디어를 획득하고, 그 아이디어를 보완적 지식으로 확장하고, 판매가능한 재화로 개발 및 제조하고, 시장에서 재화를 판매하는 프로세스로서 정의

② Ambos et al,(2008)

개발된 기술로 제품의 디자인, 제조, 마케팅 혹은 라이센싱 혹은 다른 협력적 활동을 통한 기술의 이전으로서 정의

③ Kirchberger & Pohl(2016)

기술의 개발자에게서 시장에서 판매할 수 있는 제품을 위해 그 기술을 활용하고 응용하는 조직으로 기술기반 혁신을 이전하는 프로세스로서 정의

02 기술 사업화 전략

기술의 사업화 전략(혹은 신제품 출시 전략)은 신제품이 어떻게 포지션되고 궁극적으로 시장에 도입되는지를 정의하는 의사결정의 집합으로 고려될 수 있다. 이것은 대상이 되는 범위에 따라 전략적과 전술적 수준으로 분류될 수 있다. <표 13-1>과 같이 전략적 의사결정은 기술혁신의 출시 이전, 심지어 개발을 시작하기 전에 이미 받아들여지는 것으로서 출시(혹은 시장진입) 시기, 포지셔닝, 기업 간 관계로 구성된다. 그들은 본질적으로 신제품의 출시가 발생한 상황을

┃표 13-1 사업화 전략

전략 유형	의사결정	세부 의사결정
전략적 수준	시기	• 시장에 기술의 출시 시기 • 기술의 사전공표 시기 • 파트너십과 제휴 형성 시기
	목표수립과 포지셔닝	• 기술의 목표시장 • 기술의 시장 포지셔닝
	기업 간 관계	• 관계를 구축하는 외부 조직 • 관계를 형성하는 협약의 조건
전술적 수준	제품	• 전체 제품의 구성
	유통	• 기술을 위한 유통채널 유형 • 유통채널이 수행해야 하는 핵심 기능
	광고와 촉진	• 광고채널의 유형 • 전송된 메시지 유형
	가격책정	• 가격전략 • 보완적 재화와 서비스의 가격책정

고려한다. 전술적 의사결정은 마케팅 믹스의 핵심 요소들을 포함하기 때문에 기술(혹은 신제품) 출시의 운영적 측면에 관심을 갖는다.

03 기술 사업화 유형

Markman et al.(2008)에 의하면 기술 사업화의 유형은 내부 접근법, 유사 내부 접근법, 외부화 접근법의 세 가지 유형으로 나타날 수 있다.

(1) 내부 접근법(internal approaches)

두 핵심 기관인 대학과 기업의 내부 활동에 초점을 둔다. 대학은 기술 사업화에서 그들의 이해관계자인 연구자 및 교수, 대학 관리자, 기업/기업가들의 충돌하는 요구를 완화시키는 문제에 직면한다. 이 갈등을 다루는 데 관여된 핵심 주체들은 대학기술 관리자[때때로 기술 라이센싱 혹은 기술이전담당자(technology transfer officer: TTO)로 불리는]이고 이들은 전형적으로 TTO에 고용된다. 이 관리자들은 다른 환경과 다른 규범, 표준, 가치에서 운영하는 고객(기업가/기업)과 공급자(연구자 및 교수) 사이를 연결하는 경계 확장자로서 작용한다.

경계확장 역량과 더불어 TTO 관리자들이 일하는 조직구조가 또한 사업화의 효과성에 중요하다. 가령, 대학에 네 가지 조직 형태가 존재한다. 그것은 기능적(functional) 혹은 단일 형태(unitary form: U−form), 다부서적(multidivisional form: M−form), 지주회사(holding company: H−form), 매트릭스 형태(matrix: MX−form)가 있다(Bercovitz et al., 2001). 유사한 맥락에서, 자율성 수준에 따라 대학 TTO를 분류할 수 있다. 그 예로는 전통적 구조, 비영리 연구재단, 영리적 민간조직으로의 확장이 있다.

(2) 유사 내부 접근법(quasi-internal approaches)

기업과 대학은 또한 기술 사업화를 촉진하기 위해 유사 내부활동에 의존한다. 그러한 활동의 주력 촉진자는 비즈니스 지원, 자원, 서비스의 제공을 통해 기업가적 기업의 성장과 성공을 가속화하는데 초점을 둔 재산기반 조직으로서 정의된 비즈니스 인큐베이터(business incubator)이다. 비즈니스 인큐베이터는 네 가지 주요 목적을 갖는다.

① 경제적 발전(특히, 지역 경제의 직업 창출과 다각화)
② 기술 사업화
③ 입지 개발
④ 기업가 정신

많은 대학들은 대학 소유의 (혹은 라이센스된) 기술에 기초한 스타트업의 탄생을 배양하기 위해 인큐베이터를 구축한다. Phan & Siegel(2006)에 따르면 인큐베이터는 대학에 보완적 혁신시스템(⑩ 기업가적 대학)이 존재할 때 가장 효과가 높은 것으로 나타난다. 이 혁신시스템은 인큐베이터, 과학단지(science park), 앤젤 네트워크(angel networks), 대학의 기업가(academic entrepreneurs), 위임 기업가(surrogate entrepreneurs)(⑩ 대학의 연구자 및 교수로부터 기업가의 역할을 맡는 상업적 경험을 보유한 개인들), 대학원생, 포닥들을 포함한다. 이 혁신시스템은 강한 산업연계를 갖는 벤처캐피털리스트와 다른 개인들이 인큐베이터를 디자인하고 운영하는 데 관여, 보완적 교육시스템이 적절하게 운영, 인큐베이터 관리자들이 입지 개발자들과 함께 일할 때 가장 잘 작동한다.

추가적인 옵션은 전문가들에게 사업화를 아웃소싱하는 방법을 통해 중개기관에 의존하는 것이다. 예를 들어, 지적재산을 사업화하기 위해 장기적으로 대학과 배타적 계약을 맺는 혼합적인 공공－민간 기업들(⑩ 영국의 IP Group과 미국의 UTEK)이 있다. 이들은 상업적 잠재력을 갖는 지적재산을 규명하는 데 전문적 지원을 하고 벤처개발을 가속화하기 위해 초기 단계의 자본원천과 전략적 파트너들에 접근하는 기회를 제공한다. 이 옵션은 대학들이 제한된 전문성을 갖는 TTO의 스킬 차이를 메우는 것을 가능하게 한다.

한편, 높은 가치를 지니는 스핀오프를 개발하는 데 초점을 두는 대학 인큐베이터는 흔히 자신이 직접 벤처캐피탈 펀드를 구축한다. 이 접근법은 상업적 부문의 기업 벤처캐피탈(corporate venture capital: CVC)과 유사하고 자금제공과 함께 벤처를 개발하기 위한 적절한 역량에 관한 이슈를 제기한다(Keil et al., 2008). 영향력 있는 CVC 관리자들은 높은 사회적 자본과 강한 기능적 경험을 갖는 멤버들을 채용하고 비전통적 네트워크에 접근해야 할 것이다.

(3) 외부화 접근법(externalization approaches)

이 연구 및 기술 사업화의 유형은 대학연구단지(research park), 지역 클러스터, 대학 스핀오프(spin-off)와 스타트업, 라이센싱, 계약연구(contract research), 자문회사(consultancy), 조인트벤처 스핀오프, 제휴와 협력, 기업 벤처캐피탈, 개방형 과학과 혁신을 포함한다.

① 대학연구단지

과학단지(socience park)와 인큐베이터는 지식결합과 자원공유를 통해 비즈니스를 가속하는 재단기반 조직이다. 스타트업에게 비즈니스 지원서비스를 제공하는 인큐베이터와 달리 연구단지는 스타트업, 초기 단계기업, 혹은 비즈니스 개발 서비스에만 전념하지 않는다. 실제로 연구단지는 기업, 정부연구소, 중소기업 등 다양한 주체들을 포용하는 대규모 프로젝트이다. 이 제도는 다른 첨단기술 기업과 벤처캐피탈 제공자와 같은 중요한 플레이어와 함께 공동 입지함으로서 긍정적 외부성과 네트워크 편익을 산출한다.

② 지역 클러스터

다양한 학술분야에 걸친 연구의 범위와 깊이는 연구와 기술을 사업화하는 대학 능력의 장점이다. 가령, 전형적으로 주요 대도시 지역에서 벗어나 위치한 많은 대학은 모든 연구분야에서 세계적 수준의 플레이어라는 자원이 결여되어 있기 때문에 지역 클러스터의 개발은 어떤 대학이 제한된 자원을 극복하고 규모의 경제를 향상시키기 위해 사용하는 메카니즘이다. 실제로, 기술이전은 높은 R&D 수준을 갖는 더욱 큰 대도시와 지역에서 더욱 효율적이다. 하지만, 지역 클러스터가 대도시만큼 활기차고 효율적이지 않은 반면에 그들은 대학과 산업 사이의 협력을 촉진하고 특정 분야의 TTO 스킬에서 효과적으로 운영된다.

③ 대학 스핀오프와 스타트업

엄격하게 정의된 스핀오프는 스타트업을 위한 대학 혹은 법인의 지적재산의 라이센싱에 의존하는 신규 벤처이다. 법인 혹은 대학은 특허권의 교환 혹은 수수료를 위한 라이센스 대신에 스핀오프에 자신의 지분을 소유할 수 있다. 하지만, 이 스핀오프의 협의의 정의는 많은 벤처의 다양성을 놓칠 것이다. 가령, 많은 스핀오프 벤처들은 특허에 내재된 공식적, 명시적 지식에 토대하지 않고 대학 혹은 기업 상황에서 일하는 과학자들의 비지적재산 혹은 암묵적 지식에 의존한다. 또한, 그들이 내재하는 대변혁적 기술에도 불구하고 단지 소수의 대학 스핀오프들이 새로운 시장(예 Google)을 창출하였다. 대부분의 스핀오프들은 국가 전체의 시장에 서비스하지 않고 단지 지역의 고용 창출과 수익 발생에만 중요한 영향을 미치기도 한다. 당연히 세계적 수준의 연구와 스타 과학자들이 TTO가 벤처를 창출하도록 만드는 데 중요한 영향을 미친다. 성공적인 대학 스핀오프와 스타트업의 다른 결정요인은 기업을 설립하는 교수에게 지분 인센티브로 유인하는 것과 TTO, 벤처캐피탈, 비즈니스 앤젤, 지적재산 전문가들 사이의 강한 네트워크 연결을 포함한다. 나아가, 과학자들이 개인적으로 대학 랩에서 연구를 통해 만든 라이센스를 개인적으로 판매하거나 사용하여 TTO를 우회하는 경우를 포함하는 비공식적 사업화 메커니즘도 중요할 수 있다.

④ 라이센싱

기업은 많은 이유로 발명을 라이센스한다. 이들은 외부 아이디어와 재능을 활용, 과학과 기술에 뒤처지지 않기 위한 활용, R&D와 관련된 리스크 축소, 기술회랑(technology corridors: 선도적 기술 주체들로 둘러싸인 장소를 의미)에 대한 지배 제고를 포함한다. 따라서 기업들은 혁신의 속도, 범위, 가능성, 영향을 증가시키기 위해 라이센싱 전략을 추구한다. 이제 많은 대학이 그들의 발명을 라이센스하나 대학이 폭넓은 이해관계자들에 책임이 있기 때문에 그들의 라이센싱 목표는 일반적으로 기업의 라이센싱 목표보다 더욱 복잡하다. 공립대학은 전형적으로 특허화, 라이센싱, 스타트업 형성, 산업과 상호작용에 관해 사립대학보다 훨씬 유연하지 못한 정책을 지닌다(Siegel et al., 2003). 게다가, 공립대학은 사립대학보다 수익의 원천으로서 기술이전과 사업화에 더 초점을 두지 않고 지적재산의 스필 오버를 통해 지역개발의 촉진이라는 목표를 가질 수 있다.

한편, 라이센싱을 통한 효과적 기술 사업화에 대한 주요 방해물은 조직적 인 것으로서 대학과 기업 사이의 불일치하는 문화, 불일치하는 인센티브 시스템(例 재직기간과 승진에 대한 불충분한 신뢰), TTO의 부적절한 인력배 치와 보상 프랙티스 등이 있다(Siegel et al., 2007).

⑤ 계약연구와 자문

계약연구와 자문은 또한 연구와 기술이 사업화될 수 있는 방법을 제공한 다. 일반적으로 이 방법은 자주 사용되지 않지만 중요한 수익을 창출할 수도 있다. 기업과의 계약연구는 신지식(例 기초과학과 응용기술)에 대한 접근, R&D 향상, 재능에 대한 접근을 제공할 수 있다.

계약연구와 자문에 관한 대학 규정이 보통 엄격(例 많은 대학은 학술적 자 문 소득에 세금을 매긴다)하다는 사실은 그러한 활동에 참가하는 인센티브 를 줄인다. 그러나, 계약연구와 자문은 기술 사업화의 중요한 차원이고 사업화 경로는 대학이 연구 우수성 센터(centres of research excellence)를 개발하였을 때 가장 효과적으로 나타난다.

⑥ 조인트벤처 스핀오프, 제휴, 협력

조인트벤처 스핀오프는 대학과 산업 파트너가 공동으로 소유하는 기업에 기술이 할당된 신규 벤처를 말한다. 시장화할 수 있는 제품에 대해 기술 의 개발과 전개를 가속화하기 위해 대학 학자들은 보통 신생 기업의 지분 을 보유한다. 산업 파트너(주로 중소기업)를 갖는 그러한 공동 벤처는 대학 이 대학 내에서 이용가능하지 않거나 벤처캐피털 기업에 의한 투자로 창 출된 스핀오프를 통해 사업화하는 데 필요한 중요한 자원에 접근하는 것 을 허용한다. 산업 파트너들은 거래 파트너의 생태계에 대한 접근뿐만 아 니라 조직의 루틴, 자원, 관리능력을 통해 공동 벤처 스핀오프의 성숙을 촉진하고 가속화한다. 하지만, 대부분의 파트너십처럼 조인트벤처와 지적 재산의 소유권과 통제에 관한 불확실성이 발생할 수 있다.

⑦ 개방형 혁신

ICT를 이용한 탐색과 협력비용의 감소는 고객, 최종사용자를 포함한 다양한 구성요소들이 공동혁신하고 공동창출하는 혁신인 개방형 혁신의 속도를 가속화하는 중이다. 사회적 견지에서 '오픈소스' 혁신의 등장이 두드러진다. 리눅스(Linux), 위키피디아(Wikipedia), 유튜브(YouTube), 마이스페이스(MySpace), 페이스북(Facebook)은 오픈소스 플랫폼에 의한 대량 협력의 예이다. 구체적으로 수천명의 프로그래머가 리눅스에 공헌하고 수만명의 사람이 위키피디아[예 이 지원자들은 250개 언어 이상으로 10,000,000개 이상의 글을 작성)를 같이 만들고 있으며, 수천명의 사람이 유튜브(매분 10시간의 비디오가 업로드)에 공헌하고 페이스북은 전세계 약 1억명의 적극 사용자들에 의해 후원된다].

개방형 혁신 기업들은 기술이 경계 내부 혹은 외부에서 기원하는지에 상관없이 연구와 기술을 공동창출하고 공동 사업화하는 것을 추구한다. 따라서, 기업과 과학자들은 다른 곳에서 사업화된 연구와 기술혁신을 공동개발할 수 있다. 주요 이슈는 외부 혁신에 접근하는 방법, 그들을 통합하는 방법, 그러한 혁신으로부터 편익을 포착하고 전유화하는 방법에 있다. 이때, 사회적 자본과 외부 연결의 개발은 외부 혁신의 가능성을 향상시킬 수 있는 과학자, 컨설턴트, 대학, 산업 플레이어들을 유인하는 데 중심역할을 한다. 또한, 흡수역량의 개발은 기업들이 외부에서 발생된 연구와 기술을 통합하고 사용하도록 만드는 데 중요하다.

04 기술 사업화의 고려사항

지금까지 수행된 기존의 연구를 종합하여 기술 사업화의 중심 이슈를 정리하면 다음과 같이 분류된다(Datta et al., 2015). 이들은 지금까지 여러분이 학습한 기술경영의 주요 이슈를 다시 정리하게 하는 내용이다.

4.1. 혁신/발명 원천

기술혁신 사업화 프로세스의 기원은 발명 혹은 발견에 있다. 발명은 기업 경계 내부 혹은 외부에 기원할 수 있다. 발명의 여섯가지 주요 원천은 조직 창의성, R&D, 제휴와 협력, 혁신 엔진, 기술 클러스터, 기술 스필오버가 있다.

① 조직 창의성

조직의 창의성은 창의적 개인과 사람들이 상호작용하고 행동하는 방식을 형성하는 다양한 사회적 프로세스와 상황 요인들의 함수이다. 창의성과 아이디어 창출 프로세스를 극대화하고 아이디어를 제품으로 변환시키기 위해 기업들은 여러 프랙티스와 인센티브를 구축한다.

② R&D

기업의 R&D 강도는 신제품의 매출, 매출 성장률, 이익가능성과 긍정적 관계를 갖는다. 따라서, 내부적으로 자금이 조달되거나 외부적으로 계약된 발명/발견을 위한 아이디어의 원천으로서 R&D 기능이 핵심이다.

③ 제휴와 협력

발명을 사업화하는 기회는 다양한 주체들의 융합을 통해 더욱 많이 발생한다. 제휴와 다른 형태의 협력은 지식공유와 이전을 통해 주체들을 네트워크에 더욱 가깝게 가져올 수 있다. 예를 들어 고객, 공급자, 보완자, 경쟁자들과 네트워크는 신제품 아이디어의 중요한 원천이다. 정보의 외부 원천은 또한 내부 R&D를 보완하고 그럼으로서 기업의 흡수역량을 증가시킨다. 이 외부 원천은 새로운 벤처, 라이센스 계약, 조달협약, 연구협회, 정부지원 공동연구 프로그램, 비공식적 네트워크를 포함한다. 그러한 네트워크는 단일 기업이 기술적 발명을 사업화하는 데 필요한 모든 역량을 소유할 수 없기 때문에 특히 첨단기술 부문에서 중요하다.

④ 혁신 엔진으로서 대학과 정부

대학과 기업은 기술혁신이 사업화되도록 하기 위해 빈번하게 협력한다. 공공연구는 자문과 다른 비공식적 커뮤니케이션 매체와 같은 다양한 채널을 통해 다양한 산업의 R&D에 영향을 미친다. 기술혁신을 능동적으로 사업화하는 수준을 높이기 위해 많은 대학들은 개방된 TTO를 보유하고 있다. 비슷하게 정부도 자신이 자금을 대는 연구소를 통해 연구에 투자하고, 인큐베이터를 형성 및 관리하고, 다른 공공 혹은 민간 연구주체들에게 자금을 제공한다.

⑤ 기술 클러스터와 스필오버

클러스터는 공급자, 구매자, 보완제품의 생산자와의 관계를 통해 지리적 인접성으로 묶여지며 다양한 산업을 포괄한다. 높은 혁신/발명 생산성을 갖는 기업의 클러스터는 바로 인근에서 새로운 창업기업(start-up)으로 이어질 수 있고 그 지역의 다른 기업을 유인한다. 실리콘 밸리(Silicon Valley)의 매력처럼 기업가들이 자원(예 우수한 인력과 자본)에 쉽게 접근할 때 필수자원들을 활용하는 데 필요한 사회적 연결이 더 쉽다는 것을 알기 때문에 산업 및 기업들은 더 클러스터로 모일 것이다.

기술 스필오버는 조직과 지역경계를 넘어 지식의 확산으로부터 결과되는 R&D의 긍정적 외부성을 반영한다. 그 외부성은 지식 노동자의 이동성과 더불어 특허, 저작권, 상표권의 함수이다. 스필오버는 혁신활동에 중요한 영향을 미친다.

4.2. 혁신 유형

네 가지 대표적인 기술혁신 유형은 다음과 같다. 이러한 혁신 유형을 잘 고려하여 기술 사업화의 성공에 기여할 수 있도록 차별화되고 적절한 방안이 고려될 필요가 있다.

① 제품 대 공정혁신

제품혁신은 조직의 산출물에 내재되고 공정혁신은 대신에 결함율의 감소 혹은 공급사슬 메카니즘의 향상과 같은 제조의 효과성과 효율성을 향상시키는 방향을 지향한다. 비록 그들이 차별적이지만 공정혁신은 종종 제품혁신의 달성을 촉진한다.

② 급진적 대 점진적 혁신

급진적인 혁신은 세계에 새롭고 기존 제품 및 서비스와 차별적으로 다르다. 반대로 점진적 혁신은 기존 제품, 서비스, 전달 시스템에 대한 수정과 개선을 포함한다. 어떤 급진적 혁신은 윈도우즈 기반의 소프트웨어 아키텍쳐의 도입과 같이 일련의 점진적 혁신에 의해 결과된다.

③ 역량향상 대 역량파괴 혁신

만약 기업의 기존 지식기반에 토대한다면 혁신은 기업의 관점에서 역량향상적이다. 예를 들어, 기업이 윈도우즈 운영시스템의 각 연속적 세대를 전개할 때(3.1, 95, 98, 2000, ME, XP, Vista, Windows 7) 그것은 이전의 운영시스템 세대의 근간이 되는 기술뿐만 아니라 자신의 증가하는 지식기반에 토대하여 구축된다. 그러나, 어떤 혁신이 기업의 기존 역량에 토대하지 않고 대신에 새로운 역량을 요구한다면 그 혁신은 역량파괴적이다. 예를 들어, 플라스마(plasma) 디스플레이(PDP)는 진공관 텔레비전(브라운관)과 관련된 어떤 역량의 가치를 파괴하였다.

④ 아키텍처적 대 구성요소기반 혁신

만약 어떤 혁신이 시스템의 전체 디자인 혹은 구성요소들이 상호작용하는 방식을 변화시킨다면 그 혁신은 아키텍처적이다. 대신에, 어떤 혁신이 내재된 시스템의 전체 구성에 중요한 영향을 미치지 않는다면 그 혁신은 구성요소 기반 혹은 모듈적이다. 디스크 드라이브 산업에서 아키텍처적 혁신은 관련 제품의 기능성을 재정의하고 근본적 제품 성과니즈를 빈번하게 다룬다(Christensen, 1992). 그 혁신이 공격자의 우위를 통해 새로우면서도 공격적으로 전개될 수 있다는 점에서 그러한 혁신은 다시 시장혁신을 이끌어간다.

4.3. 시장진입: 역량과 실행가능성

시장진입 평가에 대한 이슈는 세 가지 주요 활동에 집중한다. 그것은 진입시간 평가, 최초진입 우위, 역량분석이다.

① 진입시간 평가와 최초진입 우위

기업의 시장진입 시간은 새로운 혁신에 의해 제공된 우위의 크기, 기반기술의 상태, 보완재의 유무, 고객기대의 수준, 경쟁적 진입의 위협, 산업수익, 기업의 내부 자원을 포함한 많은 요소들의 함수이다. 진입시간에 대한 논의의 중심은 선발진입자가 희소한 자원을 선제적으로 포착하고 구매자 전환비용을 창출하는 것처럼 기술 리더십을 통한 더 큰 브랜드 충성과 명성을 포함하는 최초진입 우위의 평가이다. 선발진입은 또한 학습곡선 효과와 네트워크 외부성으로 인해 증가하는 수익으로부터 편익을 본다. 반면에 비우위도 존재한다. 높은 R&D 비용과 소비자 모호성으로 인한 높은 실패율, 후발주자가 더 낮은 비용에서 기술을 만들고 초기 실수를 수정함으로서 선발진입자의 R&D와 마케팅 노력을 활용하는 후발주자의 능력, 선발진입자가 직면하는 빈약하게 개발된 공급자 시장/유통채널/보완재 이용가능성이 있다. 이 요인들은 모두 신제품 혹은 서비스를 출시하는 도전을 확대시킨다.

② 역량분석

기업의 핵심역량은 전체 기능부문과 사업단위에서 고품질의 관계를 구축하는 것에 따라 결정된다. 역량을 얻기 위해 자원과 내재된 스킬을 결합하는 것은 전체 사업단위에서 여러 기술을 조화시키는 것을 필요로 하고 이것을 다른 기업이 모방하는 것이 어려울 수 있다. 따라서, 혁신이 기업의 초기 포트폴리오를 넘어 어떤 역량을 필요로 하는지를 결정하는 데 역량분석이 중요하다.

4.4. 보호

만약 혁신자가 핵심적 수익을 누릴 것으로 예상된다면 그 혁신은 경쟁자의 모방에 대해 보호되어져야 한다. 혁신보호에 대한 이슈는 주로 보호의 유형, 그들의 효과성, 확산 대 보호에 대한 논쟁에 있다.

① 보호의 효과성

기업이 혁신으로부터 수익(rents)을 얻을 수 있는 수준은 전유성으로 알려졌다. 혁신을 보호하는 세 가지 주요 법적 메카니즘은 특허(patents), 상표권(trademarks), 저작권(copyrights)이 있다. 혁신을 보호하는 이 메카니즘은 다른 산업보다 특정 산업에서 더욱 효과적이다. 예를 들어, 전자와 소프트웨어 산업에서 경쟁자들이 침해하지 않고 특허를 피해서 일할 수 있기 때문에 특허는 상대적으로 낮은 수준의 보호를 제공한다. 또한, 바이오기술산업에서는 제품 자체가 아니라 신제품을 창출하는 프로세스가 보호된다. 그 경우에 기업은 기반기술을 드러내지 않고 제품을 노출시키면서 기업비밀(trade secrets)에 심각하게 의존한다. 그러나, 모방자(copycats)는 구성요소의 기능성과 전체 아키텍처를 이해하기 위해 사업화된 제품을 역설계(reverse engineering)하는데 능숙하다. 기업비밀의 효용은 지식노동자의 이동성이 큰 경우에 감소할 수 있다.

② 보호 대 확산

보호와 확산 사이의 선택은 늘 명확하지 않다. 대부분의 기업은 전적으로 독점적이거나 전적으로 개방적 전략을 사용하지 않는다. 혁신을 보호함으로서 기업은 그 혁신으로부터 수익을 얻을 수 있고 그 수익은 다시 기술을 개발하거나 보완적이고 양립가능한 제품을 제조하는 데 재투자될 수 있다. 보호는 또한 기업의 아키텍처적 통제를 보존하여 기술개발을 감독하고, 다른 재화와 양립성을 결정하고, 기술의 다양한 버전이 경쟁자에 의해 만들어지는 것을 막을 수 있게 한다. 대신에 기술확산은 여러 기업이 그 기술을 촉진하고 유통시키는 것을 권장하고 개발을 가속화하도록 한다. 따라서 기업이 혁신의 유일한 개발자, 생산자, 유통자, 마케터가 되는 데 적절하고 충분하지 않은 자원을 가질 때, 아마도 자신보다 더 빨리/더 나은 버전의 기술을 개발할 수 있는 경쟁자들이 존재할 때, 기술의 버전이 산업에서 지배적 디자인이 되는 것을 보장하고자 할 때 확산이 더 유용하다.

4.5. 개발

혁신을 개발하는 세 가지 주요 측면은 디자인과 제조(예 내부 혹은 제휴 혹은 조인트벤처를 통한 다른 기업과 협력), 혁신을 개발하는 프로세스, 출시 형태 의사결정(제품 향상, 신제품 개발, 완전히 새로운 자회사, 스핀아웃, 조인트벤처)이 있다.

① 디자인과 제조: 내부 대 협력

협력하는 의사결정은 다차원적이다. 초점기업 혹은 협력자가 필요한 역량과 자원을 갖는지와 협력이 전유적 기술을 잠재적 경쟁자에게 노출시키는 수준을 포함하여 다양한 요인들에 의존한다. 나아가 그것은 기업이 혁신의 개발 프로세스를 통제하는 중요성과 기업이 파트너의 역량에 접근할 수 있는 수준에 의존한다. 기업이 제품을 개발하고 개발 프로세스에 대해 통제하는 데 필요한 역량을 갖고 관리자들이 그들의 소유 기술을 보호하는 것을 걱정할 때 그 기업은 혁신을 내부적으로 구축하고 개발하는 것을 선택할 것이다. 또한, 너무 많은 기업들이 포함된다면 협력은 개념화에서 사업화까지의 시간을 증가시킬 수 있다. 그러나 개발비용과 리스크의 공유, 보완적 스킬과 자원의 결합, 기업 간 지식의 이전, 공유된 표준의 창출을 촉진을 포함한 협력의 핵심 장점이 존재한다. 협력은 보통 네트워크를 통해 형성되고 전략적 제휴, 조인트벤처, 라이센스 협약, 아웃소싱 협약과 같은 다양한 형태를 취한다.

② 혁신을 개발하는 프로세스

성공적 제품개발은 세 가지 목적의 달성을 필요로 한다. 그것은 고객 요구에 적합 최대화, 진입시간 최소화, 개발비용 통제이다. 기업들은 병행 개발 프로세스와 마케팅, 제조, R&D 사이의 조율을 통해 이 결과를 달성하는 것을 추구한다. 또한, 챔피언 활용, 초기공급자참여, stage – gate 프로세스 활용, CAD(computer – aided design) 도구 적용 등이 신제품디자인의 비용 최소화, 적시의 품질을 제공, 개발 사이클타임 축소 등의 편익으로 사업화 성공가능성을 높이는 유용한 수단이 된다.

③ 도약대: 스핀오프, 자회사, 조인트벤처

혁신은 스핀오프, 자회사, 조인트벤처를 통해 다양한 형태로 출시될 수 있다. 기업의 한 부서 혹은 조직이 독립적 기업이 될 때 기업이 분리된 비즈니스로서 자신의 부문을 분리한다는 점에서 그것은 스핀오프로 불린다. 스핀오프 기업은 모기업으로부터 자산, 지적재산, 기술, 기존 제품을 가져온다. 스핀오프는 일반적으로 비즈니스 인큐베이터와 제휴하여 대학의 TTO를 통해 창출된다.

자회사는 비록 어떤 경우에는 정부 혹은 지방정부 소유의 기업일 수 있을지라도 분리된 주체에 의해 통제되고 흔히 유한책임회사의 형태를 취한다. 통제 주체는 모기업이다. 동일한 모기업의 두 자회사는 동일한 지역의 경쟁자들일 수 있다. 예를 들어, 휴렛패커드(HP)에 의해 인수된 후에 컴팩(Compaq)은 지금 HP의 자회사이고 개인용 컴퓨터 영역에서 HP와 경쟁한다.

조인트벤처는 중요한 지분투자와 주체의 분리를 필요로 하며, 이것을 통해 리스크를 공유하면서 자원과 역량을 집중시킨다. 조인트벤처의 예로는 포드(Ford)와 마즈다(Mazda) 사이의 AutoAlliance International, 엘지(LG)와 필립스(Philips) 사이의 LG-Philips, 소니(Sony)와 에릭슨(Ericsson) 사이의 Sony Ericsson이 있다.

4.6. 전개

혁신을 시장에 전개하는 것은 출시 시기, 라이센싱, 양립성(🔳 제품을 예전 버전과 양립가능하게 만드는지), 가격전략, 유통, 마케팅 결정의 이슈를 필요로 한다.

① 출시시기

출시시기에 영향을 미치는 요인들은 비즈니스사이클과 계절효과, 제품용량과 보완재의 이용가능성, 기존 제품의 현금흐름 평가와 기존 제품을 기꺼이 잠식하는 장점이다.

② 라이센싱과 양립성

혁신을 라이센스하는 의사결정은 한 기술세대의 제품들이 이전 기술세대의 제품들과 양립할 수 있을 때 존재하는 후방 양립성뿐만 아니라 일반적 양립성 이슈에 의존한다.

③ 가격책정

두 가지 일반적 가격책정 기법을 고려할 필요가 있다. 그것은 시장 고가정책(market skimming)과 침투 가격(penetration pricing)이다. 시장 고가정책 전략에서 기업은 제공품의 품질, 럭셔리(화려함), 배타성(유일성)을 신호로 보내기 위해 높은 가격을 보통 요청한다. 만약 최대의 시장지분을 얻는 것이 목표라면 침투가격정책이 더욱 필수적인 전략이다. 혼다(Honda)는 $20,000로 하리브리드 자동차를 판매하기 위해 이 전략을 사용하였다. 이것은 판매당 손실을 발생시키지만 이 기술은 장기에는 수익을 창출할 것이고 혼다의 경험은 학습곡선을 통해 결국 이익을 얻을 것이라는 믿음에 기인하였다.

④ 유통

기업은 자신의 제품을 그들의 웹사이트, 우편주문, 혹은 중간 유통업체를 통해 최종 사용자에게 판매한다. 중간 유통업체는 소형화물로 분류, 재고를 유지하고, 로지스틱스, 판매서비스, 고객서비스를 통해 공급사슬에서 가치있는 업무를 수행한다. 유통업체와 관계를 구축하고 매출 보장을 제공하는 것은 기업이 최신 혁신의 유통을 가속화하는 것을 가능하게 한다.

⑤ 마케팅

혁신 사업화는 기술과 마케팅 역량이 시장에 혁신을 가져오는 데 중요한 역할을 한다는 마케팅 지식에 초점을 둔다. 마케팅 방법은 그들의 비용, 접근, 정보 컨텐츠, 특정 세그먼트를 목표화하는 능력과 같은 어떤 특징

에 따라 다양하게 나타난다. 또한, 기술의 사전 공표 혹은 기업의 평판은
혁신에 대한 시장 인식에 자주 영향을 미친다.

05 기술 사업화 프로세스

사업화는 아이디어의 창출에서 고객에게 제품을 판매하는 것까지 일종의 사슬 프로세스(chain process)이다. 이러한 사업화 프로세스는 기술혁신의 동태성을 설명하는 다양한 단계로 이루어진 모형과 결합되어 제시될 수 있다. 즉, 기술혁신 프로세스에 기초하여 사업화 프로세스를 고려할 수 있다. 가장 광의의 의미에서 기술혁신 프로세스는 개념개발, 제품개발, 시장 개발의 세 단계로 구분될 수 있다. 이것은 소위 슘페터주의(Schumpeterian) 혹은 전통적 삼원 분류를 반영한다. 나아가, 제품개발 단계는 다시 두 단계로 분해될 수 있다. 그것은 연구실 응용검증과 실제/현장실험이다. 나아가, 세 단계로도 구분될 수 있는데, 그것은 개발, 테스트와 시험생산, 테스트 시장이다. 그 결과, 이 모든 단계에서 사업화를 위한 전략과 검토 활동이 이루어질 수 있다.

이외에도 여러 연구자들에 의해 다양한 사업화 프로세스가 제시되었다.

① Jolly(1997)의 연구

사업화를 이미지화, 인큐베이팅, 입증, 촉진, 유지하는 프로세스로서 정의한 기술혁신 프로세스에 대한 새로운 이론을 구축하였다. 각각의 단계는 구상(Imaging), 개발(Incubating), 입증(Demonstrating), 촉진(Promoting), 지속(Sustaining)의 총 다섯 단계로 구성되어 있다. 1단계에서 2단계 사이에는 R&D가, 2단계에서 3단계로는 제품화가, 3단계에서 4단계로는 양산이, 마지막으로 4단계에서 5단계로 가기 위해서는 마케팅 과정이 필요하다.

② Abernathy & Utterback(1978)의 연구

유동(fluid), 전환(transitional), 안정상태(steady state)로 특징되는 세 단계 기술혁신 모델을 제안하였다.

③ Balachandra et al.(2004)의 연구

시장진입을 위한 네 단계 모델로서 기술적용, 기술주도에서 시장주도로
전환, 기술변동과 개선, 시장성장을 제안하였다.

06 ▷ 기술 사업화의 성공요인

6.1. 기술 사업화의 성공요인과 선행요인

Kirchberger & Pohl(2016)은 기술 사업화의 성공요인과 선행요인을 문헌연구를 통해 종합적으로 정리하였다.

(1) 대학정책과 구조

어떤 정책과 조직이 연구 사업화의 관점에서 대학을 더 강하게 만드는지가 주요 관심사이다. 몇 가지 예는 다음과 같다.

① 대학에서 조직 양면성 혹은 헌신된 사업화 프로세스의 개발

② **대학의 기업가적 지향**: 학생을 위한 기업가 정신 과정 개발 혹은 자문과 코칭을 활용

③ 기술개발과 혁신을 권장하는 적절하게 설계된 연구 프로그램이 스핀오프의 수를 증가

④ 문화적 차이를 통해 발생하는 관심의 충돌의 방지: 학술적 분위기와 산업 사이를 명백히 구분짓는 이중 구조의 창출

⑤ 대학연구의 품질 향상
   - 이것은 스핀오프 형성의 비율에 긍정적으로 영향을 미침

⑥ **기술이전의 성공 스토리 구축**: 특정 대학으로부터의 스핀오프를 통해 이전에 수행된 기술이전의 성공 스토리는 그 대학으로부터 신규 벤처 스핀오프의 비율을 증가

⑦ **대학-산업협력에서 경험 창출**: 이전에 협력의 경험을 갖는 대학은 다른 대

학들보다 더 높은 기술 사업화 참여율 보유

(2) 연구자 개인의 특성

이 요인은 기술 사업화에 관여하는 연구자들의 개인적 특성 및 인구통계적 특성과 관련한다.

① 연구자가 위험을 감수하고, 네트워크화하고, 기술 사업화를 지원하는 특징 보유

② 사업화 프로세스를 접근하는데 학술적 대 산업적 배경을 갖는 발명자들 사이의 중요한 차이가 존재
  - 공학, 경제/경영, 자연과학, 의학 분야에서 기술 사업화에 과학자들의 참여는 수학 혹은 물리학보다 더 높음
  - 기술 사업화에 관여하는 연구자의 동기는 금전적이라기보다는 성공적 연구수행과 그들의 연구분야에서 학술적 명성을 얻는 것임
  - 스핀오프 형성에 관여하는 학자들의 동기는 라이센싱 활동에 포함된 학자들의 동기와 유사: 금전적 수익보다는 그들의 연구를 발전시킬 수 있는데 공헌
  - 그러나, 대학에서 기술 사업화 성공은 연구자와 TTO 모두에서 다루어진 적절하게 설계된 인센티브 시스템에 의해 증가

③ 인구통계적 특성과 경험은 또한 기술 사업화에 영향을 미침
  - 연령이 많은 학자들은 산업과 덜 접촉하나 산업출신의 과학자들과 함께 더 자주 논문을 출간
  - 연구 산출물의 관점에서 교수의 질은 또한 스핀오프 형성의 비율에 긍정적으로 영향을 미침
  - 교육에 더 많은 시간을 소비하는 것은 사업화에 관여하는 대학 과학자의 가능성에 영향을 미치지 않음

(3) 지적재산권

기술의 개발자가 특허를 통해 연구를 보호하는 가능성 혹은 새로운 기술의 지적재산권을 획득하는 능력을 설명한다.

① 초기 단계에 있는 기술의 대학 소유권이 기술 사업화를 촉진
② 기술이 특허에 의해 보호받을 때 대학 기술의 라이센싱이 증가
③ CEO의 기술 소유권은 사업화 성공을 증가
④ 폭넓은 범위의 특허 보호는 더 폭넓은 응용 가능성과 모방되는 기술의 감소로 인해 사업화 성공 가능성을 증가

(4) 사업화를 위한 기술 적합성

이 요인은 사업화를 지원하거나 방해하는 기술 자체의 속성과 관련된다.
① 이들은 기술의 품질, 연식/범위/개척자적인 속성, 예상된 시장 진입시기와 같은 요인이 중요
② 이 요인은 또한 다른 기술의 원천(예 대학, 연구소, 산업)이 어떻게 기술 사업화 결과에 영향을 미치는지와 관련
  - 응용연구로부터 도출된 기술이 더 높은 시장가능성으로 이어지기 때문에 응용연구가 더 높은 기술 사업화율로 이어짐
③ 어떤 기술개발 프로세스가 기술의 성공적 사업화로 이어진다는 것에 대한 일치는 존재하지 않음
  - 점진적인 기술개발 프로세스와 생산부서와 긴밀한 상호작용이 성공적 기술 사업화의 충분한 기반을 제공
  - 대략 기업의 1/3은 기술이 너무 근본적이거나 기업의 전략과 일치하지 않는 대학기술의 특성으로 인해 대학에서 개발된 라이센스를 구매(licensing-in)하지 않는다고 함
  - 모방은 또한 매우 혁신적인 기술을 사업화함으로서 예방
  - 매우 혁신적인 기술은 유아기적이고 많은 대학 기술 관리자들은 라이센싱하는 기업이 스스로 더 개발한다는 것은 불가능하다고 믿음
④ 기술의 발명자가 매우 전문화된 노우하우로 기술의 추가개발에 참여할 때 상업적 성공을 높일 수 있음

(5) 기술 응용 가치

이 요인의 예로는 기술의 기능성과 사용자의 요구사항에 대한 적합성과 같은

주제가 포함된다. 또한, 응용 가치에 대한 정보가 어떻게 수집되는지도 중요하다.

① 시장지향과 고객을 이해

② 새로운 R&D 프로젝트를 선택할 때 기술 사용자들의 요구사항을 도입
   – 이것은 스스로 시장에 진입하는 기존 기업뿐만 아니라 대학 스핀오프
     에도 사실

③ 기업의 전략과 적합한 목표시장과 시장지향 수준을 선택하는 능력의 결합:
   적절한 목표시장을 규명하는 능력은 기술의 성공적 사업화를 지원하고
   신흥시장을 규명하는 것은 매출액의 관점에서 스타트업의 가능성을 증가

(6) 팀 구조

기술 사업화를 담당하는 창업 팀의 규모, 완전성, 배경이 어떻게 기술 사업화
에 영향을 미치는지에 관한 요인이다. 배경은 이전의 산업적 혹은 기업가적 경
험, 마케팅과 관리에서 스킬, 기술 초점을 의미한다.

① 경쟁이 심한 기술 사업화 환경에서 창업 팀은 다양성을 유지
   – 스타트업은 혁신전략을 추구하고 협력적 환경에서 구축될 때 기술에
     초점을 둔 팀들이 더 바람직함

② 완전한 창업 팀 보유(예 핵심 포지션이 정규직 창업 전담인력으로 채워지도록
   하는 것)

③ 이전의 참여 경험

④ 다양한 산업 경험을 가진 창업자(어떤 멤버들은 광범위한 경험을 갖고 다른
   멤버들은 작은 경험 보유)

⑤ 대학연구자는 자신이 개발한 기술을 성공적으로 사업화하기 위해 기반기
   술의 추가 개발에 참여

⑥ 대학 인력의 품질은 스핀오프 기업에서 양보다 더 중요
   – 기업가적 관심을 갖는 학생과 산업경험을 갖은 학자는 대학 스핀오프의
     창출을 촉진

⑦ 산업경험을 보유한 학자는 더 일찍 이 역할을 맡을수록 스핀오프의 시장
   접촉과 고객처럼 생각하는 능력으로 신기술의 사업화를 지원

(7) 기술이전 전략

이 요인은 기술의 선택 메카니즘과 이전 유형이 어떻게 사업화 결과에 영향을 미치는지와 관련된다.

① 기술 사업화 모델, 기술의 측정 척도, 사업화 방법의 선택(예 라이센싱, 특허, 스핀오프, 제휴)
② 새로운 벤처 내 다른 구조들이 기술사업화 결과에 영향
   - 스타트업은 기존 기업과 함께 협력적 사업화 활동에 관여하거나 그 기업들과 경쟁
   - 지적재산의 보호가 강할 때 협력적 사업화 활동/약한 보호는 경쟁 추진
③ 기술 사업화 프랙티스 관점에서 기술을 사업화하기 위한 새로운 기술벤처들의 의사결정에 영향을 미치는 요인을 규명
   - 가장 적합한 척도는 기술의 상태, 기술의 원천, 최종 제품의 시장 잠재력을 포함
④ 기술을 시장화 가능한 제품으로 이전하는 데 성공적인 기업은 보통 기술 사업화를 일련의 분리된 단계가 아니라 매우 잘 통합된 시스템으로서 간주
   - 이와 반대로 기술이전은 단계적으로 수행될 때 가장 효과적

(8) 산업 친밀성

이 요인은 기술 개발자에게 기업의 지리적, 문화적, 네트워크적 인접성이 어떻게 기술 사업화에 영향을 미치는지와 관련된다. 이것은 대학의 지역적 특징과 산업지향을 포함한다.

① 대학과 대규모 기존 기업들 사이의 기술이전의 적합성
② 기존 기업이 우위에 있는 충분한 기술 역량, 시장 지배력, 핵심 비즈니스 파트너들 사이의 연결을 활용
③ 기술 및 공학적 배경을 갖는 대학 인근에 위치한 기업들의 특허활동이 종합대학보다 약간 높음
④ 연구분야는 대학-산업 상호작용과 스핀오프 활동의 비율에 영향
   - 생명과학, 화학, 컴퓨터사이언스가 다른 분야보다 높은 비율 보유

(9) 자원 이용가능성

이 요인은 자금, 벤처캐피탈, 적합한 인력, 지원 구조(예 인큐베이터)와 같이 사업화 프로젝트를 위한 자원의 이용가능성이 어떻게 기술 사업화 결과에 영향을 미치는지에 관련된다. 비록 산업 자금이 대학과 산업 사이의 상호작용에 긍정적으로 영향을 미칠지라도 기업을 설립하는 대학 연구자의 발생빈도를 증가시키지 않는다.

(10) 관리 기법

이 요인은 리스크관리, 기술 챔피온 정의, 흡수역량, 이전 역량, 마일스톤(milesones), 프로젝트 관리, 지식관리, 정부역량의 적용이 어떻게 기술 사업화에 영향을 미치는지에 관련된다.
① 최고경영층의 헌신이 중요하고 신속한 의사결정을 보장하기 위해 관리자들이 기술이전 프로세스에 직접 참여
② 혁신기술을 탐색하고 활용하기 위한 인력을 비공식적으로 지원
③ 스타트업의 기술을 라이센스하기 위한 잠재적 고객의 가능성
  - 스타트업이 응용산업에서 높은 지식 이전역량을 가질 때 더 높음
④ 기술의 잠재고객이 높은 흡수역량을 갖는다면 지식이전 역량은 라이센싱에 덜 중요
⑤ 잘 교육된 내부 노동력은 신기술의 사업화를 촉진
  - 그러한 유형의 인적자원 역량은 기술 사업화의 속도, 신제품 양, 제품의 급진성, 특허에 긍정적 영향
⑥ 초기기술의 성공적 사업화를 지원하는 다른 관리적 접근법 활용
  - 실행단계에서 연구부서에서 개발팀으로 직원의 이전 등

(11) 혁신문화

이 요인은 일반적 환경, 원칙신념, 조직의 가치가 어떻게 기술 사업화에 영향을 미치는지에 관련된다. 이것은 흔히 조직변화와 밀접하게 관련된다.
① 신기술을 능동적으로 찾는 각 개인의 의지가 필수

② 시장부문에서 일하는 인력의 기술에 대한 강한 헌신

③ 대학과 사업의 공통된 목표를 위한 명료한 커뮤니케이션과 기술이전 협약을 협상하는데 더 높은 유연성으로 문화적 장벽 해소

(12) 네트워킹 활동

이 요인은 조직 내 혹은 조직들 사이의 네트워크가 어떻게 기술이전을 가능하게 하는지와 관련된다.

① 공급사슬로 통합 혹은 조직 내 지식교환에 대한 지원

② 대학 연구자들을 연결하는 강한 사회적 네트워크 보유

③ 기업 내 연구자들과 대학 내 연구자들 사이의 조직 경계 교차와 개인적 접촉

④ R&D에 관련된 엔지니어와 생산에 관여된 엔지니어 사이의 강하고 효과적인 협력

(13) 중개기관의 지원

이 요인은 TTO, 개념입증센터(proof−of−concept center), 혹은 다른 특화된 조직과 같은 중개기관들이 어떻게 연구와 상업적 환경 사이의 갭을 연결하는 것을 지원하는지와 관련된다. 기업이 정부지원 연구기관의 기술을 라이센스하는 것을 무시하는 이유는 적절한 기술을 탐색하는 것과 관련된 비용과 기업의 전략에 맞는 기술을 발견하는 가능성이 낮기 때문이다.

① 적절한 기술 탐색 지원

② 관심사와 문화적 편견의 충돌을 막기 위해 학술적 및 상업적 연구활동은 엄격히 분리
  − TTO는 두 활동 사이를 더 잘 구분하도록 돕는 이중구조를 구축하는 것을 지원

③ TTO에 충분한 인력과 자원(예 최소한 한명의 정규직 프로젝트 코디네이터가 존재해야 함)

④ 다양한 분야의 스킬을 갖는 연구팀이 단지 한 분야에 의해 해결될 수 없는 복잡한 문제에 대한 솔루션을 제공

⑤ TTO가 높은 서비스 유연성을 제공함으로서 사업화 프로젝트를 지원

⑥ TTO 경험의 중요성은 상충
  – 더 많은 경험이 기술 사업화에 영향을 미치지 않을 수 있지만 그 TTO가
    기술이전을 다 잘 지원하는 더 나은 루틴을 구축

6.2. 첨단기술의 사업화 성공요인

Jung et al.(2015)에 따르면 첨단기술 사업화의 성공을 위한 내외부 동인으로
서 다음을 제시하였다.

(1) 내부 동인

① 경쟁역량

유연한 조직구조와 풍부한 비즈니스 모델 개발, 브랜드, 유통 자원, 전략적
리더십, 전략적 방향 결정, 미래의 비전 창출, 핵심 역량을 조율, 효과적 조직
문화를 지원, 사회적 자본, 기업가적 문화, 변화에 대응, 네트워킹, 개방형 혁
신, 혁신 주체들과 신뢰 구축, 지식공유 태도, 최적 자원(유형과 무형), 조직
상황, 역량/스킬/응용지식의 특징, 기업가정신에 대한 관리자의 태도와 행동,
보완자산

② 혁신적 첨단제품

고객의 니즈에 기초한 전체 제품의 구성, 제품의 첨단기술 속성, 간소한
혁신[1][2], 고객의 수용

---

1) 유연하고 검소한 사고를 통해 적은 비용으로 큰 혁신을 유도하는 방법으로서 신흥 시장을
   겨냥한 전략인 '주가드 혁신'보다 한 단계 발전한 개념이다. 저성장 시대에 대비하기 위해서
   는 기업들이 적은 투자로 많은 사람이 쓸 수 있는 제품을 만들어야 한다는 것이다. 구 패러
   다임인 대규모 R&D센터부터 개혁하여 대규모 R&D에 대한 대안으로서 관계반복(Engage &
   Iterate)과 연결개발(Connect & Development)을 제시한다. 관계반복은 먼저 제품을 개발할
   때 간단하지만 질좋은 저가형 제품부터 시작하고 나서 그 제품을 가지고 소비자들과 끊임없
   이 반복적으로 소통하며 필요한 부분을 개선하는 방식이고 연결개발은 필요한 기술이 있으
   면 먼저 갖고 있는 제3자(경쟁사, 초기 벤처 등)를 찾아 그들을 공동 창조자로 참여시키는
   방식이다.
2) 주가드 혁신(Jugaad innovation): Do it yourself의 인도 힌두어로서 혁신적인 해법, 독창성

③ 컨텐츠(content) 마케팅[3]

광고와 인터넷을 통해 전송된 메시지의 유형, SEO(search engine optimi-zation)[4]와 소셜 미디어를 통한 견인 마케팅(pull marketing)[5], 첨단기술 제품 라이프사이클의 초기 단계에서 컨텐츠 마케팅, 더 많은 기술의 가시적 미래가 시장에 진입을 더욱 용이하게 만듦. 구매의사결정에 더욱 다양한 공급자들과 더 높은 수준의 소비자 관여, 전략적 마케팅, 개방형 혁신을 통한 마케팅

④ 자격있는 인적 자원

지식이 풍부한/동기부여된/숙련된/창의적 인적자원, 자기 확신, 팀워크 형태, 강한 업무 윤리, 최고경영층 헌신

⑤ 충분한 재무자원

R&D에 이용가능한 재무 자원, 프로토타입에 이용가능한 재무자원

⑥ 첨단기술의 적용

기술 적합성, 각 기술을 분리하여 고려, 신기술에 적응하는 자원

⑦ 시장 니즈를 충족

잠재적 시장의 이용가능성, 아이디어 발생, 시장 요구에 적응하는 자원

과 기발함을 바탕으로 만들어지는 즉흥적인 해결책, 또는 슬기로움을 의미한다. '적은 자원으로 많은 일을 하는 것'을 의미하기도 하는 이 개념은 '융통성 있는' 기발한 방법을 사용하는 모든 경우에 적용할 수 있다. 인도 북부 펀잡 지방에서 주변에 있는 기존 부품들을 짜깁기해서 만든 자동차를 부르는 단어이기도 하다.

3) 불특정 다수를 대상으로 TV나 신문과 같은 전통적인 미디어에 광고를 하는 게 아니라, 특정 고객에게 가치 있고 일관되면서 연관성이 높은 콘텐츠를 만들어 확산시키는 마케팅 기법이다.

4) 웹 페이지 검색엔진이 자료를 수집하고 순위를 매기는 방식에 맞게 웹 페이지를 구성해서 검색 결과의 상위에 나올 수 있도록 하는 작업을 의미한다.

5) 제조업체에서 시작하여 도매상, 소매상, 소비자의 공급사슬을 따라 적극적인 판매를 밀어붙이는 기업위주인 추진 마케팅(push marketing)과 달리 고객위주로서 최종소비자를 상대로 적극적인 판촉활동으로 소비자의 구매의지를 향상시켜 도매상과 소매상들이 해당 제조사의 제품을 많이 취급하게 만드는 방식이다. 이를 위해 광고와 홍보활동을 증가시켜 고객을 직접 주인공으로 참여시키고 소비자 대상 판촉 비중이 커지게 된다.

(2) 외부 동인

① 정부지원 정책

구체적인 정부지원 프로그램으로 R&D 세금 감면, R&D 혹은 사업화 지원(자금), 정부 R&D 프로그램 참여, 정부 기술과 안내 지원, 기술정보의 제공, 기술적 전문성 훈련과 교육/연구 지원, 정부 혹은 공공부문에 의한 구매, 마케팅 지원(예 전시회와 수출 촉진)

6.3. 기술 사업화의 장애물

혁신의 성공은 재무자원에 대한 접근, 시장니즈의 이해, 고숙련 노동력 고용, 시장 내 다른 주체들과 효과적 상호작용의 형성을 포함하는 기업의 역량통합에 의존한다. 이전의 논의는 혁신을 성공적으로 사업화하는 능력을 기업의 역량, 인적자원 활동, 최고경영자의 특징, 외부 환경들과 연결시킨다. 그럼에도 불구하고, 기술혁신을 사업화하는 것은 늘 도전적이어서 혁신 프로세스에서 높은 실패율을 초래한다. 이때, 발생하는 장애물은 외부 장애물과 내부 장애물의 두 가지 폭넓은 계층으로 구분할 수 있다. 외부 장애물은 기업이 영향을 미칠 수 없고 시장, 정부, 경제 주체, 시스템 실패로 인해 발생할 수 있다. 내부 장애물은 기업이 영향을 미치는 능력을 갖고 경영과 조직 그 자체와 강하게 관련된다. 비록 신제품의 성공에 영향을 미치는 대부분의 요인들이 경영과 조직의 통제에 있을지라도 많은 기업은 이 영역에 충분히 투자하지 않고 사업화 계획과 관리에 충분한 노력을 지출하지 않아 제품 사업화의 실패로 결과된다.

6.3.1. Jung et al.(2015)의 연구

그들에 따르면 첨단기술 사업화의 성공을 제한하는 내외부 요인으로서 다음을 제시하였다.

(1) 내부 제약요인

① 제한된 기업 역량

혁신 네트워크로부터 지원 결여 혹은 신뢰할 수 없는 네트워크, 급진적 첨단기술 제품의 고객의 수용 불확실성, 전통적 마케팅 전략, 약한 마케팅 프로그램, 숙련된/동기부여된/지식이 풍부한/경험 많은 인적 자원의 부족, R&D 투자의 결여, 제한된 재무자원, 투자가의 불확실성, 투자자의 증가된 투자비용, 기술평가의 결여, 기술 개발 리스크, 각 기술 사업화별 독특한 모델 결여

② 시장 불확실성

고객의 불확실성, 초기 적용자의 부정적 구매 후 태도

(2) 외부 제약요인

① 정부지원의 부족

정실주의, 요구된 인프라 제공의 부족, 높은 속도의 ICT 결여, 에너지 공급/운송/표준/규제/지적재산권 결여, 스핀오프를 지원하는 정책 결여

② 지적재산권 결여

적절한 권리와 규제의 결여, 지적재산을 획득하는 어려움, 지적재산권의 침해

③ 쿼드러플 헬릭스(quadruple helix)의 결여

지식이전에 대학의 고의 혹은 부지불식 간의 편의, 지속적 협력의 결여, 개발된 지식을 이전하는데 대학의 지원 부족

6.3.2. Zadeh et al.(2017)의 연구

그들은 문헌연구와 통계분석을 토대로 기술 사업화의 실패에 영향을 미치는 일곱가지 요인들을 제안하였다.

① 사업화 프로세스에서 약점

② 비즈니스 환경의 도전

③ 약한 조직구조

④ 계획의 부적절한 평가와 비효율적인 프로젝트 관리

⑤ 비정부부문과 비효과적인 협력

⑥ 이해관계자들을 유인하고 협력하는 데 부적합한 모델

⑦ 충돌하는 정치적 행태

<참고문헌>

Abernathy, W.J. & Utterback, J.M. (1978), "Patterns of industrial innovation", Technology Review, 80(7), 1−9.

Ambos, T. T. C., Mäkelä, K., Birkinshaw, J. & D'Este, P. (2008), "When does university research get commercialized? creating ambidexterity in research institutions", Journal of Management Studies, 48(8), 1424-1447.

Balachandra, R., Goldschmitt, M. & Friar, J.H. (2004), "The evolution of technology generations and associated markets: a double helix model", IEEE Transactions of Engineering Management, 51(1), 3−12.

Bercovitz, J., Feldman, M., Feller, I. & Burton, R. (2001), "Organizational structure as determinants of academic patent and licensing behavior: an exploratory study of Duke, Johns Hopkins, and Pennsylvania State Universities". Journal of Technology Transfer, 26(1−2), 21-35.

Burgelman, R.A., Christensen, C.M. & Wheelright, S.C. (2006), Strategic Management of Technology and Innovation, McGraw Hill Irwin, New York,

Cierpicki, S, Wright, M. & Sharp, B. (2000), "Managers' knowledge of marketing [rinciples: the case of mew product development", Journal of Empirical Generalisations in Marketing Science, 5(6), 771−790.

Christensen, C.M. (1992), "Exploring, the limits of the technology S−curve, part 1: component technologies", Production and Operations Management, 1(4), 334−357.

Datta, A., Mukherjee, D. & Jessup, L. (2015), "Understanding commercialization of technological innovation: taking stock and moving forward", R&D Management, 45(3), 215−249.

Gourville, J. (2006), "Eager seller and stony buyers: understanding the psychology of new−product adoption", Harvard Business Review, 84(6), 98−106.

Jung, M., Lee, Y. & Lee, H. (2015), "Classifying and prioritizing the success and failure factors of technology commercialization of public R&D in South Korea: using classification tree analysis", Journal of Technology Transfer, 40(5), 877-898.

Jolly, V.K.(1997), Commercializing new technologies, Harvard Business School Press,

Boston, MA.

Keil, T., Autio, E. & George, G. (2008), "Corporate venture capital, disembodied experimentation and capability development". Journal of Management Studies, 45(8), 1475−1505.

Kirchberger, M.A. & Pohl, L. (2016), "Technology commercialization: a literature review of success factors and antecedents across different contexts", Journal of Technology Transfer, 41(5), 1077-1112.

Markman, G.D., Siegel, D.S. & Wright, M. (2008), "Research and technology commercialization", Journal of Management Studies 45(8), 1401−1423.

Mitchell, W., & Singh, K. (1996), "Survival of businesses using collaborative relationships to commercialize complex goods", Strategic Management Journal, 17(3), 169-195.

Phan, P. & Siegel, D.S. (2006), "The effectiveness of university technology transfer: lessons learned, managerial and policy implications, and the road forward". Foundations and Trends in Entrepreneurship, 2, 77-144.

Siegel, D.S., Waldman, D.A. & Link, A.N. (2003), "Assessing the impact of organizational practices on the productivity of university technology transfer offices: an exploratory study". Research Policy, 32(1), 27−48.

Siegel, D.S., Veugelers, R. & Wright, M. (2007), "Technology transfer offices and commercialization of university intellectual property: performance and policy implications". Oxford Review of Economic Policy, 23(4), 640-660.

Stevens, G. & Burley, J. (1997), "3,000 Raw Ideas = 1 Commercial Success!", Research Technology Management. 40(3). 16−27.

Zadeh, N.K., Khalilzadeh, M., Mozafari, M., Vasei, M. & Ojaki, A.A. (2017), "Challenges and difficulties of technology commercialization: a mixed−methods study of an industrial development organization", Management Research Review, 40(7), 745−767.

CHAPTER

14

지적 재산권과 지식 보호

기술경영
Management Of Technology

01 ▶ 지적 재산권

(1) 유형

지적재산권(intellectual property right)은 무형자산으로 불리는 자원들의 집합으로서 <표 14-1>과 같이 지식재산권과 같이 법적으로 보호되는 몇 가지 형태를 취할 수 있다.

▌표 14-1 지식재산권 형태

특허(patent)	• 발명을 보호 • 발명이 보호받기 위해서는 새롭고, 불분명하고, 산업적으로 유용해야 함 • 발명은 어떤 것을 하는 새로운 방식을 제공하거나 어떤 문제에 새로운 기술적 솔루션을 제공하는 제품 혹은 프로세스일 수 있음
실용신안(utility model)	특허의 동일한 일반적 기준을 충족시키는 기능적 디자인을 보호
상표(trademark)	재화와 서비스를 규정하는 사인 혹은 심볼
저작권(copyright)	독창적인 문학적 및 예술적 작품을 보호
의장(industrial design)	Design의 개념 중 제품디자인 분야를 보호

(2) 증가하는 관심

대학 및 연구소의 과학자와 민간기업의 엔지니어 기술자의 분리는 이제 현실에서 더 이상 유지되지 않고 있다. 과거와 달리 대학도 이제 연구의 사업화를 크게 지향하고 있다. 미국의 바이-돌(Bayh-Dole) 법과 같은 법제의 변화는 대학-산업연구센터의 수, 컨소시엄, 협약뿐만 아니라 라이센싱의 매우 급격한 증가를 유발하였다고 한다. 이 법은 특허 및 상표에 관한 법의 개정안으로서 미 연방정부의 지원을 받은 공공연구소, 대학, 비영리연구소 등의 연구결과를 그 기관이 특허를 출원하고 기술사용료를 받을 수 있게 허가했다는 점이다. 이 법 안의 등장으로 미국 대학의 특허출원이 매우 활발해졌고 R&D 활동이 단순히 학문적이 아닌 실용적 대상으로 확대되는 전기를 마련하여 경제발전에 도움이 되었다고 한다.

(3) 지적재산권 전략

새롭거나 향상된 제품 혹은 프로세스가 이익을 증가시킬 것이라는 기대가 기 업이 혁신하도록 만든다. 그러나, 혁신 프로세스의 성공적인 완수만으로 편익을 기대하기 어렵다. 여기에 덧붙여 기업은 경쟁자의 모방을 막고 이 편익을 전유 할 수 있어야 하고 다양한 지적재산권과 관련한 전략을 통해 그 편익을 확보할 수 있어야 한다.

① 공식적 전유

예를 들어 특허, 상표, 산업 디자인, 효용 모델, 저작권이 이에 해당한다. 이들은 혁신 활동의 결과(즉, 혁신성과)를 사용하는 배타적 권리를 혁신자 (혹은 발명자)에게 부여한다. 소유자에게 제한된 기간동안 침해자들을 추 적하는 도구를 법적 시스템이 제공하기 때문에 이 공식적 도구들은 혁신 자들이 신지식과 신기술에 투자하고 발생시키도록 하는 일종의 인센티브 로서 간주될 수 있고 공식적 전유의 확산을 증가시킨다.

이 법적 보호를 획득하기 위해 대부분의 공식적 도구들은 개별 도구에 의 해 포함된 모든 정보가 승인된 후 보호를 받고 일정기간 후에 공개되어야 한다. 특허의 경우에 모든 정보는 출원 후 18개월 이전에 공개되어야 하 는 반면에 저작권은 본질적으로 등록(registration) 혹은 공개(disclosure) 요 구사항을 갖지 않는다. 상표뿐만 아니라 특허는 혁신에 적극적인 제조업 체에게 가장 중요한 공식적 전유방법인 반면에 실용신안, 의장, 저작권은 덜 중요한 것으로 간주된다. 그러나, 이들은 산업별로 차이를 보이기도 한 다. 예를 들어, 저작권은 소프트웨어 산업의 전유 메카니즘으로서 중요한 역할을 한다.

② 비공식적 전유

모방으로부터 제 3자들을 막는 두 번째 항목은 기업이 혁신에 의한 그들의 기대수익을 극대화하기 위해 수행할 수 있는 다른 행동들을 포함한다. 이것은 비공식적 전유방법으로 언급되는데 대부분의 공식적 메카니즘과는 달리 강제 메카니즘을 동반하지 않는다. 다음의 전유방법이 있다.

- 기밀보호(secrecy)

  혁신적 기술지식이 상업화될 때까지 비밀을 유지하는 방법이다.

- 신속한 사업화

  리드타임의 편익을 보기 위해 가능한 한 빨리 혁신을 상업화하려고 노력하는 것이다.

- 복잡한 디자인

  경쟁자들이 리버스 엔지니어링(reverse engineering)하거나 핵심기술 주변의 특허가 타 기업에 의해 출원되어 우회 발명되는 것(invent around)을 최소화하기 위해 의도적으로 제품의 복잡성을 추구하는 디자인이다.

02 특허의 중요성과 동기

(1) 중요성

지적 재산 중 다음의 이유로 인해 특허의 중요성이 더욱 커지고 있다.

① 특허는 일상생활에서 중요한 역할을 하며, 전기조명, 플라스틱뿐만 아니라 볼펜, 의류 소재까지 인간 생활의 모든 측면에 널리 퍼져 있다.

② 특허보호는 바이오기술, 소프트웨어, 인터넷 비즈니스 방법들과 같은 새로운 영역들로 계속 확장되어 왔다.

③ 대부분의 민간부문뿐만 아니라 정부와 대학의 연구결과들이 특허화된다.

④ 승인된 특허의 수가 계속 증가하고 있다.

⑤ 자체 특허가 아닌 외부 특허에 의존하는 기업이 증가하고 있다. 특허의 거래는 특히 첨단 산업(소프트웨어, 화학, 전자산업 등)에서 과거보다 더 일상적이 되고 있다.

⑥ 특허위반 소송이 증가하고 있고 선고 혹은 중재로 마감된 특허침해에 대해 받은 보상은 점차 매우 큰 금액으로 나타나고 있다.

그 결과, 경영분야에서 특허와 관련한 이슈로서 다음에 관심이 주어졌고 이에 대한 연구도 활발히 이루어지고 있다.

① 특허의 가치산정 방법 및 프로세스

② 특허의 경제적 가치

③ 특허 협력을 위한 기존과는 다른 조직 형태

④ 지적재산권 권리

⑤ 특허보호 신청 시 장점과 단점

⑥ 특허의 사용

⑦ 특허관리와 비즈니스 목적 사이의 관계

⑧ 특허정책

(2) 전략적 동기

1980년대 말까지 공식적 메카니즘과 비교하여 비공식적 전유 메카니즘들이 혁신수익을 보호하는데 폭넓게 사용 중에 있었다. 그러나, 단순히 특허 그 자체가 아닌 기업의 전략적 목적을 달성하기 위해 특허를 활용하는 현상이 점차 늘어나고 있다. 혁신에 기초한 관련 산업에서 편익을 전유하기 위해 추진되는 모든 동기들은 '전략적'으로서 정의된다. 이제 특허에 대한 의사결정은 전통적 의미에서 '모방으로부터 보호'라는 단순한 요구를 넘어 다른 시장 참여자들의 전략적 행동이 예상되는 상황에서 새로운 수익의 원천으로서 작동하도록 해야 한다는 의미이다. 다음의 전략적 동기가 대표적이다.

① 경쟁자 차단

가장 일반적인 전략적 동기로서 경쟁자에 대한 방어적 봉쇄를 나타낸다. 기업은 다른 사람 혹은 경쟁자들의 특허로 인해 줄어드는 자신의 기술적 활동범위를 피하기 위해 특허를 선제적으로 사용한다.

② 공격적 봉쇄

이것은 동일하지 않으나 자신의 발명과 가까운 적용분야 혹은 동일한 적용에서 경쟁자들이 그 기술적 발명을 사용하는 것을 막기 위해 특허화한다. 일반적으로, 기업은 특허출원 시에 필요한 것보다 더 폭넓게 특허화(예 패밀리 특허)한다.

③ 라이센싱을 통한 수익 창출

라이센싱을 통해 새로운 수익원을 창출하거나 다른 기업과 거래 목적[예 교차 라이센싱(cross-licensing)]으로 특허를 활용한다. 특히 정보통신기술과 같은 부문에서 유망한 신기술에 접근하기 위해 다른 기업과 협상의 최후수단(bargaining chips)으로서 특허를 사용할 수 있다.

④ 평판 혹은 이미지

특허는 기업의 평판 혹은 기술적 이미지를 증가시키는 목적으로도 활용된다.

⑤ 표준화

특허는 국제시장 확장과 표준화를 위해 사용될 수 있다.

⑥ 성과측정과 동기부여

특허가 R&D 인력의 내부 성과의 측정치로서 간주될 수 있고 특허 활동을 증가시키기 위해 직원을 동기부여하는 차원에서 활용될 수 있다.

⑦ 자본에 대한 용이한 접근

특히, 중소기업에게 특허는 기술력을 보여줌으로서 투자펀드와 벤처캐피탈의 투자를 유도하는 중요한 도구로 활용된다.

03 ▶ 특허 전략

3.1. 의도

특허 전략은 <표 14-2>와 같이 특허를 추구하는 의도와 관련된다. 이것은 앞서 언급한 전략적 동기와 유사하다.

┃표 14-2 특허 의도, 전략, 포트폴리오 관리

특허 의도	특허 전략	특허 포트폴리오 관리
공격적 의도	단일 특허	기준없는 관리
방어적 의도(수익 창출)	복수 특허(blanketing)	비용절감 관리
방어적 의도(협상력 제고)	복수 특허(fencing)	수익극대화 관리
방어적 의도(이미지 의도 향상)	복수 특허(surrounding)	통합관리(비전 관리)

자료원: Davis & Harrison(2002)

(1) 공격적 의도

공격적 의도는 일차적으로 경쟁자들의 니즈와 관련이 높을 것 같은 혹은 경쟁자들에 유용할 것 같은 발명을 보호할 의도를 갖는 특허들을 포함한다. 이 생각은 경쟁자들의 상업적 관심이 가장 높은 국가에서 이 발명을 사용하는 것을 방해하거나 막아 각 비즈니스 부문에서 전유적이고 독점적 포지션을 구축하고 유지하는 것이다. 예를 들어, 어떤 중소기업이 조용히 경쟁자들에 대한 특허장벽을 설치하기 위해 파산한 기업의 특허를 경쟁자들보다 비싸게 획득한다. 그후 그 중소기업은 그 특허장벽으로 인해 경쟁자들의 시장진입을 지연시키고 먼저 시장의 선도주자가 될 수 있다.

(2) 방어적 의도

특허는 경쟁에서 자신의 발명을 보호하기 위해 기업에 의해 사용된 장치이다. 이 장치는 기업이 발명한 결과의 사업화뿐만 아니라 개발된 발명을 보호하는 것을 허용한다. 사실상, 특허 보유자들은 특허된 발명을 다른 사람들이 승인 없이 사용하는 것을 금지하는 독점권을 인정받는다. 따라서 특허는 기업이 경쟁자들을 배제하고 시장지분을 보장할 수 있게 하는 효과적 무기로 고려된다. 방어적 의도는 보통 수익창출, 협상력 제고, 촉진이라는 세 가지 관점을 따라 시도된다.

① 수익 창출

기업은 경제적 이유로 그들의 발명을 특허화한다. 실제로, 특허는 다음의 방식을 통해 수익을 증가시키는 원천이다.
- 일상적 권리(특허권 이용, 라이센싱 판매) 혹은 3자에게 소유권을 이전 (특허 판매)
- 전략적 제휴를 창출
- 발명을 직접적으로 활용

② 협상력 제고

특허는 유용한 협상도구로서 고려된다. 실제로 많은 제조업체들은 교차 라이센싱 협약으로 다른 제조업체들이 출원한 특허뿐만 아니라 그들의 발명을 사용한다. 이 교차 라이센싱 협약은 라이센스 수수료의 지불 니즈를 제거함으로서 라이센스 협약을 단순화시킨다. 교차 라이센싱은 특허에 권리를 얻어 다른 기업들과 균형된 교환을 이룬다. 특허침해의 두려움이 없고 라이센스 수수료의 지불없이 다른 기업의 특허를 사용하는 자유는 특허 포트폴리오의 가치를 향상시킬 수 있다. 따라서, 교차 라이센싱 협약에서 발생하는 교환으로 특허 포트폴리오 소유권이 넓어지기 때문에 기업의 협상력은 증가한다.

③ 촉진(동기부여)

특허들이 R&D 노력에 대한 대규모 투자를 보상하는 수단을 제공함으로서 R&D 인력에게 혁신을 위한 중요하고 유용한 인센티브를 창출하는 데 사용될 수 있다. 사실상, 특허보호는 국가 및 국제적 경쟁의 증가로 특징되는 환경에서 경쟁력의 주요 원동력인 R&D 투자에서 충분한 원금회수를 보장하는 결정적인 도구로서 간주된다. 특허는 또한 인적자원관리에서 직원의 창의성을 장려하는 도구로서 사용될 수도 있다.

④ 이미지 의도

공격적 및 방어적 의도들은 발명을 보호하는 가장 일반적인 기업의 동기이나 다른 의도가 실제로 관찰될 수 있다. 그것은 이미지 의도로서 특허는 기업의 이미지를 향상시키는 도구로 고려된다. 실제로 특허 수는 기업의 발명, 기술, 때때로 상업적 수준을 반영하는 대리치로서 기대되고 활용된다. 비록, 일부 기업에서 특허의 활용은 고려하지 않고 기업의 이미지를 증가시키기 위해 단지 사무실 장식으로서만 활용하는 경우가 있지만 이제는 그 기업의 기술적 우월성을 보여주는데 충분한 이미지를 창출하는 역할을 하고 있다.

⑤ 법적 소송

특허는 단지 경쟁자의 등장을 막기 위한 수단으로 작용하고 있으며, 상대방 기업이 특허침해로 소송을 제기할 경우 반소(counter lawsuit)하기 위한 목적으로 자신의 특허를 이용한다.

3.2. 단일과 복수 특허 전략

특허전략은 제품 수명주기와 기술 수명주기 등의 관점에서 단일과 복수 특허의 행태로 수립될 수 있다.

(1) 단일 특허

기업은 단일 특허로 발명을 보호하는 것을 결정할 수 있다. 이 경우에 특허의 차단력은 작을 수도 있고 클 수도 있다. 보통 발명이 비전략적이라면 그 특허의 차단력은 낮다. 이 경우 경쟁자의 주위(예 경쟁자가 이미 보유한 유사 기술)에서 발명할 가능성은 높아지고 낮은 R&D 비용과 시간으로 특징된다. 대신에 그 발명이 전략적으로 고려된다면 특허의 차단력은 커진다. 이 경우에, 주변비용은 높아지고 그 발명은 경쟁자들이 넘기 힘든 우월한 것으로 고려된다.

(2) 복수 특허

기업은 복수의 특허들을 이용해 발명을 방어할 수도 있다. 이를 위해 여러 특허전략들이 규정될 수 있고 다음처럼 분류된다. 예를 들어, 선도기업의 경우 후발기업의 시장진입을 저지하기 위해서 블랭킷팅(blanketing) 또는 특허 포트폴리오 네트워크의 형성이 필요한 반면에 후발기업의 경우 이에 대응하기 위해 선발기업의 연구방향을 저지하는 펜싱(fencing) 또는 선발기업의 전략특허가 응용될 수 있는 분야에 관해 서라운딩(surrounding)이라는 방안이 활용될 수 있다.

① 블랭킷팅(blanketing)

담요전략으로서 제품생산 과정에서 나오는 모든 기술에 대해 대량으로 특허를 확보한다. 그럼으로써 개량된 발명에 대한 타사의 사용 가능성을 낮추어 한 영역을 특허의 지뢰밭으로 바꾸게 된다. 이 경우에, 기업은 기반이 되는 발명뿐만 아니라 주변 및 관련되는 발명들 모두를 포함해 특허화한다. 이 특허들은 철수된 R&D 프로젝트로부터 나올 수도 있다.

② 펜싱(fencing)

울타리전략으로서 경쟁자의 R&D 방향을 분석하여 그들을 저지하는 방향으로 특허를 확보하는 방식이다. 여러 특허들이 경쟁자 R&D 활동의 특정 라인 혹은 방향을 차단하기 위해 주문된다.

③ 서라운딩(surrounding)

포위전략으로서 타사의 전략특허가 존재하는 경우에 해당 전략특허의 상업적 이용을 방해할 수 있는 개량기술에 대해 특허를 확보하는 방식이다. 즉, 전략적 특허는 다른 특허들에 의해 울타리 쳐지거나 둘러 싸여진다. 담요전략에서처럼 기업은 첫째, 기반발명을 위해 특허를 승인하고, 둘째, 주변의 발명을 특허화한다. 이 경우에, 특허들은 포위되는(즉, 둘러싸여지는) 특허들로 불린다. 이 둘러싸는 특허는 일반적으로 전략적인 것보다 덜 중요하나 심지어 기간 만료 후에도 상업적 사용을 전체적으로 막는 역할을 하기도 한다.

3.3. 특허 포트폴리오 관리

한 기업의 특허는 하나가 아니라 여러 개가 동시에 관리된다. 따라서, 이러한 특허 포트폴리오를 관리하는 방법이 요구되고 이것은 가치계층을 따라 추진된다. 이 계층은 다섯 개의 계층으로 구성되고 각 계층은 첫째, 기업이 자신의 목표를 획득하는 데 특허의 공헌에 대해 갖는 기대를 나타내고, 둘째, 특허들이 어떻게 관리되어야 하는지를 나타낸다. 이 가치계층은 기업의 특허를 위한 일련의 활동과 사용의 계층을 묘사한다.

(1) 기준없는 관리

당연한 얘기지만 특허는 기업의 발명을 보호하고 경쟁자들이 그것을 사용하는 것을 막기 위한 법적 장치로 고려된다. 기업이 특허 더미를 보유함으로서 기업의 가치를 창출하고 증가시키는 데 충분하고 소송으로부터 자신을 보호한다고 믿는다. 이 특허 관리의 유일한 가이드라인은 가급적 많은 수의 특허를 보유하는 것이고 특허의 관리를 위해 어떤 기준을 따르지 않는다.

(2) 비용절감 관리

기준이 없는 관리처럼 특허는 법적 장치들로 고려되나 이 계층에서 기업은 특허 포트폴리오를 신청하고 유지하는 비용의 통제에 초점을 둔다. 사실상, 특허관리를 잘함으로써 기업은 많은 비용을 절약할 수 있다. 특허는 기업의 핵심 비즈니스를 보호하는 유용한 장치들이나 동시에 기업은 특허 유지비용이 매우 높다는 것을 알고 있다. 따라서 이러한 관리를 통해서 특허신청 및 유지와 특허 포트폴리오 비용의 통제를 개선하는 데 초점을 둔다.

(3) 수익극대화 관리

특허는 법적 장치뿐만 아니라 소득을 발생시킬 수 있는 비즈니스 도구로 고려된다. 따라서, 특허로부터 수익을 얻으려는 생각은 특허 포트폴리오 관리에 영향을 미친다. 이 세 번째 가치계층에서 기업 특허활동의 초점은 비용통제와 비용절감으로부터 수익극대화로 이동한다. 이 관리는 기업의 특허 포트폴리오에 대한 더욱 능동적 태도로 특징되고 포트폴리오 선별과 특허실시가 기업에게 관심의 대상이다.

(4) 통합관리

이 가치계층의 큰 관심은 법적 및 비즈니스 장치로서 뿐만 아니라 의사결정 프로세스를 지원하는 도구로서 특허를 바라보는 데 있다. 여기서, 특허는 기업의 일상적 운영과 절차들에 내재된다. 비즈니스와 특허관리의 통합은 어렵게 생각되지만 관련된 아이디어들을 제안하는 문제뿐만 아니라 비즈니스와 특허 통합을 유지하는 양방향 커뮤니케이션으로서 해결된다.

(5) 비전 관리

가치계층의 마지막 계층은 특허를 미래 이익을 위한 기회를 창출하는 도구로 고려한다는 것이다. 기업은 미래 추세와 발명을 예견하려 노력하고 특허 활동에 미래를 반영하려고 전략적인 의사결정을 한다. 이 관리는 특허를 미래에 활용한다는 기대로 개발하고 특허화할 수 있는 아이디어들을 찾으려 노력한다. 결국, 이 미래의 발명들이 시장 수요의 창출에 공헌할 것이라는 기대로 특허화되고 관리될 것이다.

이러한 가치계층은 또한 유럽특허청의 경우와 같이 비용과 이익센터의 두 가지로 크게 구분되어 단순화될 수 있다. 사실상, 비용센터 포트폴리오는 가치계층의 두 번째 계층(비용절감 관리)과 연관될 수 있는 반면에 이익센터 포트폴리오는 다른 계층들 즉 수익 극대화, 통합, 비전과 일치한다. 하지만 비기준 관리는 비용과 이익센터의 관점에서는 고려될 필요가 없다.

04 특허와 혁신과의 관계

전통적으로 국가가 특허를 보호하는 이유는 기업의 R&D 투자 증대로 혁신을 촉진하고 산업발전에 기여할 것이라는 기대 때문이다. 이 특허는 R&D 등 혁신활동에 대해 정부가 일정기간 배타적 독점권을 부여해 발명자로 하여금 개발이익을 보장하고 개발된 기술의 사회적 확산을 유도하는 데 있다. 실제로 새로운 제품을 발명하는데 많은 시간과 비용이 소요되는 반면 이를 모방하거나 복사하는데 적은 비용이 들기 때문에 국가가 특허제도를 통해 보호를 하지 않는다면 혁신활동이 일어나지 않을 것이라는 기본 아이디어가 밑바탕에 있다.

그러나, 과도한 특허보호가 오히려 혁신을 저해할 수 있다는 주장이 제기되고 있다. 그 예로 다음의 주장이 등장하고 있다.

- 특허권자는 자신이 보유하고 있는 지식을 확산하여 혁신을 구현해야 하나 대부분 그 확산에 실패한다.
- 특허괴물(patent troll)의 등장으로 인해 혁신을 가로막는 그들을 보호하여 더 이상 혁신을 촉진하기 어려워지고 있다.
- 특허권을 유지하는 데 많은 비용이 소요된다.
- 등록 특허 중 40~90%는 사업화나 라이선스에 전혀 이용되지 않고 있다.
- 특허권의 보호기간이 지나치게 길다.
- 과다한 특허 관련 소송과 이에 대응하는 비용낭비가 발생한다.

05 ▷ 기술 보호

(1) 배경

경쟁의 심화와 지속적 신기술의 개발로 기존의 기술과 제품은 빠르게 진부화되는 중이다. 특히, 제품의 라이프사이클이 짧아지고 있는 첨단기술에서 신기술을 신속히 개발하고 시장화하는 능력은 필수가 되고 있다. 또한, 첨단기술 제품은 보완적 지식이 아닌 다른 지식의 통합을 필요로 하면서 매우 복잡하게 구성되는 경향이 있다. 이러한 상황에서 고도로 복잡한 기술기반 제품들의 신속한 개발은 보통 일부 중복되는 지식을 갖는 다른 기업들과 제휴(일종의 코피티션)하는 것을 필요로 한다. 이미 개방형 혁신 패러다임에서 설명했듯이 첨단기술 기업에서 그 지식이 내부 혹은 외부적으로 발생되었든 간에 외부와 다양한 지식을 공유하고 사용하는 그들의 능력은 가치를 창출한다. 특히, R&D 공동개발 노력은 파트너들 사이에 높은 수준의 상호작용과 협력으로부터 편익을 누린다.

그러나 대부분의 기업은 기술을 공유함으로써 제휴 파트너에게 중요한 스킬과 지식을 노출한다. 이것은 도용 혹은 모방을 낳을 수 있다. 따라서, 전략적 제휴는 기업으로 하여금 자신 특유의 지식을 보호하는 동안 자신의 지식흐름에 개방적이어야 하는 패러독스(paradox)를 경험하도록 만든다. 기업 특유의 지식과 전문성은 첨단기술 기업들에게 경쟁우위의 주요 원천이기 때문에 이런 점이 특히 중요하다. 만약 기업의 지식과 스킬이 복제되었다면 고객에 대해 독특한 가치를 창출하는 능력이 감소된다. 또한, 경쟁역량에 영향을 미치면서 제휴 파트너로서 기업의 매력도가 줄어든다. 따라서, 기업은 제휴에 참여할 때 지식공유와 지식보호를 균형시킬 필요가 있다.

(2) 기술유출

국내뿐만 아니라 해외로의 불법적인 기술유출 시도가 점차 증가하고 있다. 반도체, 휴대폰, 자동차 등 주로 첨단산업 분야에서 주로 기술유출이 발생하고 있지만 점차 굴뚝산업(소위 중저기술산업)이라 할 수 있는 조선, 철강 등으로도 확대되고 있다. 특히, 중국 등 신흥시장 중심의 유출 증가, 핵심기술의 비중 증가, 합법을 가장한 유출 증가 현상이 나타나고 있다.

이 기술유출의 경로는 주로 전략적 제휴, 경쟁사와 경쟁과 협력, 해외투자 등을 통한 생산설비와 기술거래를 통해서 나타나며, 경쟁사로의 인력이동과 해외투자시 종업원에 의한 기술유출 발생 가능성도 높아지고 있다. 특히, 해외 투자사를 통해서 기술유출이 발생하는 경우는 <그림 14-1>과 같다. 여기서, 기업이 기술유출 최소화를 위해서는 불법적 기술유출에 대비할 필요도 있지만 기술인력관리, 기술이전 절차 및 전략과 같은 합법적 기술유출에 대한 대비도 중요해지고 있다.

〈그림 14-1〉 해외 투자사를 통한 기술유출 경로

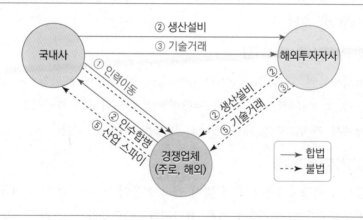

이러한 기술유출의 원인과 그 결과는 <그림 14-2>와 같이 정리할 수 있다.

<그림 14-2> 기술유출의 원인과 결과

기술유출 원인	기술유출 결과
• 이전 국가: 　- 시장확대 지원을 위한 활발한 기술수출 　- 개인의 금전적 욕망 　- 해외 제조설비 운영을 위한 자발적 　　기술이전 　- 해외 제조설비를 통한 기술이전 • 피 이전국가: 　- 신속한 기술습득을 위한 해당국의 요구 　- 지적재산권 및 특허관련 법규 미비 　- 피고용인의 경쟁업체로의 이직	• 단기적 폐해: 기술도용과 모방 　- 예: '중국내 막대한 유사제품 등장' • 장기적 폐해: 새로운 경쟁자 대두 　- 신속한 기술학습과 흡수를 통해 시장과 　　비용을 무기로 한 강력한 경쟁자 탄생 ※ 고급 기술(제품)시장의 확대를 위해 　 기술이전을 하는 경우는 제외

(3) 기술보호 메카니즘

혁신과 무형자산의 도용에 대한 대응은 제도적/공식적 혹은 비공식적 메카니즘에 토대할 수 있다.

① 제도적/공식적 메카니즘

지적재산권, 계약, 노동(이동) 규제 등이 이 항목에 포함될 수 있다. 예를 들어, 노동규제는 종업원이 거래비밀에 주의하도록 요구하고 계약의 형태로서 지식보호에 대한 배타적 협약을 맺을 수 있다.

② 비공식적 메카니즘

공식적 메카니즘은 비용이 많이 들고 적용이 어려울 수 있기 때문에 더욱 비공식적인 메카니즘이 자주 요구된다. 인적자원관리, 리드타임의 단축, 지식의 암묵화 전략, 실무적이거나 기술적인 은폐 수단이 지식과 혁신에 대한 독점적 소유(전유)를 얻는 데 핵심역할을 할 수 있다. 예를 들어, 어떤 계약이 기업의 핵심 종업원과 그들의 지식을 보유 내리는 유지하도록 활용된다면 인적자원관행이 지식보호를 위해 활용될 수 있고 지식의 암묵성이 본원적으로 점착적(sticky)이 되도록 만든다. 또한, 모르는 척하기

(playing dumb), 회피적으로 은폐하기(evasive hiding), 합리적으로 은폐하기(rationalized hiding)와 같은 은폐 수단을 통해 지식을 보호하고 성문화된 지식의 암묵화로의 변경전략 등이 사용될 수 있다.

또한, <표 14-3>와 같이 해외진출 시 기술유출의 동기차단과 장벽구축의 차원에서 보호 메카니즘을 구축할 수 있다.

▌표 14-3 해외 진출 시 기술유출의 동기와 장벽 차원에서 보호 메카니즘

유형	결정 요인	세부 방안
기술유출 동기 차단	현지인력의 이직 최소화	각종 보상
	선별적 기술 이전	• 종속기술 이전 • 제품 라이프사이클 차별화
	보완지식만 이전	• 설비와 know-how 연계 • 제조 프로세스 차별화
기술유출 장벽 구축	현지인력 기술교육	암묵적 기술관리
	전략적 보호	• 본사와 현지 R&D 역할 구분 • M&A로부터 보호
	지적재산권 보호 강화	• 지적재산권 보호 • 특허

① 현지인력의 이직 최소화

제품기술이 아닌 설비운영과 관련된 공정기술은 대부분 인력에게 내재된 형태로 존재한다. 따라서, 기술인력의 이직은 재교육에 따른 비용뿐만 아니라 실질적 기술유출을 초래한다. 일반적으로 보상 및 법적 규제를 통해 현지인력의 이직을 막는 방법은 실효성이 떨어지며, 어느 정도의 이직은 불가피할 수밖에 없을 것이다. 다음의 방법이 있다.

- 인력채용
  • 지적재산권 보호 의무를 문서화: 종업원의 비밀유지 조항을 실행하는데 어려움이 따를 시에 'non-competiton' 조항(직원은 경쟁사나 고객사로 이직을 하지 못함) 추가
  • 계약 시 포함사항: 보호된 정보의 3자에게 누설 금지, 사업방식/R&D/노우하우/고객/거래비밀/제조기법/컴퓨터 프로그램/알고리듬/재무 및 원가/기타 독점적 정보를

포함한 비밀정보의 유출 금지, 계약 종료 시까지 비밀보호 의무 준수 등

- 인력관리

  - 지속적 보안교육과 윤리지침 마련: 기술유출 신고자 포상 등 적극적 관리
  - 경쟁사로의 이직유인 요소 관리: 동사대비 최고의 금전적 보상, 승진기회 확대 등
  - 현지 인력의 미래에 신뢰성 제공

② 선별적 기술이전

내부화 이론에 따라 정교하고 도용가능성이 높은 핵심기술은 100% 소유 및 운영하고 핵심기술을 제외한 주변기술과 종속기술에 대한 기술이전만 추진한다. 이것은 운영에 장애가 되지 않는 한 가급적 최소한의 핵심기술 이전을 통해서 기술유출의 동기 자체를 최소화하는 방법이다.

- 주변기술 이전

  - 기술의 분할과 우선순위 평가 후에 중요성을 고려한 후 주변기술만 이전: 전체 기술을 핵심기술과 주변기술(진부하고 비독점적 기술로서 전체 제품 및 공정에 비해 비핵심적 기술)로 평가
  - 오래된 기술(비핵심/가치하락 기술) 중심 이전: 제품 라이프사이클을 고려한 기술이전 대상 선정이 필요(주로 자국시장에서 성숙한 기술, 해외시장에서 성장하는 기술, 경쟁자가 보유한 제조기술이 해당)

- 종속기술 이전

  - 종속적 기술만 이전: 이 기술은 최종 완제품이 본사의 핵심기술을 거쳐야만 하는 기술을 의미
  - 해외 진출기업에서 중간재만 생산: 주변기술에 의한 중간재 생산은 수출증가 및 우수한 공급자 양성에 기여

③ 보완지식만 이전

제조설비와 관련된 노우하우 중심의 보완적 지식만 현지 인력에게 전수하고 전체 제조 프로세스에 대한 지식은 현지 인력의 접근을 통제한다. 나아가, 전체 프로세스 모방을 예방하기 위해 설비 간 다양한 프로세스를 분산시킨다. 그럼으로써 전체 기술에 대한 학습을 막아 현재 경쟁사로 이직 후 제조 프로세스를 모방하는 것을 제한하고 전체 팀을 채용(높은 비용과 어려움 초래)하지 않는 한 모방이 어렵도록 유인한다.

- 설비와 노우하우 연계

  • 설비의 운영과 관련한 노우하우를 설비 자체에 내재: 노우하우를 알지 못하면 설비가 가동되지 않도록 설비에 노우하우 연계 강화
  • 설비에 내재된 운영기술을 문서화하지 않은 채 기술이전

- 전체 제조 프로세스 통제에 대한 접근 차별화

  • 동일한 제조 프로세스를 모방하지 않는 한 동일 수준의 제품이 나오지 못하도록 제조 프로세스 통제업무에 현지 인력의 접근 방지
  • 핵심설비의 자체 제작: 제조설비 모방을 위해 핵심 제조설비를 자체 제작

④ 현지 인력 기술교육

기술도용의 어려움을 높이기 위해서는 기술의 암묵성을 지렛대로 활용하는 방법이 있다. 즉, 성문화된 기술이전을 최소화하고 복잡한 구성요소를 갖는 기술에 대한 교육을 수행한다.

- 암묵성과 기술 도용 관계

  • 기술 암묵성이 높을수록, 기술배경이 개별이 아니고 전체일수록 기술 도용이 어려워짐

- 기술 암묵성의 구성요소

  • 성문화되지 않는 기술은 학습한 후 타 조직에 유출되는데 많은 시간이 소요되기 때문에 기술의 문서화를 최소화
  • 성문화 금지로 현지 인력에 대한 교육지연과 설비의 생산성 저하 감안

- 기술의 배경

  • 현지 인력에게 각기 다른 프로세스를 교육시켜 한 인력이 모든 프로세스를 도용하지 못하도록 유인
  • 복잡한 구성요소를 갖는 기술을 분리 교육

⑤ 전략적 대응

진출국의 기술습득을 위한 R&D 기능의 동반진출 요구에 대응하기 위해 본국과 해외 R&D의 역할을 분리해야 한다.

- 본사와 현지 R&D의 역할 구분

  • 본사기반 통합 R&D 적용: 본사에서 제품규격, 시스템 통합, 설비 핵심개발 등을 담당
  • 현지 R&D는 하부와 인프라 및 단순 역할만 담당

- 타 지역에서 기술개발 동시 수행

  - 현지 저임금을 통해서 동시 수행 가능
  - 신제품 개발 중간에 기술자의 퇴직 위협을 최소화
  - 신제품 개발비용 증가 감안

- M&A로부터 보호

  - 기술유출을 목적으로 하는 적대적 M&A에 대한 대비책 마련

⑥ 지적재산권 보호 강화

기술보호를 위한 지적재산권 보호와 특허 등 공식적 메카니즘을 활용하는 것이 바람직하지만 특허신청은 곧 노우하우가 외부에 공개된다는 점을 명심하고 특허신청 대상에 신중을 기할 필요가 있다.

- 지적재산권 보호

  - 현장에서 필요한 방화벽 구축: 외부에서 접속 금지, 프로그램 및 문서 암호화 등
  - 제품개발 속도를 향상시키는 것이 최선의 방어책: 기존제품의 진부화 속도 향상
  - 기술이전을 시작하기 전에 보호 시스템 구축

- 특허

  - 기술개발과 관련한 활동 중 외부에 공개되더라도 쉽게 모방하기 어려운 지식에 대해 특허를 획득하도록 권장: 진출지역의 특허 체제에 대한 심도 있는 분석 및 대응 강구
  - clean room 접근법 적용: 기술개발 단계별 각 팀을 분리한 후에 지역 및 개발 단계별로 분리하여 특허침해로부터 예상되는 피해를 최소화

(4) 기술보호의 양면성

효과적 R&D와 혁신을 통해 경쟁자들로부터 기업을 차별화하는 것은 필수적이다. 향상된 기술혁신 네트워크와 개방형 혁신 패러다임에 의해 경쟁자들에게 이전보다 더욱 쉽게 지식이 유출되고 R&D에서 흥미롭고 매력적인 분야는 매우 경쟁이 치열하게 된다. 이 위험들은 파트너가 협약의 정신을 준수하지 않을 때 더욱 쉽게 발생할 수 있다. 그러나, 지식유출은 이러한 기회주의적 행동없이도 발생할 수 있다. 파트너는 제휴의 과정 동안 발생하는 학습을 통해 단순히 기회주의를 활용할 수 있다. 파트너가 공동의 시장에서 경쟁하기 위해 그 지식을 도용한다면 기업의 장기 경쟁역량에 해로운 영향을 미칠 수 있다.

협력의 과정에서 교환된 지식은 협력과 경쟁(coopetition) 모두에서 사용될 수

있다. 특히, 경쟁자와 협력은 심지어 경쟁자를 더욱 경쟁적으로 만들 수 있다. 게다가 지식을 공유하고 창출하는 노력을 방해할 수도 있는 의도하지 않은 지식 파급의 위험이 항상 존재한다. 따라서, 기업이 핵심 지적자산을 보호하는 동시에 가능한 한 많은 새로운 지적자산을 획득하고 적용하려고 노력하는 것이 중요하다.

지식도용과 관련된 위험은 제휴 파트너들에 의한 원치 않은 도용으로부터 지식을 보호할 필요를 낳는다. 기업의 자원과 역량이 차별적이고 경쟁자들에 의해 소유되지 않을 때에만 가치있기 때문에 전략적 제휴에 참여하는 기업은 그들 기업특유의 지식을 보호하는 것이 필수적이다. 이러한 도용문제는 혁신기업이 혁신을 통해 상업적으로 완전한 편익을 보는데 문제를 발생시킨다. 사실, 선발진입의 단점과 후발진입의 장점을 고려하면 원래의 혁신자가 모방자에게 확실히 지는 상황이 연출될 수도 있다.

도용문제는 두 가지로 다루어진다. 첫째는 혁신과 관련된 지식을 모방에 대해 보호하는 것이고, 둘째는 무형자산의 무임승차와 유출가능성의 상황과 관련한다. 이중 전자는 수익을 발생시킬 수 있고 후자는 도용문제를 극복하기 위해 필요된다. 하지만, 보호와 다른 목적 사이의 균형이 이루어져야 한다.

(5) 혁신을 위한 균형 추구

지식을 공유하면서 동시에 지식흐름이 통제되지 않고 관리될 수 없다면 지식교환으로부터의 편익은 실현될 수 없다. 그렇다고 해서 개방적 환경에서 요구된 지식교환을 무조건 막는다면 혁신이 느려지고 성공률이 낮아진다는 문제를 초래한다. 결과적으로, 기업은 보호의 사용을 위해 전략적 접근을 취해야 할 필요가 있다. 실제로, 강한 보호가 기업에게 독점 포지션과 혁신을 위한 인센티브를 제공함으로써 혁신성과를 직접적으로 향상시키는 것을 가능하게 할지라도 우월한 성과를 낳는 협력과 병행하는 보호 메카니즘을 사용하는 것이 훨씬 높은 수익을 창출할 수 있다. 이를 위한 해결방법으로는 우선은 강력한 전유성을 유지해야 한다. 그리고 나서 적합한 수준으로 보호수준을 적용하여 더 뛰어난 기회를 찾아야 한다.

(6) 기술보호 수준에 영향을 미치는 요인

지식보호에 영향을 미치는 요인으로는 크게 자원요인(핵심지식, 지식 암묵성, 파트너의 학습의지, 자원중복)과 관계요인(신뢰와 이전관계)으로 구분할 수 있다.

① 자원요인

- 핵심 지식

핵심역량은 그들이 경쟁우위의 토대일 수 있기 때문에 기업의 성공에 있어서 핵심이다. 기업은 특히 공동개발 제휴에 자신의 핵심자산을 가지고 올 것이다. 모든 파트너들이 그들의 핵심자산을 그 제휴에 기부할 때 잠재적 수익이 크게 증가하기 때문이다. 그러나, 동시에 핵심지식의 잠재적 손실은 그 기업이 직면할 수 있는 장기적인 위험을 증가시킨다. 제휴가 기업의 핵심 비즈니스, 시장, 기술을 더 많이 포함할수록 잠재적인 숨은 의도와 기회주의에 대한 파트너들의 동기는 더 커진다. 그 결과, 기업은 가치 있는 지식의 확산을 제한하려고 더 노력할 것이고 그 이유로 그들의 운영에 핵심인 지식을 더욱 보호하려할 것으로 기대된다.

- 지식의 암묵성

암묵적 지식은 완벽히 혹은 쉽게 문서화되거나 명문화될 수 없고, 쉽게 타인에게 학습될 수 없고, 관찰 시 쉽게 알아볼 수 없다. 지식과 역량은 매우 명시적부터 매우 암묵적까지 다양한 암묵성 수준을 보유한다. 이때, 완전히 명문화될 수 있고 쉽게 이전되는 명시적인 지식을 다른 당사자들로부터 보호하는 것은 쉽지 않다. 이에 비해 암묵적 지식인 경우에는 심지어 기업에 의해 취해진 특정 대응행동이 없더라도 어떤 유형의 보호를 할 여지가 충분히 있다.

기업의 스킬과 역량의 암묵성이 증가할 때 지식의 인과적 모호성(causal ambiguity)이 증가할 것이다. 이 높은 인과적 모호성으로 경쟁자들은 특히 멀리서 관찰할 때 기업의 스킬과 역량을 모방하는 데 애를 먹을 것이다. 공동개발 제휴에서 밀접한 업무 관계로 진입할 때 암묵적 지식은 더욱 쉽게 관찰되고 더욱 쉽게 이전된다. 게다가, 기업들은 종종 가치있는 암묵적인 외부지식을 도용하기 위해 더 큰 투자를 할 것이다. 비록 암묵적 지식을 경쟁자들이 도용하기 어려울 수 있을지라도 기업은 명시적 지식보다 더 도용하기 원하는 지식으로서 암묵적 지식을 바라볼 것이다. 따라서, 기업은 그들의 경쟁가치 때문에 고도로 암묵적인 지식과 역량을 보호하기 위해 더 큰 지식보호 행동을 취할 것이다.

- 파트너의 학습 의지

파트너의 학습의지는 파트너가 제휴기간에 학습에 초점을 둔다고 초점기업이 믿는 수준이다. 특히 제휴 파트너로부터 획득한 지식을 이전할 때 조직학습이 체계적으로 이루어진다. 제휴 파트너로부터 지식획득을 위한 중요한 선제조건은 학습하려는 기업의 동기부여이다.

학습목적을 분명히 하는 것은 제휴 멤버들의 관심을 학습에 초점을 두도록 돌리고 그들에게 공통의 비전을 주기 때문에 지식획득을 촉진한다. 또한, 학습의지를 갖는 기업은 학습에 자원을 더 많이 배분할 것이다.

초점기업이 지식을 보호하는 수준은 파트너의 의지에 대한 인식에 의해 결정된다. 이 인식은 파트너의 표명된 의지와 파트너가 도용에 대한 무언의 의지를 갖는다는 의심으로부터 발생한다. 어떤 기업은 파트너가 기업 비밀을 얻으려고 노력한다고 생각할 때 파트너와 정보를 덜 공유할 것이다. 따라서, 인식된 파트너의 학습의지가 높을수록 초점기업에 의한 지식보호는 더 커질 것이다.

– 자원중복

학습하기 위한 의지와 더불어 기업은 학습하는 능력을 지녀야 한다. 제휴 파트너들이 외부 지식의 중요한 원천인 반면에 그 외부 지식이 얼마나 쉽게 내부화될 수 있는지에 따라 학습 수준이 달라진다. 파트너가 유사한 스킬, 자원, 역량들을 가질수록 기업은 파트너로부터 획득된 지식을 내부화하고 사용하기 위한 큰 잠재력을 갖는다. 이것은 기존 지식과 어느 정도의 중복이 신지식을 도입하는 데 필요하고 그것을 상업적으로 성공가능한 방법으로 사용하도록 하는 흡수역량을 기업이 가져야 한다는 것을 의미한다. 여기서, 유사한 스킬, 자원, 역량들로 인해 흡수역량은 더 커진다. 하지만, 이 유사성이 협력을 촉진할 수 있는 반면에 지식손실의 위험은 더 커지게 만들 수 있다. 고도로 유사한 파트너는 기업의 지식가치를 더욱 쉽게 인식할 수 있고 그 지식을 복제하고 사용하는 능력을 더 크게 갖기 때문이다. 따라서, 기업은 그들이 파트너와 더 많이 중복된 자원을 가질 때 더 큰 수준으로 지식을 보호할 것이다.

② 관계요인

– 신뢰

기업 간 관계에서 신뢰의 두 가지 중요한 유형이 폭넓게 논의된다. 역량기반 신뢰는 수행하는 다른 당사자의 능력에 대한 믿음이다. 이에 비해 호의신뢰는 기업이 제휴와 초점기업 모두에게 유익한 방법으로 행동하는 파트너의 의지를 믿는 수준이다. 초점기업이 파트너를 신뢰할 때 그 기업은 긍정적 성과를 높이는 행동을 더욱 많이 취할 것이다. 기회주의적 행태에 참여하는 파트너의 위험에 대한 기업의 평가는 호의신뢰의 수준과 가장 밀접하게 관련된다. 또한, 파트너가 요구대로 하려는 의지가 있을지라도 그대로 수행할 수 없는 위험은 파트너의 역량수준과 관련된다.

더 높은 수준의 신뢰는 공식계약 사용의 감소, 덜 구체적인 우연성을 제한하는 협약, 지식을 보호하고 파트너 행태를 감시하기 위한 더 작은 조치들, 의사소통과 정보교환의 확대와 같은 신뢰하는 행동으로 결과된다. 따라서, 기업은 구조적 메카니즘(예 협약 등)에 덜 의존하게 되며, 파트너에 의한 바람직하지 않은 행동을 통제하기 위해 파트너에 놓여진 신뢰에 더욱 의존하게 된다. 신뢰가 결여될 때 구조적/통제 메카니즘은 초점기업에게 해가 되지 않는 방법으로 행동하도록 파트너를 유인하는 데 사용된다. 따라서, 통제 메카니즘과 신뢰가 서로를 위해 대체재라는 것이 강조되어 왔다. 다른 조건이 동일하다면, 초점기업은 파트너에 대한 신뢰수준이 높을 때 지식의 파트너에 대한 노출을 제한하고 의사소통을 제한하는 것과 같은 행동들에 의존하기 보다는 그 파트너의 호의에 의존할 것이기 때문에 그 신뢰는 지식보호를 위한 필요성을 감소시킨다.

- 이전의 관계

특정 제휴 파트너와 이전의 관계는 초점기업이 그 파트너에 대해 학습하고 그들 사이에 신뢰구축을 촉진하도록 만든다. 이전 관계들은 다양한 방법으로 협력을 향상시킬 수 있다. 시간이 경과하면서 당사자들은 행태적 기대를 형성하고, 호혜성의 규범에 적용받고, 파트너들과 진정한 동기에 대해 더 큰 이해를 발전시킨다. 신뢰를 개발하는데 시간이 걸리기 때문에 이전의 관계들은 신뢰의 대리치로서도 사용되어 왔다.

또한, 거래기간은 더욱 신뢰할만한 행동에 관련된다. 예를 들어, 더 긴 협력역사를 갖는 기업들은 보통 서로를 덜 기회적인 것으로서 볼 것이다. 나아가, 기업은 부정행위에 대한 걱정을 줄이기 위해 지분관계를 사용할 것이다. 그러나 비지분 제휴는 파트너들 사이에 더 높은 신뢰의 상징이다. 기업이 파트너와 이전의 관계에 대한 경험이 없다면 그 기업은 파트너의 숨은 의도와 기회주의의 잠재성을 더욱 조심해야 할 것이다. 따라서, 초점기업에 의한 지식보호는 초점기업이 파트너와 이전의 관계에 대한 경험이 없을 때 더 크게 나타날 것이다.

<참고문헌>

Davis, J.L. & Harrison, S.S. (2002), Edison in the boardroom: how leading companies realize value from their intellectual assets, Wiley, New York.

저자 약력

금오공과대학교 경영학과 교수인 김진한은 서강대학교에서 경영과학 전공으로 박사학위를 받았다. 저자는 한국외환은행 경제연구소, 현대경제연구원, 포스코경영연구원, 피츠버그대학교에서 과학적 의사결정, 신사업, 기술혁신과 네트워크 등에 대한 컨설팅과 프로젝트를 수행하였으며, 서강대, 이화여자대학교, 건국대, 인천대, 세종대 등에서 강의를 한 바 있다. 현재 대학에서는 기술경영, 공급사슬관리, 서비스운영관리, 데이터 분석 관련 과목에 대한 강의를 주로 하고 있다.

기술경영

초판발행	2021년 9월 15일
지은이	김진한
펴낸이	안종만 · 안상준
편 집	김윤정
기획/마케팅	장규식
표지디자인	이미연
제 작	고철민 · 조영환
펴낸곳	(주) **박영사**
	서울특별시 금천구 가산디지털2로 53, 210호(가산동, 한라시그마밸리)
	등록 1959. 3. 11. 제300-1959-1호(倫)
전 화	02)733-6771
f a x	02)736-4818
e-mail	pys@pybook.co.kr
homepage	www.pybook.co.kr
ISBN	979-11-303-1380-1 93320

copyright©김진한, 2021, Printed in Korea

정 가   32,000원